Jürgen Engelhardt (Hrsg.)

Frankfurt zu Fuß

20 Rundgänge durch Geschichte und Gegenwart

Mit Beiträgen von Dieter Bartetzko, Dieter Buroch, Jürgen Engelhardt,
Uwe Fritzsche, Wulf Goebel, Heiner Halberstadt, Willi Hau, Elke Kiltz,
Franz Neuland, Egbert Polski, Christine Michelle Schikaneder,
Erich Schmidt-Eenboom, Monika Schuckar, Irmgard Senger, Margret Steen,
Rolf Wiggershaus, Hans Wolter, Jochen Zimmer und Uli Zimmer

VSA-Verlag, Hamburg 1987

Jürgen Engelhardt, Studium der Geographie, Gesellschaftswissenschaften und Pädagogik, freier Autor

Dieter Bartetzko, Kunsthistoriker, freier Publizist und Architekturkritiker, auch als Sänger und Schauspieler tätig

Dieter Buroch, Musik- und Theaterveranstalter, Leiter des OFF-TAT

Uwe Fritzsche, freier Journalist und Autor

Wulf Goebel, Studium der Germanistik, Soziologie, Amerikanistik und Volkskunde, seit 1970 freier Autor und Filmemacher

Heiner Halberstadt, Angestellter, stellvertretender Vorsitzender des Gesamtpersonalrats der Stadt Frankfurt, Mitglied im SPD-Unterbezirksvorstand Frankfurt

Willi Hau, Buchverlagslektor, Mitherausgeber der az-andere zeitung, Hausmeister eines Alternativ-Betriebes

Elke Kiltz, Ausbildung in ländlicher Hauswirtschaft, Studium und »Magistra« in Germanistik, seit 1985 Angestellte der Fraktion der »Grünen im Römer«

Franz Neuland, Vorsitzender des »Vereins für Frankfurter Arbeitergeschichte«

Egbert Polski, Biologe, seit 1984 Leiter von Volkshochschulkursen in Frankfurt zu ökologischen Themen

Christine Michelle Schikaneder, Kunsthistorikerin, zuständig für Presse- und Öffentlichkeitsarbeit der Galerie ak

Erich Schmidt-Eenboom, freier Journalist, wissenschaftlicher Mitarbeiter am Forschungsinstitut für Friedenspolitik e.V. in Starnberg

Monika Schuckar, Soziologin, arbeitet ehrenamtlich im Dritte-Welt-Haus mit

Irmgard Senger, arbeitet seit 1950 als freie Journalistin, seit 1962 feste freie Mitarbeiterin beim Hessischen Rundfunk/Fernsehen, Schwerpunkt Sozialpolitik

Margret Steen, freie Journalistin und Autorin

Rolf Wiggershaus, freier Journalist, Autor des Buches »Die Frankfurter Schule, Theoretische Entwicklung, Politische Bedeutung«, München 1986

Hans Wolter, Politikwissenschaftler, Mitarbeiter des früheren wohnungspolitischen Sprechers der SPD-Landtagsfraktion in Hessen, Erich Nitzling

Jochen Zimmer, von 1972 bis 1980 Naturfreundejugendsekretär, Hochschullehrer an der Gesamthochschule Duisburg

Uli Zimmer, Architekt und Stadtplaner, seit 1974 im Frankfurter Stadtplanungsamt tätig

Die Autorinnen und Autoren verantworten die von ihnen verfaßten Beiträge selbst. Indes sind aus redaktionellen Gründen Beiträge einzelner Autoren in andere Rundgänge eingearbeitet worden, ohne dies im Detail auszuweisen; dies betrifft insbesondere Beiträge von Franz Neuland zu Arbeiterbewegung, Antifaschismus und Widerstand (in allen Rundgängen), Beiträge von Egbert Polski zur Schwanheimer Düne und zum Enkheimer Ried (in den Rundgängen 18 und 20), und Beiträge von Uli Zimmer zur stadtplanerischen und architektonischen Struktur im Nordend (Rundgang 13) und zum Museum für Kunsthandwerk (Rundgang 16).

Verlag und Herausgeber danken allen, die am Zustandekommen und an der Realisierung des Buches mitgewirkt haben; neben den Autorinnen und Autoren insbesondere Willi Hau und Angela Jansen von der az, die an der redaktionellen Endbarbeitung, bei der Fotobeschaffung und teilweise am Layout mitwirkten (andere az-Kolleginnen und Kollegen haben uns ebenfalls tatkräftig unterstützt); außerdem Gerhard Kadelbach (für viele gute Hinweise), Stadtarchiv Frankfurt (für die immer freundliche Hilfe bei der Suche nach Fotomaterial und der Beantwortung schwieriger Fragen), Christiane Monden-Engelhardt (für die tatkräftige Unterstützung bei der Fertigstellung des Manuskriptes), Emil Mangelsdorff (für das aufschlußreiche Gespräch), Klaus Heuer (für die Chronik der Startbahn-West und das Gespräch über Niederrad), Dieter Bott (für die Informationen über die Eintracht-Fan-Clubarbeit), Herrn Knapp vom Stadtvermessungsamt (für die unkomplizierte Unterstützung bei der Beschaffung des Kartenmaterials), dem FVV (für die Bereitstellung von Material und dem Schnellbahnplan), Thomas Sock (für Informationen übers Gallus), Ilona Sauer vom Gallustheater (für Bilder und Informationen)

Kartengrundlage: Stadtplan Frankfurt, Übersichtskartenwerk 1:10.000, herausgegeben vom Stadtvermessungsamt der Stadt Frankfurt am Main. Der Abdruck erfolgt mit freundlicher Genehmigung des Herausgebers vom 25.6.1987

Titelfoto und Foto auf der Rückseite (es zeigt den Flohmarkt auf Sachsenhausener Mainuferseite, der heute nicht mehr existiert): Angela Jansen, Frankfurt

Gesamtverzeichnis anfordern!
© VSA-Verlag, Stresemannstraße 384a, 2000 Hamburg 50
Alle Rechte vorbehalten
Satz: satz + repro Kollektiv GmbH, Hamburg
Druck und Buchbindearbeiten: Plambeck & Co., Neuss
ISBN 3-87975-420-9

Inhalt

Themenkästen

Vorwort

Frankfurt — Bankfurt — Krankfurt — Mainhattan: der Ruf der Stadt am Main ist so vielfältig wie die Kontraste, die in ihr stehen, laufen und leben. Vom US-Hauptquartier bis zu Aktionen der Friedensbewegung, von Neu-Grünen und Alt-68ern bis zur bundesdeutschen Fassung der »young urban professionals« (Yuppis), von den höchsten Banktürmen der Republik, die die Skyline der Stadt prägen, bis zu alternativen Kulturzentren und -fabriken das kulturelle Leben, reicht das Spektrum.

In den letzten Jahren schmückt sich die Stadt besonders gern mit nachgemachter Gemütlichkeit. Mit Millionenaufwand wurde das historische Zentrum herausgeputzt, fein gekachelt, mit nachgebauten historischen Laternen aus dem Katalog verziert. Hier sollen die Touristen sehen, was die Stadt zu bieten hat.

Aber — die Frankfurter werden es am besten wissen — die Stadt ist mehr als die touristischen Attraktionen (über die unser Stadtführer auch neue und andere Dinge zu berichten hat.) Es existiert ein ganz normales Frankfurt, mit den ganz normalen Menschen, in Stadtteilen, in die sich kaum ein Tourist verirrt. Hier finden wir Spuren von Alltagsleben und Geschichte, um die sich die traditionellen Stadtführer nur wenig kümmern: Die Geschichte der kleinen Leute, der Frauen, der Arbeiterbewegung, der jüdischen Bevölkerung, des Widerstands, der Feste und Vergnügungen.

Wir möchten Sie — die Frankfurter und ihre Gäste — einladen, die Stadt von allen ihren Seiten kennenzulernen. Kehren Sie also den Sightseeing-Bussen den Rücken und begleiten Sie die Autoren zu Fuß oder per Fahrrad auf ihren Streifzügen durch die Stadtteile. Sie werden vieles Unbekannte finden, aber auch Bekanntes, über das es Neues zu berichten gibt.

Frankfurt und seine Stadtteile erschließen sich nicht von selbst; sie wollen erobert und erkundet werden. Beteiligen Sie sich an diesem Abenteuer!

Die in den einzelnen Rundgängen eingeschlagenen Routen — vorgegeben durch die Reihenfolge der Stationen und Orientierungspunkte — sind Vorschläge, deren Verlauf in den dazugehörigen Karten nicht im einzelnen aufgeführt ist. Genaue Straßen- und (gelegentlich) Hausnummernbezeichnungen in den Randspalten erleichtern die Orientierung. Darüber hinaus sind wichtige Orientierungspunkte durch Ziffern am Rand notiert, die in den Karten wiederauffindbar sind. Jeder/jedem bleibt es indes freigestellt, die Touren anders zusammenzustellen, Stationen auszulassen, andere Ausgangs- oder Endpunkte zu wählen. Die von uns vorgeschlagenen Ausgangs- und Endpunkte, die in der Regel mit öffentlichen Verkehrsmitteln gut zu erreichen sind, haben wir am Beginn der Rundgänge angegeben, ebenso wie die voraussichtliche Dauer. Einzelne Touren erstrecken sich über größere Distanzen. Sie sind daher besser mit dem Fahrrad zu bewältigen.

Kritik, Verbesserungsvorschläge, Hinweise auf Fehler sowie weitergehende Tips und Anregungen sind von Herausgeber und Autoren ausdrücklich erwünscht.

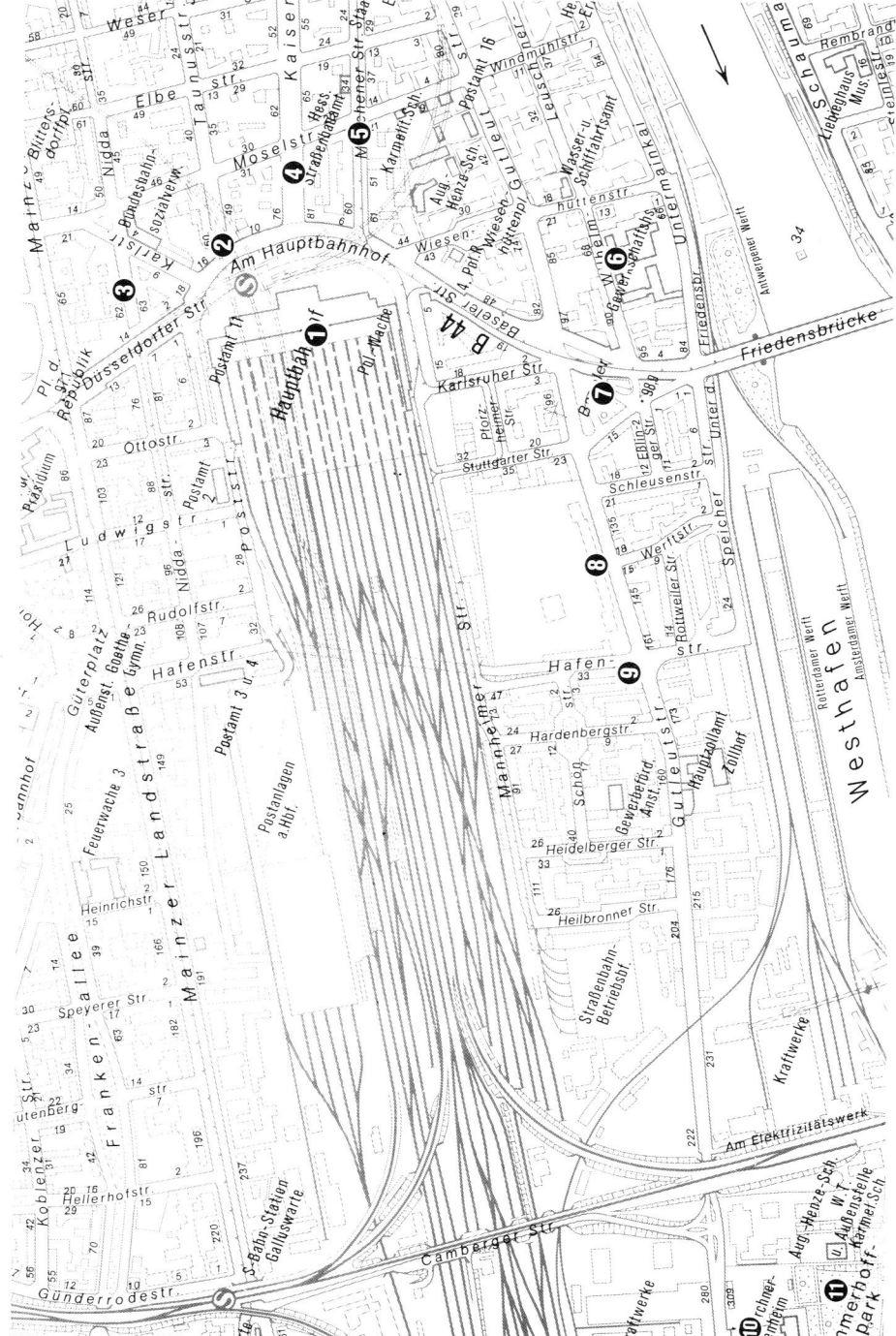

Gute Leut' zwischen Loks und Liebe

Bahnhofsviertel/Gutleutviertel

von Jürgen Engelhardt

Ausgangspunkt: *Station Hauptbahnhof, alle S-Bahnlinien,*
U-Bahn U 4, Straßenbahnen (10), 11, 15, 16,
19, 21, Busse 35, 37, 46
Endpunkt: *Station Sommerhoffpark, Bus 37*
Dauer: *ca. 1 ¹/₂ Stunden*

Hauptbahnhof

Der erste Rundgang beginnt fast selbstverständlich am Hauptbahnhof, dem »Tor zur Stadt«. Hier laufen die Bahnlinien aus allen Richtungen in Europas verkehrsreichstem Bahnhof zusammen. Vom Vorplatz blickt man auf die Kaiserstraße ins pulsierende Bahnhofsviertel, sicherlich der internationalste Stadtteil, das vielfältige Angebot der dortigen Gaststätten ist ein Indiz.

In den 20er Jahren lebten im Bahnhofsviertel noch 20.000 Menschen, heute sind es nur noch 5.000. Der Drang der »Stadtväter«, Frankfurt zur führenden Metropole der Bundesrepublik zu machen, hat gerade hier eine Rücksichtslosigkeit gegen die Wohn- und Lebensinteressen der Bewohner in Gang gesetzt, die zur Entvölkerung des Stadtviertels führte.

1875 wurde den Stadtverordneten erstmals das Projekt zum Bau eines ›Centralbahnhofs‹ vorgelegt. Zu jener Zeit standen im Bereich der Taunusanlage drei Kopfbahnhöfe der »Taunusbahn« (1838, Frankfurt-Wiesbaden, nicht zu verwechseln mit der Straßenbahn nach Hohemark), »Main-Weser-Bahn« (1852) und »Main-Neckar-Bahn« (1848). Mit der schnell wachsenden Stadt wuchs auch das Güteraufkommen, das von den bestehenden Bahnhöfen nicht mehr bewältigt werden konnte. Auch im Personenverkehr traten große Engpässe auf — so bei den Truppentransporten im Deutsch-Französischen Krieg, als der Nachschub von »Menschenmaterial« zu den Schlachtfeldern ins Stocken geriet.

Im 1880 ausgeschriebenen Wettbewerb ging der Landesbauinspektor Eggert als Sieger hervor. Unter seiner Leitung entstand von 1883 bis 1888 der Hauptbahnhof mit drei Hallen und 18 Gleisen auf dem ehemaligen Galgenfeld, weit draußen vor den Toren der Stadt. Bereits 1924 mußte der Bahnhof durch zwei Seitenhallen auf 24 Gleise erweitert werden.

In den 60er Jahren, zur Zeit des »Wirtschaftswunders« mit dem ihr eigenen Hang zur Gigantomanie, wurde der Bau eines noch größeren, neuen Hauptbahnhofs im Raum Groß Gerau im Zusammenhang mit der Planung der Schnellstrecken der DB diskutiert. Heute, da sich die Städte nicht mehr so stark ausdehnen wie erwartet, wird laut darüber nachgedacht, ob man die Intercity-Züge nicht doch mit einem neuen Bahnhof unterirdisch durch die Stadt führen soll. Der Rhein-Main-Flughafen wurde bereits direkt ans IC-Netz angeschlossen.

Auf der Hauptkuppel des Bahnhofs läßt Franz Krüger die Erde von Atlas tragen. Unterstützung bekommt er von Symbolfiguren »Dampf« und »Elektrizität«. Die Uhr wird ebenfalls symbolisch von »Morgen« und »Abend« flankiert. Künstler wie Hundrieser, Herold, Kaupert und Schierholz haben an den Fassadenfiguren gearbeitet. Die NS-Zeit hinterließ mit dem noch vorhandenen Rest des Figurenzyklus »Arbeitergruppe« an der nordwestlichen Ecke des Bahnhofs ihre Spuren.

Der Denkmalschutz kam rechtzeitig, diesen größten erhaltenen Bahnhofsbau seiner Epoche (neben Leipzig) vor einem Neubau im Zuge des S-Bahnbaus in den siebziger Jahren zu retten. So bleibt auch die renovierte fast dreißig Meter hohe Schalterhalle erhalten.

Noch ohne Drumherum: der Hauptbahnhof um 1900

Am 8. November 1918 wurden auf dem Hauptbahnhof 80 aufständische Matrosen erwartet. Der Zug wurde zwar zwischen Bornheim und Ginnheim auf ein Nebengleis geschoben, doch waren die Matrosen bis zum Eintreffen des »Jagdkommandos« verschwunden. Der Auftakt der Revolution in Frankfurt.

Der Hauptbahnhof als »Tor zur Stadt« eröffnet sich dem Ankommenden nur durch die »Unterwelt«. Die stark befahrene Straße »Am Hauptbahnhof«, auf der sich motorisierte Messegäste, Pendler und Touristen durch das Verkehrschaos quälen, ist für Fußgänger oberirdisch nicht passierbar. Der auffällige Schwung des Bahnhofsvorplatzes geht auf Verbindungsgleise der Bahnen zu den ehemaligen Bahnhöfen zurück. Diese Gleisanlagen wurden erst nach Fertigstellung des neuen Bahnhofs abgebrochen und zur Straßenanlage umgestaltet.

Wir verlassen den Hauptbahnhof durch die B-Ebene. Rund 70 Geschäfte locken hier mit teilweise (von den Beschäftigten und ihren Gewerkschaften strikt abgelehnten) verlängerten Öffnungszeiten zum Einkaufsbummel. Die B-Ebene und der Eingang zur Kaiserstraße (»Kaisersack«) haben sich zu einem Treffpunkt der Drogenszene entwickelt, nachdem die ›Haschwiese‹ neben dem Stadtbad Mitte vor einigen Jahren erfolgreich ›gesäubert‹ wurde. Die permanenten Razzien und anderen Repressionsmaßnahmen veranlaßten im Frühjahr 1987 300 Leute aus dem Junkie-Milieu, das Polizeirevier in der B-Ebene zu stürmen, um auf ihre Art gegen Übergriffe der Polizei zu protestieren.

Die Rolltreppe zur Kaiserstraße hinauf führt auf den »Kaisersack«, wo zwischen Schnellimbissen, Kneipen und Eiscafés diverse Drogen-Geschäfte abgewickelt werden. Da liegt gelegentlich einer am Boden, der nicht mehr kann.

An der Ecke »Am Hauptbahnhof«/Taunusstraße stand einer

Kaisersack

Der Bahnhofsvorplatz in den 20er Jahren. In der Bildmitte die Doppelturmfassade des Schumanntheaters

der beliebtesten Treffpunkte Frankfurts — das Schumann-Theater. Es wurde 1905 von *Albert Schumann* als Kombinationsbau für Zirkus, Operette und Film errichtet und galt bis zum 2. Weltkrieg als das führende Varieté in Deutschland. 5.000 Zuschauer konnten die Aufführungen verfolgen.

Schumanntheater
❷

Auf dem Spielplan standen Stücke wie Ernst Tollers » Hoppla, Wir leben« und Brechts » Dreigroschenoper«. Bis 1933 versammelten sich im Schumann-Theater Parteien und Organisationen zu politischen Kundgebungen. » Für Frieden — Gegen den Krieg« war das Thema vieler Veranstaltungen. 1909 und 1910 trat Karl Liebknecht auf, und tausende Menschen demonstrierten für die Abschaffung des 3-Klassen-Wahlrechts. Im Januar 1920 fand eine große Versammlung der USPD statt, die sich gegen das Blutbad richtete, bei dem Noske die Reichswehr vor dem Berliner Reichstag in die tausendköpfige Menge hatte schießen lassen. Im März 1944 fand die letzte Vorstellung des Theaters statt. Es wurde im Krieg bis auf die Fassade und den Eingangsbereich vernichtet. Sie standen noch bis 1961 und dienten als Treffpunkt der US-Army, wurden dann abgerissen und durch ein Geschäftshaus ersetzt.

Karlstraße

Neben dem Schumanntheater, in der Karlstraße, wurde bereits 1929 ein fünfgeschossiges Parkhaus für 324 Autos mit einem Hotel für Chauffeure geplant. Man wollte auch die Autos angemessen unterbringen, wenn Reisende die noblen Hotels des Viertels besuchten. Die Realisierung dieses Projekts scheiterte allerdings am Geldmangel der Stadt.

Düsseldorferstr.
❸

Im »Pelz-Viertel« zwischen Düsseldorfer Straße, Mainzer Landstraße und Karlstraße konzentriert sich das Pelze verarbeitende Gewerbe und der Pelzhandel. Nach der Teilung Deutschlands zog diese Branche allmählich von Leipzig nach Frankfurt. Die übersiedelnden Kürschnermeister nennen die Niddastraße unter sich »Brühl«.

Niddastr.

Sie soll an die verlassene Heimat »Am alten Brühl« in Leipzig, auch dort in der Nähe des Hauptbahnhofs, erinnern. Im Sommer, wenn die Fenster der Kürschnereien offen stehen, hört man im Vorbeigehen das Rattern der Nähmaschinen. Viele der in den über 300 Betrieben Beschäftigten sind nur unzureichend sozial abgesichert oder arbeiten illegal, auch sonn- und feiertags. Mehrere Firmen werden von Griechen geleitet und beschäftigen vorwiegend Landsleute.

Bordellviertel

Mit wenigen Schritten erreicht man das traditionelle Bordellviertel zwischen Nidda-, Elbe-, Taunus- und Moselstraße. Die hier betriebenen Geschäfte wurden jahrelang geduldet, teilweise sogar gefördert. Jetzt verkündet der CDU-Magistrat, besorgt um eine saubere (städtebauliche) Visitenkarte, man wolle das Bahnhofsviertel mit eisernem Besen vom »Unrat« der Prostitution und des Drogenhandels »befreien«.

Pornos und Puppen: Sex-Shops in großer Zahl

»Dieser Dschungel, dieses Gestrüpp von Halblegalem, Illegalem, von Unübersichtlichem und Düsterem muß einem Stadtoberhaupt zuwider sein, schon weil er es nicht kennt und nicht versteht. Jede Art von Anarchie ist eine Gefahr, eine Herausforderung, ein Sumpf. Man muß das Laster, da der Teufel es ja in die Welt gesetzt hat, in ordentliche, möglichst lukrative Bahnen lenken. Es soll unauffällig sein, gemütlich wie der teuerste Puff des Viertels, der ganz und gar eingerichtet ist wie ein Wohnzimmer der oberen Mittelschicht: Dann hat man nichts dagegen. Nur grell, nur wild, nur laut darf es nicht sein, das verschreckt den Bürger, auch wenn er sich insgeheim danach sehr sehnt. Die strengen Dominas mit Studio, die Damen, die bizarre Dienste anbieten, werden immer mehr. So sucht sich der Teufel doch immer wieder einen Eingang. Aber nicht in die schönen Gründerzeitfassaden, da will man für ein ›gehobenes Einkaufen‹ sorgen. So steht es jedenfalls in den Zeitungen, bei denen im übrigen eine deutliche Distanz zu den Plänen des Oberhaupts zu spüren ist. Selbst die neue deutsche Regierungszeitung Bild *ist nicht ganz überzeugt von der Richtigkeit des Reinigungsprogramms. Aber das Oberhaupt weiß: Auch bei der Alten Oper haben sie erst über das viele Geld gemault, und jetzt stehen sie doch geblendet davor und fühlen sich miterhoben von der Pracht des Hauses. Und auch die Schmähungen über das Lebkuchenhäuschen auf dem Römerberg wurden leiser, als zum erstenmal die Lichter des Weihnachtsmarktes schienen und man sich zurückversetzen durfte in Goethes Zeit. Der Bürger gewöhnt sich unter einem strengen Herrscher an Schönheit, ja, er beginnt sie sogar zu lieben, ihrer zu bedürfen. Der Herrscher muß nur weitblickend und charakterfest genug sein. Und genauso wird es mit der Kaiserstraße, mit ihren Nebenflußstraßen sein. Eines Tages werden sie ihm danken, die, die dann ›gehoben einkaufen‹ können, die von*

Die Moselstraße

ihren Büros aus auf elegante Menschen schauen und nicht mehr auf kotzende Säufer und verkrümmte Jugendliche, zahnlos und mit zerstochenen Venen. Die eine oder andere Bar wird es natürlich geben, Amüsement muß ja sein, aber der Menschendreck wird weggewischt werden.« (Eva Demski, Frankfurter Stadtreinigung)

1936 verabschiedete der Magistrat zur Durchsetzung der »Säuberung« die Sperrgebietsverordnung. Sie legt fest, in welchen Gebieten der Stadt gewerbliche Prostitution betrieben werden darf. Danach soll das Bahnhofsviertel zukünftig zu den »prostitutionsfreien« Zonen gehören. Unklar ist allerdings, wie das »Milieu«, zum Teil selbst im Besitz der von ihm genutzten Häuser, vertrieben werden soll. Zu groß sind die ökonomischen und politischen Interessenverfilzungen zwischen Milieu, Politik und Verwaltung. Weniger eisern, aber nicht weniger effektiv als der Magistrat und seine »Ordnungsorgane« vertreiben die Großbanken und andere finanzkräftige Institutionen bzw. Personen alle anderen, die Repräsentation und Atmosphäre störenden »Elemente«. Häuserreihen und ganze Straßenzüge gingen und gehen ganz unmerklich in die Hände neuer Besitzer über. Besonders hervorgetan hat sich dabei die Dresdner Bank. Man beabsichtigt, vorrangig lukrativen und repräsentativen Büroraum anzubieten. Bankinteressen und Zuhälterinteressen sind alles andere als unvereinbar, wenn es um die Mehrung ihres Reichtums geht. Geld ist hierzulande nie schmutzig, egal wie und auf wessen Kosten es verdient wird. Was aus den jetzigen Bewohnern und Benutzern wird, ist Behörden, Banken und Firmen genauso gleichgültig wie die Frage, ob und wie die Bewohner der von der Verlagerung der Prostitution betroffenen Viertel etwa im Gallus mit den dadurch entstehenden Problemen fertig werden.

Das Bahnhofsviertel: echt international

Kaiserstraße
❹

Kaiserstr. 74

Der Blick auf den Haupt-bahnhof heute:

Noch gibt es im Bahnhofsviertel zahlreiche erhaltene Altbau-wohnungen. Einige werden von Bordellen genutzt, andere an Aus-länder vermietet, teilweise zu Wucherpreisen. Die Veränderung des Viertels ist in vollem Gange. Was wird aus dem bunten Bild der vie-len multinationalen Restaurants und Lebensmittelgeschäfte?

Vorläufig jedoch kann hier noch — sofern man sich nicht vom Milieu irritieren läßt — gut bis sehr gut exotisch gegessen werden. Und vorläufig bietet das intakte, aber ungeschönte städtebauliche Ambiente fesselnde Szenerien der wechselvollen Geschichte eines Frankfurter Stadtteils zwischen Gründerzeit-Eleganz und (Touri-sten) Kommerz. Wer Lust hat, den Flaneur in sich zu entdecken, dem sei geraten, außer den Neo-Renaissance- und Barock-Fassa-den einige Hausflure und Durchfahrten anzusehen: Vestibüle wie aus Schnitzlers Romanen; Stuck, Marmor, Messing. Falls gerade freie Theatergruppen Vorstellungen im sonst unzugänglichen Theatersaal der ›Loge zur Einigkeit‹ anbieten, sollte man unbe-dingt die Gelegenheit nutzen. Das Logengebäude im Hinterhaus Kaiserstraße mit grandiosem neogotischem Treppenhaus und ei-nem weiß-goldenen Theatersaal in luxuriösem Neo-Rokoko hat als einziger historischer Repräsentativbau Frankfurts den Zweiten Weltkrieg vollkommen unzerstört überdauert.

Das Kinocenter »Lichtenburg« (Kaiserstraße 74) — das älteste noch erhaltene Frankfurter Kino — zeigt heute nur noch Pornofil-me. Im ersten Stock des Hauses befindet sich eine Koranschule, in der sich freitags an die tausend Türken zum Gebet versammeln. Sie bilden die größte Gruppe der hier lebenden Ausländer. Intoleranz und die fatale Ausländerpolitik der Herrschenden führen beson-ders im Bahnhofsviertel zu erheblichen Spannungen durch das Ne-beneinander verschiedener Kulturen. Oft gehen die Auseinander-

setzungen quer durch die Familien. Besonders betroffen sind vor allem die Kinder.

Die Kaiserstraße — ehemals als repräsentativer Zugang zur Stadt angelegt — verlor nach 1945 an Glanz. 1986 wurde sie nach den Kriterien der derzeit Herrschenden umgestaltet. Man gestaltete eine »Flanierzeile« in die Innenstadt, in der das Milieu nicht zum Vorschein kommt. Eine saubere, nette Straße, mit verbreiterten Fußwegen, Geschäften der Luxusklasse. Der Autoverkehr wurde deswegen in die Nebenstraßen verlegt. Die Planungen vernachlässigten lediglich den Umstand, daß sich die Bevölkerung sowie die in den Bordellen, Pornokinos und Peepshows Beschäftigten nicht durch architektonische Maßnahmen vertreiben lassen. So hat die Kaiserstraße bis heute ihr widersprüchliches, reizvolles Flair behalten: Ein Boulevard des Fin de siècle, von dem als Kulissen die pompösen Fassadenfolgen geblieben sind, die Zentralmeile des Bordellviertels links und rechts, die Bummelzone gerade angekommener Touristen, die Einkaufsstraße mit Lebensmitteln und Bedarfsartikeln für die noch verbliebene Wohnbevölkerung, Treff für Prostituierte und Zuhälter, für ausländische Arbeitnehmer, Exilanten, Pelzhändler und Angestellte, für Flaneure und Voyeure.

Südlich, parallel zur Kaiserstraße, verläuft die Münchener Straße, vor dem Bau von S- und U-Bahn die »Gemüsezeil« Frankfurts. Tausende von Pendlern eilten täglich vom Bahnhof zur Innenstadt und zurück. Wer noch Obst und Gemüse einkaufen wollte, ging hier entlang. Viele Händler haben inzwischen wegen der veränderten Verkehrsströme aufgegeben.

Münchenerstr.
❺

In einer Seitenstraße, der Moselstraße, befindet sich in Hausnummer 6 das älteste Schachcafé Deutschlands. Seit 1920 kann man dort nicht nur Kaffee trinken, sondern auch Schach spielen.

Moselstr. 6

» Gemüsezeil«

Dieser unscheinbare Altbau ist weit über die Grenzen der Stadt bekannt und hat schon so manchen Großmeister als ›ganz normalen‹ Gast gesehen. Verständlicherweise ist die Rendite eines solchen Unternehmens gering (Schachspielen dauert lange und macht nicht besonders durstig), weshalb der Pächter in ständiger Angst davor lebt, daß der Hausbesitzer eines Tages nicht mehr an der Erhaltung einer solch einmaligen Einrichtung interessiert sein könnte und die Miete abermals erhöht.

Von hier aus führt ein kurzer Weg zur Wilhelm-Leuschner-Straße 69-77 (früher: Bürgerstraße), dem Haus des Deutschen Gewerkschaftsbundes (DGB). Inmitten der Weltwirtschaftskrise von 1929/33 entschlossen sich die Gewerkschaften 1930 zum Bau eines neuen Hauses. Man wählte wegen der Nähe zur Innenstadt und zum Bahnhof dieses ehemalige Villengelände als Standort: *Philipp Holzmanns* Barockgarten, der später dem Bankier *Spaeth* gehörte. Heftige Proteste der Villenbewohner wurden gegen den neunstöckigen Neubau laut. Nach anfänglichen Erfolgen auf dem Gerichtsweg änderte schließlich das Oberlandesgericht das Urteil und stimmte dem Bau zu. Das war der Beginn der Bebauung der parkähnlichen Villengrundstücke entlang des Mains, eines exklusiven Wohngebiets jener Tage.

1931 konnte der DGB seine Aktivitäten unter einem Dach zusammenfassen. Die Anwesen Ecke Allerheiligenstraße/Stoltzestraße, in der Allerheiligenstraße 51 und 57, sowie die Arbeiterherberge »Erlanger Hof« in der Domstraße (früher: Borngasse) konnten aufgegeben werden.

**DGB-Haus
Wilhelm-Leuschner-Str. 69-77**
❻

Der Ertrag des Festes der Arbeit

*... ist für den Neubau des Gewerkschaftshauses verwandt.
Station 29. Juni 1930*

Das Gewerkschaftshaus während der Wahlkämpfe des Jahres 1932. Die drei Pfeile sind das Symbol der »Eisernen Front«, zu der sich SPD, ADGB, Angestelltenverbände, Reichsbanner und Arbeitersportbund zum Schutz der Republik zusammengeschlossen hatten.

Das Gewerkschaftshaus ist ein hervorragendes architektonisches Zeugnis des Stils der Neuen Sachlichkeit. Die Bauweise wurde im Dessauer Bauhaus entwickelt und ist mit Namen wie Walter Gropius, Ernst May und Max Taut untrennbar verbunden. Das Haus war in der Zeit seiner Entstehung ein »Hochhaus« — und sollte nach den Plänen seiner Schöpfer Max Taut und F. Hoffmann sowie der Bauherren Teil eines dreigliedrigen Ensembles aus Verwaltungsgebäude, Versammlungstrakt mit einem großen Kongreßsaal und Hotel werden. Es blieb beim Bürogebäude. Die Ausführung des Gesamtplanes scheiterte an der Krise, die auch an den Gewerkschaften nicht spurlos vorbeiging. Erstmals wurden hier modernste Techniken der Stahlskelettbauweise verwendet. Große Teile des Baus sind mit Donau-Muschelkalksteinplatten verblendet, die aus der geschleiften Festung von Ingolstadt stammen und hundert Jahre zuvor aus Regensburger Steinbrüchen geholt worden waren. Der Komplex steht heute unter Denkmalschutz. Seine städtebauliche Wirkung ist durch moderne Hochhäuser (auch der IG Metall) sowie durch gewerkschaftseigene Zubauten erheblich beeinträchtigt worden. Im Haus waren Arbeiterbank, Läden der gewerkschaftlichen Eigenbetriebe, Rechtsauskunft, Bibliothek und Büros der Verbände untergebracht. Am 2.5.1933 wurde das Haus im Zuge der Zerschlagung der Gewerkschaften von den Nazis beschlagnahmt und in »Haus der Deutschen Arbeitsfront« umbenannt. Es sollte zu einem monumentalen Bauwerk erweitert werden. Die notwendigen Gelder flossen allerdings in die Rüstungsindustrie.

Erst 1949, nachdem das nahezu unzerstörte Haus vorübergehend von der Besatzungsmacht genutzt worden war und seit 1946 wieder im Besitz des DGB war, fand eine Erweiterung zum Main hin statt. 1967 wurde dieser und ein Teil des alten Baus wieder abgerissen und durch einen Neubau ersetzt.

Seit 1986 existiert das Jugendzentrum in der Gutleutstraße 110, **Gutleutstr. 110** das an ein Berufsbildungszentrum angeschlossen ist. Café, Discothek und Einrichtungen für Sport und Spiel zusammen mit deutschen und türkischen Betreuern sollen helfen, die Sorgen und Nöte der Jugendlichen zu lindern.

Nach ein paar Schritten erreicht man den Baseler Platz in der Nä- **Baseler Platz** he des Mainufers. Viele kennen ihn wegen der dort ansässigen Mit- **➐** fahrerzentrale oder weil hier bis vor kurzem Reise- und Fernbusse abfuhren.

Mit der Anlage von Blumenrabatten und einer Grasfläche wurde versucht, diesen Platz zur Erholungsfläche umzugestalten, der in der zweiten Ausbaustufe ein repräsentativer Blickfang für die mit dem Auto nach Frankfurt kommenden Besucher werden soll. Heute spielen hier Kinder, sitzen ausländische Bürger und Nichtseßhafte auf dem Rasen, inmitten des um sie herumtobenden täglichen Verkehrschaos. Es gab Ideen für ein Hochhaus, das durch einen überdachten Gang mit dem auf dem Parkplatz südlich des Hauptbahnhofs errichteten Wolkenkratzer »Campanile« verbunden werden sollten. Gigantomanische städtebauliche Konstruktionen, die lediglich den Geltungsdrang und die Geldgier der Bauherren befriedigen sollen und die Interessen der Wohnbevölkerung außen vor lasssen.

Eine andere, die Probleme der Bewohner vor Ort aufgreifende **Baseler Platz 6** Institution ist das von der Arbeiterwohlfahrt geführte »Internationale Zentrum« am Baseler Platz 6. Seit vier Jahren sind dort zahlreiche Projekte und Vereine unter einem Dach versammelt. Arbeitslose Jugendliche haben sogar die Möglichkeit, in einer eigenen Druk-kerei zu arbeiten. Eine Beratungsstelle für arbeitslose Jugendliche (schon seit 11 Jahren!) und Ausländer sowie eine Hausaufgabenhilfe sind angeschlossen. Auch hier werden Integrationshilfen für Kinder gegeben, die draußen auf der Straße in einer anderen Kultur leben als zu Hause bei ihren Eltern... In diesem Gebäude befindet sich auch das türkische Volkshaus, eine der wichtigsten Einrichtungen ausländischer Demokraten. Neben der Kulturarbeit (die Tanzgruppen sind auf vielen Festen dabei) engagieren sich die Mitglieder dieser Organisation in politischen Auseinandersetzungen, sind bei gewerkschaftlichen Aktionen immer dabei und versuchen, über die politische Lage in der Türkei und ihre dort inhaftierten und gefolterten Kolleginnen und Kollegen zu informieren.

Gutleutkaserne
Gutleutstr. 116
❽

Vom Baseler Platz gelangt man in die Gutleutstraße. Auf der rechten Seite liegt die Gutleutkaserne. Das Gebäude mit der renovierten Fassade, seit kurzem unter Denkmalschutz, hat eine recht düstere Vergangenheit. Zunächst war das in Frankfurt garnisonierende Infanterieregiment von 1866 (Besetzung und Annexion der Stadt im Deutschen Krieg) bis 1879 im Karmeliterkloster untergebracht. 1879 zog man in die neue Gutleutkaserne um. Nach dem Ersten Weltkrieg diente die Kaserne zuerst der Sicherheitspolizei (Sipo) — einer paramilitärischen Truppe (Bereitschaftspolizei) — als Unterkunft, bevor 1936 die Nazi-Wehrmacht Quartier nahm. Die Sipo hatte im März 1920 Anstalten gemacht, sich den Kapp-Lüttwitz-Putschisten gegen die Republik und zur Wiedererrichtung der Monarchie anzuschließen. Daraufhin wurde die Kaserne von

Der Baseler Platz

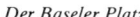

bewaffneten Arbeitern belagert. Der Sturm auf das gut zu verteidigende Gebäude mißlang jedoch. Immerhin verhinderte er aber die Einmischung der Truppe in die Auseinandersetzungen innerhalb der Stadt, die die streikenden Arbeiter unter ihre Kontrolle brachten und so für ihren Teil zum Mißlingen des Putsches beitrugen. Die Kaserne wurde bis 1977 von der US-Army genutzt. Das große Areal wird im Rahmen der Sanierung des Viertels teilweise neu bebaut werden. Den Wünschen von Bürgerinitiativen und Gruppen ausländischer Mitbürgerinnen und Mitbürger nach einem soziokulturellen Stadtteilzentrum wurde bzw. wird dabei allerdings (wieder einmal) nicht Rechnung getragen. Stattdessen zieht das Finanzamt ein und Polizei und Stadtverwaltung erhalten den Zuschlag für den Bau neuer Gebäude.

Gutleutviertel

Im Gutleutviertel leben vor allem ältere Leute, Ausländer und viele einkommensschwache junge Menschen in Wohngemeinschaften in den z.T. vernachlässigten Wohnungen zwischen bahnhofsnaher Industrie und Westhafen. Einerseits soll mit Sanierungsmaßnahmen der Wohnraum im Viertel erhalten werden. Andererseits fürchten die Anwohner zu Recht eine Minderung des Wohnwertes durch die geplanten Hochhäuser im Viertel. Wenn der Hafentunnel wie geplant auf vier Spuren erweitert wird, droht das Viertel im Abgasgestank zu ersticken. Aber die Anwohner geben nicht auf. Auf dem jährlich stattfindenden Stadtteilfest in der Schleusenstraße werden Sanierungsalternativen, die den Interessen der Bürger gerecht werden, vorgestellt. In der Schleusenstraße 17 arbeiten die Macherinnen und Macher der *az* (andere Zeitung), des Frankfur-

Schleusenstr. 17

Die Wehrmacht beim Appell auf dem Gutleut-Kasernenhof in der Nazi-Zeit

Hafenstr. 19

⑨

Mannheimer Str.

Gutleuthofweg

⑩

ter Stadtblattes. An der Ecke Hafenstraße/Gutleutstraße hat sich eine Kneipe »Das Hafeneck« mit Kulturveranstaltungen etabliert, deren Betreiber und Besucher dem Ausverkauf des Viertels nicht länger tatenlos zusehen.

Von der Hafenstraße aus erreicht man schnell wieder den Bahnhof. Vom Gleis entlang der Mannheimer Straße starteten im Zweiten Weltkrieg Deportationen in die Gettos, KZs und Vernichtungslager. Zusammengetrieben wurden die Betroffenen u.a. im »Siemenshaus« (Gutleutstraße 29-31). Die noble neoklassizistische Fassade von 1895 und der Namenszug eines Weltkonzerns machen leicht vergessen, was einst dahinter geschah. Hier begann — oft mit grausamer Folter — zwischen 1933 und 1940 für tausende Gegner des NS-Regimes der Leidensweg in die Konzentrationslager; dieses Haus war der Sitz der Geheimen Staatspolizei für Frankfurt und Hessen-Nassau (Gestapo), bevor er in die Lindenstraße 27 verlegt wurde.

Wer noch Zeit hat, kann zu Fuß die Gutleutstraße entlang laufen. Vorbei an den gewaltigen Anlagen der Degussa und dem Heizkraftwerk bis zum Gutleuthofsweg, der einst weit draußen vor den Toren der Stadt lag. Hier stand im Mittelalter der Gutleuthof, der die aus der Stadt gewiesenen Aussätzigen beherbergte und pflegte. Ein von der Stadt ernannter Meister und »Geistliche Brüder und Schwestern« bildeten das Personal. Die Gebäude sind 1801 abgebrannt. Heute lebt nur noch der Name fort und die Erinnerung an die schwefelhaltigen Quellen im Stadtgebiet, die einst die Behandlung der Kranken ermöglichten und Frankfurt sogar zu einem Bad hätten werden lassen können.

Straßenfest der BI Gutleut auf dem Schöneplatz

Von Goethe wissen wir: »An dem rechten Ufer des Mains unterwärts, etwa eine halbe Stunde vom Tor, quillt ein Schwefelbrunnen, sauber eingefaßt und von uralten Linden umgeben. Nicht weit davon steht der Hof zu den guten Leuten, ehemals ein um dieser Quelle willen erbautes Hospital.« Außer den Brunnen im Niedwald sind heute alle Heilquellen versiegt. Vor einigen Jahren entschied man sich, sie nicht wieder zu beleben und den bis in die 50er Jahre noch aktiven Brunnen am Restaurant am Main auf Höhe der Untermainanlage als Denkmal zu belassen wie er ist. Seit 1984 beschäftigt sich im Gutleutviertel eine Gruppe Bürger damit, den alten Gutleutbrunnen wenigstens als Dekoration an geeigneter Stelle wieder aufzubauen.

Gutleutstr. 319

An der Gutleutstraße liegt das Johanna-Kirchner-Heim, ein großer Altenwohnkomplex der Arbeiterwohlfahrt. Hier wurde eine progressive, integrative Altenpolitik und -praxis entwickelt, die mittlerweile richtungsweisend auf die Sozialgesetzgebung und Sozialpolitik einwirkt.

Sommerhoff-Park
⓫

Der hinter dem Wohnheim liegende Sommerhoff-Park ist die einzige Grünfläche im Viertel. Es ist der Rest einer im vergangenen Jahrhundert angelegten Parkanlage mit Aussichtsterrassen zum Main und Planschbecken, die im Zweiten Weltkrieg völlig zerstört wurde. Dort findet jährlich Ende August das Sommerfest der AWO statt, das verschiedene Kulturen, Nationalitäten und Altersgruppen zu einem bunten Miteinander verbindet. Zum Rückweg Richtung Hauptbahnhof-Südseite empfiehlt sich die Buslinie 37.

Messe

Die meisten Messebesucher gelangen zu Fuß oder mit der Straßenbahn vom Bahnhof aus über die Friedrich-Ebert-Anlage zu Festhalle und Messegelände. 1891 fand hier die weltberühmte »Elektrotechnische Ausstellung« auf dem noch unbebauten Gelände zwischen Bahnhof und Theaterplatz statt. Für nachfolgende Großveranstaltungen schuf man das Messegelände, das heute an die Grenzen seine Erweiterungsmöglichkeiten stößt.

Hier steht die von Friedrich von Thiersch entworfene Mehrzweckhalle, die »Festhalle«, damals die größte in Europa. Sie hatte 18.000 Sitzplätze. Ein rechtwinklig zum Kuppelbau konzipierter Arkadentrakt mit Turm wurde nicht ausgeführt. Stattdessen entstanden nach dem Ersten Weltkrieg Messebauten, die nach der Zerstörung im Zweiten Weltkrieg nicht mehr aufgebaut wurden. Dem imposanten Kuppelbau, der 1940 ausbrannte (Wehrmachtsbekleidungslager), fehlen auch nach der Renovierung 1986 immer noch die Bekrönungen der Ecktürme sowie der Portalrotunde.

Kaiser Wilhelm II. eröffnete am 19.5.1909 die Halle mit dem »3. Wettstreit Deutscher Männergesangvereine«. Etwas später feierten dort 80.000 Arbeiter ihr Gewerkschaftsfest. In den zwanziger Jahren fanden Messen, Musikveranstaltungen und die ersten Sechstagerennen statt. Das 1925 gegründete »Kulturkartell der modernen Arbeiterbewegung« führte hier 1929 bis 1932 zahlreiche expressionistische Massen-Szenarien auf sowie Chorveranstaltungen in Zusammenarbeit mit dem Opernhausorchester und den Opernsolisten, die allesamt weit über Frankfurt hinaus Beachtung fanden.

In der Zeit der Weimarer Republik diente die Halle auch als Veranstaltungsort für große politische Veranstaltungen. So fand hier z.B. am 17.1.1919 eine Versammlung der SPD zu Ehren der ermordeten *Rosa Luxemburg* und *Karl Liebknecht* statt.

Weniger rühmlich wurde die Festhalle bekannt als einer der Orte, an denen die Nazis jüdische Menschen konzentrierten und anschließend vom Haupt- und/oder Ostbahnhof in die Ghettos und KZs verschleppten. So wurden hier nach dem Judenpogrom vom 9.1.1938 (»Reichskristallnacht«) 3.000 von 25.000 jüdischen Männern in Beugehaft genommen. Sie wurden erst wieder freigelassen, als die deutschen Juden die ihnen auferlegte »Wiedergut-

»Der Kreuzzug der Maschine« — *Uraufführung am 1. Mai 1930 in der Festhalle*

machungsleistung« in der astronomischen Höhe von einer Milliarde Reichsmark gezahlt hatten. Die Grausamkeit des nationalsozialistischen Terrors gegenüber den Juden wird auch an jener Episode deutlich, von der der ehemalige Rabbiner der Westendsynagoge, Dr. *Georg Salzberger* in einem Bericht über seine Deportation erzählt. Danach zwangen die Nazis den jüdischen Bassisten *Hans Erl*, vor seinen dreitausend Leidensgenossen Mozarts Sarastro-Arie zu singen.

»Plötzlich lautlose Stille in dem großen Raum und vom Balkon erscholl die Stimme eines Sängers. Er sang die Arie ›In diesen heil'gen Hallen kennt man die Rache nicht.‹ Später erzählte mir Opernsänger Erl, daß dieser Obergruppenführer auch an ihn herangetreten sei. ›Sie haben sich einen dicken Bauch angemästet‹, begann er, ›was sind sie von Beruf?‹ — ›Ich bin Opernsänger.‹ — ›Dann singen sie mal die Arie aus der Zauberflöte und singen sie sich damit frei.‹ Tatsächlich hat sich Erl damals frei gesungen, aber nur, um später doch noch nach Auschwitz gebracht zu werden.«

Nach dem Wiederaufbau nach 1945 wurde die Festhalle am 7.11.1986 zum dritten Mal eröffnet. Makabere Ironie der Geschichte: Zur Einweihung ließen die Veranstalter wieder das »In diesen heil'gen Hallen kennt man die Rache nicht« singen. Nachträgliche Entschuldigung: Unwissenheit!

Das derzeitige Messegelände ist die gigantische Fortsetzung jener alten Reichsmesse aus dem elften Jahrhundert, die ihrerseits aus einem Fruchtmarkt entstand. Im vierzehnten Jahrhundert hatte sie sich zum größten europäischen Binnenmarkt entwickelt. Seit 800 Jahren gibt es die traditionelle Frühjahrs- und Herbstmesse, die heute vielfach als volkswirtschaftliches Barometer betrachtet wird.

In den letzten Jahren wurde und wird das Messegelände nach den Bedürfnissen der Aussteller mit hohem Kostenaufwand umgestaltet. *Prof. Ungers* gestaltete das Messehochhaus — das zur Weihnachtszeit nachts als leuchtender Christbaum weithin sichtbar ist — und den westlichen Teil des Geländes in der für ihn typischen rechtwinkligen Architektur.

Im Ostteil steht heute noch das Eingangsgebäude im charakteristischen Stil der Nachkriegszeit. Alle anderen Bauten jener Jahre wurden grunderneuert oder abgerissen. So entsteht in nächster Zeit als neues Wahrzeichen neben der Festhalle ein rund 250 Meter hohes Geschäftshaus, das höchste in Europa.   *Jürgen Engelhardt*

Der Haupteingang zur Messe

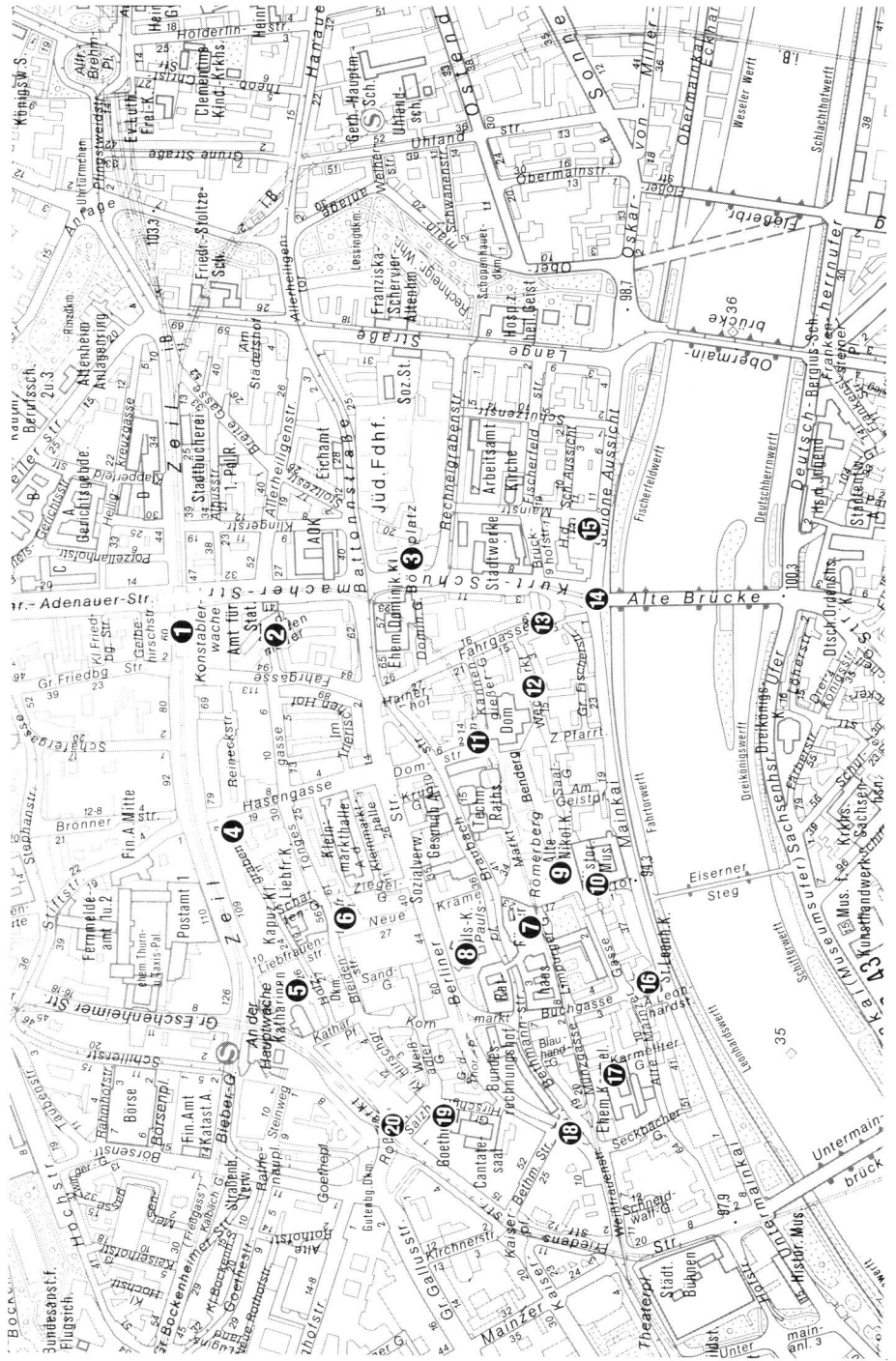

Nichts geht ohne Römer

Altstadt

von Dieter Bartetzko

Ausgangspunkt: *Konstabler Wache (S-, U-, und Straßenbahn)*
Endpunkt: *Hauptwache (S- und U- Bahn)*
Dauer   *ca. 3 Stunden*

Frankfurt, insbesondere seine Innenstadt, erschließt sich nicht auf Anhieb. Es will erobert werden: »Nichts architektonisch Erhebendes (ist) in Frankfurt zu sehen...Die Plätze, die Straßen, selbst die neuen, breiter und schöner angelegten, (hatten) alle nur dem Zufall und der Willkür und keinem regelnden Geist ihren Ursprung zu danken...« So schreibt *Goethe* in seinen Jugenderinnerungen. Goethe war in Weimar zu einem geradezu fanatischen Anhänger klassizistischen Regelmaßes geworden. So mußte ihm Frankfurt mit seinem über Jahrhunderte entstandenen Gewirr, den durcheinander gebauten Gassen, Häusern, Höfen und Kirchen als Inbegriff städtebaulicher Willkür erscheinen. Streicht man seine Befangenheit ab, bleibt die zutreffende Charakteristik eines bürgerlichen Gemeinwesens und seiner Stadt — einer Stadt, deren Enge auch Geborgenheit vermittelte, deren Chaos unvermittelte Schönheiten enthielt. Bis heute hat sich daran wenig geändert. Die gotische Altstadt wurde zwar vernichtet, aber ihr Straßenraster und maßstabgebende Denkmäler blieben.

Vom 18. bis 22.3.1944 fielen bei 78 Bomben- und 18 Tieffliegerangriffen zwei Millionen Brandbomben auf Frankfurt. Rund die Hälfte der Bevölkerung, etwa 270.000 Menschen flohen aus der Stadt. Rund 50% der Wohnungen wurden zerstört. Ein Feuersturm vernichtete die Fachwerk-Altstadt zwischen heutiger Berliner Straße und Main. Jahrelang hatten die Frankfurter nicht an eine Zerstörung ihrer Stadt geglaubt. Erst 1941 wurde ein verstärkter Ausbau der Luftschutzanlagen betrieben. 48 Bunker entstanden. Die meisten stehen noch und sollen in den kommenden Jahren wieder für Katastrophenfälle hergerichtet werden. (Wer rechnen kann, muß sich die Frage stellen, wer der rund 600.000 Frankfurter und über 200.000 täglichen Berufseinpendler die hypothetischen Katastrophen überleben ›dürfen‹ soll).

Wußte sich populär ins Bild zu setzen: Oberbürgermeister Walter Kolb bei der Trümmerbeseitigung

Wider den Willen der modernen wie der postmodernen Frankfurter Städtebauer und Bauämter erneuerte sich in der Nachkriegszeit in der Innenstadt das charakteristische Durcheinander. Als Flickwerk aus Historie, Moderne und Postmoderne entschädigt sie für fehlende »architektonische Erhabenheiten« und ist damit ein Idealgebiet für Flaneure. Eines, in dem man die (in jeder Bedeutung des Wortes) reiche Geschichte der Stadt hinter vordergründiger Gegenwartshektik und unscheinbaren Zweckbauten aufspüren muß.

LVDWIG BÖRNE 1786-1837 ER WAR EIN MENSCH-EIN DVRGER DER ERDE-EIN GV TER SCHRIFT STELLER VND EIN GROSSER PATRIOT HEINE

An der Staufermauer

❷

Judengasse

❸

Börneplatz

Die neue Synagoge am Börneplatz um die Jahrhundertwende

Kapuzinerkloster Holzgraben

❹

Unser Rundgang beginnt an der Konstabler Wache. Das Schönste an der Konstabler Wache ist ihr Name. (Bis 1886 stand hier ein der Hauptwache ähnliches Wachgebäude samt spätmittelalterlichem Zeughaus.) 1848 war der Platz Zentrum des Aufstands wider das zögerliche Taktieren des Paulskirchen-Parlaments. Heute vermag er allenfalls von totaler Großstadt-Anonymität Faszinierte zu fesseln. Erwähnenswert ist jedoch das »Bienenkorb-Hochhaus« (1954, J. Krahn), eines der ersten in Frankfurt entstandenen Hochhäuser. Nach einem Brand wurde die ursprüngliche, kleinteilig-filigrane Gliederung der Fassade durch plumpe Erneuerungen vollständig zerstört.

Unser Weg führt uns zunächst zum Börneplatz und zu den Grabenstraßen. Sie verlaufen parallel zur Zeil und entstanden, als die Gräben vor der alten Stadtmauer ab 1360 aufgefüllt wurden.

Die alte Stadtmauer umfaßte das Gebiet zwischen Kurt-Schumacher-Straße, Holzgraben, Kleiner und Großer Hirschgraben und Karmelitergasse. (Die neue Stadtmauer umschloß eine dreifach größere Region.) Von der alten Befestigung, der Staufermauer (um 1180), ist ein Teilstück erhalten geblieben. Es kam 1944 zum Vorschein, als die angrenzenden Häuser verbrannten, denen sie als Brandmauer gedient hatte. Die Krümmung der Staufermauer zeichnet den Verlauf der einstigen Judengasse nach, des bis ca. 1830 bestehenden Frankfurter Ghettos. Die Rothschilds *hatten dort ihren Stammsitz;* Ludwig Börne *wurde in der Judengasse geboren. Die Neubebauung in den 50er Jahren erfolgte in schmalem Abstand zur Mauer. In der Abgeschiedenheit dieser neuen Gasse läßt sich die einstige Enge, aber auch die Geborgenheit des Ghettos ahnen. Eine Gedenktafel aus schwarzem Marmor erinnert an die in der Kristallnacht in Brand gesteckte Hauptsynagoge. Sie war 1855 als Nachfolgebau einer der ältesten Synagogen Deutschlands errichtet worden.*

Bei den Kommunalwahlen 1981 geriet der verwahrloste Platz ins Blickfeld der Frankfurter Parteien und Institutionen. Die Frankfurter Stadtwerke wollten ihn nunmehr mit einem Verwaltungsgebäude zubauen; die SPD und die GRÜNEN und — zurückhaltender — die nach dem Krieg vorwiegend im Westteil der Stadt wohnende kleine jüdische Gemeinde, die die Verfolgungen und Vernichtungen der NS-Zeit überlebt hatte, wollte den Börneplatz dagegen gemäß seiner historischen Bedeutung erschließen und gestalten. Und zwar ohne Profan-Bebauung. Nach der Kommunalwahl, bei der die CDU wieder eine Mehrheit erhielt, erteilte der Magistrat den Stadtwerken für deren Projekt unverzüglich eine Baugenehmigung. Bei der Ausschachtung der Baugrube traten dann unerwartet Kellerräume, in ihnen gelegene kultische jüdische Einrichtungen (u.a. eine vollständig erhaltene »Mikwe« ein kultisches Kaltbad) und auch aufstrebendes Mauerwerk der offensichtlich nur oberflächlich abgerissenen Judengasse zutage.

Trödelläden und Hinterhofkneipen kennzeichnen die Grabenstraßen heute. Bemerkenswert, neben einigen halbverfallenen Torgängen und Fragmenten von Gründerzeithäusern, ist das Kapuzinerkloster im Holzgraben. Der während der 20er Jahre als Kirchenbaumeister berühmte expressionistische Architekt *Martin Weber* hat das Gebäude 1924 entworfen. Die von Zackenfriesen gerahmte Spitzbogen-Nische der Schaufront — heute leider von teigig-dickem Putz verklebt — ist eines der beeindruckendsten Beispiele expressionistischer Architektur in Frankfurt.

»Ihr Juden gehört uns mit Leib und Seele«

In seiner ›Geschichte der Frankfurter Juden‹ schreibt Isidor Kracauer, daß sich bis ins 12. Jahrhundert in Frankfurt keine Hinweise auf jüdische Bewohner finden. Als erste Nachricht nennt er einen Brief des Mainzer Rabbiners Elieser b. Natan (in Mainz existierte damals eine blühende jüdische Gemeinde), worin Juden für die Dauer der Frankfurter Messe eine Teilbefreiung von religiösen Pflichten gewährt wird.

1241 erklärte Kaiser Friedrich II. alle Juden zu Angehörigen der kaiserlichen Kammer (Gefolge); eine Maßnahme, die die Juden fortan dem direkten Schutz, aber auch der Willkür der Monarchen unterstellt. Im selben Jahr finden Frankfurter Juden erstmals ausführlich Erwähnung in den städtischen Chroniken. Anlaß ist ein Pogrom, das von nun an »die erste Judenschlacht« genannt wird.

Als Ursache geben die Berichterstatter Glaubensstreitigkeiten an. Ein junger Jude sei von seinen Verwandten am Übertritt zum christlichen Glauben gehindert worden. Aus Handgreiflichkeiten zwischen Christen und Juden erwuchs ein Kampf. Das Stadtviertel am Dom brannte, ungefähr 180 Juden wurden getötet, die vierundzwanzig Überlebenden wurden zwangsweise getauft. Isidor Kracauer äußert die berechtigte Vermutung, nicht nur Glaubenseifer habe zu diesem Pogrom geführt, sondern es sei auch der Versuch gewesen, die Juden aus dem Bereich der lukrativen Hauptverkehrsstraße Fahrgasse und des vielbesuchten Domplatzes zu verdrängen.

Durchgängig sind die Nachrichten über Steuern, Abgaben und Strafzahlungen, die den Juden auferlegt werden. Die jährlich zahlbare »Judensteuer« stieg allein zwischen 1241 und 1309 um das Achtfache.

Am 25. Juni 1349 verkaufte Kaiser Karl IV. die Frankfurter jüdische Gemeinde für 15.200 Pfund Heller an den Rat der Stadt. Von nun an sahen die Juden sich wechselnd dessen Geldforderungen und denen der Kaiser ausgesetzt. Während des 13. Jahrhunderts wurde der Tätigkeitsbereich der Juden auf die — zumindest offiziell — Christen untersagten Zins- und Pfandgeschäfte eingeschränkt. Die Zeiten, während derer man die Gemeinde relativ ungeschoren ließ, waren nur Atempausen.

Judengasse mit Synagoge

Nur zu verständlich ist der verhaltene Stolz, mit dem der Historiker darauf hinweist, daß in jeder Epoche die Juden sich entschlossen und mutig zur Wehr setzten, nicht minder empfindlich und schlagkräftig auf Ungerechtigkeiten reagierten als ihre christlichen Nachbarn.

Zuweilen hat man sogar einander geholfen: Als die europäische Pestepidemie um 1330 auch in Deutschland Massenhysterien auslöste, und man die Juden als Urheber der Seuche bezichtigte, blieben die Frankfurter zunächst besonnen. Erst nachdem der Dom-Chor brannte und die Juden als Brandstifter ausgeschrieen wurden, stellten die Christen sich auf die Seite der Geißler. Alle Juden wurden ermordet, ihre Häuser verbrannt, Grundstücke und Besitz beschlagnahmt. Erst 1360 siedelten wieder Juden in Frankfurt.

»Ihr (Juden) gehört uns mit Leib und Gut an«, hatte 1330 Kaiser Ludwig der Bayer beurkunden lassen. 1460 bekamen die Frankfurter Juden die furchtbaren Konsequenzen dieser »Angehörigkeit« endgültig zu spüren. Während für Europa und die Christen das finstere Mittelalter zu Ende ging, begann es für die Juden nun erst eigentlich: 1441 hatte Kaiser Friedrich III. Anstoß genommen, daß durch die Nachbarschaft von Synagoge und Pfarrkirche (Dom) die »christliche Ordnung ... verunehrt« werde. Erste Vorschläge zur Errichtung eines Ghettos wurden laut.

1460 ergeht der kaiserliche, vom Rat bestätigte Befehl, auf dem Wollgraben, längs der alten Stadtbefestigung, eine verschlossene Juden-Gasse — ein Ghetto — anzulegen.

Die Juden mußten sich fügen. Mit dem Einzug in das »Neu-Ägypten« (später Klein-Jerusalem) genannte Ghetto begann die Epoche eines abgeschlossenen Daseins, während dessen Christen und Juden einander fremder wurden als je zuvor.

Drei Tore hatte das Ghetto: Die Bornheimer Pforte an der Allerheiligengasse lag am nördlichen Ende der Gasse. Am mainwärts gelegenen Fischerfeld (ungefähr in Höhe der Rechneigrabenstraße) stand das Wollgraben-Tor. Das dritte, das Judenbrückchen-Tor, war eine Schlupfpforte, von der aus ein Steg über den alten Stadtgraben, vorbei am Dominikanerkloster in die Prediger-Gasse führte. Alle wurden allabendlich von außen verschlossen.

Mit seinen öffentlichen und privaten Bauten und mit seiner (dem Rat unterstellten) Selbstverwaltung war das Ghetto tatsächlich ein Abbild der es umgebenden Stadt. Vier Gotteshäuser entstanden hier im Laufe der Zeit: die Große (alte) sowie die unmittelbar angrenzende Neue (kleine) Synagoge (etwa auf der Höhe der heutigen Börnestraße). Dazu gab es die sogenannte Klaß, eine Betstube für Gelehrte und Studenten sowie die Spitalsynagoge.

Im Spital waren zusätzlich ein Armenhaus und das Gefängnis untergebracht. Gemeindehaus, die Ritualbäder, Tanz- beziehungsweise Hochzeitshaus, das Schlachthaus, zwei Metzgerschirnen, ein Gemeindebackhaus, eine Badestube, zwei Wirtshäuser, eins davon Herberge und späterhin ein Spritzenhaus, vervollständigten die Reihe der öffentlichen Bauten. Um diese herum erstreckte sich die Giebelreihe der Wohnhäuser.

Heute erweckt die Aufzählung solcher Bauten und Namen unwillkürlich das Bild eines beschaulich-geregelten Gemeinwesens, einer Art Miniatur-Altstadt. Die Wirklichkeit war entsetzlich. Nur während der ersten Jahrzehnte des Ghettos lebte man unter erträglichen Umständen. 1496 standen in der Judengasse neben der Synagoge zirka 14 Häuser, die Einwohnerzahl wird auf ungefähr 100 Personen geschätzt. 1610 lebten auf derselben Fläche rund 3.000 Menschen, wurden 195 Häuser registriert.

Rat- und Fassungslosigkeit bleiben heute als Antwort auf die Frage, wie die Bewohner es in dieser grauenhaften Enge miteinander aushielten. Es gab die bei solcher Bedrängnis unvermeidlichen Streitigkeiten. Der allgemeine Gesundheitszustand war zwangsläufig verheerend, ansteckende Krankheiten nahmen in dem notgedrungenen dichten Beieinander rasch epidemische Ausmaße an.

Trotzdem blühte im Ghetto das religiöse, wissenschaftliche und kulturelle Leben. Studenten aus ganz Europa besuchten die hiesigen gelehrten Rabbiner, die jüdischen Ärzte wurden von ihren christlichen Kollegen oft beneidet. Jüdische Handwerker — Schneider, Glaser, Färber —, die mit Ausnahmegenehmigung für den Eigenbedarf des Ghettos arbeiteten, widerlegten das Vorurteil vom einzig zu Geldhandel fähigen Juden. Im Ghetto wurde gedichtet, musiziert, getanzt, und es gab einige der umfangreichsten Bibliotheken Frankfurts.

Im Zeitalter der Aufklärung und der Französischen Revolution hat sich lange Zeit kaum etwas an der Lage der Frankfurter Juden geändert. 1711 war ein großer Teil des Ghettos abgebrannt. Seine Einwohner wurden gezwungen, es in der gleichen Enge und mit sämtlichen Sperrmauern und Toren wiederaufzubauen.

1796, nachdem im Zug der napoleonischen Kriege eine Kanonade weite Teile des Ghettos zerstört hatte, forderte man erneut den Wiederaufbau in den alten Grenzen. Er ging schleppend voran. 1808, nach der Einführung des »Code Napoléon« (bürgerliches Gesetzbuch) unter dem Fürstprimas Dalberg fallen die Tore des Ghettos, 1811 wird das freie Wohnrecht eingeführt.

Diejenigen, die es sich leisten können, verlassen sofort die Judengasse und widersetzen sich den späteren Versuchen des rekonstituierten Stadtrates, die Entscheidungen Dalbergs rückgängig zu machen. 1855 entsteht als architektonisches Symbol des neuen jüdischen Selbstbewußtseins, aber auch als Beweis der Anhänglichkeit an den einstigen Lebensraum in der Judengasse die neue Hauptsynagoge. Es ist ein weithin ragender Bau. Zwiebelförmige maurische Kuppelbauten und Minarette betonen Herkunft, Eigenart und Eigenwert der jüdischen Glaubensgemeinschaft. Maßwerkfenster und gotisierende Pfeiler lassen zugleich Zugehörigkeit zum historischen Frankfurt anklingen. 1885, als aus dem — wie Heine ihn nannte — »wüsten Ort« vor der Judengasse, aus dem Viehmarkt beziehungsweise Judenmarkt, zu Ehren des im Ghetto geborenen Dichters der Börneplatz wird, scheinen Gleichberechtigung und Versöhnung besiegelt.

Ebenfalls 1885 wurde — mit Ausnahme des Rothschildschen Stammhauses — der letzte Teil des Ghettos abgerissen. Zuvor war es jahrzehntelang verfallen. Trödler und Minderbemittelte hatte zuletzt hier gehaust. Für die Frankfurter und für Besucher war die Gasse zu einem teils pittoresken, teils schauerlichen Denkmal geworden. Der Lokalhistoriker und Maler Theodor Reiffenstein hat die Judengasse kurz vor ihrer Zerstörung in einer Fülle detaillierter Zeichnungen und Skizzen festgehalten. Mit dem Rothschildhaus war bis zu dessen Zerstörung 1944 noch ein Beispiel dieser der Enge abgerungenen Bau- und Wohnkultur lange sichtbar. Dennoch war man allgemein erleichtert, als die düstere Gasse verschwand. Der Ort aber blieb Treffpunkt der Juden. 1882 errichtete man am Börneplatz eine weitere Synagoge. Max Beckmanns berühmtes Gemälde hat sie im allgemeinen Gedächtnis bewahrt. Im bedrohlichen Schwanken, das er ihren Mauern verliehen hat, und in der gespenstischen Atmosphäre, die der Börneplatz auf diesem Gemälde ausstrahlt, scheint die Bedrohung auf, die sich wenige Jahre darauf mit dem Sieg der Faschisten bewahrheitet.

Betretenheit und Schweigen über das was da geschah halten bis heute an. Nicht zu offiziellen Anlässen, aber im Alltagsleben. Ein Schweigen, das schleichendes Vergessen hervorbrachte: Die Trümmer der Börneplatz-Synagoge wurden teilweise in die Stirnwände einer Blumenmarkthalle vermauert. Der Platz, an dem sie gestanden hat, hieß bis 1979 so, wie ihn die Nazis umbenannt hatten: Dominikaner-Platz. Wer kennt die Gedenksteine, die in der Börnestraße oder an der Friedberger Anlage zum Gedächtnis der abgebrannten Synagogen angebracht sind? Wer die Reihen hellgrauer Grabsteine hinter den Mauern des jüdischen Friedhofs an der Eckenheimer Landstraße, die alle Daten zwischen den Jahren 1941 und 1942 tragen; die Gräber jüdischer Bürger, die kurz vor der Deportation sich selbst den Tod gaben, um nicht den Henkern in den Vernichtungslagern ausgeliefert zu werden?

Die Diskussion um die Überreste des Ghettos, so erklärte Oberbürgermeister Brück, komme eigentlich einhundert Jahre zu spät. Nein, eine solche Diskussion kann niemals zu spät stattfinden. Erst recht nicht angesichts der grauenhaften Geschehnisse, die sich ab 1933 zugetragen haben.

Die Fundamente und Mauerreste am Börneplatz sind mehr als aufschlußreiche Relikte eines geschichtlichen Zustandes, den man im nachhinein dokumentieren, archivieren und in ein oder zwei ausgewählten Beispielen konservieren kann. Diese Mauern sind ein Symbol nicht nur für das Ghetto, sondern auch für die Massenmorde, für den grenzenlosen Haß, der sie ermöglichte, und dessen Wurzeln bis in die Zeit des Ghettos zurückreichen.

Dieter Bartetzko

Die alte Synagoge in der Judengasse

Stoltze-Platz
⑤

Großer Kornmarkt

Die Altstadt

Der Holzgraben mündet auf das Stoltze-Plätzchen hinter der Katharinenkirche. In dessen Mitte thront, auf einer an Torten-Aufsätze erinnernden Rotsandsteinsäule, die Büste des Dichters und Journalisten _Friedrich Stoltze_ (1895, _F. Schierholz_). Er war nicht nur der schwank-selige Lokalpossen-Schreiber, als der er in Frankfurt meist gefeiert wird. Stoltzes Zeitung »Die Laterne« übte, verpackt in derben Humor, scharfe Kritik am rückständigen Frankfurt. Nach 1866 ging Stoltze, wegen seiner radikal-demokratischen Gesinnung von den preußischen Besatzern beargwöhnt, für mehrere Jahre ins Exil.

Das Stoltze-Plätzchen bietet eine seltsame Mischung aus Hinterhof und guter Stube. Der schnittige Caféhaus-Pavillon (beste 50er Jahre) samt Dachterrasse wird von jungen Angestellten und Touristen frequentiert, sogenanntes gutbürgerliches Essen samt Publikum dominiert das Straßenlokal an der Ostseite. Seit der Neugestaltung vor ein paar Jahren können die Kosten für die Pflege der einstigen Rasenfläche, Büsche und Bänke eingespart werden. Damit sollten auch die »Penner« vertrieben werden. Sie sitzen heute auf den Bänken aus Draht. Bliebe noch das mit seinem geschwungenen Dach gleichsam geflügelte Parkhaus zu erwähnen, eines der ersten in der Bundesrepublik entstandenen und bis heute eines der formvollendetsten (1956, _M. Meid, H. Ron_). Wer Spitzen-Kaffee und Espresso sowie Kontakt mit buntest gemischtem Publikum liebt, dem sei Wacker's Café am Großen Kornmarkt empfohlen. Vor der Verkaufstheke sind mächtige Kaffee-Säcke gereiht, die Rückwand bedecken verchromte Trommeln, aus denen die Verkäufer auf Wunsch die Bohnen rieseln lassen. Zwischen allem ein Sammelsurium aus Fotografien Alt-Frankfurts, Zeichnungen von Hobby-Künstlern und zwei Porträts der Senior-Besitzer in bester Neuer Sachlichkeit.

Am Liebfrauenberg begann vor 1944 das Gewirr der Frankfurter Altstadt. Der Platz hat eine Ahnung der einstigen Intimität bewahrt. In der Mitte der mächtige, von einem Obelisken beherrschte und mit einer vergoldeten Pausbacken-Sonne gekrönte Barockbrunnen des Bildhauers *Johann Datzerath* (1771). Rechterhand das nach Kriegsschäden vereinfacht wiederaufgebaute barocke Doppelhaus Zum Krimvogel und Paradies (um 1750). Das Haus diente im 18. Jahrhundert seines Luxus wegen einige Male als Kaiser-Herberge. Sehenswert, außer der Fassade, ist der — leider meist unzugängliche — Innenhof mit barocken Wandreliefs.

Liebfrauenberg

❻

Im Vorgängerbau des links davon gelegenen Eckhauses mit Bistro gab es während der 20er Jahre das sogenannte Café Bräutigam. Künstler und Intellektuelle (*Siegfried Kracauer* wurde oft gesehen) mischten sich hier unter Kaffee-Tanten. Im ›Bräutigam‹ feierten Paare ihre Verlobung; heimliche und offizielle. Und es waren nicht nur Spießer, die hier Ringe tauschten: Stammkunden, die sich auf dem Gipfel der freien ›Roaring Twenties‹ glaubten, sollen hier bis zu fünfmal monatlich Eheversprechen getauscht haben — mit jeweils neuen Partnern, versteht sich.

Sei die Formulierung auch noch so abgegriffen: die Liebfrauenkirche (1310 und 1506) ist ein Kleinod der einstigen Altstadt. Das Fischblasen-Maßwerk der hohen Spitzbogen-Fenster erreicht die ästhetische Qualität der berühmten Kathedralen von Amiens oder Beauvais; die zum Platz als eigentliche Schaufassade ausgebildete Langhauswand ist ein Architektur gewordenes Musterbuch höfisch-eleganter Spätgotik.

Im Inneren — die flache Kassettendecke ersetzt seit den Kriegszerstörungen das vorherige Netzgewölbe — ist die kostbarste spätgotische Plastik Frankfurts zu sehen: das Giebelfeld des ehemaligen Haupteingangs, später durch eine Barock-Kapelle vor der Witterung geschützt. Es zeigt die Anbetung der Könige und ist — der Bildhauer ist unbekannt — ein hervorragendes Kunstwerk des sogenannten Weichen Stils, der um 1400 als Mischung höfisch-stilisierter und drastisch-realistischer Momente in ganz Europa herrschte.

Wer auch nur einigermaßen Zeit erübrigen kann, sollte die angrenzende Kleinmarkthalle besuchen. Im Erdgeschoß bieten Händler exotische Früchte, Gemüse, Milchprodukte und hessische Wurstwaren an — Mutige sollten die warme Gelbwurst nicht versäumen. Im oberen Umgang herrscht der vielen türkischen Metzger wegen zeitweise das faszinierende Marktgetümmel Istanbuls.

Kleinmarkthalle

Die Berliner Straße ist genau das, was sie scheint: eine nach dem Krieg rücksichtslos durch die Altstadt-Parzellen gebrochene Hauptverkehrsachse, die den historischen Altstadtrest mit Dom und Römer von der Innenstadt abschneidet. Gleichwohl sind an ihr einige bemerkenswerte Großbauten der Nachkriegsmoderne se-

Berliner Straße

henswert. So der inzwischen denkmalgeschützte Bundesrechnungshof (1954, *F. Steinmeyer/W. Dierschke*) an der Kreuzung Berliner Straße/Kornmarkt und das Gebäude Berliner Straße Nr. 27, eine Glas-Stahl-Fassade in strengem Mies-van-der-Rohe-

Berliner Str. 27

Funktionalismus (1956, *O. Apel*). Drei Häuser weiter rechts eröffnet sich eine unscheinbare Durchfahrt. Wer Umwege nicht scheut, sollte durch sie hindurch in Richtung Römer gehen. Hier ist ein Rest der spätmittelalterlichen Hofanlage des Nürnberger Hofes wiederaufgebaut worden. (Die beiden ebenfalls erhalten gebliebenen gotischen Torhäuser wurden 1952 gegen den Protest der Bevölkerung zugunsten der Berliner Straße gesprengt.) Durch den mächtigen Torbogen hindurch blickt man auf die Rückfronten der Braubachstraße. Die historischen Bauten entstanden zwischen 1906 und 1911 als Kopien damals abgerissener Alt-Frankfurter Häuser. Im

Braubachstr.

Hause Braubachstraße 35 lohnend wegen seiner 1906 geschaffenen Karyatiden mit Tilla-Durieux-Lächeln (der damals als Salome bei Max Reinhardt Furore machenden Schauspielerin) findet sich der zweite Torgang des Nürnberger Hofes. Ein originalerhaltenes Sternengewölbe (um 1410) überspannt ihn, in der östlichen Seitenwand befindet sich die einzige noch an Ort und Stelle verbliebene gotische Tür Frankfurts. Durch eine schmale Gasse — links das Waschbeton-Getüm des Technischen Rathauses, rechts der funktionalistische Anbau des Frankfurter Kunstvereins — erreicht man den Alten Markt, der sich nach rechts zum Römerberg öffnet.

Römer ❼

Wo selbst Kleinstädte eine prächtige Ratskirche und ein prunkvolles Rathaus vorzuweisen haben, da besitzt Frankfurt eine schlichte Kapelle und einen aus fünf Kaufmannshäusern im Laufe der Jahrhunderte zusammengekauften und -gebauten Verwaltungssitz, was der symbolischen und (zumindest teilweise) der bauästhetischen Bedeutung der Bauwerke keinen Abbruch tut. Im Gegenteil: Die markanten Zackengiebel der drei Hauptbauten (Haus Römer 1322, Haus Limpurg 1336 und Haus Löwenstein 1342) waren seit dem Spätmittelalter ein Markenzeichen für Reichtum und politische Stellung der Stadt. In den Gewölbehallen des Römer hatten zweimal im Jahr während der Messen die Goldschmiede und Wechsler ihren Sitz; im Römersaal feierten die deutschen Kaiser ihre Wahl und ab 1516 ihre Krönung. Repräsentative Pracht beschränkte man auf die Innenräume; den eben genannten Kaisersaal, der 1408 ein kühnes Tonnengewölbe erhielt, später die barocke Kaiserstiege und das Kurfürstenzimmer (1741), beides Interieurs, die Schritt hielten mit den Festsälen und Appartements höfischer Residenzen. Die Außenfronten dagegen blieben bis ins späte 19. Jahrhundert das, was sie seit ihrer Erbauung waren: stattlich-solide Kaufmannshäuser.

Blick auf den Römer in den 20er Jahren

»Der Römer«, so schrieb 1832 ein Reisender, »thront wie ein Mausoleum auf der Asche des alten Römischen Reiches Deutscher Nation«. Der Römer, so wie er sich heute bietet, ist weitgehend das Ergebnis der danach einsetzenden Bemühungen, ihn von einem

solchen unansehnlichen »Mausoleum« zum Prachtbau umzugestalten: Den Beginn bildete die Neugestaltung des (nach schweren
Kriegsschäden vereinfacht wiederhergestellten) Kaisersaales. 1842
wurde gesammelt, um dort die heute noch sichtbare Bildnisreihe aller Kaiser des Heiligen Römischen Reiches Deutscher Nation zur
Schau zu stellen. Sehenswert sind darunter einige Werke bedeutender Maler der Romantik: *Eduard von Steinle, Karl Friedrich Les-
sing, Alfred Rethel, Philipp Veit* (1842-1856).

Die einschneidendste Umwandlung erlebte der Römer 1896, als,   *Der Römer*
unter dem wachsamen Auge Wilhelms II., die drei Hauptfassaden
niedergelegt und mit überreichem neogotischem Dekorationssy-
stem wiederaufgebaut wurden.

Ernst May, 1923-1930 Frankfurter Stadtbaurat, plante eine radikale Versachlichung des Römer. Die damals wegen empörter Reak-
tionen der Bevölkerung aufgegebenen Pläne wurden makaberer-
weise realisiert, als der weitgehend zerstörte Römer 1951-53 im Stil
der Nachkriegsmoderne wiederaufgebaut wurde. Das damals umstrittene Ergebnis hat sich im Laufe der Zeit als respektable Wieder-
aufbauleistung herausgestellt: Die drei teilerhaltenen Staffelgiebel
samt der gewölbten Erdgeschoßhallen wurden restauriert. Die beiden linken Häuser der 5-Giebelfront (Haus »Engel« und »Salzhaus«) wurden in modernen Formen über den historischen Erdgeschossen neu aufgebaut. Am «Salzhaus» sind fünf erhalten gebliebene Holztafeln der ursprünglichen Schnitz-Fassade eingelassen;
Allegorien der Jahreszeiten (1610). Beide Häuser, im rekonstruk-
tionsseligen, postmodernen Frankfurt als unansehnlich umstritten,
sind gelungene Versuche, in Formen der Moderne die Erinnerung
an zerstörte historische Bauten wachzuhalten.

*Im Juli 1934: das »tau-
sendjährige Reich« wird be-
schworen*

**»Goldener
Schwan«**

Neues Rathaus

»Langer Franz«

Ostzeile

*Das Neue Rathaus mit
»langem Franz«*

1986 wurde die zur Paulskirche gerichtete Barock-Fassade
(1731) des Hauses »Goldener Schwan« restauriert. An sie schließt
das sogenannte Neue Rathaus an, 1906 als malerisches Gemisch
aus Kopien spätgotischer und barocker Bauwerke erbaut. Der als
Zwischenglied einer Blickachse Hauptbahnhof-Dom geplante
Hauptturm des Neuen Rathauses, der sogenannte Lange Franz
(nach dem damaligen Bürgermeister *Franz Adickes*), ist eine Nachbildung des ehemaligen Sachsenhausener Brückenturms. Bemerkenswert die Bauplastik. Sie ist das letzte Beispiel eines stringent
durchgeplanten Figurenprogramms des deutschen Historismus.
Die Abfolge umfaßt allegorische Darstellungen des Reiches und
der Stadt — Fassade des Bürgersaals am Paulsplatz —, bis hin zur
ständisch-hierarchischen Präsentation der Bürgerschaft, vom Senat
über Unternehmer, Handwerker, Arbeiter zu Künstlern und Au-
ßenseitern.

Mit der Fachwerkreihe der sogenannten Ostzeile begann Frankfurt zum inzwischen international bekannten Zentrum postmodernen Bauens zu werden. Postmodern insofern, als in den Häusern eine Hauptforderung postmoderner Architekturtheorie — das Zitie-
ren historischer Formen — auf die Spitze getrieben ist. Im Klartext:
die Bauten sind Rekonstruktionen von Häusern, die hier am Römerberg 1944 (beinahe) restlos verbrannten. In ihrer heutigen Gestalt stellen sie eine Art von Musterschau spätmittelalterlichen hessischen und Frankfurter Fachwerks dar. Die Originale waren — wie
in Frankfurt seit dem 17. Jahrhundert üblich — größtenteils ver-
schiefert. So war man bei der Rekonstruktion des Fachwerks auf
Vermutungen angewiesen. Was entstand, sind wissenschaftliche
Idealtypen und vor allem schmucke Ausgeburten heutiger Sehnsucht nach Heimat und Geborgenheit. Wie zu erwarten, avancierte
die Ostzeile zur Touristenattraktion Nummer eins. Auf diese
Schildbürgerarchitektur antworteten übrigens die Grünen im
Stadtparlament mit einer Eulenspiegelei: sie beantragten, das Ensemble umgehend unter Denkmalschutz zu stellen.

Beinahe überflüssig zu schildern, daß der Römerberg Schauplatz der bedeutenden mittelalterlichen Frankfurter Messen war, daß das städtische Patriziat dort Ritterspiele abhielt, daß während der Kaiserwahlen und späteren Krönungen von hier aus Bürger und Besucher dem neuen Monarchen huldigten. Ein Ort politischer Manifestationen war der Römerberg von anbeginn.

Ostern 1525, auf dem Höhepunkt des »Großen Deutschen Bauernkrieges«, zogen die Proletarier Frankfurts vom Peterskirchhof hierher, um dem Rat der Stadt ihre 46 Forderungen zu überreichen. Sie sind das erste Sozialdokument in der Stadtgeschichte. Der Rat akzeptierte die Forderungen, um seine Zusage nach der Niederlage der Bauernheere ebenso schnell wieder zu brechen. Am 4. März 1848 hißten Arbeiter und Handwerksgesellen — gegen den Widerstand der Stadtregierung und des Bürgertums — am Römerberg die schwarzrotgoldene Fahne der deutschen Demokratie. Im Kaiserreich wachten die Stadtoberen streng darüber, daß Frankfurts »gute Stubb«, wie man den Römerberg nannte, nicht mehr von »vaterlandslosen Gesellen« zu Demonstrationen und Kundgebungen genutzt wurde. Erst die Ereignisse vom November 1918 machten den Römerberg auch zu einem bevorzugten Platz der Manifestation der Arbeiterbewegung. Sie realisierte für sich das »Recht auf die Straße« und hat es bis heute bewahrt, wie die alljährlichen Maikundgebungen der Gewerkschaften zeigen.

Auf dem Balkon standen Präsidenten vieler Nationen. »Faust« von Goethe wurde als Freilichtaufführung geboten und am 13.1.1919 in einer Trauerkundgebung der ermordeten Rosa Luxemburg gedacht.

Am 5.3.1933 stehen SA-Männer vor dem Wahllokal im Römer und terrorisieren eine geheime und freie Stimmabgabe. Drei Tage später wird die Hakenkreuzfahne gehißt und von Frankfurtern bejubelt. In der »guten Stubb« verbrennen am 10.5.1933 die Nazis die Werke fortschrittlicher und humanistischer Schriftsteller.

Am 4.10.1943 brennt der Römer bei einem Luftangriff aus. Am 26.3.1945 trifft die dritte US-Armee in der Stadt ein.

Der Balkon wird nach Kriegsende wieder zu Kundgebungen genutzt. Der übrige Bau ist während der Hundertjahrfeier des ersten deutschen Parlaments 1948 bis 1950 noch Ruine.

Um die Bebauung des Areals zwischen Dom und Römer wird gestritten, während vor dem Römer seit 1965 die Linke über die Notstandsgesetzgebung und den Vietnamkrieg diskutierte.

Am 27. Mai 1968 findet der Kongreß »Notstand der Demokratie« statt. Anläßlich der zu erwartenden Notstandsgesetze versammeln sich auf dem Römerberg mehr als 10.000 Menschen, um Ernst Bloch zu hören. Er begann mit den Worten: »Wir kommen zusammen, um den Anfängen zu wehren«, und schloß, »Die neuen Herren sollen nicht unsere Zukunft verspielen.«

Paulskirche

⑧

Die Paulskirche

Paulskirche im Kohlenstaub in den 30er Jahren wird noch hauptsächlich mit Kohle geheizt

Als Tagungsort des ersten deutschen Parlaments von 1848 ist die Paulskirche allgemein bekannt. Sie ist auch ein hervorragendes Baudenkmal des deutschen Klassizismus und des protestantischen Kirchenbaus. Ihre eliptische Grundform ist sowohl ein Zitat des zu ihrer Erbauungszeit bedeutendsten evangelischen Gotteshauses, der Dresdner Frauenkirche, als auch eine Paraphrase auf das antike römische Pantheon. 1789 (Architekt *Johann G. C. Hess*) wurde der Bau in Angriff genommen. Querelen um die Finanzierung und die häufig wechselnde Besetzung während der Revolutionskriege verzögerten die Bauarbeiten bis hin zu zeitweiligem Stillstand. Zehn Jahre diente der Rohbau als Warenlager zahlungskräftiger Handelsherren. 1833 wurde die Paulskirche eingeweiht. Sie brannte 1944 bis auf die Umfassungsmauern aus. Ihr rascher Wiederaufbau anläßlich der Hundertjahrfeier des Paulskirchenparlaments im Mai 1948 erfolgte noch unter der Prämisse eines geeinigten Deutschlands: die Spendengelder kamen auch aus der heutigen DDR.

Der Wiederaufbau war bestimmt vom bewußten Verzicht auf Rekonstruktionen. Die Paulskirche in ihrer erneuerten Gestalt sollte die Zeichen der vorangegangenen Zerstörung bewahren und damit Mahnmal sein für die zweimalige Zerstörung deutscher Demokratien.

An der Außenfront der Paulskirche befindet sich ein Denkmal für *Friedrich Ebert*. An der Seite zur Berliner Straße hin ein Mahnmal für die Opfer des Nazi-Terrors — eines der wenigen Denkmale, die in Frankfurt an den Faschismus erinnern. Es wurde geschaffen

von Prof. *Hans Wimmer*, München, auf Veranlassung der Stadt und am 24.10.1964 enthüllt. Die überlebensgroße gefesselte Gestalt bringt die Unterdrückung des Menschen durch den Terror und das Sichauflehnen bis zuletzt zum Ausdruck. Am Sockel sind die Namen von 53 Konzentrations- und Vernichtungslagern eingemeißelt.

Der Obelisk des Einheit-Denkmals auf dem Paulsplatz ist mit szenischen Reliefs der Ereignisse von 1848/49 geschmückt und mit einer Bronzestatue gekrönt. Weitere Bronzefiguren der ursprünglichen Ausführung wurden von den Nazis abmontiert und für Rüstungszwecke eingeschmolzen.

Mehrere Baudenkmäler in der Umgebung der Römer sind noch zu erwähnen. Die Nikolaikirche wurde 1290 erbaut und gelangte 1292 in Abhängigkeit vom Domstift. Bereits im vierzehnten Jahrhundert war sie fast nur noch Ort für Messe und Gebet des Rats. 1460 wurde der Turm erhöht, von dem aus ein Turmwächter das Auslaufen der Schiffe anblies. Der 1467 fertiggestellte Laufgang entlang des Kirchendachs diente im folgenden dem Rat als Tribüne bei Krönungsfestlichkeiten, Turnieren und Römerbergspielen.

Nikolaikirche
⑨

Der kubische Außenbau der Nikolaikirche mit Maßwerk-Balustrade und Ecktürmchen verbindet auf ungewöhnliche Weise Motive gotischen Kirchenbaus mit den damals herrschenden Bauformen von Patriziersitzen und Kaufhäusern.

Die Nikolai-Kirche (nach ihrem Namenspatron St.Nikolaus vorrangig das Gotteshaus der Schiffer und Fischer, sowie später Ratskapelle) war, wie neuere Ausgrabungen ergeben haben, ursprünglich die Kapelle der hiesigen Kaiserpfalz. Reste dieses Kaisersitzes — des Saalhofes — sind im angrenzenden Neubau des Historischen Museums erhalten. So die sog. Stauffer-Kapelle (um 1170), ein spätromanischer halbrunder Turm. Im Inneren erhalten die doppelgeschossige Kapelle, die entgegen der Überlieferung nicht den Staufferkaisern, sondern deren dort ansässigem Stellvertreter, dem Burg-Vogt und seiner Gefolgschaft, vorbehalten war. Anschließend an die Kapelle ein weitgehend rekonstruierter Wohnturm (im Erdgeschoß ein originales Kreuzgratgewölbe) sowie der anschließende, ebenfalls rekonstruierte Palast mit einigen erhaltenen gotischen Kreuzstockfenstern und einem spätgotischen rotsandsteinernen Kamin (ursprünglich in der zerstörten Stadtwaage).

Im Hintergrund: Nikolaikirche

Längs des Mainufers beschließen das Burnitz-Palais, ein 1841 (Architekt *Rudolf Burnitz*) errichteter Bau in romantisierend spätromanischen Formen und das Bernus Palais (1715—17, *B. Kirn*) die Baugruppe. Das Bernus-Palais mit zwei hohen Giebeln zum Main und einem weiteren in Richtung Fahrtor zählte zu den größten Bauten der Altstadt. Seine eher spröde Repräsentation ist charakteristisch für die hiesige zurückhaltende Baukunst des Barock. Am Fahrtor selbst ist mit dem Rententurm (1456, *E. Friedberger*) ein Rest der mittelalterlichen Stadtbefestigung erhalten geblieben. Am Rententurm — so genannt wegen der Schiffsrenten-Zölle, die hier in einer noch sichtbaren Kammer (1593) gezahlt wurden —, war die Anlegestelle der Mainschiffe, mainabwärts schlossen sich die Hafenanlagen an. Bis zum Bau des Westhafens 1886 wurde der gesamte Warenumschlag hier abgewickelt. Das mächtige Bauwerk — seit

Fahrtor
⑩

Rententurm

Haus Wertheim, das einzige original erhaltene Fachwerkhaus der Altstadt

Kulturschirn

Eingang in die Kunstschirn

Steinernes Haus

einer Kai-Aufschüttung liegen seine Untergeschosse 4-5 Meter unter dem heutigen Straßenniveau — diente 1833 als Gefängnis für *Annette Stoltze*. Ende der zwanziger Jahre bis zu seiner Emigration 1933 wohnte hier der Dichter *Fritz von Unruh*.

Unter dem anschließenden Barockgiebel des Bernus-Palais das Fahrtor, ebenfalls ein nach Abriß der Stadtmauern errichtetes Gebäude der Romantik. Lediglich der Turmerker mit den beiden rotsandsteinernen Fratzen stammt vom mittelalterlichen Torturm. Gegenüber steht das einzig erhalten gebliebene Fachwerkhaus der Frankfurter Altstadt, Haus Wertheim (um 1660). Die schmale Mainfront ist auf einem Rest des mittelalterlichen Wehrgangs errichtet, die Schaufassade ist reichgeschnitztes Fachwerk der Renaissance. Im dortigen Café — bis zum Stehausschank-Umbau eines der reizvollsten Cafés der Stadt — gibt es fabelhaften, selbstgebackenen Kuchen nach Frankfurter Tradition: Napf-, Streusel- und Hefekuchen wie vor fünfzig Jahren.

Vorbei an Haus Wertheim *erneut zum Römerberg*. Hinter der Nikolaikirche wuchtet die Rotunde der Kulturschirn *(Bongert, Jansen, Scholz)*. Unter »Schirn« verstand man im alten Frankfurt eine Aneinanderreihung von Geschäften gleicher Art, wie die Metzgerschirn, oder Bäcker-Schirn, die vielen noch in Erinnerung sind. Mit dem 1986 eingeweihten Gebäude wurde endgültig die seit 1944 zwischen Römer und Dom klaffende Stadtbrache überbaut. Das Collage-Prinzip des Neubaus versucht Reminiszenzen an den einstigen Altstadtkern mit historischen bzw. postmodernen Würde- und Festbau-Formen zu kombinieren. Die Rotunde zitiert das römische Pantheon, Schinkels klassizistisches Museum in Berlin und — als zeitgenössisches Apercu den Rundbau der Stuttgarter Staatsgalerie von *James Stirling*. Altstadt-Aura versucht man mit der (zu) nahe an den Domturm gerückten Giebelfront des Galerietraktes zu vermitteln. Die Ausstellungen in der Kulturschirn sind — bisher wenigstens — sehenswert. So sehenswert wie die Innenarchitektur des Neubaus, der ein grandioses (leider irreführendes) Treppenhaus im Stil der fünfziger Jahre enthält, sowie eine schnittig gestylte Cafeteria, deren verglaste Außenwand — eine Hälfte der Rotunde — mitreißende Ausblicke auf den Domturm und das Steinerne Haus (1464) erlaubt. Dieses wiederum ist das einzig erhaltene spätmittelalterliche Patrizierhaus der Altstadt. Ecktürmchen und Zinnenkranz, vergleichbar der Nikolaikirche, verweisen über lokale Bautraditionen hinaus auf die Herkunft des einstigen Bauherren. *Johann Melem* kam aus Köln. Im Steinernen Haus ist die Fassade des dortigen Festhauses, des gotischen Gürzenich, aufgenommen. Im ansonsten modern wiederaufgebauten Inneren sind eine gotische Durchfahrt und zwei gewölbte Räume erhalten geblieben. Heute residiert der Frankfurter Kunstverein im Steinernen Haus.

In der parallel verlaufenden Saalgasse werden exklusive Wohnhäuser im repräsentativen Stil unseres Jahrzehnts errichtet. 1881 lebte hier der Zahntechniker *Martin Eck*. Sein mißglückter Ver-

Lange Schirn vor dem 2. Weltkrieg

such, eine Zahnprothese herzustellen, führte zur Erfindung des Stempels, dessen Siegeszug seither unaufhaltsam ist.

Vor dem Domturm sind, seit 1987 als Freitheater stilisiert, ausgegrabene (und mit Resten römisch-antiker Bauten vermischte) Überbleibsel der ersten Kaiserpfalz zu besichtigen (um 870). Der Dom war ursprünglich die Palastkirche dieser Pfalz. Und er war niemals Dom (also Bischofssitz), sondern Stifts- und Hauptpfarrkirche Frankfurts. Zum Dom ernannten ihn die Bürger des 18. Jahrhunderts, denen sein Rang nicht der Funktion (und Werbewirksamkeit) als Wahl- und Krönungskirche der Kaiser angemessen schien.

Historischer Garten

Dom/Domplatz
⓫

Der Turm, einst stadtbeherrschender Teil des Doms, entstand nach Entwürfen des Stadtbaumeisters Madern Gerthener, *und er wurde — es wird noch davon zu sprechen sein — in seiner heutigen Gestalt erst zwischen 1867 und 1878 vollendet. Die regelmäßige Anlage des kreuzförmigen Kirchenschiffs täuscht: der Dom ist ein in Jahrhunderten entstandenes architektonisches Stückwerk. Seine ältesten noch sichtbaren Teile sind das schmale Hallenlanghaus — die vermutlich älteste gotische Kirchenhalle Hessens — und zwei frühgotische Portale, die man während der Restaurierung im 19. Jahrhundert unter Vermauerungen entdeckt hat. 1315–1348 folgte der elegante hochgotische (Stifts)Chor; an den Innenwänden ein 1984/85 hervorragend restaurierter Bartholomäus-Fries von 1427, sowie das vollständig erhaltene, mittelalterliche Chor-Gestühl. Das Nordquerhaus mit einem rosettengeschmückten Kaiser-Portal folgte 1346, das südliche 1352. Durchsetzt sind diese Großbauten mit zahlreichen Kapellen-, An- und Umbauten; die älteste 1355, die jüngste 1438. Zentrum des Inneren ist die Vierung mit dem Krönungsaltar. Das darüber gespannte, doppelte Kreuzgewölbe ist in seinen für Frankfurter und mittelrheinische Gotik ungewöhnlichen Formen vermutlich ein Zitat des Prager Domes, den* Kaiser Rudolf IV. *zum Staatsdom eines, wie er hoffte, erblichen Kaisertums umgestalten ließ. Das Frankfurter Gewölbe wäre somit ein Hinweis auf die angestammten Rechte der Wahl-Stadt; und die Antithese zum Traum Rudolfs von Erbfolge und Prager Hausmacht.*

Wenn irgend möglich sollte man sich Zeit nehmen für den sogenannten Maria-Schlaf-Altar (1434) in der ersten Seitenkapelle
links des Chors. Er ist das einzige unversehrt erhalten gebliebene
Ausstattungsstück des Doms, und ein faszinierendes Kunstwerk,
worin die höfisch eleganten Formen des spätgotischen sog. Weichen
Stils abgelöst werden von den drastischen Realismen bürgerlicher
Kunst. Ebenfalls sehenswert die Kreuzigungsgruppe des Bildhauers *Hans Backoffen* in der Turmhalle (ursprünglich auf dem Dom-
Friedhof), 1509 geschaffen. Die schmerzverzerrten Gesichter und
geschundenen Körper der Plastiken erscheinen wie ein Stein ge-
wordener Augenzeugenbericht der Metzeleien des Bauernkrieges.

Eingeschlossen in die Wahlkapelle (1425), wählten während des
Mittelalters die sieben Kurfürsten den deutschen König bzw. Kaiser. Wer heute hier den Atem großer Geschichte zu spüren hofft,
wird enttäuscht sein: die Wahlkapelle (1986 restauriert) ist ein inti-
mer, kreuzgratgewölbter Raum der Spätgotik — nicht mehr, aber
auch nicht weniger.

*Zu den bisher ungelösten Rätseln der Kunst- und Frankfurter Geschichte
zählen die Portalplastiken der beiden Querhäuser. Die Sirenen, Chimären
und Spukgestalten (um 1360), die über dem Nordportal eine Darstellung des
Jüngsten Gerichts bilden, sind für die mittelalterliche Plastik am Mittelrhein
einzigartig (die Apostel und der Christus darüber sind Ergänzungen aus dem
späten 19. Jahrhundert). Am Südportal (um 1350) ist die Figur eines liegenden Ritters bisher ungedeutet.*

Der Dom-Turm, 1415 begonnen und 1513 mit einer hölzernen
(Not-)Dachkuppel erstmals fertiggestellt, war jahrhundertelang
das Wahrzeichen der Stadt. Größtenteils von Rat und Bürgern finanziert, galt er nicht nur als Symbol von Kirche und Stift, sondern
vorrangig als Ausdruck der freien Reichsstadt, ihres Reichtums und
ihrer Kultur. Er war Kirch- und Rathausturm in einem. 1867 brannte der Turm mitsamt der Kirche aus. Die über die preußische Besetzung verbitterte Bevölkerung sah darin die Allegorie des endgültigen Untergangs ihrer Unabhängigkeit.

Die preußische oberhoheitliche Administration und die Hohen-
zollern-Dynastie beeilten sich, den Dom rasch und prächtiger als
zuvor wiederaufbauen zu lassen. Das ehemals niedrige Langhaus
wurde auf die Höhe der Querhäuser aufgemauert, der Außenbau
erhielt eine überreich verzierte neogotische Vorhalle, über dem Vie-
rungsdach wurde ein Dachreiter aufgebaut, dessen pathetische
Bronze-Zacken von Victor Hugos dramatischer Notre Dame-Er-
zählung inspiriert scheinen. Immerhin: Der Domturm wurde getreu
nach den spätmittelalterlichen Originalplänen *Madern Gertheners*
wiederaufgebaut. Sein Oktogon und die ergänzte, schlanke Kuppel
sind nun erkenntlich als architektonisches Zitat der mittelalterlichen Kaiserkrone. Spätestens seit dem Siegestaumel von 1870/71
und endgültig mit der Neueinweihung 1878 waren die antipreußi-
schen Ressentiments vergessen.

Am 13. Januar 1919 glaubten revolutionäre Frankfurter, mit
demselben Geläut, das zuvor den Ehren von Kaisern, Klerikern und

*Himmelwärts mit der Seele
— und ab ins All? — Der
Dom*

13. Juni 1919: Die Menge erzwingt das Geläute der Domglocken anläßlich der Beerdigung von Rosa Luxemburg

Patriziern gedient hatte, ein sozialistisches Zeitalter einleiten zu können: Sie erzwangen das Glockenläuten anläßlich der Trauerfeier für *Rosa Luxemburg*.

Rings um den Dom wurde nach den Kriegsbränden in einer Mischung aus Moderne und Heimatschutz wiederaufgebaut. Lediglich das spätgotische Leinwandhaus (um 1380), ein Handels- und Fest-Bau der Bürgerschaft, dessen Fassade die Bomben überstanden hatte, wurde 1983 rekonstruiert. Echt sind seither nur noch einige Ecksteine, Teile der drei spitzbogigen Fassaden-Portale und ein am rechten Eck eingemauerter Wappenstein mit dem Frankfurter Adler. Der Treppenturm an der Rückfront ist weder gotisch noch, wie seine dramatischen Spitzen und Dreiecksfenster vermuten lassen, eine expressionistische Zutat, sondern ein vom Magistrat in Auftrag gegebenes Stück postmoderner Anpassungsarchitektur.

Leinwandhaus
Weckmarkt 17

»Er will das neue ohne Kompromiß/Das Alte wankt und zittert/ aus Angst vor seinem Niederriß/Die Tradition ist stark erschüttert!/Kuriert die Stadt nach seiner Art/Gibt ihr ein neues Konterfei. Bewundernd — leis mit Schreck gepaart/Begrüßt Neu-Frankfurt seinen — May.« Man sollte sich nicht über die holprigen Verse aufhalten, die in einem Frankfurter Lokalblatt 1924 zum Beginn der Ära *May* eine raffinierte Karrikatur des Architekten kommentierten. Inhaltlich überliefern sie exakt die Skepsis, mit der viele auf den revolutionären Schwung Mays reagierten. Daß er als Architekt nicht immer ein so radikaler Verfechter des strengen Funktionalismus war, wie es damalige und heutige Urteile unterstellen, zeigt das von seinem Mitarbeiter *Werner Hebebrand* entworfene Zollhaus (1926) am Dom. Altstadt-Merkmale wie die langgezogenen Fensterbänder und der sanft geschwungene Fassadenverlauf verbinden

Zollhaus

Die Altstadt   39

Neugasse

sich zwanglos mit den gläsernen Treppenhausrisaliten und der rechtwinkligen Rasterkunst der Moderne. Auch die angrenzenden Bauten zwischen Braubach- und Domstraße (Neugasse, Kruggasse) sind fesselnde Beispiele einer kompromißfähigen Moderne. Ihre teils expressionistischen, teils funktionalistischen Formen entstanden als Teile eines Bauprogramms, mit dem zwischen 1923 und 1929 Baulücken der erwähnten Abrißwelle 1906 gefüllt wurden.

Hainer Hof

Ein letzter Blick in Richtung Dom: Schräg gegenüber des Nordportals öffnet sich eine Torfahrt zum Hainer Hof. Ursprünglich ein mittelalterlicher Klosterhof, wurde das Ensemble 1937 von der faschistischen Stadtverwaltung zum Paradeobjekt eines Altstadt-Sanierungsprogramms erhoben. Mit Ausnahme einer gotischen Kapelle und des damaligen gotischen Torhauses wurden hier alle historischen Bauten abgerissen und durch Siedlungshäuser ersetzt.

»Neue« Altstadt

In der Umgebung des Doms, längs der Fahrgasse und des Mainufers entstand 1952−56 die sogenannte neue Altstadt. Die Frage des Wiederaufbaus geriet zum Grundsatzstreit darüber, wie nach den Zerstörungen des selbstverschuldeten Krieges gebaut werden solle: traditionell, modern oder rekonstruierend.

Mit einer in ihrer Radikalität für die Bundesrepublik einzigartigen Entschlossenheit entschied die Frankfurter Stadtverwaltung sich — einige historische Wahrzeichen ausgenommen — zu absolutem Neubeginn: » Wir selbst und unsere Zeit sind erfüllt von Achtung und Ehrfurcht vor dem, was war und wie es war. Aber eine sklavische Rekonstruktion unserer zerstörten Altstadt wäre einer Kopie gleichgekommen...Möge die Nachwelt unseren guten Willen und das ernste Bemühen erkennen, daß der Wieder- und Neuaufbau unserer Altstadt in neuem Gewand der Stadt Frankfurt zum Besten und ihren Bürgern zur Ehre gereichen soll. « So die Grundsteinurkunde, mit der am 15. März 1952 der Neuaufbau begann. Das Ergebnis: Wohnhöfe und Zeilenbauten in einer seltsam zaghaften, von Heimatschutzelementen untermischten Moderne. Einige Durchgänge, Arkaden, Erker und Fassadenfresken lassen vereinzelt das vernichtete Raum- und Platzgefüge der spätgotischen Stadt anklingen. Dennoch ist dieses Quartier vorrangig eines der 50er Jahre. Man kann in ihm — jenseits des fortschrittlichen Aufbauwillens und blinden Vertrauens auf die städtebaulichen Qualitäten des Funktionalismus — auch die Flucht vor der Vergangenheit, insbesondere der des »Dritten Reiches« , erkennen — eine Architektur gewordene Unfähigkeit zu trauern. Gleichwohl ist die neue Frankfurter Altstadt, anders als damals Traditionalisten höhnten und heutige Postmodernisten spötteln, keine bauliche Dutzendware, sondern der ernsthafte Versuch, einem historischen Ort mit Mitteln der Moderne gerecht zu werden.

Samstagsberg — die sog. Ostzeile des Römerbergs

Weckmarkt
⑫

Halbherzig und unwirksam blieben dagegen die Experimente, an konkrete Bauten und Persönlichkeiten zu erinnern: Am Weckmarkt, gegenüber dem Dom-Südportal, sind Rotsandsteinreliefs in die Fassaden eingetieft. Drei davon zeigen zerstörte Sehenswürdigkeiten in puppenstubenartiger Niedlichkeit. Wen die Figuren der daneben angebrachten Rotsandsteinplatte darstellen, weiß niemand der neuen Altstadtbewohner.

So sei zumindest an Karl Waßmann erinnert, den Mann mit der Fahne, der auf dem Relief die Mitte einnimmt. Mit solcher Fahne — grün als Zeichen der Hoffnung — durchzog Karl Waßmann während der 20er Jahre die Lokale der Frankfurter Altstadt. Er verkaufte für zehn Pfennig eine im Selbstverlag herausgegebene Zeitschrift. Titel: Die Liebe. Inhalt: Gedichte und Friedens-Appelle. Jeder in der Altstadt kannte Waßmann. Die Frankfurter kauften seine Zeitung und wiesen ihn mit — meist gutmütigem Spott — aus den Kneipen. Fremde, die sich nichtsahnend auf ein Gespräch über Nächstenliebe, Askese und Weltfrieden einließen, wurden von seiner missionarischen Heißgiut im buchstäblichen wie übertragenen Sinne in die Ecke gedrängt. Den Nazis war der harmlos-verschrobene und liebenswerte Mann verdächtig. Sie brachten ihn in einem Konzentrationslager um.

Die einstige östliche Altstadt war ein von Klöstern und Klosterhöfen bestimmtes Viertel. Geblieben ist davon das wiederaufgebaute Dominikanerkloster. Es grenzt an die Fahrgasse, die als Brückenstraße bis ins 18. Jahrhundert zu den belebtesten der Stadt gehörte. Heute ist sie bestimmt von den Neubauten der 50er Jahre; in den Erdgeschossen ist der Frankfurter Antiquitätenhandel konzentriert. Von der Dominikanerkirche, vor ihrer Zerstörung die zweitälteste Hallenkirche am Mittelrhein (1238), ist der gotische Chor (1470) erhalten geblieben. An ihn fügt sich ein — gegenüber dem Altbau um vier Joche verkürztes — modernes Langhaus (1957) an. Wenn möglich — im Sommer finden dort Freilichtaufführungen des Frankfurter Volkstheaters statt — sollte man den Kreuzgang ansehen. Er wurde 1956 über den restaurierten Barock-Arkaden (1679) neugebaut. An den Innenwänden sind Fragmente der Langhausgewölbe und einige bemerkenswerte Renaissance-Portale zu sehen.

Dominikanerkloster Börneplatz

Fahrgasse

Am Ende der Fahrgasse steigt die Rampe der Alten Brücke an. Ihre Rotsandsteinbögen wiederholen in vereinfachter Form die mittelalterliche Brücke, die zu den berühmtesten Deutschlands gehörte. 1914 wurde diese zugunsten zügigen Schiffsverkehrs abgerissen und mit höheren und weniger Bögen neugebaut. Auf der Brücke das mittelalterliche Kreuz (1401) mit barocken Ziergittern und vergoldetem Hahn. Es markiert die Hinrichtungsstätte des mittelalterlichen Frankfurt. Vor ihm beteten zum Tode Verurteilte, ehe man sie in den Main stürzte.

Alte Brücke

Mainaufwärts erstreckt sich auf einer hochragenden Aufschüttung die Straße zur Schönen Aussicht. *Arthur Schopenhauer* wohnte hier in einem noblen, palaisartigen klassizistischen Haus. Es verbrannte samt dem angrenzenden klassizistischen Fischerfeldviertel im Krieg. Zwei sehenswerte Häuser in der Uferzeile sind erhalten geblieben. Im Gewölbekeller der Mainstraße ist das Kellertheater der Jungen Bühne untergebracht, eine freie Theatergruppe, die vorrangig experimentelle Aufführungen zeigt. Der Säulenportikus der zerstörten Stadtbibliothek (1820) beendet die Schöne Aussicht.

Schöne Aussicht

Im Hinterhaus der nördlich gelegenen Adresse Schützenstraße 12, auf Höhe der Fischerfeldstraße, wurde 1987 das »Theaterhaus« gegründet. In diesem alten Festsaal der jüdischen Gemeinde sollen freie Theatergruppen aus dem ganzen Rhein-Main-Gebiet eine Probe- und Spielstätte bekommen. Auch die Kinder- und Jugendtheater »Klappmaul-Theater« und »Grüne Soße« werden hier

Schützenstr. 12 »Theaterhaus«

spielen und erstmals ganzjährig ein Programm anbieten können. Außerdem soll auch pädagogische Arbeit geleistet werden. Von der Stadt werden bisher nur die Mietkosten übernommen. Alle Ausbauarbeiten und Unterhaltungskosten müssen durch Einnahmen und Spenden gedeckt werden.

Mainkai

Von der Alten Brücke mainabwärts erstreckt sich der Mainkai. Teile seiner Mauern sind noch mittelalterlich. Drei Häuser aus dem 19. Jahrhundert sind hier in die neue Uferbebauung eingefügt (Mainkai). Der Eiserne Steg am Fahrtor wurde 1868 als Fußgängerbrücke errichtet. Er ist einer der ersten reinen Ingenieurbauten Frankfurts und Deutschlands. An Silvester trifft man sich auf dem Steg, um von hier aus Feuerwerk, Schiffssirenen, Dom-Geläut und die Glocken der Dreikönigskirche am gegenüberliegenden Ufer als ohrenbetäubendes Spektakel zu genießen.

Leonhardskirche
⓰

Der merkwürdige Außenbau der Leonhardskirche ist auf die mehrere hundert Jahre dauernden Bau- und Umbauarbeiten sowie auf die Mehrfachnutzung der Kirche zurückzuführen.

Das mächtige Satteldach z.B. entstand im 16. Jahrhundert als städtischer Korn-Speicher. Aus ihm kämpfen sich gleichsam mühselig die ehemals hochragenden spätromanischen Türme (um 1219) hervor. Frei von Anbauten zeigt sich allein der schmale Chor mit zweistöckigen Maßwerkfenstern in höfisch-elegantem Fischblasen-Muster. Er wurde vermutlich 1425 vom Dombaumeister Madern Gerthener entworfen. Die zur Stadt gerichtete Seitenfront, ein Gewirr aus Türmchen, Pultdächern und Fenstern, öffnet sich zu einem der wenigen freien Plätze der Altstadt. Auf ihm versammelten sich während des Mittelalters einmal jährlich die Bürger, um neu verfaßte Gesetze und Beschlüsse des Rates zur Kenntnis zu nehmen. Der Ratssprecher verlas die Urkunden auf einer Außenkanzel, deren geschweifter spätgotischer Untersatz noch zu sehen ist. Vom romanischen Kirchenbau sind im Inneren noch zwei qualitätsvolle Stufenportale (1219) zu sehen. Im übrigen ist die Kirche von spätgotischen Umbauten bestimmt; Sterngewölbe, Emporen mit Maßwerkbrüstungen sowie das zierliche »Savatorchörlein« (1516) mit einem freitragenden Gewölbenetz. An den Wänden originale Fresken aus dem Beginn des 16. Jahrhunderts; in den Chorfenstern sind teilweise noch die originalen Glasmalereien (1435) vorhanden.

Buchgasse

Schräg gegenüber der Leonhardkirche, im Hof des neuen Eckhauses Alte Mainzer- und Buchgasse, ist der Stumpf eines Renaissance-Treppenturms restauriert worden. In der anschließenden Mauer sind ein muschelförmiges Wandbrünnchen und gotische Fragmente — Konsol- und Maskensteine — vermauert. Am Ende der Buchgasse, die ihren Namen von den dort im 17. und 18. Jahrhundert ansässigen Buchhändlern und -druckern erhielt, steht das palaisartige Gebäude der Bethmann-Bank. Die Dreiflügelanlage mit neobarockem Tor und Empire-Innenhof zur Bethmannstraße entstand durch weitreichende Umbauten eines privaten barocken Wohnhauses. In vereinfachter Form nach Kriegszerstörungen wiederhergestellt, ist es der einzige halbwegs gerettete historische Bau dieses Altstadtviertels. Die Bethmanns waren und sind eine der bedeutendsten (Bankiers-) Familien der Stadt. *Simon Moritz von Bethmann*, der Ahnherr, baute 1814 das erste Museum Frankfurts

Bethmannstr. 7

Der »Eiserne Steg«, gemalt von Max Beckmann

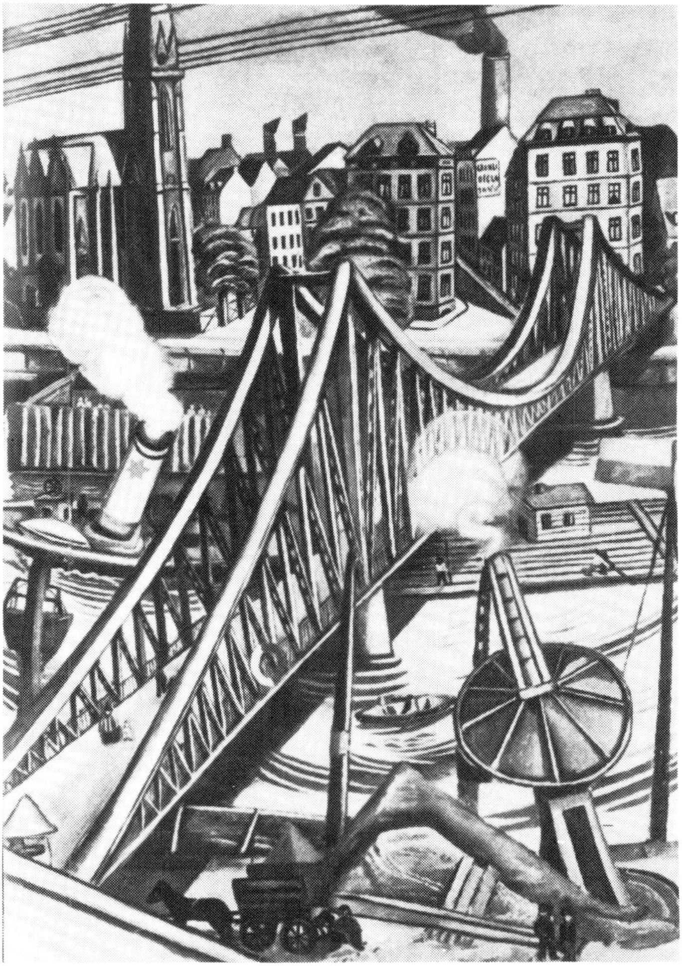

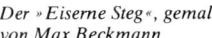

(das sogenannte Odeon, ein klassizistisches Gartentempelchen an der Friedberger-Anlage, heute Nobel-Discothek). Der heutige Direktor, *Johann Philipp Freiherr von Bethmann*, verwirrt als streitbarer Ökologe und klassenbewußtseinsmäßiger Querdenker Kollegen und Linke.

Karmeliterkloster ⑰

Die nahegelegene, spätgotische Karmeliterkirche (1219/1424) — eine der größten Hallenkirchen Deutschlands — dient nach ihrem Wiederaufbau (Architekt *Josef Paul Kleihues*) dem Museum für Vor- und Frühgeschichte. Architekt und Bauherren waren so einsichtig, die vom Kriegsbrand ausgeglühten Rotsandsteinpfeiler des Kirchenschiffs als mahnende Erinnerung in ihrem ruinösen Zustand zu belassen. Restauriert wurden die teilerhaltenen Netzgewölbe von Chor und Querhaus (im Langhaus stattdessen eine kraße kontrastierende, offene Stahlträger-Konstruktion) sowie der Außenbau. Die anschließenden postmodernen Neubautrakte sind eine

Collage aus gemäßigter Moderne und Zitaten des Frankfurter Klassizismus. So soll die gestreifte Quaderverkleidung erinnern an die kriegszerstörte Alte Börse, die *August Stüler*, der berühmteste Schüler *Karl Friedrich Schinkels*, 1842 entworfen hatte.

Wertvollster Bestandteil des Karmeliterklosters, das 1955 in vereinfachter Form wiederaufgebaut wurde, ist der gotische Kreuzgang (1462) mit den Gemälden Jörg Rathgebs. Sie sind der umfangreichste geschlossene Fresken-Zyklus nördlich der Alpen. Rathgeb, dessen Gemälde in Stil und Qualität denen Gründewalds ebenbürtig sind, war ein bis vor wenigen Jahren beinahe vergessener Künstler aus der Zeit der Bauernkriege. Verantwortlich für dies Vergessen waren die Vernichtungsaktionen, denen sein Werk nach dem gewaltsamen Tod des Malers ausgesetzt war. Rathgeb stand während des Bauernkrieges auf Seiten der Aufständischen. Er wurde in der Schlacht bei Pforzheim (1528) gefangengenommen und anschließend als Volksverhetzer geviertelt. Seine Gemälde im Frankfurter Karmeliter-Kreuzgang (1514-18) sind detaillierte Schilderungen — Sozial-Reportagen beinahe — jener Epoche. In spätgotisch-expressiver Zuspitzung erscheinen Folterknechte und Söldner, feiste Richter und selbstgerechte Städter, ist die Madonna als schlichte Kleinbürgerin gegeben, wird Joseph als ausgemergelter Handwerker dargestellt. Was die Mönche und Mäzene des immens wohlhabenden (Patrizier-) Klosters bewogen haben mag, solch drastisch-anklägerische Gemälde in Auftrag zu geben, ist noch unerforscht. Sie gehören, nach schweren Kriegs-schäden von polnischen Restauratoren (1983-85) wiederhergestellt, samt den gut erhaltenen Rathgeb-Fresken im Karmeliter-Refektorium, zu Frankfurts faszinierendsten Sehenswürdigkeiten.

Stadtarchiv

Das Kloster wird heute für Kunstausstellungen und vom Stadtarchiv genutzt, das für jedermann zu den üblichen Arbeitszeiten zugänglich ist. In den Archivkellern des ältesten deutschen Stadtarchivs (vor 550 Jahren gegründet) lagern allerdings noch Tausende von Dokumenten, deren Inhalt aus Kostengründen bis heute nicht bearbeitet werden konnte. So warten beispielsweise nicht nur historische Dokumente, die vom Zerfall bedroht sind, sondern auch viele Akten über die NS-Zeit und die Nachkriegszeit auf sachkundige Forscher. Im Keller des Karmeliter-Klosters ist das satirische Theater von *Rudolf Rolfs* »Die Schmiere«, des »schlechtesten Theaters der Welt« untergebracht — das einzige nichtsubventionierte Theater der Stadt. Rudolf Rolfs inszeniert und spielt selbst.

Theatertunnel
⑱

Der *Weg* vom Karmeliter-Kloster zum Hirschgraben und Goethehaus führt über den Inbegriff städtebaulicher Miseren der 70er Jahre: Zwischen dem monumentalen Rückbau des Frankfurter Hofs aus den 60er Jahren und der Fassade des Klosters klafft die Einfahrt des sogenannten Theatertunnels, einer Verkehrsunterführung, die das Quartier förmlich durchpflügt, und deren Verlauf beinahe die Hälfte des einstigen Hirschgraben zum Opfer fiel. Ungefähr in Höhe der Tunneleinmündung stand (es wurde allerdings schon 1866 abgerissen) das weitgedehnte Barockhaus Zum Weißen Hirsch. *Hölderlin* lebte hier als Hauslehrer der Familie *Gontard.*

Der Hirschgraben war bis zu seiner endgültigen Zerstörung 1944 eine »Stadt in der Stadt«. Hier lebten Patrizier, Handelsleute und Handwerker auf eng gedrängtem Raum beisammen. Goethes

Ruhm überstrahlte den aller übrigen prominenten Bewohner des Hirschgrabens. Den des Historikers *Johann Friedrich Böhmer*, dem Initiator der Monumenta Germaniae historica; den der *Bethmanns*, der *Andreaes* und der *Gwinners*, Familien, die über Generationen in der Stadt tonangebend waren. Sei abschließend noch auf Henriette Hiebel hingewiesen, die während der späten 20er und 30er Jahre ihre Popularität an der des Dichterfürsten hätte messen können. Frau Hiebel trat unter dem Künstlernamen La Jana auf. Sie war um 1930 Inbegriff der femme fatale. War ihren sogenannten Schönheitstänzen an Technik fehlte, ersetzte sie durch androgyn-laszive Erotik. Die Nazis, erleichtert, überhaupt noch eine erotische Darstellerin zur Verfügung zu haben, zwangen ihr die Version eines Schlüssellochs-Vamps ab. La Jana starb an einer Lungenentzündung, die sie sich während Darbietungen einer Truppenbetreuungs-Tournee zuzog.

Großer Hirschgraben
⑲

Das Goethehaus: 1755 von Ernst Christoph Metz nach »Dichtung und Wahrheit« gemalt

»Das Haus am Hirschgraben«, schrieb *Walter Dirks* 1947 »ist nicht durch einen Bügeleisenbrand oder einen Blitzschlag ... zerstört worden ... wäre das Volk der Dichter und Denker ... nicht vom Geiste Goethes abgefallen, so hätte es diesen Krieg nicht unternommen und die Zerstörung des Hauses nicht provoziert.« In der Nacht des 22.3.1944 war das Goethehaus (1755) bis auf die Grundmauern niedergebrannt. Nach erbitterten Kontroversen um seine Rekonstruktion wurde es zwischen 1947 und 1951 unter Verwendung geretteter Originalteile wiederaufgebaut und mit den vor der Zerstörung ausgelagerten, historischen Möbeln ausgestattet. Gemeinsam mit dem anschließenden Hochstift-Museum — dessen Erdgeschoß noch die Fensterbögen und Arkaden eines zerstörten Barockhauses birgt — vermittelt es einen repräsentativen Eindruck

Goethehaus

In der Wurst-Schirn: Es war üblich, zur Straße raus zu verkaufen

(groß-)bürgerlicher Bau- und Wohnkultur des 18. Jahrhunderts. Glücklicherweise wurden die aus dem Brandschutt geborgenen Fensterbögen und der verkohlte Brunnenschaft in der Küche des Hauses nicht überarbeitet. So mischt sich mit den Brandspuren und Rissen dieser Originalteile ein verstörender, an die Zerstörung erinnernder Unterton in die Barock-Idylle.

Allem Für und Wider zum Trotz hat das rekonstruierte Haus als Maßstab der übrigen Neubebauung des Hirschgrabens dafür gesorgt, daß der Straßenzug einen intim-bergenden Charakter bewahrt hat. Im Hof des linken Nebenhauses residiert seit 15 Jahren das Frankfurter Volkstheater, dessen Leiterin *Liesel Christ* in Inszenierungen des Ur-Faust oder der Mutter Courage bewiesen hat, daß populäres Theater nicht (immer) gleichbedeutend sein muß mit Niveaulosigkeit.

Am oberen Ende des Hirschgraben präsentiert sich noch einmal das Frankfurt-typische Architektur-Chaos: Rechts ist mit einem

Steilgiebelhaus in purifizierter Altstadt-Romantik der Einzelfall versuchten Wiederaufbaus in traditionellen Formen zu sehen. Traditionell im besten Sinne des Wortes ist das dortige Café. In ihm werden Professoren und Rentner ebenso anstandslos bedient wie Punker und Touristen. (Der Kellner hat mit seinen unaufdringlich-humorvollen Umgangsformen das Anrecht auf Anerkennung als Original des Nachkriegs-Frankfurt erworben.) Linkerhand sind zwei scharfkantige Altstadthäuser der Nazi-Sanierung stehengeblieben. Hinter den Erdgeschoß-Arkaden des einen ist ein Rock-Café etabliert. Einige Schritte weiter residiert der *Deutsche Werkbund* in einem sorgfältig renovierten Pavillonbau der 50er Jahre. Und im Erdgeschoß des Hochstifts befindet sich, neben einer Buchhandlung mit reichhaltiger Francofortensien-Abteilung, ein Caféhaus. Es wird von Japanern geleitet, die als Spezialität in den Schaufenstern täuschend echt aussehende Krabben, Würste, Fische und Braten aus Marzipan ausstellen.

Liesl Christ

Großer und Kleiner Hirschgraben (fast jede größere Alt-Frankfurter Straße hatte — eine Frankfurter Besonderheit — einen »kleinen« Namensvetter; noch heute gibt es die Große und Kleine Friedberger-, Große und Kleine Eschenheimer- und die Große und Kleine Bockenheimer Straße), Großer und Kleiner Hirschgraben also münden mit dem Am Salzhaus genannten Straßenstumpf auf den Roßmarkt. Er war bis zum Fin de siécle das Refugium der Frankfurter Hautevolee: Von der einstigen Pracht geblieben ist das Gutenberg-Denkmal (*E. Schmidt von der Launitz 1840/1858*). Es galt seinerzeit als schönstes Ensemble der Stadt. Wie viele Frankfurter Denkmäler wurde es nach seinen Anfangserfolgen herumgeschoben gleich einem den Besitzern peinlichen Nippes. Seinen vorläufig letzten Standort erhielt es 1985, als es im Zuge der Frankfurter Postmodernisierung zum Schmuckstück des Historismus rehabilitiert wurde. Seither plätschern am Sockel auch wieder die Miniatur-Fontänen aus unfreiwillig komischen, bronzenen Elefantenköpfen. Vom Roßmarkt erreichen wir mit wenigen Schritten die Hauptwache — den Endpunkt dieses Rundgangs.

㉑
**Am Salzhaus
Roßmarkt**

Das Gutenbergdenkmal

Der ehemalige Frankfurter Altstadtverwalter *Fried Lübbecke* hat die Innenstadt einmal eine Druse genannt. Drusen sind Kristalle, die fast untrennbar verbunden sind mit einer äußeren, unansehnlichen Gesteinshülle. Noch heute hat die Innenstadt etwas von einer solchen Druse. Wer ihr Geduld und Aufmerksamkeit schenkt, der erlebt vielleicht das, was *Thomas Mann* 1931 beim Besuch des Goethehauses empfand: »Lächelnde Liebe«. Und wenn denn schon abschließend die Scheu vor Pathos beiseite geräumt ist, so sei noch einmal *Goethe* zitiert: In der Atmosphäre dieser Innenstadt, nicht in ihren Architekturen, hat sich jene Unveränderlichkeit erfüllt, die der Dichter als Kind dem Haus seiner Eltern wünschte. Er schrieb auf den im Kellergewölbe eingemauerten Gründungs-Brief die Hoffnung, daß »der Stein nicht eher als mit dem Ende der Welt verrucket werde«.

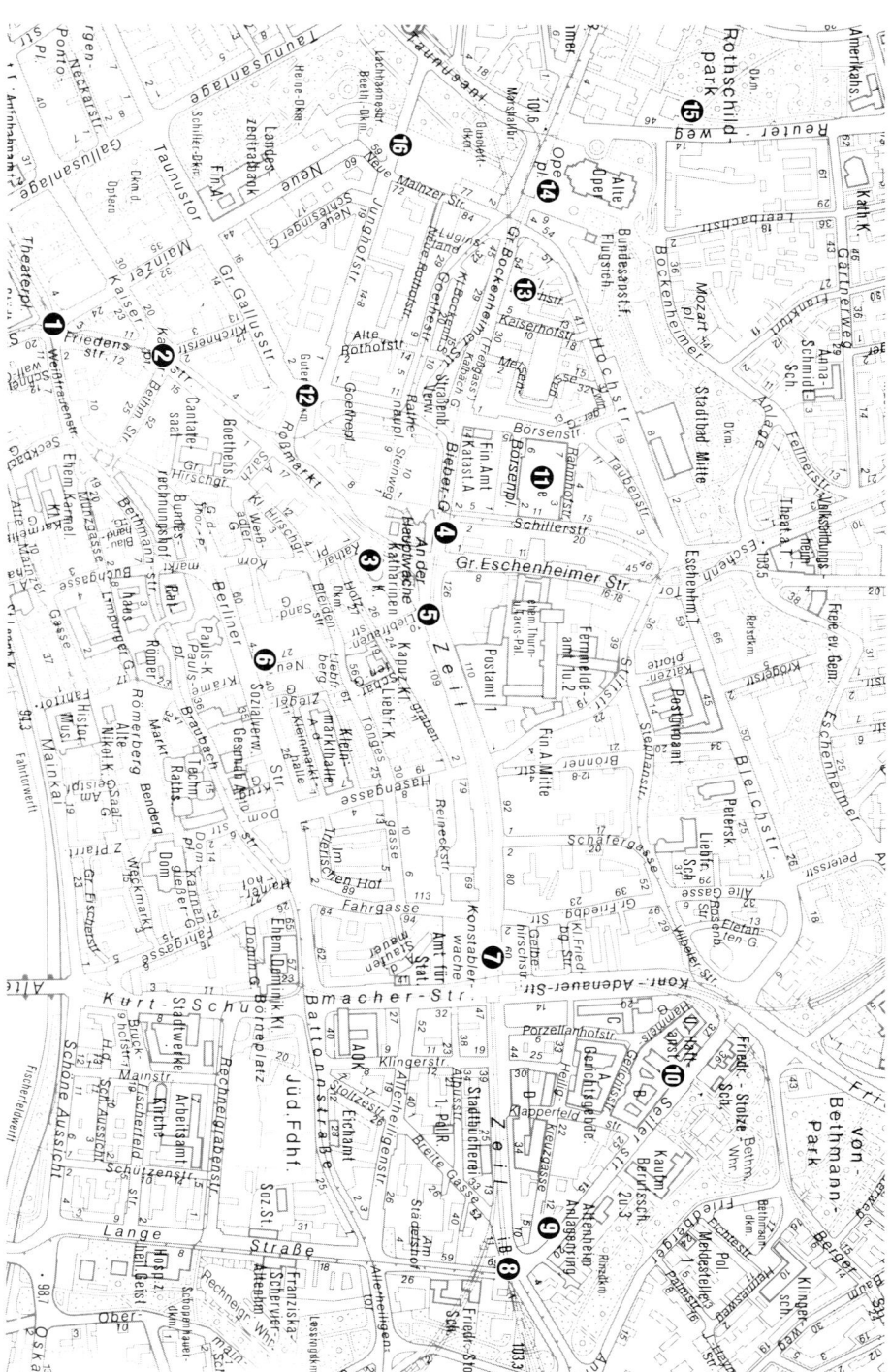

»Es herrscht der Erde Gott, das Geld«

Rund um die Zeil

von Jürgen Engelhardt

Ausgangspunkt: U-Bahn-Station Theaterplatz (U1, U2, U3, U4), Straßenbahn Linie 11
Endpunkt: U-Bahn-Station Alte Oper (U6, U7)
Dauer: ca. 2¹/₂ Stunden

Der Rundgang durch die nördliche Innenstadt, rund um die Zeil, zur Pressestadt Frankfurt, zur »Freßgaß« und zur Alten Oper, beginnt am Theaterplatz. Die vom Krieg verschonte Fassade des Schauspielhauses wurde abgebrochen und 1962 in einen Komplex mit Oper (mit dem alten Saal des Schauspielhauses), Schauspielhaus und Kammerspiel integriert. Das 1903 eröffnete Haus war im Krieg ausgebrannt und 1951 als Schauspielhaus wieder aufgebaut worden. Die Glasfassade und die goldenen Wolken in der Wandelhalle sind ein markanter Ausdruck ihrer Zeit. Viele Frankfurter haben sich mit dieser Architektur, die an vielen Stellen der Stadt zu finden ist, nie richtig anfreunden können.

Der älteste Frankfurter Taler

In den 20er Jahren und Anfang der 30er Jahre wurden im Schauspielhaus Stücke gezeigt, die für den Kampf um sozialen, politischen und kulturellen Fortschritt nützlich waren. Brecht, Rolland, Wolf, Brand gehörten zu den meistbesuchten, aber auch zu den von den Rechtsparteien am schärfsten kritisierten aufgeführten Autoren. Einer der wichtigsten Intendanten war Alwin Kronacher. Seine Theaterkonzeption beinhaltete nicht nur die Aufführung von Stücken, die sich mit den gesellschaftlichen Problemen auseinandersetzten, sondern er wollte das Volk in die Kulturstätten der Bourgeoisie bringen: Erwerbslosenaufführungen, Schülervorstellungen und billigere Theaterkarten gehörten zu seiner Konzeption bürgernahen Theaters.

Theaterplatz

In die Schlagzeilen geriet das Theater erneut 1985. Die Absicht des Intendanten Günther Rühle das Stück von *Rainer Werner Fassbinder* »Der Müll, die Stadt und der Tod« aufzuführen, rief Proteste bei der jüdischen Gemeinde, der Frankfurter CDU-Stadtverordnetenfraktion und auch einigen Sozialdemokraten hervor. Das Stück sei antisemitisch, verhöhne Nazi-Opfer und ermutige Neo-Nazis.

Rainer Werner Fassbinder

Das Thema des Stücks: Als Anfang der 70er Jahre das Große Geld an Tempo zulegte, Frankfurt und besonders den Stadtteil Westend einer kapitalistischen Gesamtverwertung zu unterwerfen, kochte die damals noch relativ intakte Frankfurter Linke, verbunden mit dem redlichen Zorn betroffener Bürger, hoch. Das besondere der damaligen Vorgänge an der konkreten Vorfeldspekulation (vor allem an operativen Grundstücks- und Häuseraufkäu-

fen, Abrissen und anschließenden Hochhausbauten, Mieterverdrängungen, Wohnraumumwandlung usw.) war die Beteiligung jüdischer Geschäftsleute an erster Stelle. Diese, ausgestattet mit »vertraulich« oder ähnlich erworbenen Zusagen und Informationen aus dem Inneren der Städtischen Verwaltung, verstanden, mobil und effektiv zu handeln. Sie machten sich dabei unbestritten einen Philosemitismus zunutze, den die damaligen kommunalen Spitzenpolitiker aus unterschiedlichen Gründen zur Schau trugen. Wo Häuser geräumt wurden, Abrißbirnen schwangen, Demonstrationen tobten und niedergeknüppelt wurden — der Zorn und die Trauer der bewegten Szene über eine fortschreitende und immense Stadtzerstörung fixierte sich hauptsächlich auf einige wenige jüdische Namen. Dagegen kamen die großen deutschen Namen, nämlich »Deutsche Bank«, »Dresdner Bank«, »Hessische Landesbank« und nicht minder »Bank für Gemeinwirtschaft« und deren allesamt sehr profitträchtige Partizipation an diesen Vorgängen kaum in das Blickfeld der politischen Betrachtung und heftigen öffentlichen Auseinandersetzungen. Weil die Wut der Bürger und Studenten einer derart einseitigen Fixierung aufsaß, konnte der demonstrative Protest von interessierter Seite und von einem bestimmten Medienverbund recht wirksam als »Antisemitismus« oder gar als »Roter Faschismus« denunziert werden.

Zu dieser Zeit agierten Fassbinder *und seine Truppe, engagiert von* Hilmar Hoffmann *im Frankfurter TAT. Fassbinder nahm das politische Klima Frankfurts, die sich in der Stadt austobende Brutalität kapitalistischer Verwertungsprozesse und die sich abschirmende verlogene Ideologie in vollen Zügen und höchst interessiert in sich auf.*

Walter Wallmann, etwas geschönt

Nach dem unter Oberbürgermeister *Walter Wallmann* begonnenen Konzept, die Straßenbahn aus der Innenstadt zu entfernen, ist es an der ›Drehscheibe‹ Theaterplatz ruhig geworden. Auch die letzte, durch heftigen Bürgerprotest und Sammlung von über 50.000 Unterschriften noch verbliebene Straßenbahnlinie durch die Altstadt kann nicht mit einer langen Lebensdauer rechnen.

Kaiserplatz
❷

Der Kaiserplatz bildet die Grenze zwischen dem »Milieu« und dem unteren, zur Einkaufscity gehörenden Abschnitt der Kaiserstraße. Mit seiner (heute nur noch schwer erkennbaren) sternförmigen Anlage feierte 1868 das gründerzeitliche Frankfurt Premiere.

Ein Kaufleute-Konsortium ließ den Kaiserplatz nach dem Vorbild der Londoner und Pariser Squares bzw. Etoiles anlegen. Der Senat gewährte eine Subvention von 1.200.000 Gulden, und die Grundstücksbesitzer des zuvor größtenteils aus Gärten bestehenden Gebietes verdienten Unsummen. Der öffentliche Spekulationsskandal, die Empörung der (nichtverdienenden) Bevölkerung und die Winkelzüge von Stadt und Konsortium unterscheiden sich kaum von den berüchtigten Vorfällen im ›Mainhattan‹ unserer Tage.

Das städtebauliche Ergebnis des einstigen Spekulationsgeschäfts aber ist, im Gegensatz zu späteren, durchaus sehenswert: Mittelpunkt des Kaiserplatzes ist die prophyrene Brunnenschale, die als Paris oder zumindest Berlin ebenbürtig geschätzt wurde und wird. Ihr gegenüber steht mit der Fassade des Frankfurter Hofes(1876, J. Mylius/F. Bluntschelli) ein Relikt nobelsten Frankfurts. Noch heute eine absolut hochkarätige Hotel-Adresse, stellten Bauwerk und Hotelbetrieb zur Erbauungszeit das Nonplusultra an Luxus dar. Die Dreiflügelanlage mit Säulenarkade ist deutlich den Vorbildern der barocken und historistischen Pariser Adels- und Hotel-Palais abgesehen. Sie stellt zugleich den Höhe- und Schlußpunkt regionaler Bau-Tradition dar. Im Frankfurter Hof sind die barocken und klassizistischen Palais der Zeil aufge-

Der Frankfurter Hof: Traditionshaus mit revolutionärer Geschichte

griffen, die Frankfurt im 18. und frühen 19. Jahrhundert den Ruhm einer der ansehnlichsten deutschen Städte eintrugen. (Ein Tip für Spurensucher und Ruinen-Liebhaber: Die Fassade des 1906 als letztem Zeil-Palais abgerissenen barocken Darmstädter Hofes liegt — und bröselt — auf einem städtischen Lagerplatz am taunusnahen Sandplacken. Erreichbar — und auch als Ausgangspunkt eines Waldspaziergangs lohnend — ist der Sandplacken mit der U 3 und einem Postbus.) Die Matrosensuppe übrigens, die ab und zu auf den Speisekarten des (sündhaft teuren) Frankfurter Hof auftaucht, verdankt ihren Namen der Novemberrevolution. Das Hotel war damals Versammlungsort der Soldatenräte; die wendige Hotelleitung ließ jene Revolutionsgemäße Mahlzeit verabreichen.

Die Funktion als Sitz von Revolutionären blieb Episode — und der Kaiserplatz das luxuriöse Rund. Nach dem Krieg hat man einige der 1870-76 entstandenen Geschäftshäuser wiederaufgebaut bzw. renoviert. Darunter das Eckhaus Kirchner- und Kaiserstraße, dessen von strenglinigem Jugendstil überformte Schaufront ein faszinierendes Gemisch aus assyrischen, babylonischen und Südsee-Motiven zeigt. Der Merkur-Jüngling an der Stirn-Wand zählt zum Besten, was in Frankfurt an historistischer Fassaden-Plastik erhalten geblieben ist. Mit dem ›Mercedes-Haus‹ begann 1954 am Kaiserplatz der Wiederaufbau in der Innenstadt. Die dynamisch geschwungene Großform, zentriert um einen runden gläsernen Treppenturm mit Messing-Gestänge, knüpft an die Traditionen der klassischen Moderne an. Die spröde Eleganz dieser Wiederaufbau-Architektur hat wenig gemeinsam mit der Bigotterie und Betulichkeit der Nierentisch-Ära. Um so mehr aber war der Platz selbst ein Brennpunkt des Wirtschaftswunderlandes und seiner Doppelmoral: An Sommerabenden umkreiste *Rosemarie Nitribitt* im weißen Mercedes-Kabriolet den Kaiserplatz. Ihr Ruf als Donna wurde bun-

**Kirchner-/
Kaiserstraße**

Rosemarie Nitribitt

desweit unter Top-Managern und Spitzenpolitikern verbreitet und geheim gehalten. Als die Nitribitt ermordet wurde, zitterten einige der führenden Männer der Republik, grinsten Ladeninhaber an der Kaiserstraße, mit denen die Nitribitt gute Freundschaft gehalten hatte — und mußte der Prozeß mangels Beweisen ohne Schuldspruch beendet werden. Betroffene atmeten auf. Die Heile-Welt-Fassade der Adenauer-Ära aber hatte — lange vor der Studentenbewegung — einen deutlichen, unkaschierbaren Riß erhalten.

Im Hintergrund die Katharinenkirche
Die Straßenbahn an der Hauptwache ist auch schon Geschichte. Sie fährt nicht mehr.

Katharinenkirche

Daß niemand an der Hauptwache ausmachen kann, wo der Platz und wo die Straße ist, hat Tradition. Die Hauptwache — eigentlich: An der Hauptwache — ist nie planmäßig als Platz angelegt worden, sondern entstand als eine gigantische Kreuzung aus Hauptverkehrsstraßen, Markt und Exerzier-Gelände. Fixpunkte im Gewirr waren und sind Hauptwache und Katharinenkirche.

Zunächst zu ihr: die *Katharinenkirche* wurde 1681 eingeweiht. Der Außenbau ist überwiegend gotisch bestimmt: Strebepfeiler, Eck-Bossen, Maßwerkfenster und ein polygoner Chor. Einzig die eleganten Säulenportale an Turm und Westfassade sowie der Turmabschluß, die sogenannte »Welsche Haube«, sind deutlich erkennbare Barock-Elemente.

Goethe *wurde in der Katharinenkirche getauft. Seine Familie hatte, wie alle der Gemeinde Angehörigen, ihr eigenes Kirchengestühl. Es verbrannte ebenso wie die gesamte Innenausstattung (deren solide Pracht sie zu Vorbildern der protestantischen Hauptkirchen von Worms und Speyer gemacht hatte) im März 1944. Der Wiederaufbau erfolgte in den beeindruckenden Reduktionsformen der Nachkriegsmoderne (1953, T. Kellner/W. Masslug). Die dadurch entstandene spröde Feierlichkeit des Raums und der spätmittelalterliche Bildnisgrabstein des Frankfurter Patriziers* Wycker Frosch *(1363) lohnen einen Besuch.*

Kirchenleitung und Gemeinde bemühen sich mit Sondergottes-
diensten, Kurzandachten, mit Vortrags- und Diskussionsveranstal-
tungen der Sonderstellung als City-Kirche gerecht zu werden; Or-
gel-Konzerte führen die berühmte Musik-Tradition der Katharinenkirche (1928 gab Albert Schweitzer hier mehrere Konzerte)
fort.

Stichwort Goethe: die *Hauptwache* bezeichnete der Dichter als
»schönstes Bauwerk Frankfurts nächst der Alten Mainbrücke«.

**❹
Hauptwache**

Das Bauwerk hat eine kuriose und für Frankfurts Pragmatismus
charakteristische Geschichte. 1729 wurde es nach einem Entwurf
des Stadtbaumeisters *Johann Jacob Samhaimer* als Wachgebäude
der Stadt-Miliz erbaut. Es diente im Laufe der Zeit als Wachlokal,
als Gefängnis und als Caféhaus.

*Schon immer Verkehrskno-
tenpunkt: Die Hauptwache
Ende der 20er Jahre*

Die Hauptwache als Gefängnis: Unter dem behaglichen Mansar-
dendach und hinter dem mächtigen Dreiecksgiebel, dessen aus Tro-
phäen und antiken Rüstungen zusammengesetztes Relief tatsächlich die Qualität barocker Schloß-Dekorationen erreicht, saß von
1769-95 der Ratsherr *Johann Erasmus Senckenberg* ein. Während
seiner Amtszeit hatte er unablässig die Korruption des Senats ange-
prangert. Da er selbst nicht frei war von dem, was er den Amtskolle-
gen vorwarf, und da seine Kritik sich zum Querulantentum entwikkelte, wurde er (auf Betreiben einflußreicher Bankiers) in Haft gesetzt — bis zu seinem Tod 1795 erfolgten weder ein Prozeß noch ein
Urteil!

Ein weiterer, nicht minder prominenter unfreiwilliger »Gast«
war 1802 *Johannes Bückler.* Er ist weitaus bekannter unter dem Namen »Schinderhannes« (gleichnamiges Schauspiel von Carl Zuckmayer entstand nach ihm). Die Frankfurter hatten den Räuber-

Johannes Bückler,
genannt Schinderhannes,

hauptmann gefaßt und anschließend an die Franzosen nach Mainz ausgeliefert, wo er schließlich hingerichtet wurde. Die Zellen im Keller nannte man damals auch »Schanzerloch«, weil die Gefangenen zu Arbeiten an den Festungsanlagen, der Schanze der Stadt eingesetzt wurden.

Am 3. April 1833 stürmten — Frankfurt ist Sitz des reaktionären Deutschen (Fürsten-) Bundes — 33 Männer, Mitglieder des Deutschen Preßvereins und Burschenschaftler, unter Führung des früheren Göttinger Universitätsdozenten Dr. Rauschenplatt *die Hauptwache. Mit den Rufen* »Freiheit, Gleichheit, Brüderlichkeit« *und* »Die Fürsten zum Lande hinaus«, *drangen sie in die Vorhalle, überwältigten die Wachbesetzung und befreiten die Gefangenen. Unter ihnen befanden sich auch die Literaten und Flugschriftverteiler* Freysin, Funck *und* Sauerwein. Sauerwein *gilt als Verfasser eines in jenen Jahren beliebten oppositionellen Gassenhauers* »Fersche zum Land ennaus!« *Ziel der Wachstürmer war die Installierung einer provisorischen Regierung und eines* »Vorparlamentes«, *dessen Aufgabe sein sollte, eine verfassunggebende Nationalversammlung auszuschreiben, die zu entscheiden hätte, ob Deutschland das System einer konstitutionellen Monarchie oder eine republikanische Staatsform erhalten sollte. Als die* »Aufständler« *weder Unterstützung unter den Frankfurter Bürgern noch bei den Soldaten fanden, räumten sie das Hauptwachengebäude, noch ehe ein Gegenangriff zu erkennen war. 1920, als französische Besatzungstruppen vor der Hauptwache aufmarschierten, schossen verwirrte Soldaten auf die spontan demonstrierende Bevölkerung; neun Frankfurter kamen ums Leben, sechsundzwanzig wurden verletzt.*

Seit 1903 aber war die Hauptwache Caféhaus. Sie wurde von der jüdischen Bevölkerung bevorzugt besucht. Nach 1933, als einige noch meinten, die braune Diktatur sei ein vorübergehender Spuk, besuchten nichtjüdische Frankfurter das Café, um ihre Solidarität mit den jüdischen Bürgern zu bekunden. 1947, als die Innenstadt noch in Trümmern lag, wurde in der ausgeräumten Ruine der Hauptwache der Cafébetrieb wiederaufgenommen. 1953 vereinfacht wiederaufgebaut, wurde sie erneut und verstärkt zum Mittelpunkt der Stadt. An ihr kreuzten die wichtigsten Straßenbahnlinien und Verkehrsstraßen. Die Normaluhr war ein jedem Frankfurter geläufiger Treffpunkt, ringsum gab es Kinos, Kabarett und Kneipen.

Die Hauptwache ist nur noch eine Kopie ihrer selbst. Sie wurde 1966 wegen des U-Bahnbaus abgetragen und 1968 rekonstruiert. Außer einigen Arkadenpfeilern und dem Giebelfeld ist alles an ihr Ergänzung. Immerhin: Das Café ist wieder gut besucht, im Sommer bietet seine Außen-Terrasse hervorragende Aussicht auf das Straßentreiben. Die neue Uhr allerdings, trotz ihrer postmodernen, aus Großvaters Taschenuhr und Kandelaber-Würde gemischten Aufmachung, hat es nicht zur Bedeutung ihres unscheinbaren Vorgängers gebracht. Heute steht das Gebäude auf einem 25m »hohen« Verkehrsknotenpunkt unter der Erde. Die B-Ebene, die erste Ebene unter der Oberfläche, wurde aus optischen Gründen halboffen gestalten und vor einigen Jahren mit zusätzlichen Lichtbändern versehen, damit mehr Tageslicht einfallen kann.

Die neue Normaluhr an der Hauptwache: Mischung zwischen Großvaters Taschenuhr und Kandelaber-Würde

Neben zahlreichen Geschäften und Restaurants finden sich hier die Informationskioske vom Hessischen Rundfunk und für kulturelle Veranstaltungen aller Art. Hier kann man Programme und Eintrittskarten für sämtliche Veranstaltungen Frankfurts erhalten.

»Unser Dorf soll schöner werden«: Wem daran gelegen ist, die großstädtische Variante dieser Verschönerungsaktionen kennenzulernen, der möge die *Zeil* entlang bummeln. Platanen in Reih und Glied, volkstümelnde Plastiken und Brunnen kaschieren die Endlos-Reihe einfallsloser Kasten-Architekturen und Warenhaus-Container auf Frankfurts Einkaufsparadies und der Bundesrepublik umsatzträchtigster Straße. Den finanziellen Höhepunkt (ob auch den gestalterischen sei dahingestellt) der Zeil-Neugestaltung stellten die vier Caféhaus-Pavillons dar. Ihre klassizierende Grundform und symmetrische Anordnung soll als Zitat der einstigen klassizistischen Frankfurter Stadttor-Häuser verstanden werden. Diese Straße entstand seit dem vierzehnten Jahrhundert nördlich des Geländes der niedergelegten alten Stadtmauer. Zunächst wurde nur eine Häuserzeile errichtet, was ihr den Namen Zeil (Zeile) einbrachte.

Schon zu Goethes Zeit war sie eine bedeutende Geschäftsstraße. Schiller schrieb damals an Goethe, er solle sein Gedicht »Die Teilung« mit Blick auf die Zeil lesen: »...» Da ist jedes Köstliche zu sehen. / Und es herrscht der Erde Gott, das Geld ...« Zunächst war die Zeil auch Zentrum berühmter Gasthäuser, in denen nur Wohlhabende abstiegen und Konzerte und Bälle stattfanden. Zu Beginn des zwanzigsten Jahrhunderts zeichnete sich bereits die Entwicklung der Zeil zur zentralen Einkaufsstraße ab. Im Zweiten Weltkrieg wurde sie stark zerstört und konnte problemlos um acht Meter nach Süden auf 34 Meter Breite erweitert werden.

David und Goliath auf Deutschlands umsatzträchtigster Straße — der Zeil

Zeil
❺

Rund um die Zeil hat sich eine Unterhaltungsbranche — Disco, Schwulenbars und Musikclubs — etabliert. Viele Lokale haben eine Nachtkonzession. Die Zeil ist nicht mehr nur tagsüber bunt und voller Menschen. Da ist z.B. der »Sinkkasten«, eines der bekanntesten und populärsten Musiklokale. Er bietet täglich (außer montags) ab 20 Uhr Disco-Abende oder Life-Auftritte aktueller Musikgruppen an. Da die gebotene Musik eine weite Stilpalette umfaßt, empfiehlt es sich, das Monatsprogramm zu besorgen.

Liebfrauenstraße
Neue Kräme
Berliner Straße
⑥

Wer auf Menschengewimmel und Einkaufsstreß keine Lust hat, dem sei ein Gang durch die weniger bekannten Straßen und Gassen südlich der Zeil empfohlen. Die Liebfrauenstraße und ihre Verlängerung die Neue Kräme führten zur Berliner Straße. In der Berliner Straße, ehemals Schnurgasse, setzte im September 1906 die Polizei zum ersten Mal ihre aus Amerika importierte, neueste Waffe ein: den Gummiknüppel. Er leistet bis in jüngste Gegenwart »gute Dienste«.

Über die Schärfenstraße wieder zurück, gelangt man zur Töngesgasse. Ursprünglich hieß diese Straße »Anthonier Gasze« — nach dem Anthoniter-Kloster, das im 14. Jahrhundert hier stand. Im Laufe der Zeit wurde daraus die »Thoniesgass«, »Thonigesgasse«, »Thonnesgaß« und schließlich im 17. Jahrhundert die »Töngesgaß«. Nur wenige Häuser haben den letzten Krieg überstanden. Im Haus Nr. 34/36 wurde ein erhaltener Teil restauriert und beherbergt seit 1978 das Stoltzemuseum (Öffnungszeiten Mo-Fr 10-17 Uhr, Mi bis 20 Uhr).

Gleich nebenan wird ein kleines Plätzchen inoffiziell »Vincenzplätzchen« genannt. Hier stand einst das Haus des Lebküchlers Vincenz Fettmilch.

Er hatte einen Aufstand initiiert, der 1612 begann und eine vier Jahre dauernde Auseinandersetzung zwischen den Zünften, den Handwerkern und Tagelöhnern auf der einen und dem Rat der Stadt, dem Machtinstrument der reichsten Familien, auf der anderen Seite einleitete. Während sich die Patrizier an städtischem Geld bereicherten, lebte die Mehrzahl der arbeitenden Menschen in großer Not. Die Aufständischen verlangten die Einrichtung eines wöchentlichen Kornmarktes und die Beschränkung der Zahl der Juden in der Stadt, bei denen viele in finanzieller Abhängigkeit standen (der daraus entstandene, sich zeitweise in Pogromen äußernde Antisemitismus macht die Widersprüchlichkeit des Fettmilchaufstandes deutlich). Nach vierjährigem Kampf werden die Rebellen besiegt. 1616 werden Vincenz Fettmilch und drei andere Anführer auf dem Roßmarkt öffentlich hingerichtet.

Die Hinrichtung der Fettmilch-Aufständler

In der nördlich gelegenen Parallelstraße vermittelt, mit etwas Phantasie, einer der wenigen noch verbliebenen Miniaturplätze ein Hauch von Frankreich. Einst gab es in Frankfurt eine Reihe kleiner Anlagen und winziger Plätze. Die Frankfurter Oberschicht gab sich viel Mühe, nicht provinziell zu erscheinen. Bereits im 17. Jahrhundert kleideten sich reiche Kaufleute nach der französischen Mode, benutzten Französisch als Konversationssprache. Wer gebildet erscheinen wollte, ließ französische Worte in die Umgangssprache einfließen.

Nichts erinnert mehr an das ehemalige Wachengebäude, — die Kontablerwache —, das im siebzehnten Jahrhundert die städtischen Artilleristen — die Konstabler — beherbergte. Im angeschlossenen Gefängnis waren Straftäter und politische Gefangene in Verwahrung (weitere Zellquartiere gab es bis ins neunzehnte Jahrhundert hinein im Katharinenturm, im später abgebrochenen Brückenturm der alten Brücke, dem Rententurm, dem Leinwandhaus und der ehemaligen Mehlwaage am Dom). 1833 wurde die Wache gleichzeitig mit der Hauptwache besetzt. Die Konstablerbesetzer aber waren dem anrückenden Linienmilitär trotz Unterstützung durch die Hauptwachenbesetzer nicht gewachsen. Von den Festgenommenen konnte sich einer auf die klassische Methode mit der Feile befreien, was bei der Bevölkerung zu dem Spottlied führte: »Jetzt Schnitzspahn (damaliger Gefängniswärter) streck' die Beine aus / Die Falle offen, fort die Maus! / O Polizei, wieviel Verdruß / Macht dir der Studio Lizius (Name des Ausgebrochenen)!«

Wie der Kaiserplatz, so ist auch die Konstabler Wache eine Art Grenzstation. Hinter ihr erstreckt sich die Ost-Zeil, 1881 als Verlängerung der Zeil angelegt. Sie blieb bis heute deren unscheinbarer Fortsatz. Zu ihrem Vorteil: hier gibt es kleine Antiquariate und kuriose Trödelläden, ist in einem ehemaligen Warenhaus (Biberhaus) die Zentralstelle der Volksbücherei großzügig untergebracht, existieren Wirtshäuser mit ungarischer und exotischer Küche. Durchsetzt ist das Ganze mit Saunen, Sex-Shops und Kneipen.

Das letzte Teilstück der Ostzeil bestimmen Gründerzeitbauten. Hervorragend im doppelten Wortsinn das Eckhaus an der Lange Straße, dessen martialische Jahrhundertwende-Architektur in bizarrem Gegensatz steht zum türkisgrünen Anstrich, den die Inhaber des dortigen Teppichhandels seinen Loggien und Balkonen verpaßt haben. Das gegenüberliegende Ensemble ist ein kurioses Gemisch aus wilhelminischem Historismus und postmodernem Neohistorismus: Von Spekulanten jahrelang der Verwahrlosung überlassen, wurde es Ende der 70er Jahre von der Stadt aufgekauft und mühselig restauriert. Der Nebenbau, nicht minder prächtig, wurde damals als stilreine Ergänzung angefügt. Sehenswert sind die angrenzenden Klein-Villen. Sie sind Überreste der landhausartigen Wohnbauten, die wohlhabende Bürger sich hier zwischen 1800 und 1860 am Rande der Wallanlagen errichten ließen. Wenige Schritte von diesen Gebäuden — eine Gedenktafel kennzeichnet den genauen Ort — erschoß sich in der Nacht des 20. Juli 1866 der letzte Bürgermeister der Freien Reichsstadt, *Karl Fellner*. Er hatte am selben Tag die Kontributionsforderungen der preußischen Besatzungstruppen über 25 Millionen Gulden, zahlbar binnen 24 Stunden, entgegengenommen. Den Entschluß zum Selbstmord faßte Fellner, nachdem er eine von den Besatzern befohlene Liste zu schreiben begonnen hatte, auf der alle Mitglieder der drei städtischen Körperschaften genannt und damit zur persönlichen Vermögens- Haftung gezwungen werden sollten. Sein Begräbnis, an dem

Konstablerwache

Die letzten Altbauten an der Zeil. Wie lange noch?

Zeil/ Langestraße

Tausende Frankfurter teilnahmen, war eine schweigende antipreußische Demonstration.

Ein Denkmal wilhelminischer Prüderie, und eines wilhelminischer Sentimentalität beschließen die Ostzeil: Am Rande der Wallanlagen steht ein pittoreskes Fachwerkhäuschen im Cottage-Stil. Im Inneren des 1986 sorgfältig restaurierten Bauwerks befindet sich ein Pissoir. Gußeisenromantik strahlt das Uhrtürmchen schräg gegenüber aus. Das gerüstete Männlein auf seiner Spitze stellt den ›Trompeter von Säckingen‹ dar.

Sozialdemokratische Parteilokale gab es mehrere in diesem Stadtteil; hier »Zum Treppchen« (1904) in Vilbeler Straße

Heiligenkreuz-gasse 8 ⑨

Johanna Kirchner

Südlich der unteren Zeil befand sich bis zur Kriegszerstörung das Allerheiligen iertel, ein Kleinbürger- und Arbeiterquartier, daß im 19. Jahrhundert als Unruheherd gefürchtet war. Hier hatten die Aufstände von 1833 und 1848 ihr Zentrum. Die Frankfurter Sozialdemokratie verfügte in den 80er Jahren des letzten Jahrhunderts über eine gut funktionierende Infrastruktur mit Parteilokalen und Vereinen. Eines der wichtigsten befand sich in der Heiligenkreuzgasse 8. Der Besitzer war *Heinrich Prinz* (der »rote« Prinz). Unter dem Sozialistengesetz war er am Aufbau der illegalen Parteiorganisation beteiligt, kandidierte bei den Stadtverordnetenwahlen von 1882 und 1884 und gehörte zu den schärfsten Kritikern der reformistischen Tendenzen.

Nach 1933 nutzten die Faschisten den Hinweis auf die in diesem Viertel etablierten Bordelle zu strengen Kontrollen. Die Überwachung galt nicht den Prostituierten, sondern den »kommunistischen Umtrieben« der dort wohnenden Arbeiter. Der heutige Magistrat plant, den Bordell-Betrieb des Bahnhofsviertels hierher umzusiedeln. Die von der Zeil abzweigende Breite Gasse wird, wie bisher, dessen Hauptstraße sein. An ihrer Einmündung steht — grotesk genug — ein vor kurzem liebevoll restauriertes Biedermeierhaus; Maria-Theresia-gelb, Efeu-überrankt und mit possierlichen Fensterläden.

Zwischen Zeil und Seilerstraße befinden sich die Frankfurter Gerichtsgebäude. Seit Ende des vergangenen Jahrhunderts stand in der Hammelsgasse ein Untersuchungsgefängnis. Es wurde durch Neubauten in Preungesheim 1973 abgelöst und 1987 abgerissen. Hier und im Polizeigefängnis in der Klapperfeldstraße saßen die Gefangenen aller politischen Epochen.

Mehrere Regimegegner des »Dritten Reichs« berichten von einer Schlie-ßerin namens Wetzel, die unter der Maske strenger Pflichterfüllung das Leid der Betroffenen mit heimlich zugesteckten Brotrationen etc. lindern half.

1942 verweilte hier Johanna Kirchner (vor ihrer Deportation) und zufällig gleichzeitig ihre Tochter Lotte Schmidt. Frau Wetzel fand einen Vorwand, beide in eine gemeinsame Zelle zu legen. Diese unverhoffte Begegnung von Mutter und Tochter führte zur Abstimmung von Aussagen, die ausschlagge-bend dafür waren, daß Lotte und ihre Schwester Inge überlebten.

Blick auf den Eschenhei-mer Turm, rechts Teile des Turn und Taxis-Palais

Durch die Vilbelerstraße gelangen wir zur Stefanstraße. Zwi-schen Stiftstraße und »Große Eschenheimer Straße« befindet sich das Hauptpostamt und das Fernmeldehochhaus von 1955. Beide Bauten waren Wahrzeichen des Wiederaufbaus und beherbergen eines der bedeutendsten Fernmeldezentren der Welt. Hier werden noch heute täglich über 2,5 Millionen Gespräche vermittelt. Ur-sprünglich hatte der Reichspostminister *von Thurn und Taxis* hier den aufwendigsten Barockpalast der Stadt erstellen lassen, nach-dem *Karl VI.* 1724 um die Verlegung der Postverwaltung nach Frankfurt gebeten hatte. An der Großen Eschenheimer Straße sind nach der Kriegszerstörung nur das Tor und die Eingangspavillons wiedererstanden.

Im nördlichen Teil von Großer Eschenheimer Straße und Schil-lerstraße befinden sich die Häuser von »Frankfurter Rundschau« und »Neuer Presse« mit »Abendpost«. Die »Frankfurter Rund-schau« war mit Lizenz Nummer 2 die erste Tageszeitung in der ame-rikanischen Besatzungszone, die seit August 1945 wieder erschien.

Das Fernmeldehochhaus mit dem Turn und Taxis-Portal

Wappen als Mieder; Frankfurter Würstchen weltweit!

①

Goetheplatz
Rathenauplatz

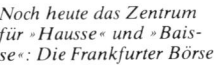

Die Geschichte des Frankfurter Pressewesens ist lang. Schon bevor Gutenberg die Buchdruckerkunst erfunden hatte, war Frankfurt ein Zentrum des Informationsaustauschs. Zu Messezeiten trafen sich hier Personen aus allen Himmelsrichtungen und tauschten Neuigkeiten aus. Kein Wunder also, daß Frankfurt schnell zu einem bedeutenden Pressezentrum nach Einführung der Drucktechnik wurde und geblieben ist. Weit über eine Million deutschsprachige Zeitungen verlassen täglich die Druckereien.

Nur wenige Schritte neben dem Haus der »Neuen Presse« steht die *Börse,* ebenfalls eine Einrichtung mit weltweiter Bedeutung. Ursprünglich hatte auf diesem Platz das Opernhaus entstehen sollen. 1879 wurde der repräsentative Bau der Börse der Architekten *Heinrich Burnitz* und *Oskar Sommer* im Stil der italienischen Hochrenaissance eröffnet. Das Gebäude beherbergt heute die größte Wertpapierbörse Deutschlands. Sie war von Messekaufleuten 1558 gegründet worden und sollte in Form einer Vereinigung dafür sorgen, daß einheitliche Wechselkurse für unterschiedliche Währungen entstanden.

Roßmarkt, Goetheplatz und Rathenauplatz bilden eine Einheit. Bis 1986 war diese Stelle einer der wichtigsten Straßenbahnknotenpunkte der Stadt. Vor ein paar Jahren konnte man hier auch noch in einigen Buden »Frankfurter Würstchen« auf der Straße kaufen. Sie hatten Frankfurt einst über alle Grenzen hinweg bekannt gemacht. 1893 erhielten sie auf der Weltausstellung in Chicago die höchste Auszeichnung. Seither gibt es auch in USA »Francforters«. Sie haben aber eine andere Würzung als die echten »Frankfurter«. Ein Gerichtsentscheid von 1929 stellt klar, daß nur »Frankfurter« aus dem Wirtschaftsraum Frankfurt so genannt werden dürfen. Er wurde 1955 vom Bundesgerichtshof bestätigt.

Vor allem Frankfurter und Neu Isenburger Metzger stellen sie aus Schinkenfleisch her. Sie müssen Rauchgeschmack besitzen und nach achtminütigem Ziehen in heißem Wasser beim Hineinbeißen knacken. Das genaue Geburtsdatum der »Frankfurter« ist nicht bekannt. Sicher weiß man nur, daß sie rund 400 Jahre alt sind und schon immer teurer waren als andere Sorten. Sie

Noch heute das Zentrum für »Hausse« und »Baisse«: Die Frankfurter Börse

wurden im neunzehnten Jahrhundert in Nobelrestaurants als Delikatesse gereicht und von Bismarck geschätzt. Anfang des letzten Jahrhunderts bot ein Metzger »Frankfurter« in Wien an, der im hiesigen Wurstquartier gelernt hatte. Später wurden daraus die »Wiener«, die etwas länger, dicker und weniger stark gewürzt sind.

Auf dem neu gestalteten Roßmarkt steht das Gutenbergdenkmal. Es wurde zum vierhundertjährigen Bestehen der Buchdruckerkunst 1840 aufgestellt. *Eduard Schmidt von der Launitz* stellte *Johannes Gutenberg* neben dessen Gläubiger *Johann Fust*, der Gutenbergs Erfindung zu seinen Gunsten ausbeutete. Als dritte Figur ist *Peter Schöffer* mit modernerem verbessertem Werkzeug in der Hand zu sehen. Sie waren die Pioniere der Druckkunst. Des weiteren sind die Frankfurter Buchdrucker *Egenolff* und der erfolgreichste Verleger des sechzehnten Jahrhunderts, *Feyerabend*, zu sehen. Sie gründeten im fünfzehnten Jahrhundert die Buchmesse.

Roßmarkt
⑫

Vor hier aus hat man die Qual der Wahl, ob man durch die Goethestraße oder die Große Bockenheimer Straße (im allgemeinen »Freßgaß« genannt, weil es hier viele Delikatessen- und Luxusgeschäfte gibt) zum Opernplatz geht. Letztere wurde als breite Autostraße nach dem Krieg neu konzipiert.

Wer sich unbedingt ein paar Schuhe im Werte von 300 DM zulegen möchte, sollte den Weg durch die Goethestraße wählen. Wer lieber für sehr viel weniger Geld eine Stärkung zu sich nehmen will, sollte den *Club Voltaire* heimsuchen. Bekannt wurde der 1961/62 von Falken, Jusos, Naturfreunden und Studenten gegründete Club allerdings weniger durch sein kulinarisches Angebot mit leicht spanischem Einschlag, sondern als Treffpunkt linksoppositioneller Personen und Persönlichkeiten. Hier stritt *Else* mit *Sartre*. Hier schluckten und schlucken Stadtverordnete und Exminister, Labelmanager und Rocksänger, Exilchilenen und Wirtschaftsredakteure, City-Flüchtlinge und Startbahngegner, Alt-Linke und Jung-Schwule, Rotgrüne und Bitterböse, Hitzige und Geduldige. Die

Im Club Voltaire: Kunst und Kultur, Diskussion und gutes Essen
⑬

Die »Delikatessenstraße« (Freßgaß) nach 1945

Ehemaliges Haus am Goetheplatz an der Ecke zur Goethestraße

**Opernplatz
Alte Oper**
⑭

Gaststätte ist heute noch Treff von BI's und Gewerkschaftsgruppen und bietet regelmäßig Kleinkunstveranstaltungen und Ausstellungen an.

Freßgaß und Goethestraße treffen beide auf den Opernplatz, der 1869 noch Teil der Wallanlagen war. Oberbürgermeister Dr. Mumm von Schwarzenstein brachte damals folgenden Antrag in die Stadtverordnetenversammlung ein:

> *»Frankfurt entbehrt eines der Größe und Bedeutung der Stadt wie den Anforderungen des guten Geschmacks entsprechenden Theatergebäudes.«*
> *Die Worte hatten Erfolg. Über sechzig Bürger spendeten 750.000 Mark. 1873 rechnete man mit Gesamtbaukosten von rund zwei Millionen Mark. Als der Bau in Anwesenheit Kaiser Wilhelm I. am 20.10.1880 eröffnet wurde, waren die Baukosten auf das Zehnfache der ursprünglichen Spendensumme gestiegen. Ähnliches wiederholte sich in den siebziger Jahren, als wieder Bürger die Initiative ergriffen, um die Kriegsruine aufzubauen. Am 28.8.1981, dem 232. Geburtstag Goethes, zeigte sich die Oper als »Konzert- und Kongreßzentrum Alte Oper« in neuem Glanz.*
> *Das Haus ist äußerlich getreu den Plänen des späteren Direktors der Berliner Bauakademie,* Richard Lucae *wieder hergestellt worden, der 1873 mit den Bauarbeiten begonnen hatte, aber vor deren Vollendung starb, die dann* Albrecht Becker *und* Eduard Giesenberg *beendeten. Deshalb wurde damals der heute nach den Originalplänen gefertigte Brunnen auf dem Platz nicht ausgeführt. Die Außenverkleidung des Gebäudes im Stil italienischer Hochrenaissance besteht aus Savonniere-Kalkstein, der als Reparationsleistung des Deutsch-Französischen Kriegs von 1870/71 nach Deutschland kam.*

Die Oper wurde »Dem Wahren, Schönen, Guten« gewidmet. Böse Zungen behaupteten, daß die Stadt in der Nachkriegszeit sich nicht traute, das Gebäude abzureißen, weil diese Inschrift unversehrt an der Ruine zu lesen war. Der wahre Grund war, daß das Haus die geforderte Bühnentechnik der Zeit nicht aufnehmen konnte und ein Komplex mit Oper, Schauspiel und Kammerspiel, wie er am Theaterplatz neu erstanden war, kostengünstiger betrie-

Am Abend nach dem Tod
von Günter Sare; im Hin-
tergrund die Oper

ben werden konnte. Heute beherbergt das historische Gemäuer modernste Technik. Eine getreue Nachbildung der alten Innenausstattung war unbezahlbar. Nur das Vestibül behielt die ursprüngliche Ausgestaltung mit den markanten Lampen, die noch viele Jahre nach der Zerstörung in der Ruine hingen. Viele Kritiker dieser Neugestaltung als repräsentatives Konzerthaus meinten, man hätte stattdessen lieber das ursprüngliche Konzept des einstigen SPD-Magistrats verwirklichen sollen. Danach wäre das Opernhaus ein repräsentatives Bürgerhaus geworden. Mehrzwecksäle, ein Kino und Einrichtungen, in denen Bürger Neigungen hätten nachgehen können, zu denen man Gerätschaften benötigt, wie beispielsweise ein Tonstudio für Amateure, die sich ein einzelner nicht leisten kann, waren geplant.

Der Platz vor der Oper eignete sich immer für Großveranstaltungen. Am 29. und 31. August 1921 protestierten beispielsweise unorganisierte Arbeiter hier gemeinsam mit der SPD, USP und KPD gegen die Feinde der noch jungen Republik. 1925 waren es Faschisten, die Hindenburgs Wahl zum Reichspräsidenten feierten und sich auf Druck von Antifaschisten auflösen mußten. Im Juli 1932 demonstrierten 50.000 Menschen gegen wachsenden Terror von SA und NSDAP. *Ernst Mulansky* rief bei dieser Gelegenheit für die »Eiserne Front« zum Kampf auf. In den sechziger Jahren passierten viele studentische Demonstrationen diesen Platz, da er auf dem Weg von der Universität zum Römerberg liegt. Heute herrscht eher beschauliche Stille. An heißen Tagen sitzen viele auf dem Brunnenrand und kühlen die Beine im Wasser, Boutiquebesitzer lassen ihre Modelle für Fotografen posieren.

Dem » Wahren, Schönen, Guten «

Am Ostende des benachbarten *Rothschildparks* mit der künstlichen Burgruine, die einst das Lustwandeln in diesem ehemaligen Garten der Villa Rothschild romantischer gestalten sollte, steht seit 1957 das Amerikahaus (Staufenstraße, Ecke Reuterweg). Es fun-

**Staufenstraße/
Reuterweg**

giert als Kulturzentrum für Amerikaner und interessierte Deutsche
mit einem großen Bestand an Büchern, Schallplatten und Filmen.
Hier finden regelmäßig Veranstaltungen statt, die einen Einblick in
die amerikanische Kultur geben sollen. Während des Vietnam-
kriegs, aber auch heute noch, war und ist dieses Haus Ziel von gegen
die Politik der USA gerichteten Demonstrationen.

Gärtnerweg 62

Im »Haus der Begegnung« (Gärtnerweg 62), einer Einrichtung
der Evangelischen Kirche, hat vorläufig das »Hessische Literatur-
büro« eine Unterkunft gefunden. Es wurde 1985 gegründet und
wird derzeit von *Paulus Böhmer* und *Harry Oberländer* geleitet. Eine solche Einrichtung war längst überfällig, wenn man bedenkt,
welchen Rang Frankfurt im Verlags- und Literaturwesen einnimmt.
Dieses Büro hat sich der wichtigen und schwierigen Aufgabe der
Nachwuchsförderung und Förderung des Literaturwesens allgemein angenommen.

**Junghofstraße
⑯**

Rund um die Junghofstraße ist das Finanzwesen zu Hause. Da
dieses Gebiet, in der Nachkriegszeit bebaut, bereits in den sechziger
Jahren nicht mehr ausreichte, erweiterte man das Bankenviertel in
das Westend hinein. Im ausklingenden neunzehnten Jahrhundert
hatten »Die fünf Frankfurter« das europäische Bankgeschäft nahezu alleine in den Händen. Es waren die Söhne von *Meyer Amschel
Rothschild*, der in der Judengasse als Münzhändler begonnen hatte.
Entlang der Mainzer Landstraße stehen die meisten dieser Spiegel-
riesen. Noch ist man sich nicht einig, ob nur 7 oder gar 20 neue ver-
spiegelte Türme hinzukommen sollen.

*Hier setzt sich eine einzigartige Finanzkarriere fort, die Ende des sech-
zehnten Jahrhunderts begann. Messebesucher, Kaiser und Könige liehen
sich in Frankfurt Geld. Die jüdische Bevölkerungsgruppe war in diesem Me-
tier führend, weil ihnen per Gesetz die Ausübung der Handwerksberufe un-
tersagt war. Maria Theresias Schulddurkunde verblaßt geradezu gegen die
Kreditsummen, die heute an Konzerne und Staaten verliehen werden.*

*Im Spiegelkabinett: Glas
und Beton — die Materia-
lien der modernen Bankpa-
läste. Eine schöne Illusion:
die Vorstellung, daß sich
Spiegelfassaden gegenseitig
»wegspiegeln«, bis sie vom
Horizont verschwunden
sind. Dann wäre Frankfurt
auch visuell wieder das, was
es im Grunde ist: ein großes
Dorf. (Dieses und die folgenden Fotos sind von Mi-
chael Beckmann)*

*Nach der Gründung des Deutschen Reichs verlor Frankfurt seine Schlüs-
selstellung an Berlin. Nach 1945 begann man Frankfurt wieder zu der Bankenmetropole auszubauen. Heute ist jede Bank von internationalem Rang
hier vertreten. Über 20% des deutschen Bankgeschäfts werden in Frankfurt
abgewickelt. Über 40.000 Menschen arbeiten in diesem Gewerbe. Rund 700
Geschäftsstellen und Repräsentanzen von ungefähr 360 Kreditinstituten
sind in der Stadt tätig. Seit 1957 hat die »Deutsche Bundesbank« ihren Sitz
hier (heute am Miquelknoten). Frankfurt ist somit aus den täglichen Nachrichten nicht wegzudenken.*

Eine solche Konzentration von Handel (Dienstleistungen) hat
Folgen für die Stadtkultur. Es sind nicht nur die Hochhäuser, die die
Gemüter beschäftigen und den Streit um den Bau des Henninger
Turms geradezu lächerlich erscheinen lassen. Damals, 1959, machte man sich ernsthafte Sorgen darüber, ob dieser Turm nicht die Dominanz des Domturms beeinträchtigen würde. Auch das Zürich-
haus (neben Alte Oper), geradezu symbolisch auf dem Gelände des
ehemaligen Gartens der Villa Rothschild errichtet, ist als erster Vertreter seiner Art eher ein denkmalschutzwürdiges Kleinod als ein
strukturwandelndes Objekt.

Neue Frankfurter Türme

Sie sind umstritten, auch und gerade, weil nun wiederum eine neue »Generation« ansteht: nach den 50 m hohen (50er Jahre), den 100 m hohen (60er Jahre), den 150 m hohen (70er Jahre) nun die 250 m hohen — alle 10 Jahre 50 m mehr, größer, breiter, Tendenz steigend. Ich bekenne, daß ich kaum in der Lage bin, diese hypertrophen Gebilde als baukünstlerisch-ästhetische Phänomene zu begreifen und damit umzugehen. Zu sehr habe ich miterlebt, mit welcher Gewalttätigkeit viele von ihnen durchgesetzt wurden, zu sehr wirkt auf den Frankfurter der Machtanspruch, der sich in solcher Bauweise manifestiert.

Dabei sind dieser Hochhaus-Agglomeration, wie sie in Frankfurts Zentrum entstanden ist, ästhetische Qualitäten nicht abzusprechen. Ich selbst kann mich dem schönen bösen Glühen dieser Gebilde bei Sonnenaufgang — von meinem Fenster aus — nicht entziehen: schwarzblau reflektierender Himmel, dunkelrot das frühe Sonnenlicht auf den scharfen hohen Spiegelfassaden — das macht schon was her. Bei dem Versuch, in das auf den Betrachter einstürzende optische Chaos einige Linien zu ziehen, »Sehhilfen« zu geben, fällt zunächst folgendes auf: Die Frankfurter Hochhäuser sind fast durchweg als Türme ausgebildet, im Gegensatz zu Scheiben, die dann, je nach Blickwinkel, als schwere Blöcke im Stadtbild liegen. Und — die Frankfurter Türme bilden (noch) Gruppen, füllen nicht einfach ein Stadtareal gleichmäßig aus. Sie lassen (noch) Luft zwischen sich. Der Kontrast zwischen ihnen und der repräsentativen, womöglich protzigen Stadt des ausgehenden vorigen Jahrhunderts ist zu erkennen, noch sichtbar. Wer sich stark genug fühlt, den Kontrast zwischen Stadt des 19. Jahrhunderts und modernen, imperialen Superbauten als ästhetisches Phänomen auf sich wirken zu lassen, mag sich vor das Portal des Hauptbahnhofes stellen, oder auf den Opernplatz: Repräsentative Bauten der Jahrhundertwende, die sich dennoch in Höhe und Proportion einem einheitlichen Stadtbild fügen, großzügige Grünanlagen, dazwischen/darüber — noch als Solitäre — die Türme eines neuen Imperialismus in eleganter Kälte.

■ Als weitere »Sehhilfe« nun einige wenige Hochhäuser, die mir exemplarisch erscheinen:
— Das älteste, in den 50er Jahren größte, mitten in der Stadt, das *Fernmeldehochhaus* neben der Hauptwache, ein Betonbau mit Werksteinverkleidung und Betonung der hohen Fen-
sterformate in der Tradition des Post-post-Klassizismus der 30er Jahre (in dieser Manier
waren die großen Wiederaufbauentwürfe der Nazi-Architekten der Jahre 1943-45 gefertigt.
Die Kontinuität der Formensprache ist aus heutiger Sicht unabweisbar). Auffallend die riesige Dachplatte: das war damals Mode — je höher das Haus, desto weiter mußte die Dachplatte auskragen. Diese Kragplatte hatte aber eine spezielle Funktion: Hier waren die Parabol-
Antennen für den Fernsprechverkehr der Republik und darüber hinaus installiert (das sah
toll aus; heute alle auf dem 300m-Fernmeldeturm hinter dem Grüneburgpark; die Frankfurter Hochhäuser behinderten die Richtstrahlen derart, daß die Antennen auf den neuen Fern-
sehturm umziehen mußten; nun können die Hochhäuser frei wachsen).
 Es war ein Haus mit hohem Aussagewert: Frankfurt als Knotenpunkt des nationalen und
internationalen Fernsprechverkehrs, und das mitten in der Stadt (Architekt H. Ebert, 1953).
 Im gleichen Stil das sog. Bayer-Hochhaus am Eschenheimer Turm, das man heute überhaupt nicht mehr als Hochhaus empfindet: Säulen im Erdgeschoß, Rasterfassade mit
Werksteinverkleidung, darüber die riesige Kragplatte (funktionslos); es leitet die Umformu-
lierung des Stadteinganges ein: der Eschenheimer Turm wurde schon damals zum Zwerg
(Architekt S. Blattner, 1952).
■ Nach heutigen Maßstäben eher klein ist das Hochhaus am Brückenkopf der Untermain-
brücke, hinter dem Theater. Es ist aber ein Beispiel — wenn auch kein erstrangiges — für ein
in den USA in den späten 50er Jahren entwickeltes Konzept, das die Stützkonstruktion konsequent nach außen verlegte, um im Inneren des Hauses freie Ebenen zu haben, in denen
sich der (rastermäßige) Innenausbau nach dem Bedarf des Nutzers vollkommen ungestört
entwickeln können sollte. So entsteht diese Fassade mit ihren starken, frei nach draußen gestellten Stützen, die stockwerksweise und über Dach zu Rahmen zusammengefaßt sind;
Anklänge an eine Brückenkonstruktion sind offenbar beabsichtigt. Die Ästhetik dieses Gebäudes wird — in guter konstruktivistischer Tradition — aus der Auseinandersetzung mit seiner Konstruktion entwickelt (Architekten M. Meid, H. Romeick, 1964). Von ähnlicher Haltung
die Chase-Manhattan-Bank Ecke Taunusanlage/Mainzer Landstraße, ein Bau von noblen
Proportionen — der damaligen Mode entsprechend dunkelbraun und mit einem schweren,
zurückgesetzten Aufsatz (für die Haustechnik) nach oben monumental abschließend (Architekten M. Meid, H. Romeick, 1972).

■ Die folgenden Beispiele geben die funktionalistisch-konstruktivistische Tradition weitgehend auf zugunsten eines freien Design, das Eleganz und spannende Fernwirkung anstrebt. Hinter diesen glatten, teilweise verspiegelten Fassaden kann alles stattfinden: Großraumbüros und Chefsuiten, Haustechnik und Swimmingpool, Maschinenhallen und Cafeteria. Mit dem zunehmenden Riesenwachstum (derzeit gebaut ca. 150 m Höhe) wird die beabsichtigte demonstrative Wirkung, weit über die Stadt hinausgehend, deutlich:
Bank für Gemeinwirtschaft (Kaiserstraße/Taunusanlage), mit dem (bisher ersten und letzten) Versuch, die Distanz zwischen Turm und Stadt durch eine Ladengalerie in der breiten Sockelzone aufzuheben (Architekten R. Heil, J. Krahn, 1977). Ganz im Gegensatz dazu die Eleganz der *Dresdner Bank* (Kaiserstraße/Elbestraße), bestechend bei dem hellen, gegliederten Aluminiumschaft des Hochhauses (Architekten H. G. Beckert, G. Becker, 1973); der von dem Düsseldorfer Bildhauer *Norbert Kricke* aufwendig gestaltete (private!) Jürgen-Ponto-Platz macht eher frösteln. Die *Hessische Landesbank* (Neue Mainzer Str. 48-50) zeichnet sich durch die besondere Intelligenz aus, mit der die große Baumasse in fast zierliche Sechseck-Formen aufgelöst ist (Architekten F. Novotny, A. Mähner, D. Marinkovic, 1976); schließlich der kalte Doppelturm der *Deutschen Bank* (Taunusanlage/Mainzer Landstraße), dessen Eingangsbereich durch einen gewaltigen, abgeschrägten Unterbau Ehrenhofartig gestaltet ist, feudale Attitüde der Großen in der Metropole (Architekten W. Hanig, H. Scheid, J. Schmidt, 1984; Großplastik: Max Bill).
■ Wie schnell Design-Architektur zum bloßen Reklame-Gag verkommen kann, zeigt das Hochhaus im Gleisdreieck des *Messegeländes:* in einen schweren Steinkörper, in der Mitte mit einem riesigen quadratischen Loch versehen, schiebt sich von oben eine flache Stahlscheibe — wie eine Guillotine. Jede Form ist bebaubar (wenn sich ein Bauherr findet, der sich für 150 Mio. einen Gag leisten mag), Auseinandersetzung mit Funktion (die Stahlscheibe enthält z.B. kaum mehr nutzbare Räume) und Konstruktion findet nicht mehr statt, der Übergang zu plastischen Groß-Reklametafeln wird fließend (Architekt O. M. Ungers, 1985).
■ Eher läppisch fällt das *Hochhaus am Messekreisel* aus. Trotz nachgerade dinosaurierhaften Wuchses (250 m) und enormer Körperfülle haben wir ein eher kunstgewerblich geprägtes Objekt zu erwarten, das sich mit Stilzitaten und Gefummel aus allen Zeiten und Ländern dekoriert — immerhin der Erstling der »neuesten Generation« Frankfurter Hochhäuser (Architekten Murphy + Jahn, im Bau).
■ Daß es auch ganz anders geht, zeigt das Beispiel der *Landeszentralbank* (Taunusanlage 4-6). Dies wird kein Hochhaus, sondern ordnet sich der Blockbebauung des Bahnhofsviertels ein. Die Büroräume gruppieren sich um eine mehrgeschossige zentrale Halle mit Galerien, die die (auch informelle) Kommunikation der verschiedenen Abteilungen fördern sollen — etwas, was das Hochhaus strukturell nahezu ausschließt. Das Konzept zeigt, daß es auch durchaus andere und wahrscheinlich sehr viel gescheitere Möglichkeiten gibt, moderne Arbeitsplätze unterzubringen als in Hochhäusern, zumal dann, wenn man z.B. die Möglichkeit, daß ein Haus seine Energie teilweise selbst erzeugen könnte, mitdenkt (Architekten N. Berghof, M. Landes, W. Rang; im Bau).
■ Ein maniriertes Spätwerk der Moderne darf unter den Frankfurter Hochhäusern wegen seiner Originalität nicht unerwähnt bleiben: das *Olivetti-Haus* in der Bürostadt Niederrad, drei Kilometer südwestlich der Innenstadt (Lyoner Straße 10). Über einem dreigeschossigen langen Baukörper erheben sich frei zwei auf pilzförmig ausladende Schäfte gestellte zierliche Hochhauskörper, nach oben bewußt »unvollendet« gelassen: ein weißes Ensemble von großer Leichtigkeit und spröder Musikalität. Auch dieses verläßt die strenge Tradition der funktionalistischen Moderne, beginnt mit den Formen zu spielen, ohne aber einer »postmodernen« Beliebigkeit der Mittel anheimzufallen. Das Ensemble ist von der Autobahn sichtbar, geht aber in der geballten Ladung architektonischen Mittelmaßes der Büroindustrie-Stadt unter (Architekt E. Eiermann, 1978).
  (Wie sagte doch der Investor: »Ich will dahin, wo die anderen schon alle sind; ich will dort gesehen werden; und jeder soll sehen, daß ich mir das leisten kann« — und hatte damit die drei *einzigen* Gründe für den Bau eines Hochhauses genannt.)   *Uli Zimmer*

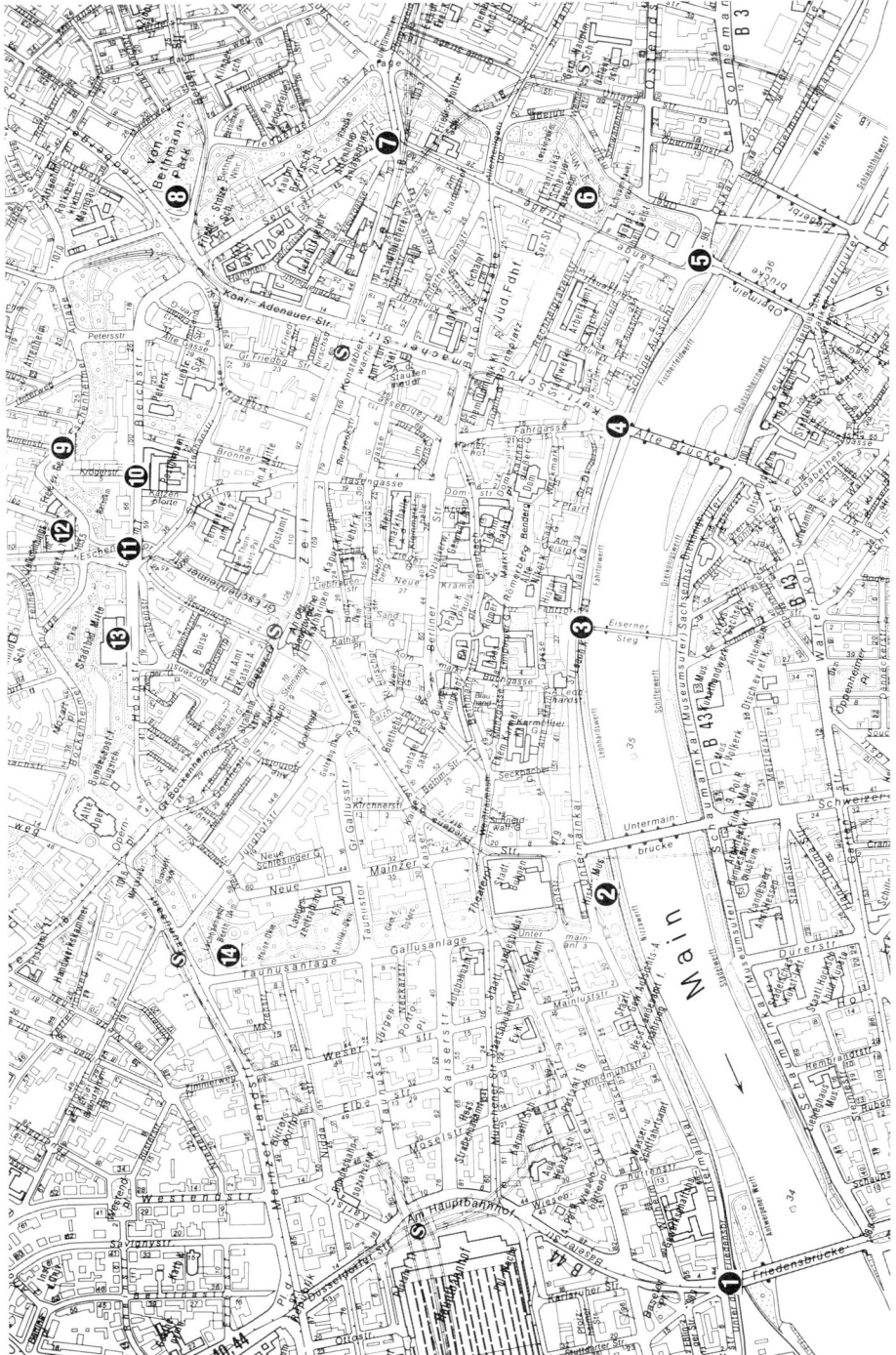

Nizza am Main, Schützen im Turm, Größen im Park

Mainufer/Wallanlagen

von Jürgen Engelhardt

Ausgangspunkt: Baseler Platz (Straßenbahn: 15, 16, 19, 21)
Endpunkt: Theaterplatz (Straßenbahn: 11; U-Bahn: 1, 2, 3, 4)
Dauer: ca. 2,5 Stunden

»Wenn wir aus dem Bad kamen, hatten wir immer eine ›Halskrause‹. Aber dabei hat sich niemand was gedacht« berichten alte Frankfurter über ihre Badefreuden im Main. Hätten sie geahnt, was bereits zu ihrer Zeit alles in dem Fluß schwamm, die zahlreichen Badeanstalten am Flußufer hätten wohl schließen müssen. Heute gibt es keine Badeanstalt am Mainufer mehr, der Main selbst ist zu einem abwasser- und chemiebelasteten Fluß geworden. Darüber wird in unserem Spaziergang längs des Mainufers und der Wallanlagen auch die Rede sein.

Mainufer und Wallanlagen bilden zusammen einen geschlossenen Grünstreifen, dessen effektiver Erholungswert aber nicht sehr groß ist, da er vom sogenannten »Cityring«, der innerstädtischen Stadtumfahrung, begleitet wird. Dennoch gibt es eine Reihe kleiner Ecken, die das hektische Treiben Frankfurts vergessen lassen. Das Nizza und Teile der Wallanlagen gehören zu diesen Ecken. Bis in die fünfziger Jahre hinein gab es hier einen funktionsfähigen Faulwasserbrunnen (schwefelhaltig, Höhe »Untermainanlage«), der mit einigem Aufwand wieder in Gang gebracht werden könnte.

Bevor wir ins Nizza kommen, müssen wir den Abgang der Friedensbrücke benutzen. Am 29.3.1945 meldete der amerikanische Sender aus Luxemburg, daß Frankfurt eingenommen worden sei. Wenige Tage zuvor war es noch zur Frontstadt erklärt worden. Gauleiter *Jakob Sprenger* wollte, daß jedes Haus verteidigt werde. Eine rund 50 Personen starke, durchhaltewillige Gruppe der Waffen-SS versuchte die Amerikaner in Schwanheim aufzuhalten. Ein mutiger Bürger schlich sich um die Straßensperren herum, verhandelte mit den Amerikanern im Stadtwald und zeigte ihnen einen Weg, auf dem sie Frankfurt kampflos erreichten. Am 27.3.1945 erreichte dann die 5. US-Infanteriedivision die bereits verlassene Panzersperre auf der Sachsenhäuser Seite der Friedensbrücke (damals »Wilhelmsbrücke«). Die Mainbrücken, ausgenommen die heutige Friedensbrücke (hier hatte die Sprengung wahrscheinlich nicht

Johann Wilhelm Dilich baute die Festungen, die die Form der Wallanlagen vorgaben

❶
Friedensbrücke

funktioniert), waren beim Rückzug der Deutschen Truppen gesprengt worden.

Die Wilhelmsbrücke bekam von den Amerikanern das Schild »Golden Gate Bridge« umgehängt. 1951 wurde sie in ihrer heutigen Form feierlich eingeweiht und in »Friedensbrücke« umgetauft. In seinem Geleitwort zur Einweihung sagte Oberbürgermeister Walter Kolb:

> *In einer Zeit, in der schon wieder von Krieg geredet wird, weihen wir unsere Friedensbrücke. Wir haben ihr mit dem Bewußtsein diesen schönen Namen gegeben, daß sie das Symbol der tiefsten Sehnsucht unseres Volkes darstellen soll. Das deutsche Volk will mit allen Völkern der Erde in Frieden und Freundschaft leben. Das ist nicht nur heute so, das deutsche Volk wollte niemals einen Krieg, es waren die grausamen Beherrscher, die uns die Katastrophe von 1945 und die Zerstörung sämtlicher Brücken in Frankfurt brachten...*

35 Jahre später, 1986, gelang es einem Teil des deutschen Volkes, diesen Worten, wenn auch symbolisch, Glaubwürdigkeit zu verleihen. Die Friedensbewegung mauerte trotz Polizeischutz die Sprengvorrichtungen, die offensichtlich für einen erneuten Verteidigungsfall an der Brücke installiert worden waren, vom Fluß aus zu.

Die Amerikaner hatten sich einen Weg zum IG-Farben-Hochhaus gebahnt und dieses als Hauptquartier und provisorisches Rathaus der Stadt eingerichtet. Das Hauptquartier ist geblieben. NS-Gauleiter Sprenger, der bis zum 29.3.1945 in Frankfurt das Sagen hatte, war nach einem rauschenden Abschiedsfest unter Gleichgesinnten stark alkoholisiert in Richtung Bad Nauheim aufgebrochen. Zuvor hatte er noch einen größeren Posten Wehrmachtsuniformen beim Heeresbeschaffungsamt bestellt, um als einfacher Soldat in die Gefangenschaft zu geraten und nicht als Gauleiter erkannt zu werden. Beim Einmarsch der Amerikaner in Bad Nauheim beging er dann doch Selbstmord.

Auch die SA hatte ihr Stabsquartier im »Löwensteinschen Palais« (heute steht dort das Hochhaus der Deutschen Bank in der Taunusanlage) verlassen und die Räume, in denen Lebensmittelvorräte lagerten, angezündet. Die Rauchwolke markierte gut sichtbar den Weg für die Granatenwerfer, die die Stadtkommandantur in der Taunusstraße 12 vernichteten. Die Führungsspitze war tot und der verbliebene *General Stemmermann* sorgte dafür, daß es zu keinen Kampfhandlungen gegen die Amerikaner kam. Diese stellten ein Flakgeschütz vor die Opernhausruine und warfen Kindern Zigaretten und Brötchen zu. Manche hatten anfangs Scheu, davon zu essen. Der Hunger siegte schließlich über das Mißtrauen und die »flakgeschützten« Brötchen wurden gegessen.

Von der Friedensbrücke aus erstreckt sich das Nizza entlang des Mains bis zur Untermainbrücke. Diese Anlage wurde nach dem »echten« Nizza in Frankreich benannt, weil hier eine ähnliche Pflanzenwelt gedeiht. Ginkgo, Zitrone, Feige, Mandelbaum und Lorbeer erfreuen sich am wärmsten Winkel der Stadt, der mit 38

Grad Celsius im Jahr 1952 sogar den Spitzenwert von Nizza um zwei Grad überragte. Mit durchschnittlich 1.660 Stunden Sonnenschein im Jahr ist Frankfurt ohnehin eine der klimatisch mildesten Städte der Republik. Der Frühling kommt in der Stadt immer ein paar Tage früher als anderswo, am Nizza sogar eine ganze Woche eher.

Die Rollschuhbahn Mosler am Nizza

Untermainanlage

An dieser Stelle war im neunzehnten Jahrhundert die Halbinsel »Mainlust« mit einem Vergnügungspark und dem Winterhafen. Sie wurden bis 1875 zum Nizza umgebaut, 1932 erweitert und 1952 vollendet. 1951 stifteten die ehemaligen »Kupferwerke Heddernheim« (»VDM«) für die Anlage eine Sonnenuhr. Bei schönem Wetter sind die Wiesen am Flußufer mit Sonnenhungrigen dicht belegt.

Entlang des Mainufers verlaufen die Gleise der 1859 eröffneten Hafenbahn. Sie war von der Stadt Frankfurt gebaut worden, um eine Verbindung zwischen den Bahnhöfen am Taunustor (BfG-Hochhaus) und dem »Hanauer Bahnhof« (Ostbahnhof) herzustellen. Am Eisernen Steg wurde die Station »Fahrtor« errichtet. Hauptsächlich wurde und wird die Bahn für den Güterverkehr zwischen den Häfen und als Anschluß für Industriebetriebe benutzt. Bis Ende des neunzehnten Jahrhunderts gab es noch Ladeverkehr

Der alte Kran der ehemaligen Hafenanlagen

Boote der Fischer- und Schifferzunft ersetzen 1945 die Brücken

direkt an der Kaimauer. Markantester Hinweis darauf ist der alte Kran am Ufer. 1945 nahmen Züge der Königssteiner Kleinbahn (Privatbahn) auf den Gleisen der Hafenbahn den Betrieb für den Personenverkehr wieder auf, da sämtliche anderen Verkehrseinrichtungen beschädigt oder zerstört waren. Auch die »Frankfurter Fischer- und Schifferzunft 945 e.V.« stellte wegen der zerstörten Brücken eine Fährverbindung nach Sachsenhausen her. Diese seit 945 bestehende Zunft besitzt ein verbrieftes Privileg auf Fährdienste in Frankfurter Gewässern, das unter diesen makabren Umständen zu unverhofften Ehren kam. Die Frankfurter mußten lange anstehen, um einen Platz im Fischernachen zur Überfahrt zu bekommen.

Die gewerbliche Fischerei im Main ist wegen der Wasserverschmutzung nach dem Krieg eingestellt worden. Angesichts der braunen Brühe, die heute durch Frankfurt fließt, ist schwer vorstellbar, daß der Main im achtzehnten Jahrhundert zu den fischreichsten Flüssen Deutschlands zählte und fast die ganze Stadt mit Fisch versorgte. In der Phase der Industrialisierung im späten neunzehnten

Am Main, die Häuser sind meist zackigt —
Bei Mosler badet man fast nackigt.

Jahrhundert wuchs die Stadt von 100.000 auf 400.000 Einwohner. Sie bekam ein Kanalnetz, aber keine Kläranlagen, und die Industriebetriebe ließen bedenkenlos ihre giftigen Abwässer in den Fluß. Der Main begann zu stinken.

Hätte man bereits vor dem letzten Krieg genau gewußt, was in dem Wasser floß, hätten die zahlreichen Badeanstalten, die am Flußufer lagen, mit Sicherheit weniger Zulauf gehabt. »Wenn wir aus dem Bad kamen, hatten wir immer eine ›Halskrause‹. Aber dabei hat sich doch niemand was gedacht«, berichten alte Frankfurter. Frankfurt fühlte sich immer als »Stadt am Wasser«. In den Schulen gab es schon vor dem 2. Weltkrieg Schwimmunterricht für alle. Ihre Badelust mußten die Frankfurter allerdings zunehmend in nicht am Main gelegenen, hygienisch sauberen Badeanstalten ausleben. In Fe-

chenheim entstand in den zwanziger Jahren das erste Hallenbad mit Einzelumkleidekabinen.

Heute bemüht man sich mit Kläranlagen, aus dem biochemischen Abwasserkanal Main wieder einen Fluß zu machen. Im achtzehnten Jahrhundert gab es über 30 Fischarten im Main, nach 1945 sank die Zahl auf unter 10, heute sind es wieder um die 17. Die Belastung mit Schwermetallen hält sich gerade noch im Rahmen der gesetzlich zugelassenen Grenzwerte, die einen Verzehr der Fische nicht verbieten. Dennoch riet auch der letzte sozialdemokratische Innenminister mit Recht vom Genuß dieser Fische ab. Das Engagement der Fischer- und Schifferzunft und der persönliche Einsatz ihres derzeitigen Vorsitzenden *August Burck* gelten der Wiederherstellung einer intakten Fauna und der Verbesserung der Wasserqualität. Die Besetzung des Mains mit Fischen über den Verkauf von Angelkarten alleine reicht nicht aus. So grotesk es klingen mag: auch der Hoechst-Konzern läßt nicht nur giftige Abwässer in den Main, er spendiert für die Wiederbelebung des Flusses frische, lebende Fi-

Das Umweltschiff »Reinwasser« vor der Leonhardskirche

sche! Solange indes Hoechst und andere Mainverschmutzer die Verseuchung mit biochemischen und anderen giftigen Substanzen nicht beenden, gibt es keine Chance, aus dem Main wieder einen »Fluß« zu machen.

Seit ca. 10 Jahren leistet die BI »Höchster Schnüffler und Maagucker« kontinuierliche Arbeit beim Aufspüren von Umweltsündern aller Art. Ob ein Fabrikschornstein mit einer Giftgaswolke die Luft verpestet oder ein Betrieb Schadstoffe in den Main leitet, die Schnüffler und Gucker heften sich an die Fersen der Verursacher. Sie arbeiten mit dem Umweltschiff »Reinwasser« zusammen, um Wasserproben zu entnehmen.

Ein zugefrorener Main gehört wohl endgültig der Vergangenheit an. Bis zum zweiten Weltkrieg gab es noch Winter, in denen Karussells auf dem Eis betrieben wurden. Heute haben die immer größer werdenden Mengen warmer und salziger Industrie- und Stadtabwässer diese Winterfreuden endgültig beendet.

Vor fünfzig Jahren (vermutlich Winter 1928/29) fror der Main noch zu. (Foto rechts). Im 2. Weltkrieg wurde das Eis gesprengt, um Frankfurt weiter versorgen zu können. Fotos: Lieselotte Weißbecker

Das Mainufer war lange Zeit geprägt durch eine strenge Symmetrie der Frankfurter Brücken: Ausgangspunkt war die alte Brücke über die Maininsel; der »Eiserne Steg« bildete die Mitte der Symmetrie; westlich und östlich von ihm wurden im Lauf der Jahrzehnte je zwei Steinbrücken und jenseits davon je eine Stahlbrücke für den Eisenbahnverkehr errichtet. Die »Neue Flößerbrücke« und die geplante zweite Fußgängerbrücke zum Städel durchbrechen dieses System.

Eiserner Steg
❸

Der »Eiserne Steg« wurde durch eine frühe Bürgerinitiative ins Leben gerufen. 1867 gründeten Frankfurter Bürger eine Gesellschaft, die eine weitere Brücke über den Main bauen sollte, um die ständig überfüllte Alte Brücke zu entlasten. 1869 war sie fertig und konnte wegen der engen Platzverhältnisse nur mit Treppenaufgängen versehen werden, war also für Wagenverkehr unbrauchbar. Bis 1886 mußte jeder Passant einen Kreuzer bezahlen. Dann waren die Baukosten getilgt und das Bauwerk ging in den Besitz der Stadt über.

» Wenn ich über den Eisernen Steg gehe, denke ich an Anna Beyer. Hier lief sie vor fünfzig Jahren entlang. Hier machte sie illegale Widerstandsarbeit...
Eine gefährliche Aktion war Annas Gang mit dem präparierten Koffer über den Eisernen Steg. Auf der Unterseite des Koffers war eine Parole als Buchstabenprägung eingelassen, die mit Spezialtinte getränkt wurde. Am Abend, wenn es schon dunkel wurde, nahm Anna diesen Koffer und schleppte ihn über Frankfurter Brücken... ›Mit klopfendem Herzen‹, sagt sie heute noch. Sie wußte genau, wenn sie erwischt wird, liefert man sie in das Konzentrationslager ein... Immer dann, wenn Anna den Koffer absetzte, schaute sie

sich um, sicherte mit ihren Blicken ab, daß sich niemand näherte. Wenn die Luft rein war, nahm sie den Koffer wieder auf und ähnlich wie bei einem Entwicklervorgang wurde allmählich die klare Aufforderung sichtbar; ›Nieder mit Hitler!‹ Die Menschen, die am nächsten Morgen über die Brücken zu ihren Arbeitsstätten eilten, konnten die Parolen noch in aller Deutlichkeit wahrnehmen, denn die Stempelfarbe hatte eine chemische Substanz in sich, die nicht wegzuwischen ging.« (Aus: Was hat das mit mir zu tun? Ursula Lücking; AZ-Verlag Ffm 1983)

Anna Beyer

Die alte Bahnstation »Fahrtor« am »Eisernen Steg« ist 1979 als Station »Eiserner Steg« wieder eingerichtet worden. Heute fahren von hier aus an Wochenenden die historischen Dampfzüge des Vereins »Historische Eisenbahn Frankfurt e.V.« nach Griesheim und Mainkur.

Alte Brücke
❹

Die »Alte Brücke« wird auch »Neue Alte Brücke« genannt, weil sie nach dem ersten Weltkrieg wegen Baufälligkeit neu errichtet werden mußte. Die Bogenöffnungen sind nun doppelt so groß wie vordem. Auf diese Weise war man der schweren Hochwasser Herr geworden, die sich während der Schneeschmelze oft einstellten. Die mainabwärts driftenden Eisschollen verfingen sich in den engen Bögen der alten Brücke und bildeten so einen Staudamm, der das Wasser in die Stadt fließen ließ. Nach 1945 wurde der gesprengte Teil mit Rücksicht auf die moderne Schiffahrt mit nur einem ›Bogen‹ überspannt. Die Maininsel ist seither Vogelschutzgebiet. Sie wird es auch bleiben, nachdem hochtrabende Pläne aus den sechziger Jahren, die einen Erholungspark vorsahen, wieder in den Schubladen verschwanden. Auf alten Darstellungen sieht man eine oder mehrere Mühlen auf der einst mehrfach geteilten Maininsel. Die Wasserkraft wurde genutzt, wo es nur ging. Daher wird der Flußteil auf der Sachsenhäuser Seite auch »Müllermain« genannt.

Die alte Bahnstation »Fahrtor«

Der »Brickegickel« sitzt wieder frisch vergoldet auf dem Brückenkreuz. Was es mit ihm auf sich hat, erzählt eine Sage, die bis ins dreizehnte Jahrhundert zurückreicht:

Der Baumeister konnte damals den Fertigstellungtermin wegen technischer Probleme nicht einhalten und hatte den Teufel um Hilfe gebeten. Dieser stellte die Brücke unter der Bedingung fertig, daß er die Seele des ersten Lebewesens bekam, das sie betrat. Da es Sitte war, daß der Baumeister als erster bei der Eröffnung ging, mußte sich dieser einen Trick einfallen lassen, um seine Seele zu retten. Deshalb schickte er einen Hahn voran, den sich der Teufel fluchend als erstes Lebewesen holte. Das Kreuz markiert die Stelle, an der diejenigen von der Brücke gestürzt wurden, die zum Tode durch Ertrinken verurteilt worden waren.

Gegenüber der Obermainbrücke stehen etwas unvermittelt die Reste der einstigen Stadtbibliothek. Geblieben ist nach 1945 nur der Portikus, den der Sohn des damals bekannten Stadtbaumeisters Johann Georg Hess, *Johann Friedrich Christian Hess* 1825 errich-

Obermainbrücke
❺

Nur die Fassade blieb übrig von der alten Bibliothek

Obermainbrücke

tet hatte. Vater und Sohn hatten das Stadtbild Anfang des neunzehnten Jahrhunderts geprägt. Frankfurt besitzt eine ungewöhnlich alte Tradition des öffentlichen Bibliothekswesens. 1484 übereignete der Frankfurter Patrizier *Ludwig von Marburg zum Paradies* dem Rat der Stadt seine Privatbibliothek mit der Auflage, daraus eine öffentliche Bibliothek zu machen. Man hat sich bis auf den heutigen Tag daran gehalten. Ein paar wenige Pergamenthandschriften und Drucke aus der Gutenberg-Zeit haben die Jahrhunderte unbeschadet überdauert. 1603 hatte der Rat beschlossen, daß jeder, der auf der Buchmesse ausstellte, je ein Exemplar seiner Neuerscheinungen der Stadt abgeben mußte. Eigentlich wollte man dadurch eine bessere Überwachung der Zensurbestimmungen erreichen. Letztlich kam dieses Gesetz aber mehr der Stadtbibliothek und der Bevölkerung zugute. Seit 1691 hatte man einen hauptamtlichen Bibliothekar, der 1728 bereits 32.000 Titel verwaltete. Kurz darauf kam es erstmals zu Raumnot. Daraus wurde fast ein Dauerzustand, der bis in die Gegenwart reicht. Die erst in den siebziger Jahren eingerichtete Zentralbibliothek auf der Zeil, die mit Schachbrettern zur kostenlosen, öffentlichen Nutzung ausgestattet ist, stößt bereits an ihre Grenzen. Der 1964 eröffnete Neubau der Stadt- und Universitätsbibliothek in Bockenheim, die meist benutzte der Republik, ist seit Jahren hoffnungslos zu klein und die dem Bund unterstellte »Deutsche Bibliothek« (Bockenheim) wartet auch bereits seit Jahren auf einen Neubau. Letztere hat die Aufgabe, jede deutschsprachige Neuerscheinung zu archivieren.

An der Obermainbrücke beginnen die Wallanlagen. 1627 hatte *Johann Wilhelm Dillich* die neuen Festungsanlagen entworfen. Die erheblich größeren Bollwerke waren moderner Kriegsführung angepaßt und boten den dringend benötigten Platz zur Erweiterung der Stadt. Es dauerte Jahrzehnte, bis die Festungsanlagen vollendet waren — Geld und Arbeitskräfte waren knapp.

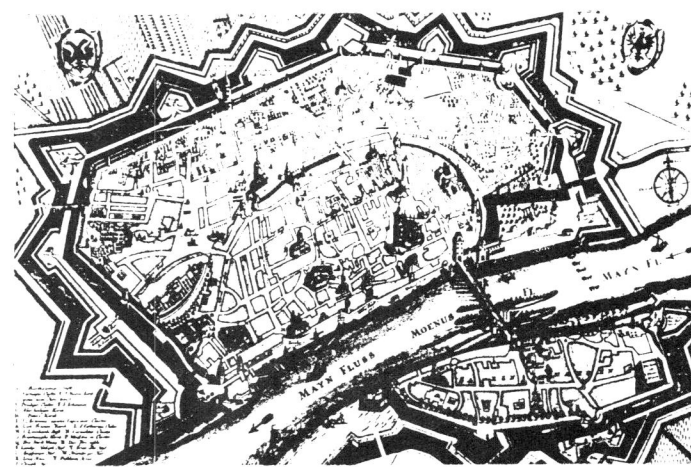

Bereits 1805 wurde damit begonnen, die Anlagen wieder abzutragen. Die ›moderner‹ gewordene Kriegsführung machten sie sinnlos. Auf der Frankfurter Seite nutzte man die Gelegenheit, einen riesigen Park rund um die Stadt anzulegen. Ein nach innen gelegener Streifen Land wurde parzelliert und mit der Auflage verkauft, dort reine Wohnhäuser mit Gärten zu errichten. Den äußeren Streifen legten die Stadtgärtner *Rinz* und *Weber* an. Es wurde 1807 darüber hinaus verfügt, daß diese Anlagen niemals bebaut werden sollten. Dieses »Wallservitut« gab in der Folge häufig Anlaß zu lokalpolitischen Auseinandersetzungen. ›Heimlich‹ haben sich verbreiterte Straßen und diverse Anbauten an Gebäuden oder die U-Bahn Linie U5 in die Anlagen gefressen. Wiederholt wurden unter Protesten von Bürgern Sondergenehmigungen an Firmen erteilt, die unbedingt ihre Büros nahe an diesen repräsentativen Standort stellen wollten.

Bürger schleifen die Festungswälle — seit 1805

Heute sind die meisten Frankfurter Denkmale auf dem Anlagenring vereint. Zu ihrer Geschichte und den Personen, an die sie erinnern, werden gesondert Führungen angeboten (Information über Römertelefon).

Rechneigrabenweiher

Zwischen »Lange Straße« und Obermainanlage liegt der Rechneigrabenweiher, ein umgestalteter Rest des ehemaligen Wassergrabens der Stadtbefestigung. Die Stützmauer an der Westseite ist der einzige original erhaltene Rest der letzten Frankfurter Stadtmauer.

Kurz bevor man die Zeil erreicht, erinnert eine Gedenktafel an die am 9.11.1938 von den Nationalsozialisten im Zuge des reichsweiten Pogroms niedergebrannte Synagoge. Mit 2.000 Gemeindemitgliedern war sie eine der großen der Stadt (vgl. Rundgang 2). In der Nähe, im Hermesweg, steht die Klingerschule. Sie **Hermesweg 10** wurde nach der »Machtergreifung« durch die Nazis von dem hiesigen SS-Sturm zu einer Kaserne gemacht, in deren Kellerräumen sie zahlreiche Arbeiterfunktionäre gefangen hielten und folterten. Nur wenige kamen wieder frei; die meisten verschwanden in den Konzentrationslagern. Heute wird hier wieder Unterricht erteilt.

Synagoge an der Friedberger Anlage (von den Nazis niedergebrannt)

An der Kreuzung Friedberger Anlage/Zeil steht das renovierte Uhrtürmchen, das den Eingang zum Ostend (Rundgang 15) darstellt. Es wurde vom »Ostendverein« gestiftet. Solche Türmchen gab es im Frankfurt des neunzehnten Jahrhunderts häufig zur Orientierung der Bürger, die in der Regel keine Westentaschenuhren besaßen.

Seilerstraße/ Zeil

An der Ecke Seilerstraße/Zeil steht das spätklassizistische Wohnhaus des letzten Bürgermeisters der Freien Reichsstadt Frankfurt. *Carl Fellner* nahm sich beim Einmarsch der Preußen 1866 vor allem wegen der hohen Kontributionsforderungen an die Stadt das Leben. Vielen Frankfurtern ist damals der Verlust des Status der Freien Reichsstadt wie die größte Katastrophe in der Geschichte vorgekommen. Tatsächlich verlor die Stadt in der Folgezeit an Bedeutung. Vor allem Leipzig und Berlin liefen Frankfurt in einzelnen Sparten, wie z.B. bei Frühjahrsmesse und Pelzhandel, den Rang ab.

Seilerstraße 34

Daß ein ehemaliges Museum sich nicht unbedingt als Café eignet, beweist das »Odeon«. Dieses Gebäude wurde 1815 als Privatmuseum für den Bankier *Moritz von Bethmann* und dessen Skulpturensammlung gebaut. Hier hatte auch die Skulptur »Ariadne auf dem Panther« gestanden. Sie war damals das meistbesuchte Kunstwerk Frankfurts. Der Bildhauer *Johann Heinrich Dannecker* hatte 11 Jahre benötigt, dieses Schönheitsideal einer Frau (eine Mainzerin soll Modell gestanden haben) in cararischem Marmor zu verewigen. Später ließ Bethmann ein eigenes Haus für sie erstellen, das im letzten Krieg abbrannte. Die ausgeglühte Marmorstatue konnte restauriert werden und ist heute im Liebieghaus zu sehen. Bereits vor dem 2. Weltkrieg versuchte man das »Odeon« als Café zu nutzen. Der Standort war allerdings so ungünstig, daß der Betrieb bis in die heutige Zeit nie so recht florierte — der wiederholte Wechsel der Pächter ist ein Indiz dafür.

Im Bethmannpark — Ruhezone: Kinderlärm unerwünscht

Bethmannpark
❽

In der Nähe liegt der Bethmannpark, ein ehemaliger Garten der Familie *Bethmann* vor den Toren der Stadt. Die Villa wurde im letzten Krieg bis auf das Pförtnerhaus zerstört. 1952 gestaltete man die Anlage zu einem »Bürgerpark« mit pflegeintensiver Blumenpracht um. Heute kann man sich in einer Beratungsstelle Fragen zur Pflege von Zimmerpflanzen beantworten lassen.

Hessendenkmal

Das Löwenfell auf dem massiven Sockel des Hessendenkmals soll keineswegs das Ende des Hessischen Löwens, sondern das Gegenteil symbolisieren. Friedrich Wilhelm II. hat es 1792 gestiftet, nachdem die Hessen entscheidend dazu beigetragen hatten, Frankfurt am ersten Adventssonntag 1792 aus der Gewalt der Franzosen zu befreien. Der Sockel soll Stärke demonstrieren; ebenso die historischen und modernen Waffen sowie das Löwenfell, die alle aus erbeuteten Französischen Kanonen gegossen sind.

Entlang der Eschenheimer Anlage sind noch einige Häuser erhalten, die im spätklassizistischen Stil erbaut wurden. In Höhe der Blumenstraße steht das vor kurzem renovierte ›Maurische Haus‹. Es repräsentiert die kurze Phase romantischer Architektur im neunzehnten Jahrhundert.

Blumenstraße

Parallel verläuft die Bleichstraße, die einige Frankfurter auch »Bleistraße« nennen. Eine Bürgerinitiative wollte in den siebziger Jahren verhindern, daß diese Straße als Umgehung für die Autos genutzt werden sollte, nachdem die Zeil endgültig Fußgängerzone geworden war. Die Bewohner der fast nur einseitig bebauten Straße hatten mit ihren Bemühungen keinen Erfolg. In der Krögerstraße ist der Sitz der August-Bebel-Gesellschaft, die in ihrem »Freitagsclub« wöchentlich Filme, Lesungen, Musik, Ausstellungen und Diskussionen zum Thema Arbeiterbewegung anbietet.

Bleichstraße
⑩

Krögerstraße 2

Am »Eschenheimer Tor« treffen sich »Große Eschenheimer Straße«, »Eschenheimer Anlage« und »Eschersheimer Landstraße«. An diesem Verkehrsknotenpunkt steht das *Johann-Philipp-Reis*-Denkmal. Der Erfinder des Telefons, der in Gelnhausen geboren wurde und in Friedrichsdorf starb, lebte von 1850 bis 1859 in Frankfurt. Er stellte am 26.10.1861 in Frankfurt erstmals seine Erfindung vor. Um das Denkmal herum befindet sich erneut ein kleiner Bürgergarten. Erhaltene Schmuckteile aus dem Löwensteinschen Palais, das der Deutschen Bank an der Mainzer Landstraße weichen mußte, sind Gestaltungselemente dieser tatsächlich recht ruhigen Erholungsecke.

Eschenheimer Tor
⑪

Die Lösung eines Frankfurter Rätsels — »es hat fünf Spitzen und sticht doch nicht« — steht in der Mitte eines ›Verkehrskarussells‹ ohne Pause. Der »Eschenheimer Turm«, 1428 als Wehrturm der Stadtbefestigung fertiggestellt, ist nur über einen Zugang durch die B-Ebene der U-Bahn-Station zu erreichen. Noch in den fünfziger Jahren war der Turm bewohnt; heute kann man ihn — noch? — nicht mehr besteigen, um das Verkehrskarussell von oben zu beobachten. Der Turm sollte im Zuge des Schleifens der Festungsanlage ebenfalls abgerissen werden; auf Einspruch des Französischen Gesandten *Graf d'Hedouville* blieb er jedoch erhalten und mit ihm einer der bedeutendsten spätgotischen Tortürme Deutschlands.

Der Eschenheimer Turm

Dombaumeister Madern Gerthener *hat den runden Teil über einem viereckigen Sockel geschaffen, den Vorgänger von ihm begonnen hatten. Vermutlich stellt das Portrait auf der Südseite den Meister selbst dar. Die Schienen für das Falltor sind noch heute zu sehen. Früher lagerte im ersten Stock Bauschutt, der auf die Straße geschüttet werden konnte, falls die Tore den Angreifern nicht standhielten. Im zweiten Stock befindet sich die Stube des Turmwächters, den 2,5 Meter Mauerdicke nach Norden und 1,9 Meter Mauerdicke nach Süden schützten. Gerthener erhielt für die bildhauerischen Kunstwerke acht Pfund Heller Lohn und sieben Pfund und sechzehn Schillinge für das Material. Die Vergoldung des Basaltknaufs auf der Spitze hatte zehn Pfund Heller und sechzehn Schillinge gekostet. Der Maler, der die Spitzen und Fähnchen auf den vier kleinen Türmchen rot angemalt hatte, wurde mit vier Pfund Heller und sechzehn Schillingen bezahlt. Ein Arbeiter, der bei den Bauarbeiten vom Gerüst gefallen war, hatte vom Rat der Stadt eine wöchentliche Rente von vier Schillingen auf Lebzeiten bekommen.*

In der zweiten Hälfte des vergangenen Jahrhunderts wollten noch einmal Frankfurter Bürger den Turm abreißen, weil er den Verlauf der Landstraße nach Erschersheim stört. Sie erreichten ihr Ziel glücklicherweise nicht. Erhalten blieb auch die Fahne, in die der Sage nach der Wilderer *Hans Winkelsee* mit neun Kugeln eine Neun geschossen hatte; ihn, der in der Turmspitze gefangengehalten wurde und dort auf die Urteilsvollstreckung (Tod durch Erhängen) wartete, ärgerte das Quietschen der Fahnenstange bei jeder Änderung der Windrichtung. Diese »Schützenmeisterleistung« beeindruckte die Hüter von Recht und Ordnung derart, daß sie ihn ›laufen ließen‹.

Heute bemüht sich eine ehemalige Bewohnerin des Turms, *Ruth Schwarz,* um eine Neunutzung des leerstehenden Bauwerks und um eine Neugestaltung des umstrittenen Areals rund um den Turm. Viele empfinden die in den 60er Jahren entstandene Straßengestaltung und den Brunnen als unpassend. Die »Freunde Frankfurts« unterstützen die Aktivitäten von Ruth Schwarz tatkräftig.

Oederweg 1-3
⑫

1890 wurde der »Ausschuß für Volksvorlesungen« von Gewerkschaften, SPD und namhaften Bürgern der Stadt gegründet. In Vorlesungen, Sprachkursen und Arbeitsgemeinschaften sollte der Bevölkerung Wissen und Bildung vermittelt werden, ohne von den Kursteilnehmern besondere Voraussetzungen zu fordern. Später entwickelte sich daraus der »Bund für Volksbildung« und die heutige »Volkshochschule der Stadt Frankfurt am Main«. Hierzu gehörte auch die »Landesbühne Rhein-Main«, die theaterlose Gemeinden in Hessen versorgte. Aus ihr ging das »Theater am Turm« (»TAT«) hervor, dessen kritisches Engagement oft für Schlagzeilen sorgte. 1979 wurde das »TAT« in ein Experimentier- und Gast-

Volksbildungsheim mit Originaldach

Summertime in Frankfurt

SUMMERTIME 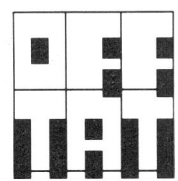 FESTIVAL

Musik – Theater   Aktionen in Frankfurt

Wenn im Juni plötzlich Scharen von Gauklern, Musikern und Schauspielern in Frankfurt einfallen, wenn plötzlich an vielen Stellen der Stadt, bis hinein in die Stadtteile, Theater- und Musik-Gruppen zu sehen sind, so ist das nicht nur ein willkürliches Erscheinungsbild einer lebendigen Großstadt, sondern ein städtisches Kulturprogramm, das seit vielen Jahren unter dem Begriff »Summertime« zu einem festen Bestandteil der örtlichen Kulturpolitik geworden ist. Angeregt von dem Frankfurter Kulturdezernenten Hilmar Hoffmann wurde der Versuch unternommen, Kultur auch außerhalb der traditionellen Spielstätten wie Oper und Schauspiel anzubieten und damit ein Publikum an ungewöhnlichen Orten, zu ungewöhnlichen Zeiten, mit ungewöhnlichen Darbietungen zu überraschen.

So begann das Projekt mit den Serien »Jazz im Museum« und den »Liedern im Park«. Anfangs profitierten diese Konzerte von dem Museums- und Park-Publikum, wenig später schon kam es zu der gewollten und interessanten Mischung. Ermutigt durch den Erfolg entstanden neue Programmfolgen wie zum Beispiel die »Mittwochpause«, eine Serie in der Fußgängerzone mit vorwiegend Laufpublikum, »Jazz im Burggraben« und »Theater im Revier«, in Frankfurt-Höchst, als Realisierung der Idee einer dezentralen Kulturarbeit.

Konzeptionell entwickelte sich das Programm jährlich weiter und reagierte auf neue Ideen, Ausdrucksformen und Bedürfnisse. Es entstanden die Serien »Kleinkunst am Römer« und »Sommertheater in der Schirn«, beides Theaterprogramme auf einem internationalen Niveau. Viele heute berühmte Künstler hatten ihr Debüt bei den »Summertime-Programmen«.

Der überstrapazierte Begriff einer »alternativen Kulturarbeit« behält bei den »Summertime-Programmen« auch weiterhin seine Bedeutung, denn es ist mit seinen Straßenspektakeln, Zelttheatern, Platzinszenierungen und nicht zuletzt durch das meist kostenlose Angebot und die Möglichkeit zum Besuch mit der ganzen Familie auch weiterhin eine klare Alternative zu den traditionellen »Museumstempeln«. Dabei legen die Organisatoren Wert darauf, daß »alternativ« nicht mit »unprofessionell« verwechselt wird. Im Gegenteil zeichnen sich die »Summertime-Veranstaltungen« durch ein hohes künstlerisches Niveau und eine professionelle Organisation aus.

Nach dem Muster der »Frankfurter Programme« finden inzwischen in fast allen deutschen Städten Sommerveranstaltungen statt. Trotzdem hat Frankfurt seine Vorreiter-Stellung nie verloren. Im Gegenteil hat das ursprünglich für die in der Ferienzeit Daheimgebliebenen gemachte Angebot immer mehr auswärtige Besucher nach Frankfurt gezogen. Bei den jährlich ca. 150 Veranstaltungen an 20 verschiedenen Plätzen, in 9 Stadtteilen, nehmen fast 120 freie Musik- und Theatergruppen aus 20 Ländern teil. Aber auch den »Frankfurter Gruppen« wird Gelegenheit gegeben, sich einem zahlreichen Publikum zu präsentieren.

Das Programm unterhält, macht neugierig, gibt aber auch genügend Anlaß zum Nachdenken und zum Diskutieren. Und wenn dann an einem ganz gewöhnlichen Mittwoch die Sonne untergeht, das Publikum im Hof des Historischen Museums die besten Plätze sucht, wenn dann die Scheinwerfer über der Bühne angehen und mit lautem Getöse bunte Gestalten auftauchen, weiß man: Das »Summertime-Programm« hat begonnen.

Dieter Buroch

spieltheater umgewandelt. Frankfurts Stadtväter scheinen engagiertes, kritisches Theater, als nicht zum Profil der Stadt passend, aus dem Kulturangebot heraussäubern zu wollen. Die Volkshochschule bietet seit einigen Jahren ein spezielles Programm zu frankfurtbezogenen Themen im Rahmen des »Frankfurt-Forums« an.

Hochstraße 8
⑬

Das 1960 fertiggestellte »Stadtbad Mitte« wurde ebenfalls in die Wallanlagen hineingebaut. In der verglasten Halle sollte man den Eindruck gewinnen, mitten in freier Natur zu baden. Bis zum Bau des »Rebstockbads« in den siebziger Jahren war es das Zentralbad Frankfurts, in dem auch Sportveranstaltungen abgehalten werden können. Ein Teil des Gebäudes beherbergt medizinische Bäder. Es gilt heute als denkmalschutzwürdig.

Nebbien's sches Gartenhaus

Gegenüber steht ein Gartenhaus des Druckers *Johann Nebbien* aus dem Anfang des neunzehnten Jahrhunderts mit einem alten Ziehbrunnen aus dem sechzehnten Jahrhundert, der einst am Oberforsthaus gestanden hatte und zur Zierde hierher gestellt wurde. In dem Haus finden regelmäßig Kunst-Ausstellungen statt.

An dem kleinen See ein Stück weiter befand sich in den 60er/ 70er Jahren die »Haschwiese«, der Platz, an dem sich die »Drogenszene« jener Zeit traf. Gegen den Widerstand der Polizei, die an dieser Stelle die »Szene« gut überschauen und durchdringen konnte, mußte sie aus dem Blickfeld der inneren City verschwinden.

Nebbiensches Gartenhaus am Stadtbad Mitte

»Es ging um die sogenannte Säuberung der sogenannten Haschwiese: ein Park in der Innenstadt, in dem für jeden, auch für die Polizei sichtbar, gedealt und gefixt wurde. Es war ein Treffpunkt, der empörte Distanzierung, aber auch Kontrolle möglich machte. Aber das Ordnungsdenken des Oberhaupts ließ ein offenes Fenster zum Elend nicht zu: Das Elend selbst wurde nicht angetastet, nicht einmal wahrgenommen und durchdacht. Es wurde lediglich zur Kenntnis genommen und dann zu einer vermeindlichen Unsichtbarkeit gebracht, das heißt: Der Topf mit dem stinkenden Inhalt wurde über einer möglichst großen Fläche ausgegossen und dünn verstrichen, bis er kaum noch zu riechen war. So wie die Firma Hoechst denkt, ein Fluß sei groß genug, um jedes Gift zum Verschwinden zu bringen, so dachte das Oberhaupt über die Verteilung des Elends in seiner Stadt.

Das mit der Haschwiese, man erinnert sich, ist nicht recht gelungen. Diese finstere Angelegenheit — es geht auch längst nicht mehr nur um Hasch — hat Inseln in der ganzen Stadt gebildet, die Standorte ändern sich, die Mobilität ist größer, die Überwachung, wenn sie denn einen Sinn hat, schwieriger geworden. Unsichtbar ist nichts. auf Schulhöfen werden Spritzen gefunden.

Die Rekrutierung des Konsumentennachwuchses ist straff organisiert. Aber in dem Park, in dem einst der Schandfleck zu finden war, ›kann man wieder ruhig spazierengehen‹. Hunde und normale Menschen finden hier lärmumtoste Erholung.« (Eva Demski, Frankfurter Stadtreinigung)

Zwischen »Alter Oper« und Theaterplatz verändert sich der Charakter der Wallanlagen. Beethoven, Heine, Schiller und Goethe stehen in dieser Reihenfolge vor der Kulisse moderner Bankhochhäuser. Von der ursprünglichen Randbebauung ist außer dem alten Gebäude der Dresdner Bank aus den ersten Nachkriegsjahren (heute unter Denkmalschutz) nichts geblieben. Das Beethoven-Denkmal und das Heine-Denkmal wurden von *Georg Kolbe* geschaffen. Letzteres demolierten faschististische Jugendliche im Frühjahr 1933 fast völlig. Dabei wurde das Steinrelief mit Heines Bild völlig zerstört. Das von *Ludwig von Schwanthaler* 1840 geschaffene Goethedenkmal hatte bis 1944 auf dem Goetheplatz gestanden. Seit 1952 nun schmückt auch Johann Wolfgang die Wallanlagen und verschafft heute den allerten Yuppies von Bankfurt-City in der Mittagspause das dazugehörige bildungsbürgerliche Flair.

Den Abschluß des Denkmalreigens im Grünen zwischen Stahlbeton und Stuckfassaden bildet der »Märchenbrunnen« neben dem Theater. Für ihn soll ein neunzehnjähriges Frankfurter Wäschermädchen Modell gestanden haben. *Friedrich Hausmann* gestaltete eine der ganz wenigen Jugendstilplastiken dieser Stadt. 1910 wurde der Brunnen eingeweiht, dessen Bronzefiguren im 2. Weltkrieg verschwanden.

Taunusanlage
⑭

Jazzscene Frankfurt

Jazz war schon immer ein Teil dieser Stadt wie das Bankwesen. Seit dem zweiten Weltkrieg ist Frankfurt das führende Zentrum der Jazz-Musik. Alle international bekannten Künstler, die die Bundesrepublik besuchten, haben hier gespielt. Frankfurt seinerseits hat viele »Große« des Jazz hervorgebracht. Stellvertretend seien hier *Carlo Boländer* sowie *Albert* und *Emil Mangelsdorff* genannt. Nach wie vor erfreut sich Deutschlands ältestes Jazzlokal mit ständigen Life-Auftritten großer Beliebtheit: Der »Jazzkeller« (Kleine Bockenheimer Straße 18a) feierte 1987 sein fünfunddreißigjähriges Bestehen. Heute wird das Lokal von bekannten Jazzmusikern betrieben und bietet dem Besucher — ein seltener Fall — ausschließlich modernen Jazz, der sich an der musikalischen Entwicklung nach dem Bebop orientiert.

Wer lieber eine Jazz-Diskothek besucht, kann gleich nebenan in das »Jazz-House« gehen. Bei gepflegten Getränken hört man dort bevorzugt Mainstream und Bebop. Swing und Mainstream mit Tradition in Life-Auftritten bietet die ebenfalls bekannte »Jazzkneipe« (Berliner Straße 70) oder, mit zum Teil noch älteren Stilrichtungen, das »Jazz-Live-Podium« (Kleine Rittergasse 22) in Sachsenhausen. Im »Riverside« werden überwiegend Schallplatten gespielt. Dafür herrscht unter den Gästen Life-Atmosphäre, denn hier treffen sich viele Amerikaner, aber keineswegs nur Soldaten.

Auch in anderen Gaststätten mit Life-Auftritten finden sich regelmäßig Termine mit Jazz-Bands. Seit einigen Jahren gibt es in der Sommerzeit noch die Veranstaltungsreihen »Jazz im Museum« im Historischen Museum auf dem Römerberg und »Jazz im Burggraben« am Höchster Schloß. In den seit einigen Jahren nicht mehr benötigten Gebäuden des Schlachthofs finden meist als Matineeveranstaltung Jazzkonzerte statt, die auch über die Grenzen der Stadt hinaus bekannt geworden sind.

Alle zwei Jahre ruft Frankfurt zum ältesten deutschen Jazzfestival. Es fand erstmals im Circus-Althoff-Bau 1953 statt. Auf Initiative von *Prof. Dr. Grzimek* war dieser Saalbau kurz nach dem Zweiten Weltkrieg auf dem Gelände des Zoos erstellt worden. Die Erlöse der dort stattfindenden Veranstaltungen dienten zum Wiederaufbau des Zoos. Heute dient die Festhalle auf dem Messegelände als Veranstaltungsort. Auch der Hessische Rundfunk wurde von der Jazzstadt Frankfurt beeinflußt. Als der Sender »Radio Frankfurt« nach 1945 von Bad Nauheim aus noch unter amerikanischer Besatzung sendete, waren Jazzmusiker als Sprecher in Sachen Jazz oft zu hören. Einer von ihnen, *Carlo Boländer*, schrieb später auch seinen bedeutenden Jazzführer und weitere weltweit geschätzte Fachbücher über diese Musik.

In jenen Jahren formierte sich auch das Jazzensemble des Hessischen Rundfunks, das heute aus den Brüdern *Albert* und *Emil Mangelsdorff, Heinz Sauer, Christoph Lauer, Joki Freund, Ralph Hübner, Günter Lenz* und *Bob Deagen* besteht. Es ist das einzige Ensemble in der Bundesrepublik, das von einer Radiostation als ständige Einrichtung unterhalten wird.

Der Jazz, heute gleichberechtigt neben vielen anderen Musikrichtungen, gehörte in der Nazi-Zeit in die Kategorie von entarteter Kunst. Wer dennoch diese Musik spielte oder Jazzplatten hörte, wurde politisch verfolgt. *Emil Mangelsdorff* z.B. hatte das Glück, 1940 ein Engagement im Alter von noch nicht siebzehn Jahren als Musiker in der »Rokoko-Diele« des Kiffhäuser Hotels zu bekommen. Dieses Hotels hatte ein durch die Hinterhäuser gebautes Restaurant im Erdgeschoß, das man von der Kaiserstraße (auf der Höhe von ›Foto Quelle‹) aus betreten und in der Taunusstraße wieder verlassen konnte. Die »Rokoko-Diele« faßte ungefähr 120 Besucher und war immer gut besucht, wenn Jazz gespielt wurde. Ab 1941 interessierte sich die Gestapo verstärkt für dieses Lokal. Sie war immer anwesend und Razzien nach minderjährigen Jugendlichen und anderen wurden häufiger. Die Jazzmusiker gründeten deshalb den Harlem-Club, der sich in den Räumen eines Cafés am Roßmarkt traf, wenn dieses geschlossen hatte. *Emil Mangelsdorff* fragt sich noch heute, wie es damals gelang, Schallplatten von Fats Waller, Benny Goodman, Count Basy oder Glen Miller zu besorgen, anzuhören und zu tauschen. Die Clubmitglieder waren anglophil eingestellt und

Emil Mangelsdorff

wollten mit der Hitler-Jugend nichts zu tun haben. Wenn sie abends nach ihren Treffen mit der Straßenbahn nach Hause fuhren, drehten sie gelegentlich eine Lampe locker, wegen der Serienschaltung wurde der gesamte Wagen dunkel — zugleich politischer Protest und Bubenstreiche. Viele wurden mehrfach bei der Gestapo vorgeladen. Dort war man in der Regel genau über den Tagesablauf der Jazzfreunde und deren Freundeskreis informiert. Emil Mangelsdorff wurde einmal zu 20 Tagen Haft wegen einer unbedeutenden politischen Äußerung verurteilt. Gefürchtet wurde weniger die Isolierhaft als vielmehr die Ungewißheit, ob man nicht eines Tages in ein Konzentrationslager abtransportiert würde. Daß derartige Lager existierten, war den Freunden des Jazz bekannt.

Die »Berliner Illustrierte« stellte damals den Jazz als »entartete Kunst« dar, indem sie *Benny Goodman* mit Großaufnahmen von »Judenhänden« und Texten wie »der Rattenfänger von New York« collagenhaft montierte. Emil Mangelsdorff erinnert sich noch gut daran, daß dieser Artikel mit exakt den gleichen Bildern zwei Monate später zu Harry James (»Trumpet Blues«) erschien! Immer mehr Musiker wurden zum Militärdienst eingezogen, so daß im renommierten Schumanntheater am Hauptbahnhof überwiegend ausländische Kapellen auftraten. Sie spielten laut Programm Unterhaltungsmusik. In Wirklichkeit war es oft Jazz. Die Gestapo schritt nicht dagegen ein, weil man sich dem Ausland gegenüber weltoffen und liberal zeigen wollte, insbesondere dann, wenn schwedische Jazzbands auftraten und der deutschen Bevölkerung irgendeine Zerstreuung bieten mußten.

Arne Hülpers, später Ehemann von *Zarah Leander*, spielte z.B. im »Café Regina« (Zeil 23) Jazz. Tanzen war bereits weitgehend verboten, aber die ›andere‹ Musik füllte dieses Café immer mit Gästen. Nach dem Krieg versuchte man an diese Tradition anzuknüpfen. Es gelang nicht, das Cafe wich einem Kaufhaus (»Ott und Heinemann«). Auch *Hans Gräf*, der Neffe jenes Frankfurter Bürgermeisters, nach dem die »Gräfstraße« (Bockenheim) benannt wurde, gehörte als Schlagzeuger zur Jazzszene. Als Halbjuden wurden er und seine Mutter abgeholt und in ein KZ gebracht. Er überlebte und spielte im Keller der zerstörten elterlichen Villa (Ecke Bockenheimer Landstraße/Feuerbachstraße) nach dem Krieg mit Freunden in einem Jazzclub, aus dem *Olaf Hudtwalker* als Präsident der Deutschen Jazzföderation hervorging. Damals formierte sich auch der berühmte »Hot Club« im provisorisch eingerichteten ›Amerikahaus‹ an der Ecke Taunusstraße/Gallusanlage.   *Jürgen Engelhardt*

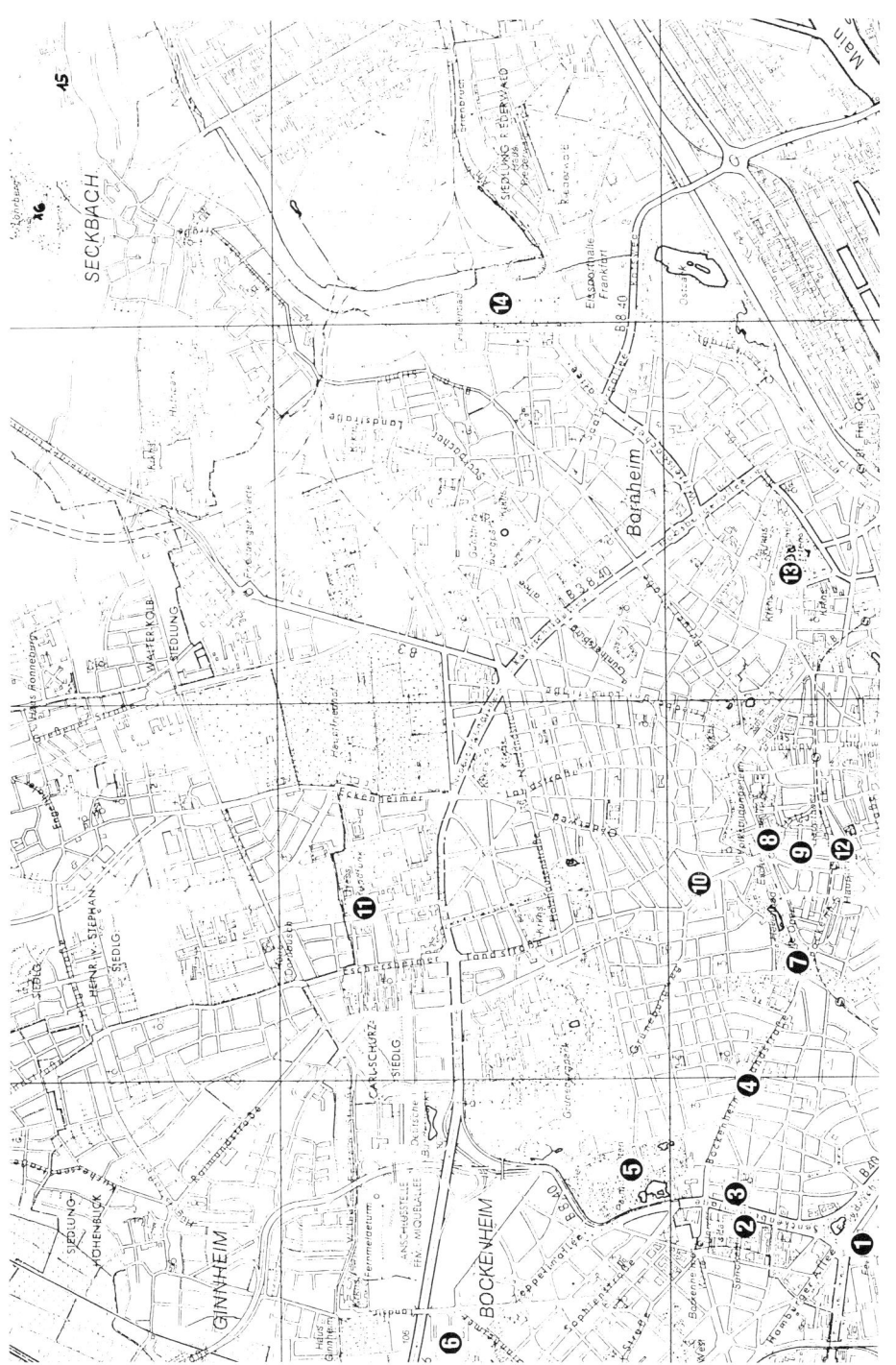

Freischwebende Bürger und schöngeistige Intellektuelle

Eine Irrfahrt durch Frankfurts Stiftungswesen

von Jochen Zimmer

»Kann man leben von seinem Genie?
— Nie!
Wie soll ich denn Reichtum erwerben?
— Erben!«
(Walter Benjamin als Kasperl bei »Radio Frankfurt«)

Über drei Jahrhunderte hinweg haben Frankfurter Bürger zahllose kulturelle und wissenschaftliche Einrichtungen als Stiftungen der Öffentlichkeit zur Verfügung gestellt. Zunächst oft gegen den Willen der Alteingesessenen, denen, wie die Mutter Goethes verächtlich anmerkte, »der Bauch ihr Gott (sei). Wahre Hippedantze! Vor das Geld ihrer Gastereien könnte die größte Maler- und Zeichenakademie unterhalten werden.« Die Resultate des Stiftungswesens

Walter Benjamin

in einem Rundgang oder auch mehreren nachvollziehen zu wollen, erscheint als schier unmögliches Unterfangen. Der Natur der Sache nach — nämlich dem Wachstumsprozeß der Stadt folgend (vom Stadtkern über den Alleenring hin zur Peripherie der 20er-Jahre-Siedlungen) — ergäbe sich eine kreiselnde Irrfahrt quer durch die Stadt, die mit dem Fahrrad veranstaltet — mindestens — einen Tag in Anspruch nähme. Deshalb unser Vorschlag: lesen Sie die Geschichte des Frankfurts der Stiftungen und der »Intellektuellendämmerung« ohne Anspruch auf rundgangmäßigen Nachvollzug — es lohnt sich auch so. Wer dennoch dies zu Fuß, per Fahrrad und mit öffentlichen Verkehrsmitteln nachvollziehen möchte, der/dem haben wir am Schluß einen Vorschlag zu unterbreiten.

Der Sender, für den der zu Beginn zitierte *Walter Benjamin* regelmäßig Kindersendungen schrieb und sprach, war »Radio Frankfurt«, die »Südwestdeutsche Rundfunkdienst AG«. Nach Berlin und Leipzig erhielt Frankfurt den dritten deutschen Sender, der am 1. April 1924 seinen Sendebetrieb aufnahm. Daß Radio Frankfurt kommerzieller Privatfunk und nicht städtisch oder öffentlich-rechtlich, sondern als Aktiengesellschaft organisiert war und dabei ein wirklich offenes Medium (mit festen Sendezeiten für die lokalen Radioclubs) blieb, war in der Frankfurter Kulturlandschaft, die von der Universität bis zu den Museen von privaten Stiftungen bestimmt wurde, nichts Ungewöhnliches. Seit der preußischen Okkupation Frankfurts 1866 gaben die Frankfurter Kaufleute und Bankiers ihren zumeist recht spektakulären Schenkungen an die Bür-

Radio Frankfurt

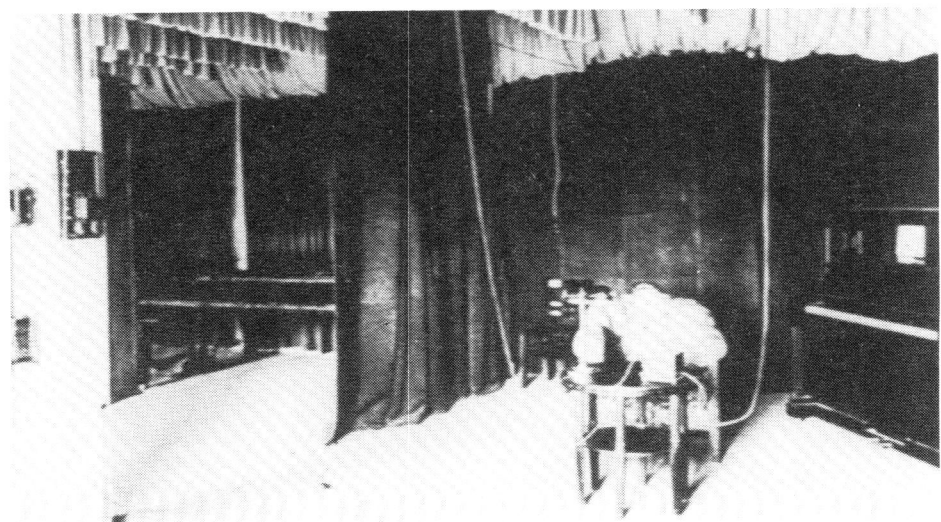

gerschaft wie dem Palmengarten, dem Zoo oder der Gas- und Wasserversorgung gern die Rechtsform einer AG, um die zahlreichen Auflagen der neuen kaiserlichen und königlichen Genehmigungsbehörden zu unterlaufen. Insofern war die Rundfunkdienst AG nichts Außergewöhnliches.

Als *Carl Adolf Schleusner,* der Sohn des Fotoartikelfabrikanten (»ADOX«), 1923 die 100 Billionen Papiermark Grundkapital für seinen Sender zusammenbrachte, dachte er weniger an Kulturförderung als an die kommerziellen Möglichkeiten der Funktechnik. So gründete er zum Sender gleich auch eine »Aerophon Radioapparate-Vertrieb AG«, die der zu schaffenden Nachfrage die Radios liefern sollte. Als Besitzer des Senders stand er jedoch — obwohl persönlich politisch eher national-konservativ eingestellt — in der Tradition der sozial engagierten, toleranten Frankfurter Stifter: Er überläßt *Wilhelm Schüller* die Verwaltung und *Hans Flesch* (bzw. nach dessen Berufung nach Berlin 1929 *Ernst Schoen)* die künstlerische Leitung. Unter ihnen wird Radio Frankfurt zum avantgardistischsten deutschen Sender. Systematisch wird an der Entwicklung der »funkspezifischen« Reproduktion von Realität gearbeitet: Von *Paul Laven* wird die Life-Reportage geschaffen, unter Beteiligung von *Walter Benjamin* die soziologisch-aufklärerischen »Auditor«-Hörspiele mit anschließender Diskussion produziert, feste Sendungen für »neue Musik« und das »Radio-Essay« (z.B. »Gedanken zur Zeit« oder »Stunde der Frankfurter Zeitung«) eingeräumt, der junge *Th.W. Adorno* als Musikkritiker eingesetzt oder die »Verirrten Mikrophone«, ein Versuch, in den Formen konkreter Musik die Großstadt über ihre Geräusche zu dokumentieren, erprobt. *Ernst Kreneks* »Radio-Blues«, *Paul Hindemiths* »Minimax«, »Drei Anekdoten für Radio« und »Wir bauen eine Stadt« sowie *B. Brechts* »Berliner Requiem« waren Auftragsarbeiten für Radio Frankfurt.

Hans Flesch

Neben der »Frankfurter Zeitung« und dem »Freien Jüdischen Lehrhaus« war der Sender in den 20er Jahren ein kontinuierlicher Brötchengeber für freischwebende Intellektuelle. 1932 wurde er im Gefolge der Rundfunkreform verstaatlicht; gerade rechtzeitig zum 1. Februar 1933 wird das sozial und kulturell kreative, liberale Radio Frankfurt zur »gemeinnützigen« GmbH.

Der Fürstprimas *Carl von Dalberg* hatte im »französischen« Frankfurt eine erste Hochschule errichten lassen und 1808 die Gründung der »Museumsgesellschaft« angeregt, um bei Musik und Literatur »durch wechselseitigen Ideenvertrieb ärmlicher Einseitigkeit entgegenzuarbeiten.« Zwar schlossen die wieder freien Reichsstädter 1813 die ungeliebte Napoleonische Hochschule, in der Folge entstand jedoch ein dichtes Netz von bürgerlichen Lehr- und Forschungs- sowie Volksbildungseinrichtungen, die so etwas wie eine inoffizielle Universität darstellten und später tatsächlich teilweise zur Frankfurter Stiftungs-Universität zusammengefaßt wurden. Noch auf *Goethes* Anregung war 1817 die »Senckenbergische Naturforschende Gesellschaft« entstanden. *Johann Christian Senckenberg*, der erste große Stifter im Frankfurt des 18. Jahrhunderts, war ein aufgeklärter Freigeist, der unter den »verzopften« Alteingesessenen auf offene Ablehnung gestoßen war. 1763 hatte er sein gesamtes Vermögen von 95.000 Gulden zur Errichtung eines »Instituts zur Verbreitung naturwissenschaftlicher und medizinischer Erkenntnisse« und des »Bürgerhospitals« gestiftet. »Der Wissenschaft einen Tempel gründen«, wollte der praktische Aufklärer. Neben dem Eschenheimer Turm, wo heute das Kino »Turm-Palast« steht, entstand in den Formen eines barocken Schlosses das »Bürgerhospital«, bei dessen Bau Senckenberg durch einen Sturz aus der Kuppel der Anatomie 1772 ums Leben kam.

1821 errichtete die aus der Stiftung hervorgegangene Naturforschende Gesellschaft in der Bleichstraße das naturkundliche »Museum Senckenbergianum«. Als sowohl für das Museum als auch für das Bürgerhospital, dessen Behandlung für Frankfurter Bürger kostenfrei war, der Raum in der alten Innenstadt zu eng wurde, verkaufte man Ende des 19. Jahrhunderts die Gebäude auf Abriß und siedelte großzügig an den entstehenden Alleenring um: das neue Bürgerhospital steht heute als Kopie des Barockbaus an der Nibelungen Allee, — die Grabkapelle Senckenbergs wurde vor der Fassade wieder aufgebaut —; der historistische »Neubau« des Senckenbergmuseums steht heute im Universitätsviertel an der Senckenberg-Anlage.

Das »Städelsche Kunstinstitut« (1816) und die »Städelschule« (1831) entstanden aus einer Stiftung des Bankiers *Johann Friedrich Städel*. Städel war ein Bewunderer der französischen Revolution, die die königlichen Sammlungen des Louvre dem Volk zugänglich gemacht hatte; so war das Grundanliegen seiner Stiftung das Öffentlichmachen der eigenen Sammlung, die über 500 Gemälde, 9.000 Kupferstiche und 3.000 Zeichnungen umfaßte. Von den Zin-

Museumsgesellschaft

Johann Christian Senckenberg

Senckenbergmuseum

Bürgerhospital

Städelsches Kunstinstitut Städelschule

Simon Moritz von Bethmann

Mayer Carl von Rothschild

Daniel Heinrich Mumm

sen des Stiftungsvermögens sollte jungen Künstlern eine Akademieausbildung in Frankfurt ermöglicht werden. Als die Räume am Roßmarkt zu beengt erschienen, wurde am Sachsenhäuser Mainufer (heute Museumsufer) ein prachtvoller historistischer Museumsneubau im Stil eines Renaissance-Schlosses errichtet. Der Reichtum des städtischen Bürgertums, seine Spendenfreudigkeit, aber auch sein repräsentatives Kulturverständnis lassen prachtvolle Stiftungs-Gebäude entstehen, soweit nicht sowieso Palais umgewidmet werden: 1816 hatte *Simon Moritz von Bethmann* die Skulpturensammlung in seinem Gartenhaus (dem heutigen Café Odeon in der Friedberger Anlage) der Öffentlichkeit zugänglich gemacht; die *Rothschilds* stifteten ihr Zeil-Palais für ein Altenheim, stellten ihr altes Wohn- und Bankgebäude in der Fahrgasse für ein »Jüdisches Museum« zur Verfügung ebenso wie ihre Bibliothek und das Haus am Untermainkai; zum Andenken an ihre 16jährig verstorbene Tochter Clementine stiftete *Luise Rothschild* 1875 das »Clementine-Krankenhaus«, wo Kinder kostenfrei behandelt wurden, *Mayer Carl von Rothschild* stiftete die Zahnklinik »Carolinum«.

Der Standort der repräsentativen Stiftungsneubauten war politisch nicht unumstritten. Zum offenen Konflikt kam es sowohl beim Bau des Palmengartens als auch der Oper. Während die liberale neue und oft auch neureiche und jüdische Bourgeoisie sich jenseits der alten Stadtgrenzen im sog. Westend ansiedelte, — so entstand das neue »Palais Rothschild« an der Bockenheimer Landstraße —, wohnen konservativ-patrizisches Altbürgertum und kleines Gewerbe und Handwerk innerhalb der ehemaligen Wallanlagen und im Ostend. Die Ansiedlung des Palmengartens im Westend und die Errichtung der Oper am Bockenheimer Tor direkt am Beginn des Westends signalisierten ebenso wie die Ablösung des Oberbürgermeisters *Daniel Heinrich Mumm* (Mumm-Sekt) durch den aus Osnabrück nach Frankfurt berufenen Juristen *Johannes Miquel* (an allen drei Ereignissen war zentral vor und hinter den Kulissen der Herausgeber der »Frankfurter Zeitung«, der demokratische Reichstagsabgeordnete und Bankier im Ruhestand *Leopold Sonnemann* beteiligt) die Verschiebung des innerbürgerlichen Kräfteverhältnisses zu ungunsten des patrizischen Establishments. Mit den Prachtbauten des Palmengartens und der Oper feiert die Westend-Bourgeoisie ihren Einfluß.

Nach der Annektion Nassaus durch Preußen 1866 hatte sich *Adolf von Nassau* als Rentier in der Neuen Mainzer Straße niedergelassen. Als er seine einzigartige botanische Sammlung aus den Biebricher Wintergärten zum Verkauf anbot, bildete sich spontan ein Komitee, um die Möglichkeit der Überführung nach Frankfurt zu sondieren. Die Kosten für die Errichtung eines Frankfurter Wintergartens wurden auf 250.000 Gulden geschätzt, davon wurden innerhalb von nur drei Monaten 150.000 Gulden durch Zeichnung von Anteilscheinen an einer »Palmengartengesellschaft« aufgebracht. Unter den zur Verfügung stehenden Geländen fällt die Ent-

scheidung auf das heutige Areal nördlich der Bockenheimer Landstraße. Um die Entscheidung der Palmengarten-Aktionäre für die städtische Pfingstweide, wohin später der Zoo der 1858 gegründeten Zoologischen Gesellschaft von der Bockenheimer Landstraße gewissermaßen als Kompensation umgesiedelt werden wird, zu beeinflussen, hatten Persönlichkeiten um den Gründer des »Freien Deutschen Hochstifts«, *Otto Volger,* hauptsächlich Handwerker und Bildungsbürger, einen »Ostend-Ausschuß« gegründet. Offensichtlich zeichnete jedoch das reiche Westend erheblich mehr Palmengarten-Aktien als der Osten. Im Januar 1869 entschied die Generalversammlung mit 469 gegen 94 Stimmen für das Areal an der Bockenheimer Landstraße. Mit der Anlage des Palmengartens wurde der Gartenbaukünstler *Heinrich Siesmayer* beauftragt, als Architekten für das Gesellschaftshaus mit dem zentralen Palmenhaus engagierte man *Friedrich Kayser* (Bau 1869/70). Kayser wird ebenfalls für den Bau des Gesellschaftshauses des 1872 an die heutige Stelle verlegten Zoos ausgewählt (1874—76). Daß die naturkundlichen Unternehmungen Zoo und Palmengarten zunächst einmal dekorative Gesellschaftshäuser errichteten, prachtvolle historistische Bühnen vor exotischem Hintergrund, entsprach den repräsentativen Bedürfnissen insbesondere der modischen und weltläufigen Westend-Bourgeoisie. Ihr spektakulärstes Projekt wurde der Opernneubau.

Als in den europäischen Metropolen die Oper begann, mit demonstrativem Luxuskonsum die moralische Anstalt Theater abzulösen, überlegte auch das wohlhabende Frankfurt, wie ein zeitgemäßer Ersatz für das schmucklose klassizistische Schauspielhaus (am heutigen Rathenauplatz), in dem 1874, zwei Jahre nach Eröffnung, die Uraufführung von Schillers »Kabale und Liebe« stattgefunden hatte, zu schaffen sei. Im Dezember 1869 wurde eine Stif-

Palmengarten

Otto Volger

Alte Oper

tung zur Finanzierung eines Opernneubaus gegründet; bereits im Januar waren von 67 Stiftern Anteile für 480.000 Gulden gezeichnet worden. Die Stifter überreichten dem Oberbürgermeister *Mumm* daraufhin ein Angebot mit folgenden Bedingungen: Das neue Theater sollte doppelt soviele Plätze haben wie das alte (2.000 statt 1.000) und ein Foyer, »geräumige« Korridore, eine überdachte Anfahrt sowie »breite steinerne Treppen« erhalten. Die Stifter beanspruchen für sich mit Wänden abgetrennte und mit einem Vorraum versehene Viererlogen im Parterre oder ersten Rang sowie ein Mitspracherecht bei den endgültigen Bauplänen.

In der Folge kam es zu einem heftigen Streit, dessen Kernpunkte bereits nach der ersten Opern-Diskussion der Stadtverordnetenversammlung im April 1869 im kleinbürgerlich-demokratischen »Frankfurter Beobachter« so formuliert wurden: »Wie die Sachen jetzt stehen, läßt sich mit ziemlicher Bestimmtheit voraussagen, daß bis zur ersten Vorstellung im neuen Opernhaus, außer der beigesteuerten halben Million (der Stifter), die Stadt noch eine Million ... ausgegeben haben wird. Ist sie in der Lage, zum Vergnügen reicher Leute solche Summen ausgeben zu können und zu wollen, dann ist es wohl zu erwägen, ob es nicht im Interesse der Stadt gelegen ist, neben der ganzen Million auch noch die halbe angebotene Million zu zahlen, und dadurch freie Hand zu behalten, sowohl bei der Wahl des Platzes, des Bauplanes und der Zeit der Ausführung, als auch in betreff der künftigen Leitung.« Als 1880 das Opernhaus eröffnet wurde, hatten sich sämtliche Befürchtungen des »Frankfurter Beobachters« erfüllt. Durch zwei Überarbeitungen, denen Magistrat und Stifter den siegreichen Wettbewerbsentwurf von *Richard Lucae* angeblich zur Entmonumentalisierung unterzogen hatten, wurde der Westend-Bau immer größer, teurer und luxuriöser. Deutlich wird das Durchschlagen des Repräsentationsbedürfnisses der Stifter bei der Raumaufteilung. Im Verlauf der Bauplanung verkleinert sich anteilmäßig der Zuschauerraum, der durch die 18 Proszeniumslogen (üblich waren 4, höchstens 6) für die Stifter zusätzlich reduziert wurde, während Treppenhaus und Empfangsräume, die Räume also, wo man sieht und gesehen wird, auf über ein Fünftel der Gesamtlänge der Oper anwuchsen (Paris ein Achtel, Wien ein Neuntel). Der von *Lucae* gemachte Kostenvoranschlag von 1,2 Millionen Gulden deckte kaum den Rohbau; die Baukosten stiegen schließlich auf sieben Millionen Reichsmark, d.h. die Stadt mußte etwa das Zehnfache der Stiftungssumme zuschießen. Das Frankfurter Bürgertum aber hatte eine Oper, über die der Eröffnungs-Ehrengast Wilhelm I. bemerkte: »Das könnte ich mir in Berlin nicht erlauben.«

Standen Oper und Palmengarten im Zentrum ideologischer und »geopolitischer« Kontroversen um die Hegemonie innerhalb des Bürgertums, so bestand gleichzeitig ein breiter Konsens über die Notwendigkeit der ideellen Einbindung der Unterschichten und der sich herausbildenden Arbeiterschaft. So entstand aus dem Be-

Richard Lucae

mühen *Otto Volgers* um eine »erhöhte Volksbildung« 1859 das »Freie Deutsche Hochstift«; bereits 1819 hatte der Freiherr von Stein die »Gesellschaft für ältere deutsche Geschichtskunde« zur Herausgabe von Geschichtsquellen des Mittelalters (»Monumenta Germaniae Historica«) gegründet; es folgten weitere ebenso volkserzieherische wie wissenschaftliche und philantropische Einrichtungen: die »Polytechnische Gesellschaft ›Bienenkorb‹« (»Sparkasse von 1822«) und der ebenfalls heute noch bestehende »Physikalische Verein« (1824), der Kunstverein (1829), der »Verein für Geographie« (1836) und die »Gesellschaft für Frankfurts Geschichte und Kunst« (1837).

Wilhelm Merton

Erst gegen Ende des 19. Jahrhunderts und nach dem Fall der Sozialistengesetze entstand mit dem »Comité zur Veranstaltung unentgeltlicher volkstümlicher Vorträge« (1890) eine proletarische selbstorganisierte Konkurrenz zu den Vorlesungen für spendable Bürger. Aus dem Comité, das 1908 das »Volksbildungsheim« am Eschenheimer Tor bezieht, wurde Ende 1919 der »Bund für Volksbildung«, der bis zur Kommunalisierung durch *Wallmann* freier Träger der Frankfurter Volkshochschule war. Parallel mit der Emanzipation der proletarischen Bildung gehen die sozialphilantropischen Bemühungen des liberalen Bürgertums. *Wilhelm Merton,* der Chef der »Metallgesellschaft« und zehn Jahre später neben Oberbürgermeister *Adikes* treibende Kraft hinter der Universitätsgründung, stiftete 1891 sein »Institut für Gemeinwohl«. Institutszweck war, »die jeweiligen sozialen und wirtschaftlichen Zustände zu untersuchen, was zur Lösung der sich dabei ergebenden Probleme von öffentlicher und privater Seite geschieht und geschehen kann, festzustellen und die Ergebnisse seiner Untersuchungen weiteren Kreisen zugänglich zu machen. Dabei soll das Institut unabhängig nach oben und unten und frei von irgendeinem Partei- oder Confessionsstandpunkt wirken.«

Volksbildungs-heim

Institut für Gemeinwohl

Franz Adikes

Aus dem Institut entsteht um die Jahrhundertwende Mertons »Akademie für Sozial- und Handelswissenschaften«, die direkte Vorläuferin der Wirtschafts- und Sozialwissenschaftlichen Fakultät (der ersten in Deutschland) an der im Oktober 1914 eröffneten Frankfurter Stiftungsuniversität. Diese entstand praktisch aus der Zusammenfassung mehrerer bestehender Stiftungen: den (seit 1881 städtischen) Krankenanstalten, dem Physikalischen Verein, der Senckenberg-Gesellschaft und der Mertonschen Akademie. Als sich Preußen weigerte, dem ungeliebten »Liberalennest« eine Universität zu finanzieren, legten *Merton,* der Bankier *Georg Speyer* und die Familie des Verlegers *Carl Christian Jügel* dem Oberbürgermeister *Franz Adikes* ein Universitätskonzept vor, in dem sämtliche Kosten von Stiftungsgeldern gedeckt wurden. In dieser vollkommenen finanziellen und organisatorischen Unabhängigkeit vom Staat war Frankfurt sicher die bürgerlichste deutsche Universität und am ehesten vergleichbar mit amerikanischen Privatuniversitäten wie Havard, Yale oder Princeton.

Akademie für Sozial- und Handelswissenschaften

Universität

Auch als nach dem Ersten Weltkrieg die Inflation das Stiftungskapital vernichtete und das Land Preußen und die Stadt Frankfurt dafür einsprangen, behielt das Bürgertum seine Mäzenatenrolle bei (Stiftungslehrstuhl für Soziologie durch Konsul *Karl Krotzenberg,* Stiftungsprofessur an der Wirtschafts- und Sozialwissenschaftlichen Fakultät durch die Weilsche »Gesellschaft für Sozialforschung«). Der Beginn der sozialstaatlichen Formierung und einer neuen (Fordistischen) Art von Vergesellschaftung zeichneten sich bei den Übernahmeverhandlungen der Universität mit der Stadt ab.

Akademie der Arbeit

Im Mai 1921 wird an der Uni mit der »Akademie der Arbeit« eine Arbeiter- und Gewerkschaftsbildungseinrichtung als Gegenleistung für die Übernahme der Hochschule durch die Stadt eröffnet. Auch der ADGB beteiligt sich an der Finanzierung.

Szene aus dem Stück »Völkerfreiheit«, das vom Kulturkartell der modernen Arbeiterbewegung in der Festhalle aufgeführt wurde

Institut für Sozialforschung

Ähnlich wie *Mertons* Sozialakademie ging auch das von *Felix Weil* gegründete und gestiftete »Institut für Sozialforschung« (1923) auf einen Vorläufer, die drei Jahre vorher gegründete »Hermann-Weil-Stiftung« seines Vaters, eines an Ernährungspolitik und Revolutionsforschung interessierten Getreidegroßhändlers, zurück. Das Institut war von der Hochschule unabhängig und lediglich, wie später auch das Frobenius-Institut, über eine Professur des Direktors (zunächst *Carl Grünberg,* Mitinitiator der Frankfurt-Moskauer MEGA-Ausgabe, dann *Max Horkheimer)* mit ihr verbunden. Die Öffentlichkeit der Institutsmitglieder *Horkheimer, Adorno, Herbert Marcuse, Erich Fromm, Leo Löwenthal, Friedrich Pollock,* die bald unter der Bezeichnung »Frankfurter Schule« berühmt werden sollten, waren Radio Frankfurt, die Frankfurter Zeitung, das »Café Laumer«, die »Crêpe de Chine«-Bourgeoisie mit den »Déjeuners« der Juwelenhändler-Familie *Oppenheimer,* kurz: das gebildete und kultivierte Frankfurt, wie es in *Siegfried Kracauers* in der FZ vorabgedrucktem Roman »Ginster« beschrieben wird. Den proletarischen Bildungseinrichtungen gingen die Institutsmitglieder aus dem Weg. Einzig der belgische Lehrbeauftragte *Hendrik de Man,* der 1907 mit *Karl Liebknecht* an der Gründung der Sozialistischen Jugendinternationale beteiligt und deren erster Sekretär war, kooperierte regelmäßig mit dem »Kulturkartell der modernen Arbeiterbewegung«, das 1932 sein szenisches Chorwerk »Wir!« vor 20.000 begeisterten Zuschauern in der Festhalle aufführte. *Man,* der von den marxistischen Institutsmitgliedern ebenso wie vom Leiter der Akademie der Arbeit, *Erik Nölting,* we-

Siegfried Kracauer

gen seiner idealistischen, rechtssozialdemokratischen Positionen attackiert wurde und während der Besetzung Belgiens eine problematische Rolle spielte, erinnert sich an die Atmosphäre im Institut: Sie wäre noch ersprießlich gewesen, wenn man »die Grenze nicht überschritten hätte, jenseits welcher sich Freiheit und Voraussetzungslosigkeit in Libertinismus des Geistes und Unverbindlichkeit den Realitäten des Lebens gegenüber verwandeln. ... Es bestand ein gefährlicher Widerspruch zwischen der dünnen Luft, die man in den Hörsälen und in den schöngeistigen Salons einatmete, und der unheilschwangeren Atmosphäre, die draußen herrschte. Das war für mich um so mehr ein Grund, meine Studenten, so oft es ging, gewissermaßen aus dem akademischen Treibhaus hinaus auf die Straße, in die Betriebe und in die Wartehallen der Arbeitsämter zu schicken.«

Ebenso aus dem Rahmen des Instituts für Sozialforschung wie *Man,* jedoch im Gegensatz zu diesem mit intellektuellem Mut und Chuzpe den Faschismus zu Hause und die deutsche Besetzung in Norwegen überdauernd, fällt *Heinz Maus,* der spätere Herausgeber der »Soziologischen Texte«, den *Wolfgang Abendroth* 1959 als Soziologie-Ordinarius nach Marburg holen wird. Nach der Exilierung des Instituts arbeitete er zeitweise bei der »UfA«, später in Oslo am »Institut für Gesellschaftsforschung und Arbeitswissenschaft« und promovierte 1940 in Kiel mit einem originär-marxistischen Beitrag zur Kritischen Theorie (heute wieder publiziert unter dem Titel »Die Traumhölle des Justemilieu«). Er wurde mehrfach, u.a. wegen Kontakten zum Widerstandskreis um *Ernst Niekisch,* verhaftet, hielt kontinuierlich Kontakt zum im südlichen Kalifornien weilenden *Horkheimer* und wird von diesem dann 1951 aus Ostberlin als Assistent wieder nach Frankfurt geholt.

Neben der beschriebenen Gruppe »freischwebender Intellektueller« (einer Selbstbezeichnung *Karl Mannheims* in Anlehnung an *Alfred Weber)* gab es eine beachtliche Gruppe von Wissenschaftlern, Künstlern und Theaterleuten, die sich in Kulturarbeit und Kulturpolitik der organisierten Arbeiterbewegung einbrachten. Das wichtigste Medium der Inkorporation dieser Intellektuellen in die

Kulturkartell der modernen Arbeiterbewegung

Arbeiterbewegung war das »Kulturkartell der modernen Arbeiterbewegung«. Das Frankfurter Kulturkartell war im Gegensatz zur Situation im übrigen Deutschland nicht einfach der regionale Zusammenschluß der Mitgliedsverbände der »Zentralkommission für Arbeiterkultur und Körperpflege«, dem Dachverband der Arbeiterkultur- und -sportverbände, sondern in Anlehnung an bürgerliche Bildungseinrichtungen wie das Hochstift eine zentrale Koordinations- und Organisationsstelle für die sozialdemokratische und freigewerkschaftliche Bildungsarbeit und Massenagitation. Das Herannahen der ersten Arbeiterolympiade 1925 in Frankfurt beschleunigte noch mitten in der heftigen Diskussion in der sozialdemokratischen »Volksstimme« über die Aufgaben der Kulturarbeit (»Darstellung des Schönen« und »Heranführen an Kultur und Bildung« versus »proletarische Kultur«) die Gründung einer Kulturzentrale im Februar 1925. Gründer sind die Bildungsausschüsse von SPD, ADGB und AFA, die Jungsozialisten, Arbeiterabstinenzler, Arbeitersänger und sozialdemokratische Lehrer — nicht jedoch die linkspluralistischen und auch zur KP hin offenen Naturfreunde. Nach der Bewährungsprobe der Organisation bei der Arbeiterolympiade (das Kulturkartell stellte hierzu erstmals unter der Regie von *Alfred Auerbach,* dem Leiter der Schauspielklasse am Konservatorium, zentrale Sprechchöre zusammen), begann die Arbeit mit Vortragsreihen und jährlichen Kulturwochen, die 1927 zur »Freien Sozialistischen Hochschule« zusammengefaßt wurden.

Alfred Auerbach

Die Struktur der künstlerischen und agitatorischen Arbeit blieb bei dem bewährten Muster der Massensprechchöre (bis zu 30.000 Teilnehmer) der Arbeiterolympiade: Chöre, Sprechchöre, Theaterstücke und Konzerte wurden unter Leitung dem Kartell nahestehender Künstler langfristig erarbeitet und zu Anlässen wie dem 1. Mai, dem Antikriegstag oder 1929 dem Reichskulturtag der SPD vor einem Massenpublikum in der Festhalle, dem »Schumann-Theater« am Hauptbahnhof oder dem Waldstadion aufgeführt; hinzu kamen Schubert- oder Beethoven-Gedenkfeiern sowie Umrahmungen aktueller politischer Veranstaltungen. Besonders intensiv wurde die Zusammenarbeit mit dem Opernhausorchester und dem musikalischen Oberleiter der Oper, *Hans Wilhelm Steinberg.* So erarbeitete das Opernhausorchester mit dem Sängerkreis des Kulturkartells und dem »Volkschor« Niederrad drei Chor-Abende anläßlich der SPD-Kulturtage 1929, beteiligte sich — wie auch die Solisten *Emmerich Weill* und *Beatrice Sutter-Kottlar* an der Aufführung von Händels Oratorium »Belsazar« im November 1929 in der Festhalle, zum 1. Mai 1930 an der Aufführung von *Lobo Franks* und *Arthur Wolffs* »Kreuzzug der Maschine« oder im November 1930 am Beethoven-Konzert des Kulturkartells. Als 1929 *Herbert Graf* Regisseur an der Oper wurde, begann die Zusammenarbeit sich auch auf das Programm des Opernhauses auszuwirken. *Graf* übernahm die Balsazar-Aufführung des Kartells für die Oper und bezog die Arbeitersänger auch in andere Aufführungen der Oper ein. Beides wirkte umso provokanter auf das Publikum, als Graf bereits anläßlich seiner Antrittsrede die Abschaffung der Ränge und Proszeniumslogen gefordert und über die kastenähnliche Absonderung der Logenbesitzer gespottet hatte.

Weitere Intellektuelle, die bewußt die Zusammenarbeit mit dem Kulturkartell bzw. der »Frankfurter Volksbühne« suchten, waren *Alwin Kronacher*, seit 1929 Chef der Städtischen Bühnen, und *Adam Kuckhoff*, von 1920 bis 1924 Leiter des von den Volksbildungs- und Volksbühnenvereinen getragenen »Künstlertheaters für Rhein-Main«. *Kuckhoff* schloß sich der Widerstandsorganisation *Schulze/Boysen* an und wurde 1943 hingerichtet. Sein Nachfolger am Künstlertheater, *Hans Meißner*, lief 1933 mit fliegenden Fahnen zu den Nazis über und wurde Nachfolger des exilierten *Kronacher* als Leiter der Städtischen Bühnen. *Kuckhoffs* Künstlertheater war die einzige Frankfurter Truppe, die in den 20er Jahren nach eigenem Verständnis sowohl ästhetisch als auch politisch revolutionäres Theater machte. *Kronacher* setzte sich für Erwerbslosenaufführungen und Schülervorstellungen ein. Er hatte bereits in Leipzig *Brechts* »Baal« inszeniert und brachte in Frankfurt gegen heftigen Protest der bürgerlichen Presse (»Verödung des Spielplans«, »kommunistische Propaganda«) *Romain Rollands* »Der 14. Juli«, *Friedrich Wolfs* »Cyankali« und *Tretjakows* »Brülle China« auf die Bühne.

So wie die reformistisch-reformfreudige SPD in der Koalition der Frankfurter Etatparteien DDP-SPD-Zentrum die avancierte Arbeit der Bühnen absicherte, trug sie auch das ab 1925 unter der Bezeichnung »Das neue Frankfurt« von Gestaltern und Lebensreformern um den Stadtbaurat, Architekten und Planer *Ernst May* und den von ihm 1929 von der TH Aachen gegen die Konkurrenz des Bauhauses nach Frankfurt abgeworbenen Architekten *Walter Schwagenscheidt* entwickelte Umgestaltungsprogramm. Planerisch vorbereitet durch einen Generalbebauungsplan und finanziert durch eine »Hauszinssteuer« für Althausbesitz (1924) wurde das größte geschlossene Wohnungsbauprogramm in Deutschland realisiert. Das integrierte Programm zur Neugestaltung der Planungs- und Sozialpolitik schuf für 11% der Frankfurter neue Wohnungen. Ein Kranz von Siedlungen wurde um die Stadt gelegt, die sowohl großstädtisch dicht sind, als auch so nahe als möglich an die Natur herangeführt wurden, deren Formen — etwa dem Nidda-Verlauf oder dem Rücken des Bornheimer Hanges — sie folgen. Standardisierung und Rationalisierung beim Bau und in der Wohnung wurden organisiert. Arbeitslose Ungelernte errichteten einen Teil der Häuser aus Betonfertigteilen. Maschinen sollten die Hausarbeit rationalisieren und nach dem Willen der Schöpferin der »Frankfurter Küche«, der Architektin *Margarete Schütte-Lihotzky,* zur Emanzipation der Frau beitragen. Die großteils in der dem Dezernat *May* zugeordneten Frankfurter »Kunstschule« designten Möbel sind beliebig kombinierbar, sachlich und ohne repräsentativen Anspruch.

Das neue Frankfurt

DAS NEUE FRANKFURT
INTERNATIONALE MONATSSCHRIFT FÜR DIE PROBLEME ... R NEUGESTALTUNG

Auf dem Weg in die UdSSR: Zeitschriftentitel von »Das Neue Frankfurt«

Ernst May in einer Karikatur

Diskutiert wurden die kulturrevolutionär-lebensreformerischen Konzepte der Planer um *May* in der seit 1925 von *May* herausgegebenen Zeitschrift »Das Neue Frankfurt — Monatsschrift für Fragen der Großstadtgestaltung«. 1930 gehen *May* und *Schwagenscheidt* auf Einladung in die Sowjetunion; sie sollen die Gesamtplanung neuer sozialistischer Städte gigantischen Ausmaßes übernehmen. 1933 verlassen beide resigniert die Sowjetunion wieder; *May* geht nach Tanganjika als Farmer ins Exil. 1954 wird *May* Leiter der Planungsabteilung der »Neuen Heimat Hamburg mbH«. *Schwagenscheidt* erhält 1960 den Auftrag zur Durchführung der Gesamtplanung der neuen Frankfurter Trabantenstadt »Nordweststadt«.

Vom Anspruch her schienen im Neuen Frankfurt sozial-demokratisch rationalisierte Gesellschaft und architektonische Form zusammenzufallen. Das Neue Frankfurt wurde bereits den Zeitgenossen ein Synonym für die Verwirklichung des sozialen, wenn nicht sozialistischen Anspruches des Neuen Bauens der Weimarer Republik. Als der Bildhauer *Aristide Maillol* mit *Harry Graf Kessler* 1930 das für die Arbeiterolympiade erbaute Frankfurter Waldstadion besuchte, demonstrierte *Kessler* dem Bildhauer das Lebensgefühl des Neuen Frankfurt am Beispiel der unbefangen nackt badenden Jugendlichen im Schwimmstadion.

Das Neue Frankfurt war jedoch kein Scharnier zwischen lebensreformerischer bürgerlicher und sozialistischer Utopie: Der größte Teil der Bewohner der May-Siedlungen gerade in Praunheim oder der Römerstadt waren Handwerker, Angestellte oder kleine städtische Beamte. Allenfalls ein Facharbeiter konnte sich die Mieten zwischen 69 und 125 RM leisten. Und nach der Olympiade kamen die Arbeiterjugendlichen auch nicht mehr ins Waldstadion, denn die Eintrittspreise waren, wie die »Volksstimme« wiederholt kritisierte, zu hoch.

Der anarchistische Schriftsteller *Georg K. Glaser* beschreibt in seinem autobiographischen Roman »Geheimnis und Gewalt« eine realisierte lebensreformatorische Utopie von Arbeiterjugendlichen: Glaser war als minderjähriger streunender Arbeitsloser mit gefälschtem Wanderbuch aufgegriffen und in das »Westendheim« eingewiesen worden. Dieses offene Erziehungsheim des »Erziehungsvereins Frankfurt« wurde von *August Verleger* geleitet und von der Gaujugendleitung der Naturfreundejugend ehren- und hauptamtlich betreut.

Westendheim

Das Westendheim an der Ginnheimer Landstraße/Ecke Franz-Rücker-Allee wurde, nachdem die Stadt die Zuschüsse eingestellt hatte, 1932 aufgelöst. Nach dem 1. Mai 1933 funktionierte die Rödelheimer SA das Heim zum provisorischen KZ um und brachte darin verhaftete Gewerkschafter unter.

Die einzelnen Orte

Wer nun die erwähnten Stationen nachvollziehen möchte, dem haben wir zwei Möglichkeiten anzubieten: die Orte und Gebäude einzeln anzusteuern oder aber als Rundfahrt. Sie sind mit öffentlichen Verkehrsmitteln wie folgt zu erreichen:
Radio Frankfurt, *erstes Studio im 5. Stock des alten Postscheckamtes (z.Zt. Oberpostdirektion) Stephanstraße. Im späteren eigenen Sendergebäude Escherheimer Landstraße 37 ist heute die Musikhochschule untergebracht (U 1,2,3 »Eschenheimer Tor«);* Bürgerhospital, *Nibelungenallee 37-41 (U5 »Adickes/Nibelungenallee«; Bus 32 »Richard-Wagner-Str.«);* Senckenbergmuseum, *Senckenberganlage 25 (U 6,7 »Bockenheimer Landstr.«; Bus 32, 50 »Senckenbergmuseum«);* Städel, *Schaumainkai 63 (U 1,2,3 »Schweizer Platz«; Bus 46 »Städel«);* Clementine-Krankenhaus, *Theobald-Christ-Str. 16 (U 6,7 »Zoo«, Tram 14 »Theobald-Christ-Str.«);* Palmengarten-Gesellschaftshaus, *Palmengartenstraße (U 6,7 »Bockenheimer Landstraße« oder »Westend«)* Zoo-Gesellschaftshaus, *Alfred-Brehm-Platz (U 6,7 »Zoo«, Tram 11, 14, 18 »Zoo«);* »Alte Oper«, *Opernplatz (U 6,7 »Alte Oper«, S 1-6, 14 »Taunusanlage«);* Bienenkorbhaus *der »Frankfurter Sparkasse von 1822 — Polytechnische Gesellschaft«, Zeil, Ecke Konstablerwache (U 5-7, S 1-6, 14 »Konstabler Wache«);* Volksbildungsheim, *Eschenheimer Tor (U 1,2,3 »Eschenheimer Tor«);* Universität *(Hauptgebäude), zwischen Gräf- und Mertonstraße, Bockenheimer Landstraße und Senckenberganlage (U 6,7, Tram 19 »Bockenheimer Warte«);* Institut für Sozialforschung, *Senckenberganlage, Ecke Dantestraße (U 6,7 »Bockenheimer Landstraße«);* Gewerkschaftshaus, *Wilhelm-Leuschner-Straße 69-77 (Tram 15, 16, 19, 21 »Baseler Platz«, U 4 »Hauptbahnhof«);* Waldstadion *(Tram 15 »Stadion«, S 13-15 »Sportfeld«);* May-Siedlung »Bornheimer Hang« *zwischen Buchwald- und Inheidener, Saalburg- und Ketteler-allee (Tram 18 »Inheidener Straße«);* May-Siedlung »Riederwald«, *Am Erlenbruch (Tram 12, 18, 23 »Schäfflestraße«)* Buchhandelsschule, *Wilhelmshöher Straße 283 (Bus 43 und Tram 12 »Wilhelmshöher Straße«);* »Westendheim« oder »Perlenfabrik«, *Ginnheimer Landstr., Ecke Franz-Rücker-Allee (Gedenktafel am Studentenwohnheim) (Tram 19 »Frauenfriedenskirche«, Bus 34 »Universitätssportanlagen«).*

Festhalle
❶

**Senckenbergmu-
seum ❷**

**Institut für Sozial-
forschung ❸**

**Walter-Kolb-
Studentenwohn-
heim**

**Café Laumer
❹**

**Palmengarten
❺**

**›Westendheim‹
❻**

**Alte Oper
❼**

**Thurn und Taxi-
sches Palais
❽**

**›Frankfurter Zei-
tung‹
❾**

Wer das Ganze doch als Rundfahrt absolviert, für den/die haben wir einen Routenvorschlag überlegt, bei dem noch andere interessante Orte gestreift werden, die in anderen Rundgängen des Buches ausführlicher behandelt sind. Allfällige Überschneidungen mögen die Leser und Leserinnen nachsehen. Aber Vorsicht: ausreichend Kondition und genügend Proviant sind absolute Bedingung für die Erschließung des Stiftungs-Frankfurt.

Beginn an der Festhalle am Eingang zum Messegelände. In der Festhalle *fanden neben den erwähnten Großveranstaltungen des Kulturkartells der modernen Arbeiterbewegung die Box-Großveranstaltungen und 6-Tage-Rennen statt.*

Von der Festhalle in die Senckenberganlage zum Senckenbergmuseum. *Dem Museum schräg gegenüber befindet sich heute das* Institut für Sozialforschung *(Ecke Dantestraße). Das alte Institutsgebäude war eine Straße weiter an der Ecke Bockenheimer Landstraße (heute steht dort ein postmoderner Galerie- und Verwaltungsneubau). Die Dantestraße hinein kommt man zum Beethovenplatz, an dem das* Walter-Kolb-Studentenwohnheim *steht. In dessen damals bewirtschaftetem Keller fanden in den 60er Jahren die Mitgliederversammlungen des Frankfurter SDS statt. Ebenfalls zum Umfeld der alten und neuen Frankfurter Schule gehört das* Café Laumer, *eine Konditorei auf der Bockenheimer Landstraße 67 (Ecke Brentanostraße). Das heute leider renovierte Café sah in den 20er Jahren Adornos »Nachseminare« und die Diskussionen der Institutsmitglieder, in den 60ern die studentischen Nachbereitungen der Adorno-Veranstaltungen (vom Beethovenplatz über die Beethovenstraße zur Bockenheimer Landstraße). Die Verlängerung der Beethovenstraße über die Bockenheimer Landstraße hinaus heißt Palmengartenstraße und führt zum* Palmengarten-Gesellschaftshaus.

Möglicher Abstecher vom Institut für Sozialforschung: Über den Campus der Universität *zur Bockenheimer Warte. Von dort mit der Straßenbahn, Linie 19, bis zur* Frauenfriedenskirche. *Folgt man der Franz-Rücker-Allee bis zur Ginnheimer Landstraße, kommt man zu den Universitäts-Sportanlagen. Dort befand sich in den 20er Jahren das offene Erziehungsheim-Projekt* »Westendheim«. *An das 1933 von der Rödelheimer SA zum ersten Frankfurter KZ (insbesondere für Gewerkschafter) umfunktionierte Heim erinnert heute nur noch eine Gedenktafel an einem der Hochhaustürme des Studentenwohnheims »Ginnheimer Landstraße«. Mit der Straßenbahn zurück zur Bockenheimer Warte/Universität.*

Von der Bockenheimer Landstraße oder Bockenheimer Warte mit der U-Bahn zur Alten Oper. *Über die Kalbächer Gasse zur Börsenstraße. Dort befindet sich das erste Zeitungshaus der* FAZ *(Börsenstraße 2); das Gebäude war zunächst für das Bundesinnenministerium reserviert worden, sollte Frankfurt Bundeshauptstadt werden. Von der Börsenstraße rechts über den Börsenplatz und an der Börse vorbei links in die Schillerstraße. Auf der Schillerstraße etwa 200 m weiter steht das Gebäude der »Neuen Presse«, früher »Generalanzeiger«. Geht man neben dem Haushaltswarenkaufhaus »Lorey« durch die Passage, kommt man auf die Seite zur Großen Eschenheimer Straße zum noch stehenden Eingang des ehemaligen Thurn und Taxischen Palais. Das Palais beherbergte den* Bundestag der deutschen Nationen und Staaten, *in der Weimarer Republik das* Frobeniussche Völkerkundemuseum. *Etwa in Höhe der Passage (Große Eschenheimer Str. 30) stand das Zeitungsgebäude der »Frankfurter Zeitung«; schräg gegenüber Richtung Eschenheimer Turm befindet sich das Druck- und Verlagshaus der »Frankfurter Rundschau«, der heute ältesten Frankfurter Tageszeitung.*

Am Eschenheimer Turm befinden sich das Volksbildungsheim *und das Turm-Palast-Haus, wo zunächst das* Bürgerhospital *stand, aus dessen Ana-*

tomie-Kuppel der Stifter Senckenberg tödlich abstürzte. Im Turm-Palast-Haus wurde auch die Prostituierte Rosemarie Nitribit (»Das Mädchen Rosemarie«) ermordet. Vom Eschenheimer Turm sind es stadtauswärts ca. 500 m bis zur Musikhochschule, dem ehemaligen Sendegebäude von Radio Frankfurt (Eschersheimer Landstraße 37). Zur ersten Sendestelle von Radio Frankfurt im alten Postscheckamt gelangt man über die Stiftstraße (Rundschau-Haus) und Stephanstraße.

Turm-Palast-Haus

Radio Frankfurt ⑩

Ein möglicher Abstecher per U-Bahn könnte vom Eschenheimer Turm zum Funkhaus »Am Dornbusch« des Hessischen Rundfunks führen (U-Bahn Station »Dornbusch«; die Bertramstraße ist die dritte Parallelstraße rechts zur Eschersheimer Landstraße). Der große Sendesaal im Funkhaus Bertramstraße war zunächst als Plenum für den Deutschen Bundestag gebaut worden. Die Bertramstraße stadteinwärts zur Bushaltestelle an der Adickesallee und mit der 32 vorbei am Hauptfriedhofseingang (links in Höhe Haltestelle Adickes-/Nibelungenallee) und am Bürgerhospital mit der Grabkapelle für Senckenberg (rechts ca. 300 m hinter der Haltestelle) bis zur »Rothschildallee«. Dort umsteigen in die Straßenbahn Linie 12 Richtung »Zeil« bis Endstation.

Funkhaus ›Am Dornbusch‹ ⑪

Ohne diesen Abstecher erreicht man vom Eschenheimer Turm die Zeil über die Stiftstraße. Auf der Zeil, an der Öffnung zur Konstabler Wache, befindet sich das »Bienenkorb-Haus« der Frankfurter Sparkasse von 1822 — Polytechnische Gesellschaft. Weiter die Zeil in Richtung Zoo bis zur Friedberger Anlage. Nach rechts in der Grünfläche der Anlage stößt man nach ca. 300 m auf das heutige Café Odeon, das ehemalige Bethmannsche Gartenhaus. Zurück zur Zeil und in der Verlängerung der Zeil weiter bis zum Zoo und dem Zoo-Gesellschaftshaus. Vom Platz vor dem Zoo geht nach rechts die Theobald-Christ-Straße ab, wo sich die Dr. Christ'sche Stiftung, das Clementine-Kinderhospital befindet. Vom Zoo-Haupteingang nach rechts entlang der Zoomauer geht es vorbei am Heinrich von Gagern Gymnasium, dem ehemaligen Kaiser Friedrich Gymnasium, dem preußischen humanistischen Gymanasium. Nichts erinnert heute mehr an das jüdische Gymnasium Samuel Hirsch Schule, dessen Ruine für den neuen Anbau am Gagern Gymnasium abgerissen wurde.

›Bienenkorb-Haus‹ ⑫

Café Odeon

Zoo-Gesell-schaftshaus ⑬

Clementine-Kinderhospital

Samuel-Hirsch-Schule

Vom Zoo mit der Straßenbahn Linie 18 zur Endstation »Inheidener Straße«. Von der Haltestelle »Saalburgallee« bis zum Ende der Wittelsbacherallee erstreckt sich die Maysiedlung »Bornheimer Hang«, eine der 23 zwischen 1925 und 1930 realisierten Siedlungsgroßprojekte des »Neuen Frankfurt«. In der Verlängerung der Wittelsbacherallee über die »Hundert Stufen« den Bornheimer Hang hinunter (die Straße Am Bornheimer Hang am Fuß des Hanges führt nach links zur May-Siedlung gehörenden ehemaligen »Reformschule«, der heutigen, architektonisch inzwischen leider verhunzten Hallgartenschule). Vorbei am FSV-Stadion zur May-Siedlung »Riederwald« am Erlenbruch. Von der Haltestelle »Schäfflestraße« gegenüber dem zentralen Tor- und Eingangsgebäude der Siedlung (das Stadion im Rücken ist das alte Eintracht-Stadion) mit der Straßenbahn Linie 12 bis »Wilhelmshöher Straße«. Die Wilhelmshöher Straße hinauf kommt man zum Campus der Buchhandelsschule, einem der gelungensten Umsetzungen des Schwagescheidtschen Raumstadt-Konzepts. Von der Wilhelmshöher Straße kurz hinter der Buchhandelsschule rechts ab dem Wegweiser »Lohrberg« folgen. Der Fußweg führt über den Lohrpark vorbei an Frankfurts größtem Weinberg (städtisch) zu einer Gartenwirtschaft, wo neben dem obligaten Äpfelwein auch der Lohrberger Wein ausgeschenkt wird.

⑭ **Das neue Frankfurt**

Buchhandels-schule Wilhelmshöher Str. ⑮

Lohrpark

Von der Gartenwirtschaft halbrechts bergab bis zur Nußgartenstraße. Über die Nußgartenstraße und Hofhausstraße zur Wilhelmshöher Straße. Von dort mit dem Bus Richtung »Bornheim Mitte« bis zur U-Bahn 4 (Stationen »Seckbacher Landstraße« oder »Bornheim Mitte«).

»Kunstfurt«

Wer Frankfurt nur mit »Bankfurt« gleichsetzt, macht es sich zu einfach. Angesichts des Getuschels über Frankfurt als kulturellen Geheimtip und einem zu erwartenden »Boom« seiner Kunstszene, der regen Neu- und Umbautätigkeit des städtischen Museumsbestandes, des eifrigen Anwerbens publikumswirksamer Ausstellungen und Stars der Kunstszene sowie des Proklamierens ambitiöser Pläne kommt man nicht umhin zu glauben, daß Frankfurt auf dem besten Wege ist, sich auch noch die Auszeichnung »Frankfurt = Kunstfurt« zu erobern.

Daß die ehemalige Kaiserstadt und Wiege der deutschen Demokratie auf eine reiche kulturelle Vergangenheit zurückblicken kann, braucht nicht weiter erläutert zu werden. Doch beim Stichwort »Kunst und Kultur« ertönen spontan eher Namen aus dem Bereich der Literatur, Philosophie und Musik — *Goethe* und *Kaschnitz, Adorno* und *Benjamin, Hindemith* und *Mangelsdorff,* Buchmesse und Neue Frankfurter Schule — dagegen geraten Namen wie *Jörg Ratgeb, Matthias* und *Maria Sybilla Merian, Otto Scholderer* und *J. Passavant, Max Beckmann* und *Hermann Goepfert* ein wenig ins Hintertreffen.

Gewiß ist, Frankfurt hat in seiner Vergangenheit keine so große Anziehungskraft auf Künstler ausgeübt wie Berlin, Köln, Düsseldorf, Augsburg und München. Aber sie war und ist eine Stadt des Sammler- und Mäzenatentums. Ohne sich auf die Mäzenentätigkeit eines Hofes stützen zu können, entwickelte sich in dieser Stadt eine aktive Kultur des Bürgertums. Hier traten vor allem die jüdischen Bürger der Stadt hervor — *Rothschild, von Hirsch, Flersheim* und *Fuld* seien hier aus einer großen Zahl genannt. Der Sammlergeschmack der merkantilen Stadt Frankfurt war von jeher nicht der progressivste. Einen Meilenstein in den kulturell »goldenen zwanziger Jahren« setzte der 1906 aus Berlin an das Städelsche Kunstinstitut berufene Direktor *Georg Swarzenski,* unter dessen Anleitung und Beratung wichtige Ankäufe der Moderne durch öffentliche und private Sammlungen erfolgten. Dies war auch die Zeit, in der *Max Beckmann* und *Willi Baumeister* an der Städelschen Kunstschule unterrichteten — eine Ära, die durch das Naziregime jäh beendet wurde und noch heute schmerzliche Lücken hinterläßt. Die ›verantwortungsvolle‹ Aufgabe der Mäzenentätigkeit in Frankfurt haben heute vorwiegend Firmen und Banken übernommen. Leider sind die meisten Sammlungen aus technischen oder »Sicherheits«-Gründen der Öffentlichkeit nicht zugänglich.

Wer Frankfurts Kunstszene erlaufen will, hat es nicht weiter schwer. Auf der Sachsenhausener Seite des Mains reiht sich das bekannte »Museumsufer« (siehe dazu den Rundgang 16) auf dem Schaumainkai. Über den Eisernen Steg gelangt man rasch über den Main in die Altstadt, wo sich weitere Kunstinstitute befinden: Historisches Museum (Saalgasse 19), Kunstverein und Kunsthalle Schirn (Römerberg) — all dies gleich am und um den Römer gelegen. In dieser Gegend sind in naher Zukunft weitere Museumsneubauten bzw. Museumseröffnungen geplant: Jüdisches Museum im ehemaligen Rothschild-Palais (Untermainkai 14 - 15), Museum für Vor- und Frühgeschichte in den Ruinen des ehemaligen Karmeliterklosters (Alte Mainzer Gasse) und das Museum für Moderne Kunst, das nach den Plänen des Wiener Architekten Hans Hollein entstehen soll (Domstraße).

Auf das ehrwürdigste Renommee vermag sich das Städelsche Kunstinstitut berufen. Hier präsentiert sich uns ein gutes Beispiel bürgerlicher Sammler- und Stiftertätigkeit im Frankfurt des 19. Jahrhunderts. Der Frankfurter Bürger *J. F. Städel* hatte es als »Bank- und Handelsmann« zu Wohlstand und Ansehen gebracht: Eine Sammlung von Zeichnungen, Graphiken, Plastiken und Büchern, vorwiegend aber Gemälden mit dem für Sammlungen dieser Epoche üblichen Schwerpunkt deutscher, holländischer und flämischer Kunst des 17. und 18. Jahrhunderts füllte die Räume seines Hauses am Roßmarkt. In seinem Testament stiftete der unverheiratete, 1816 verstorbene Bürger dem zukünftigen Städelschen Kunstinstitut seine Sammlung, Haus und Vermögen — mit der weitsichtigen Verfügung, daß die Sammlung von Schwachpunkten befreit und durch Ankäufe erweitert und verbessert werden solle. Ebenso sollte ein Teil der Stiftung der Förderung junger Künstler durch Unterricht und Sti-

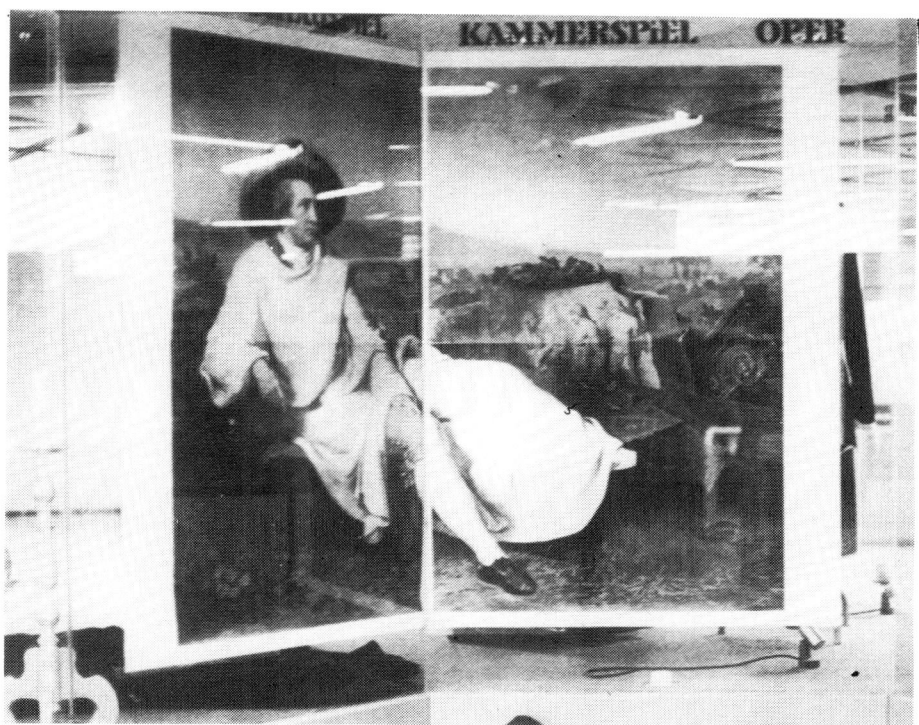

pendien zugute kommen. Nach mehreren Umgestaltungen und Umzügen zu seiner heutigen Unterkunft am Mainufer, bleibt Städels Verfügung bewahrt. Harmonisch gliedert sich im hinteren Teil des Parks die Staatliche Hochschule für Bildende Kunst an. Unter dem Namen »Städelschule« bekannt, erhält hier der künstlerische Nachwuchs seine Ausbildung. Ein Blick in die Innenhöfe der Schule, in denen allerlei Projekte heranreifen, lohnt immer.

Wer sich für Ausstellungen neuerer und neuester Kunst interessiert, sei an den Kunstverein und an die zahlreichen Galerien verwiesen, die sich in der Innenstadt befinden: In der City führt der Weg zur *Galerie Grässlin-Ehrhardt:* Ein Galeristenteam, das in seinen Räumen in der Bleichstraße 48 die großen Namen der jungen internationalen Avantgarde zeigt. Ganz in der Nähe findet man bei der *Galerie Meyer-Ellinger* (Brönnerstraße 22) renommierte Namen der Moderne. Zum Römerberg schlendernd, sollte man nicht versäumen, bei der *Galerie Tim Gierig* und der *Galerie Lüpke* (beide in der Braubachstraße) und *Japan Art* (Domstraße 6) vorbeizuschauen. Freunde der Fotografie kommen im *Fotografie Forum* (Weckmarkt 17) auf ihre Kosten.

Richtung Sachsenhausen lohnt ein Besuch in der *Galerie Klaus Werth,* deren Ausstellungsraum in der Alten Mainzer Gasse 6 liegt. Hier gibt es die jüngste Kunst Frankfurts zu sehen. In Sachsenhausen selbst ist in einem alten Fabrikgebäude in der Gartenstraße 47 die *Galerie ak* gelegen. Diese Galerie zeigt sowohl junge avancierende als auch international renommierte, zeitgenössische Kunst. Wem der Sinn nach realistischer Malerei steht, geht weiter zur *Galerie Gering-Kulenkampff* in der Textorstraße 91. Um diesen Überblick zu vervollständigen, seien noch einige namhafte Galerien im Frankfurter Westend genannt: *Galerie Hartje* (Freiherr-von-Stein-Straße 24), *Galerie Appel und Fertsch* (Corneliusstraße 30) sowie die *Galerien Hilger und Neuendorf,* beide in der Beethovenstraße 71 befindlich. Weitere Adressen und Ausstellungsprogramme findet man im Faltblatt »Galerien in Frankfurt«, das in Museen und Galerien ausliegt.   *Christine Michelle Schikaneder*

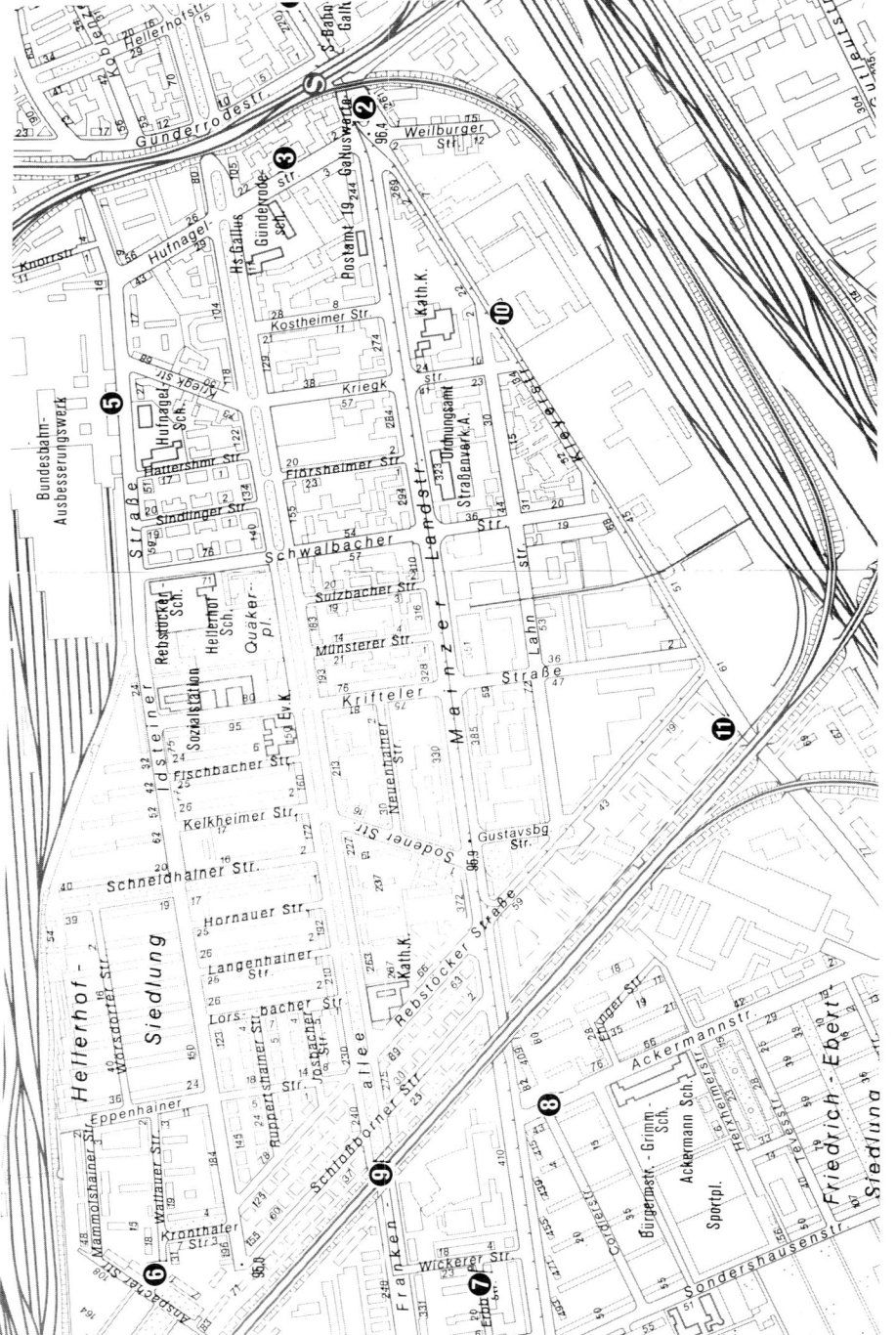

»Automobile aller Arten« aus dem Kamerun

Gallusviertel

von Jürgen Engelhardt

Ausgangs-
und Endpunkt: *Station »Galluswarte«, S-Bahnen S3, S4, S5,*
                 S6, Straßenbahnlinien 15, 21
Dauer: *ca. 1 Stunde*

»Als erstes fallen dir die Gleise auf. Überall sind Gleise, neben dir, unter dir, über deinem Kopf. Die Melodie des Viertels sind die Töne der Züge, an- und abschwellendes Dröhnen, Rattern und Rumpeln. Das Gallusviertel ist von Gleisen eingefaßt wie von einem eisernen Rahmen, von Gleisen durchzogen wie von Adern. Das Gallusviertel ist Frankfurts ältestes Industrieviertel, ein glanzloses, unbegehrtes Gebiet hinter dem Hauptbahnhof. Fabriken, Arbeitersiedlungen, hoher Ausländeranteil. Von denen ist die zahlenmäßige größte Gruppe die der Türken. (Eva Demski)

Über die Herkunft des Namens Kamerun gibt es mehrere Versionen: Ältere Bewohner des Viertels erzählen, er sei eine Anspielung auf die Emissionen der Fabriken, die die Straßen, die Wäsche und die Bewohner schwarz, »schwarz wie Kameruner« werden ließen. Besonders schlimm soll es gewesen sein, wenn die Schornsteine entrußt wurden. Eine andere Version besagt, der Name beziehe sich auf die marokkanischen Soldaten, die nach dem Ersten Weltkrieg den Grenzübergang zur französisch besetzten Zone an der Mainzer Landstraße (ungefähr auf der Höhe der Mönchhofstraße) bewachten. Da die Kenntnis der Geographie Afrikas unterentwickelt war und man mit Schwarzen hauptsächlich die Einwohner der eigenen Kolonie verband, mag es so sein, daß der Spruch »mir gehe zu de Kameruner« einen Gang in die besetzte Zone ankündigte. Die moderne Variante: seit den siebziger Jahren benutzen Bürger aus »besseren« Stadtteilen den Namen, um ihre »Distanz« zu den vielen heute dort wohnenden Ausländern auszudrücken. Die »Kameruner« selbst benutzen ihren Spitznamen immer häufiger mit Stolz als Trotznamen.

Zwischen dem Rumpeln und Rattern der Züge auf dem Nördlichen Güterbahnhof: ein Bunker aus dem 2. Weltkrieg. Hier soll die City-West entstehen.

Das Gallusviertel schließt an das ehemalige Galgenfeld der Stadt Frankfurt an. Hochgericht und Galgenfeld befanden sich ungefähr am heutigen Platz der Republik und versetzten die Einwohner Frankfurts in Angst und Schrecken. Die Ausstrahlung dieser Institution war so massiv, daß man ein für damalige Verhältnisse ungewöhnlich großes »Einzugsgebiet« nach ihr benannte.

Platz der Republik

 1

Die Galluswarte

Galluswarte
❷

Mainzer Landstr. 265

Hufnagelstr. 14
❸

Das augenfällige Zentrum des Gallusviertels ist die Galluswarte, die 1414 anstelle eines hölzernen Turms errichtet worden war. Sie gehörte zur Frankfurter Landwehr, einem Vorposten, der mögliche Gefahren an die Stadttore meldete, so daß diese rechtzeitig geschlossen werden konnten. Vor ein paar Jahren mit neuem Farbanstrich herausgeputzt, steht sie heute von Eisenbahnen und Autos bedrängt mitten auf der Mainzer Landstraße.

Von hier aus gabelte sich früher die Mainzer Landstraße. Der eine Teil führte zum Bockenheimer Tor, der andere zum Gallustor (Gallusanlage). Während die Mainzer Landstraße in hochwassergeschützter Lage verlief, waren große Teile des Gallusviertels sumpfiges Gelände mit größeren Seen, die aus der Zeit stammen, in der es auch hier noch alte Mainarme gab. Beim Siedlungsbau wurden die Straßen und die Fundamente leicht erhöht angelegt, damit die Keller der Häuser nicht ins Grundwasser hineinragen.

Rund um die Galluswarte sind die zentralen Einrichtungen des Gallusviertels wie Post, Bürgerhaus und das einzige Ärztehaus Frankfurts, das eine Notarztzentrale und Einrichtungen zu ambulanten Behandlungen mit chirurgischen Eingriffen beherbergt und deshalb als beispielhaft in dieser Hinsicht gilt.

Eine leider noch viel zu seltene Einrichtung befindet sich in der Hufnagelstraße, die aus nördlicher Richtung auf die Galluswarte trifft. Im Haus Nr. 14 hat die »Beratungsstelle Mädchentreff« ihren Sitz. Sie wurde 1978 vom »Internationalen Bund für Sozialarbeit« eröffnet. Hier erhalten vor allem ausländische Mädchen Hausaufgabenhilfe oder Unterstützung bei der Lehrstellensuche. Die Einrichtung versucht außerdem bei der Bewältigung der Konflikte zu helfen, die durch die Diskrepanz zwischen den Moralvorstellungen des Elternhauses und der ihrer deutschen Freunde entstehen können.

1985 erlangte diese Straße traurige Berühmtheit: im Verlauf einer Demonstration, die sich gegen neonazistische und rechtsradikale Umtriebe richtete, wurde *Günther Sare* von einem Wasserwerfer überfahren und getötet. Unmittelbarer Anlaß für die Demo war eine Kundgebung der NPD, die im Haus Gallus stattfinden sollte. Anstatt die Provokationen der Neonazis zu unterbinden, mußte die Polizei in der in Frankfurt bewährten Manier, mit Gummiknüppel und Wasserwerfer »Ruhe und Ordnung« wieder herstellen. Der Tod Günther Sares löste tagelange Demonstrationen im Viertel und in der Innenstadt aus.

Hessen vorn — auch im Umgang mit Demonstranten? Blumen am Grab von Günter Sare

Etwa 300 Meter nördlich der Galluswarte lag einst der Hellerhof. Heute steht dort der Verwaltungsbau der »Frankfurter Allgemeinen Zeitung«. Im Bereich der Gutenbergstraße war früher ein See mit ungefähr 220 Meter Länge und 40 Meter Breite. Im fünfzehnten Jahrhundert war der Hof mit rund 400 Morgen Land von einem Frankfurter Patrizier »Heller« gekauft worden, dem er seinen Namen verdankte. Später gelangte das Areal in Frankfurter Besitz und wurde von 1887 an parzelliert als Bauland weiterverkauft. Auffällig viele Stiftungen und Baugesellschaften waren die Käufer, deren spätere Wohnhauskomplexe das Stadtviertelbild bis heute prägen. Nach 1904 verschwanden die letzten Reste dieses Hofes.

Günderodestraße. Die FAZ plant eine Erweiterung bis zu dieser Stelle

Zurück in die Gegenwart und die Koblenzerstraße. Die in dieser Straße im Haus Nummer 8 »stationierte« Buchhandlung ist eine Institution. Nicht nur Bücher können hier erstanden werden, sondern wer wissen will, was wo im Kamerun los ist oder wer was mit dem Gallusviertel vorhat, er erfährt es dort.

Koblenzerstr. 8
❹

Nördlich der Idsteinerstraße steht ein 1890 eröffnetes Ausbesserungswerk der Bundesbahn, das 1989 geschlossen wird. Die Bahnverwaltung hofft, die gut erhaltenen Hallen an jene Speditionen weitergeben zu können, die entlang des Hemmerichswegs ehrgeizi-

Idsteinerstr. 16-22
❺

gen Plänen einer »Bürostadt« rund um das Messegelände weichen sollen.

An der Ecke Kriftelerstr. befindet sich das Jugendhaus Gallus. Es betreut Jugendliche bis zu 16 Jahren. Ein paar Meter weiter hat das Jugendwerk der Arbeiterwohlfahrt eine Teestube eingerichtet. Von dieser Stelle aus hat man einen guten Blick auf die Hellerhofsiedlung. Rund um die Wörsdorferstraße war 1929 mit dem Bau der Siedlung begonnen worden. Sie ist ein typisches Beispiel der Ära *Ernst Mays*. Der Niederländer *Martstamm* entwarf sie im klassischen Bauhausstil. Auch einige der 1927 notdürftig errichteten Häuser der »Exmittiertensiedlung« in der Anspacherstraße sind als Denkmal erhalten geblieben. Hier waren Familien untergebracht, die aus Not ihre Miete nicht mehr zahlen konnten und auf die Straße gesetzt wurden. Die Lebensbedingungen in der Hellerhofsiedlung Ende der 70er Jahre schildert Eva Demski:

> *Und doch: Aus den riesigen Wohnblöcken grinsen die frischgestrichenen Balkons wie bunte Mäuler, rosa, grün, himmelblau. Die Hellerhofsiedlung, damals eine Pioniertat des Arbeiterwohnungsbaus, ist in ihrem vorderen Teil so geleckt, markisenbewimpelt, daß sie an eine Feriensiedlung erinnert. Die winzigen Gärten sind tadellos aufgeräumt. Du kannst nicht hinter die Mauern schauen, zunächst. Die gestrichenen Häuser, die freundlichen Türen siehst du dir lieber an. So schlimm ist es ja gar nicht mehr, denkst du. Wie viele hinter diesen ungeputzten Scheiben zum Beispiel leben, in diesem braunen, zerwohnten Haus in der Seitenstraße — sechs, sieben in zwei Zimmern, das ist keine Seltenheit. Vier Erwachsene, vier Kinder, zweieinhalb Zimmer, Klo auf dem Zwischenstock, Wasser in der Küche. Achthundert Mark kalt. Kalt bleibt es dann auch, der Hausherr läßt die Heizung nicht reparieren. Was sollen wir machen? Sagt der Familienvater später. Es ist nichts zu bekommen. Die Deutschen mögen uns nicht mehr. Die türkische Familie G. ist seit langem hier, vor zwölf Jahren kam der Vater, dann der Schwager, die Frau, ein Bruder, die Kinder. Frau G. gießt mir zur Begrüßung Rosenwasser über die Hände.*

Ende des neunzehnten Jahrhunderts wurde die Mainzer Landstraße zunächst nur auf der Südseite mit Industriebetrieben bebaut. Auf der Nordseite entstanden nach und nach Wohnungen, die vor allem für die Arbeiter dieser Fabriken gedacht waren. Die Wohnungen mußten für die künftigen Mieter auch bezahlbar sein, was angesichts der niedrigen Löhne und fehlender Sozialleistungen für viele schwierig war. Auf Betreiben der Stadt Frankfurt und einiger Frankfurter Stifterfamilien wurde, um dieses Problem zu bewegen, im Januar 1890 die »Aktienbaugesellschaft für kleine Wohnungen« gegründet.

Bis 1926 errichtete die Gesellschaft rund um die Krontalerstraße/Krontalerstr. Wohnblöcke, die noch nicht den Baustil des »Neuen Frankfurt« ahnen lassen. Einer der Hauptkritikpunkte war anfangs weniger die viel zu kleinen Wohnungen als ein fehlender Bahnanschluß zur Stadt. Ein großer Teil der neuen Mieter arbeitete entgegen der Vorstellung der Planer nicht im Viertel. 1895 wird die vom Hauptbahnhof zur Galluswarte verlängerte Straßenbahn nach einem erfolglosen Probebetrieb mit Akkutriebwagen 1902 bis zur

Idsteinerstr. 73
Idsteinerstr. 77
Hellerhofsiedlung
Wörsdorferstr.

Anspacherstr.

❻

Arbeitersiedlung in der Schloßbornstraße

Rebstöckerstraße verlängert. 1909 wird sie durch die Strecke über die Kleyerstraße ergänzt. Letztere versorgte und versorgt noch heute die zahlreichen Industriebetriebe mit Tausenden von Arbeitskräften. Sie ist die einzige Strecke Frankfurts, die mehr oder weniger für den Werksverkehr aufrechterhalten wird.

Die Hellerhofsiedlung

Kleyerstr.

Rund um die Erbbaustraße entstand bis 1909 die heute vollständig renovierte und unter Denkmalschutz stehende »Erbbausiedlung«. 1900 war das Erbbaurecht zu neuem Leben erweckt worden; die Aktienbaugesellschaft sah darin eine weitere Chance, mit geringen Mitteln Wohnungen für Arbeiter zu bauen. Sie ist die erste Siedlung, die nach diesem Recht erstellt wurde, und umfaßt rund 350 Wohnungen.

Erbbaustr.

1914 lebten 1,6% der 446.000 Frankfurter in Wohnungen dieser Gesellschaft. Sie war und ist einer der wichtigsten Vermieter von Sozialwohnungen. Damals konnte man gegen einen Monatsbeitrag von 30 Pfennigen Mitglied einer Hauspflegekasse werden. Diese stellte bei Erkrankung der Hausfrau gegen Verköstigung und 10 Pfennig Gebühr pro Tag eine Hauspflegerin, die Frau und Familie versorgte. Etwa ein Fünftel der Mieter haben vor dem Ersten Weltkrieg Gebrauch davon gemacht.

Außerdem richtete die Baugesellschaft einen Mieterausschuß ein, in dem die Mieter einen Obmann für jeden größeren Wohnblock wählten, der kleinere Streitigkeiten im Block regeln sollte und über Beschwerden der Mieter mit der Gesellschaft verhandelte.

Georg Schorsch Stierle

Gegenüber, auf der anderen Seite der Mainzer Landstraße befindet sich die ebenfalls von der »AG für kleine Wohnungen« erbaute Ackermannsiedlung. Sie wurde in den 20er Jahren eine zeitlang von *Georg Stierle* verwaltet. Er war Mitglied der SPD, später der SAP (Sozialistische Arbeiterpartei). 1936 verhafteten ihn die Nazis und brachten ihn nach elfmonatiger Untersuchungshaft 1937 zuerst ins

**Ackermannsied-
lung
Ackermannstr.**

KZ Lichtenburg und dann nach Buchenwald. Nach 2 Jahren wurde er entlassen und mußte sich zweimal wöchentlich auf dem Polizeirevier melden. Nach dem Krieg arbeitete er wieder bei einer Genossenschaft mit Wohnbesitz in Bornheim, Riederwald und im Industriegebiet (Gallusviertel).

Frankenallee

➒

Mainzer Landstr.

Adlerwerke

Kleyerstr. 17

➓

Die Frankenallee wurde um die Jahrhundertwende als repräsentative Entlastungsstraße parallel zur Mainzer Landstraße angelegt. In den siebziger Jahren ließ man den immer wieder diskutierten Plan endgültig fallen, sie zu einer zweiten Mainzer Landstraße zu machen. Insofern wird die Eisenbahnbrücke über die Frankenallee, die die Straße in zwei Teilstücke trennt, was Ortsunkundige bei der Suche nach Hausnummern zur Verzweiflung bringen kann, nie ihre Funktion erfüllen: Sie bleibt für Autos zugeschüttet.

Die Mainzer Landstraße ist Frankfurts Straße der Autohändler für Neu- und Gebrauchtwagen. Wenn es nach den Stadtplanern ginge, dann soll sich das bald ändern: größere Bürobauten sollen entlang der Straße entstehen. Aus der Sicht vieler Bewohner des Viertels sind sie das kleinere Übel gegenüber den Absichten der Stadt, hier Bordellbetriebe zuzulassen.

Die größte Firma im Viertel waren früher die »Kleyer-Werke«, benannt nach ihrem Gründer *Heinrich Kleyer*, der 1898 hier die erste deutsche Schreibmaschine in Serienproduktion herstellen ließ. Der Markenname »Adler« ließ im Laufe der Zeit den Gründernamen in den Hintergrund treten. Neben Schreibmaschinen wurden hier das berühmte Adler-Fahrrad und später der Adler-PKW produziert. Für das Fahrrad machte *Käthchen Paulus* zu Beginn unseres Jahrhunderts mit einer Ballonfahrt Werbung.

Automobile und Anhänger aller Arten von den Adler Werken

Natürlich fuhren die Werksangehörigen von Adler die eigenen Räder. Durch einen »Zufall« konnte es aber vorkommen, daß irgendjemand aus der

Verwandtschaft ein anderes Fabrikat fuhr und einem Angehörigen im Betrieb beispielsweise das Frühstück vorbeibrachte. Ältere Bürger erinnern sich, daß Seniorchef Heinrich Kleyer eher geneigt war, ein Adler-Rad zu verschenken, wenn er ein fremdes Rad auf seinem Werksgelände sah, als einer Lohnerhöhung zuzustimmen.

1911 traten die Metallarbeiter bei Adler in den Streik. Nach sechs Wochen Kampf erreichten sie 1 Pfennig mehr Lohn pro Arbeitsstunde. Trotz der »Lohnerhöhung« herrschte in den Arbeiterhaushalten bittere Not. Sechs Wochen Lohnausfall bei den niedrigen Löhnen und einer Miete, die immerhin einen Wochenlohn betrug, ließ bei einigen Zweifel darüber aufkommen, ob sich der Streik überhaupt gelohnt hatte.

»Räder müssen rollen für den Sieg« — auch die Adlerwerke produzierten Rüstungsteile für den Krieg. Ein Krieg benötigt jedoch nicht nur Rüstung, sondern vor allem Soldaten, die in der Produktion fehlten. Von den damals 7.000 Beschäftigten mußten immer mehr einrücken. Die dadurch gerissenen Lücken mußten mehr als 1.800 Kriegsgefangene und Zwangsarbeiter schließen, die hauptsächlich aus Frankreich und der Sowjetunion nach Frankfurt verschleppt wurden. Untergebracht waren sie in Arbeitslagern auf der Mainzer Landstraße, und zwar auf den Grundstücken Nr. 218, 251, 326 und 330. Auch andere Firmen im Gallusviertel wie »Alfred Teves GmbH«, »Siemens« und »Telefonbau & Normalzeit GmbH« bereicherten sich an den Zwangsarbeitern — und zahlten in der Regel bis heute keine Entschädigung.

Heute ist Adler eine Tochterfirma von Olivetti. Um den Betrieb möglichst schnell wieder in die Gewinnzone zu bringen, werden nach den bisher bekanntgewordenen Plänen 20 Prozent der bundesweit rund 6.800 Triumph-Adler-Beschäftigten wegrationalisiert. In der Kleyerstraße sollen zunächst 215 Arbeitsplätze verschwinden. Die in der Bankmetropole hergestellten Schreibmaschinen gelten als technische Spitzenprodukte, das modernisierte Werk

Die renovierte Fassade der Adlerwerke heute

ADLER FAVORIT

Die gute Schreibmaschine · RM 135.--

im Gallusviertel wird von der IG-Metall für eine der modernsten Schreibmaschinen-Produktionsstätten auf der Welt gehalten.

Mit der Suche nach besseren Arbeitsplätzen in der Zeit des Wirtschaftswunders verließen viele ›alte‹ Bewohner den Stadtteil. Es zogen »Gastarbeiter« in die freien Wohnungen. Sie prägen noch heute das Gesicht des Stadtteiles mit. Eva Demski beschreibt die aktuelle Situation in dem früher als Distrikt Industrie bezeichneten Viertel:

» Viel weniger Arbeiter und Arbeiterinnen als noch vor zehn Jahren kommen mittags aus den Werkstoren. Ganze Familien — viele Ausländer — haben hier gearbeitet. Ganze Familien sind auf einen Schlag arbeitslos geworden. Das ist hier anders als in anderen Teilen der Stadt. Das Leben und das Arbeiten sind noch nicht so säuberlich auseinandergehalten, wie es sonst als wünschenswert, als Zeichen für sozialen Aufstieg gilt. Hier sind die Bereiche nah aneinander, und man kommt nicht auf die Idee, sich über die Trostlosigkeit der langgezogenen Industriekomplexe zu beklagen. Wenn sie nur funktionieren! Das tun sie schon lang nicht mehr reibungslos. Die ›Wir stellen ein‹-Schilder — auch sie in vielen Sprachen — sind leer. Messer Griesheim ist hier, ATE, Siemens, Opel. Lange, öde Straßen, Tore, Wachhäuschen. Am Ende ein kleiner Park mit einem Kinderspielplatz, Schaukeln aus Autoreifen, Kletterberg aus Autoreifen, Wippe mit Autoreifen drunter. Recycling. Aber Trostlosigkeit erzeugt Trotz. An jeder dritten Ecke ist ein Kindergarten mit buntbemalten Fenstern, eine Ankündigung für Konzerte oder Stücke, Beratungsstellen. «

Gemeinsam für die Arbeitszeitverkürzung: Straßenfest vor den Adlerwerken

Im April 1975 wurde in einer ehemaligen Autowerkstatt ein multinationales Kulturzentrum gegründet. Die Idee war, in diesem von offizieller Seite vernachlässigten Stadtteil deutschen und ausländischen Bewohnern die Gelegenheit zu geben, eine »eigene« Kultur

Die Kulturszene

Seit den siebziger Jahren müssen die Kritiker, die über viele Jahre hinweg Frankfurt mit Recht kulturelle Provinzialität bescheinigten, ihr »Klappmaul« halten. Sie müssen, wenn sie die »Junge Bühne« heute betreten, ihre »Batschkapp« festhalten, damit sie nicht im »Sandsturm« davonfliegt und sie in den »Sinkkasten« fällt, bevor sie die »Arena« der »Brotfabrik« erreichen, um dort »Café Theater« zu sich zu nehmen. Was die Namen der neuen Theater, Theatergruppen und Kulturtreffs betrifft, gerieten die Frankfurter nie in Verlegenheit.

»Die Schmiere«, das »TAT« (»Theater am Turm«), »Sinkkasten« und »Junge Bühne« (Amateurtheater seit den fünfziger Jahren) stellen Urzellen des neuen Frankfurter Kulturlebens dar. Mit anderen Worten: Sie zählen zu den ältesten. Natürlich darf man die satirischen Theater »Die Maininger« und »Die Katakombe« ebenso wenig vergessen wie das Angebot von Kinder- und Jugendtheatern von der Stadt, von Bergen und vielen neuen unabhängigen Theatergruppen, die noch viel zu wenig bekannt sind. Das Theaterhaus wird diese Situation hoffentlich ändern.

Anfänge sind gemacht: Das englischsprachige »Café Theater«, das »Vorläufige Frankfurter Fronttheater«, »Klappmaul« oder »Arena«, das freie Theater der Krebsmühle am Oberurseler Weg, ganz knapp gerade nicht mehr auf Frankfurter Gemeindegebiet, haben sich einen Namen über die Stadtgrenzen hinaus gemacht. Viele andere sind dabei, ihnen zu folgen. Die Szenerie ist unübersichtlich. Einen Lichtblick bieten die Stadtmagazine wie »az«, die das kulturelle, politische und soziale Leben des Großraums Rhein-Main spiegeln. Viele drucken das komplette Veranstaltungsprogramm der Region ab — eine wertvolle Orientierung durch den Dschungel vielfältiger Kulturangebote.

Theater-, Musik- und andere Veranstaltungen finden oft am selben Ort statt. Zwei besonders herausragende Zentren dieser Art sind die »Brotfabrik« in Hausen und die »Batschkap« in der Maybachstraße in Alt Eschersheim. Der Name ist der Frankfurter Ausdruck für eine Schiebermütze, die erst richtig sitzt, wenn man sie auf den Kopf ›batscht‹. In der »Brotfabrik« wurde vor zehn Jahren noch Brot gebacken. Heute findet man hier Workshopprogramme, eine Galerie, einen Wochenmarkt für Hausen, viele Musik- und Theaterprogramme, um nur einige Aktivitäten dieses aus privater Initiative organisierten Bürgertreffs zu nennen. Es beherbergt auch den »Verein SAZ-Rock«, der ausländischen, vor allem türkischen Jugendlichen hilft, sich im neuen fremden Heimatland Deutschland zurechtzufinden. Das Angebot reicht von schulischen Nachhilfekursen über Gespräche bis hin zu umfangreichen Freizeitangeboten, die alle die Integration der Jugendlichen zum obersten Ziel haben.

Daneben bieten zahlreiche Gaststätten mehr oder weniger umfangreiche Musikprogramme, Lesungen und Ausstellungen von Künstlern. Die Frankfurter Kulturszene ist vielseitig — oft vielseitiger als das Publikum. Eine große Zahl der Initiativen hat Schwierigkeiten, genügend Publikum zu finden, um ihre Kosten zu begleichen.   *Jürgen Engelhardt*

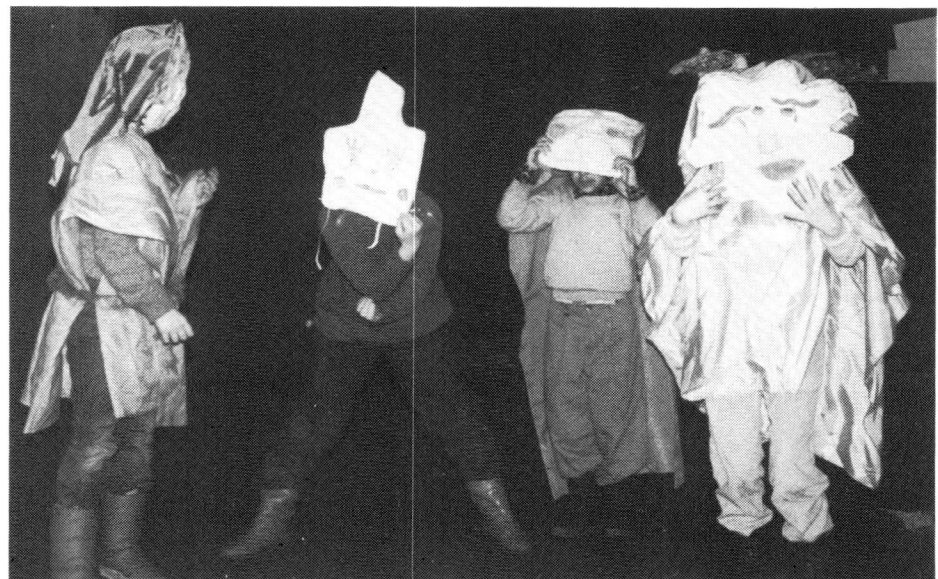

Theater für Kinder und Erwachsene im Gallus-Zentrum

Der Eingang zum Gallus Theater

Kriftelerstr. 55

Kleyerstr. 90
⑪

zu schaffen, eine die Spaß macht, die nicht abgehoben ist. Eine Gruppe süditalienischer Jugendlicher war die tragende Säule dieser Initiative, aus der sich das Teatro siciliano entwickelte. 1978 führten sie ihr erstes Stück auf, »Qui e la«. Weitere folgten. Zu ihren wichtigsten Stücken zählte »Der Krach in Chioggia«. 1980 bildete sich aus dieser Truppe die Schauspielgruppe I Macap. Sie besteht aus fünf, inzwischen hauptberuflichen Schauspielern. Die erfolgreichsten, auch überregional bekannten Stücke sind »Einer von uns« und »Diener zweier Herrn«. Geleitet und entscheidend geprägt wurden beide Theatergruppen von dem Engländer Brian Michaels, der inzwischen am Staatstheater Regie führt.

Seit 1983 ist das Gallustheater ein Gastspielbetrieb und seit 1984 ein Kindertheatergastspielbetrieb. Zusätzlich zu den Vorstellungen werden Theaterkurse für Kinder angeboten. Die Räumlichkeiten des Galluszentrums beherbergen außerdem ein Café und eine Disco, die Donnerstagsdisco. Das ehemals als Stadtteilzentrum konzipierte Kulturhaus hat sich im Laufe der Zeit zu einem reinen Theaterspielbetrieb entwickelt.

Der Ursprung des Jugendzentrums Kleyer 90 geht auf die Jugendgang »Atomic Dukes« zurück. Nachdem sie das Jugendhaus Gallus (Ecke Idsteinerstraße/Kriftelerstraße) zu Kleinholz verarbeitet hatten, wurden einige wach und begannen, etwas für die meist arbeitslosen Jugendlichen zu tun. Aus einer ehemaligen alten Fabrikhalle bauten sich die »randalierenden« Jugendlichen ein Freizeit- und Kulturhaus. Verschiedene Hobbyräume, eine Disco entstanden. Inzwischen werden Fortbildungskurse angeboten, die Arbeiterwohlfahrt vermittelt Lehrstellenpartnerschaften. Heute ist das Jugendzentrum ein hochsubventioniertes Vorzeigeprojekt.

Konsum-Verein
Verteilungs 2 Stelle
für Frankfurt am Main und Umgegend eGmbH
Frankfurter Bürgerbräu in Flaschen
Verteilungs 2 Stelle

1898 entstand zwischen Post und Galluswarte der erste Wohnblock für Arbeiterfamilien. Er ist heute noch unverändert erhalten.
Die Baugesellschaft hatte für je einen Komplex, in diesem Fall rund
100 Wohnungen, ein zusätzliches Vereinshaus geplant. Hier sollte
eine kleine Bibliothek vor allem für Kinder (!) und ein Mehrzweck-
saal mit Bühne für Vereine eingerichtet werden. Meistens kam es
aus finanziellen Gründen nicht zum Bau dieser Vereinshäuser. Der
beschriebene Wohnblock erhielt zwar ein solches Haus, es wurde
aber aus Geldmangel anderen Nutzungen zugeführt, zwischenzeitlich verkauft und später zurückgekauft und zeitweise als Kreisstelle
des Fürsorgeamts genutzt.

*»Einkaufsparadies« 1908:
Klassenbewußte kaufen im
Konsum (auch im Kame-
run).*

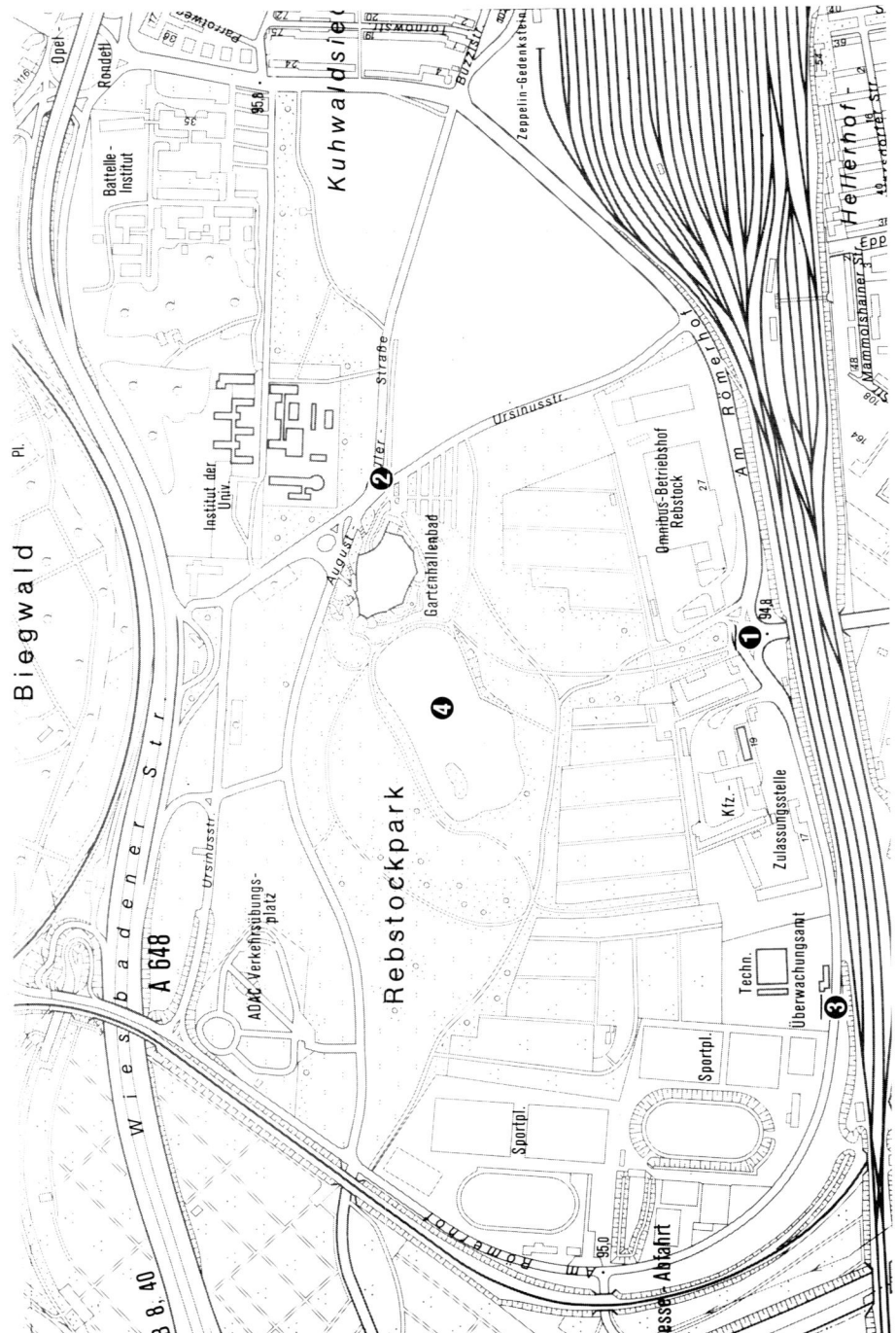

Wo Käthchen Paulus auf den Parkplatz sprang

Rebstock

von Jürgen Engelhardt

Ausgangspunkt: Bushaltestelle Am Römerhof, Buslinie 33, 34
Endpunkt: Bushaltestelle Rebstockbad, Buslinie 33, 34
Dauer: ca. eine halbe Stunde

Die Namen der Bushaltestellen weisen auf zwei mittelalterliche Höfe hin, deren Reste nach dem zweiten Weltkrieg endgültig verschwanden. Römerhof und Rebstöcker Hof waren zwei befestigte Höfe, wie es sie im Mittelalter in großer Zahl rund um Frankfurt gab. Sie wurden ausnahmslos Opfer der späteren Stadterweiterungen. Die Gebäude waren für die neuen Nutzungsinteressen unzureichend und wurden deshalb, abgesehen vom Herrenhaus in Goldstein (siehe Rundgang 8), alle abgerissen. Geblieben sind nur die Namen wie Junghofstraße, Kettenhofweg, Riederhöfe, Hellerhofsiedlung und »Am Römerhof«, eine Straße, die den meisten Frankfurter Autofahrern gut bekannt ist, weil hier der TÜV auf dem ehemaligen Hofgelände zu finden ist.

Auf dem Gelände zwischen Wiesbadener Straße und »Am Römerhof« befand sich bis 1936 der Frankfurter Flughafen.

Auf dem Rebstock stiegen die Deutschen Pioniere auf. 1909 fand auf dem Messegelände die erste »Internationale Luftschiffahrt-Ausstellung« statt. Der »Jet« am Himmel war damals auf allen extra zu diesem Ereignis gedruckten Postkarten und Bildern das Luftschiff »Zeppelin«. Einige Vorführungen fanden auf dem Rebstockgelände statt, auf dem 1912 der Luftschiffhafen, der erste Flugplatz Frankfurts eröffnet wurde. Im ersten Weltkrieg militärisch genutzt, diente er danach wieder der zivilen Luftfahrt; die legendäre »Tante Ju«, jenes robuste Flugzeug der Junkerswerke, startete hier. Mancher Frankfurter, der zum ersten Mal einen Rundflug wagte, erinnert sich, daß »die Maschine ungeheuer laut und die Fenster sehr klein waren. Eigentlich sah das alles von unten viel eindrucksvoller aus.« In den dreißiger Jahren war das Gelände schon zu klein. Es gab keine Möglichkeit, Start- und Landebahnen den neuen technischen Entwicklungen entsprechend zu verlängern: Die Bebauung der Stadt rückte unaufhaltsam vor. Auch militärische Überlegungen spielten eine Rolle, als die neuen Machthaber entschieden, einen neuen Flughafen mitten in den Stadtwald, weitab der Stadt zu

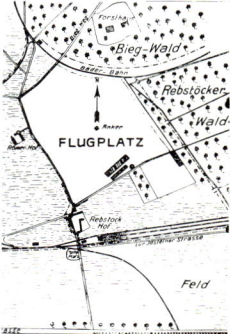

Plan des Rebstocks um 1912

Am Römerhof
❶

»Graf Zeppelin« 1931 zu Gast auf dem Rebstock

bauen. Während des Krieges und auch nach 1945 wurde der alte Platz von kleinen Militärflugzeugen genutzt.

Zwei große Pioniere der Luftfahrt haben hier Geschichte gemacht. *Käthchen Paulus* 1868 geboren, lernte Ende des letzten Jahrhunderts den Luftschiffer *Hermann Lattemann* kennen, der sie auf eine Ballonfahrt mitnahm und ihre Begeisterung weckte.

Im August 1893 sprang Käthchen Paulus als erste Frau Deutschlands und als dritte der Welt, mit einem Fallschirm von einem Ballon ab. 1894 stieg sie erstmals alleine mit einem Ballon im Frankfurter Zoo auf. Kurz danach verunglückte ihr Freund Lattemann bei einem Fallschirmabsprung tödlich. Zuerst wollte Käthchen Paulus nach diesem Unglücksfall ganz aufhören. Jedoch, die Idee, einen Fallschirm zu entwickeln, der sich beim Entfalten nicht mehr in seinen eigenen Seilen verfangen konnte, ließ sie nicht mehr los. Sie gilt als die Erfinderin des »Paket-Fallschirms«, der so verpackt ist, daß er sich nicht mehr verheddern kann und seither tatsächlich als Rettungsgerät verwendet werden kann. 1909 war sie damit erstmals auf der Frankfurter Luftschiffahrt-Ausstellung vertreten und erhielt im Lauf der Jahre mehrere Auszeichnungen für diese Erfindung. Viele der im ersten Weltkrieg verwendeten Fallschirme hatte die gelernte Näherin in eigener Fabrikation hergestellt. 1985 enthüllte ihr fast neunzigjähriger Freund und Flugpionier Karl Neubrunner *das Straßenschild einer nach der 1935 verstorbenen Käthchen Paulus benannten Straße am Rebstockbad.*

Käthchen-Paulus-Str.
August-Euler-Str.
❷

Die *August-Euler-Straße* wurde schon früher nach jenem Flugzeugerfinder benannt, dem als erster Deutscher ebenfalls 1909 in Frankfurt ein Minutenflug von acht Meter Höhe mit einem Motorflugzeug gelang. Er hatte vor dem Start Schuhe, Jacke und Brieftasche abgelegt, um keinesfalls zu viel Gewicht an Bord zu haben. Im Dezember 1909 gab der Luftfahrerverband erstmals Regeln zum Erwerb eines Internationalen Flugzeugführerpatents heraus. Euler

Fertig machen zum Abflug!
1925 in der Abfertigungs-
halle

flog zu dieser Zeit bereits mehrere Kilometer hintereinander und bekam im Februar 1910 das erste deutsche Flugzeugführerzeugnis ausgestellt. Er ließ in Niederrad neben seinem ersten Werk in Griesheim bei Darmstadt ein zweites Flugzeugwerk errichten. Als es die Stadt ablehnte, für das Werk eine Wasserleitung zu verlegen, schrieb Euler folgenden Brief:

» In hundert Jahren wird irgendein Mann in Ihrem Stadtparlament aufstehen und vorschlagen, diesem Pionier des Fliegens, August Euler, ein Denkmal zu setzen. Ich und alle meine Piloten verbitten uns jetzt schon dieses Denkmal, weil man uns im Leben das Wasser nicht reichen wollte. « Oberbürgermeister Adickes veranlaßte daraufhin, daß die Wasserleitung kostenlos verlegt wurde. Euler entwickelte in seinen Werken zunächst Zweidecker weiter, die wegen ihrer gelben Bespannung auch »Gelbe Hunde« genannt wurden. Im Juni 1912 flog Leutnant Ferdinand von Hiddessen damit eine Postsendung von Niederrad nach Darmstadt — der erste amtliche Poststreckenflug Deutschlands. Der Versailler Vertrag verbot Euler seine Fabriken weiter zu betreiben; er trat im Alter von 50 Jahren ins Reichsamt für Luft- und Kraftfahrwesen ein. Hier arbeitete er an der ersten deutschen Luftverkehrsordnung mit. 1928 zog sich August Euler in sein Haus im Schwarzwald zurück. Der Mann hat indes nicht nur Flugzeugbau betrieben; in China und Japan machte er das Fahrrad populär; war im Boxring, bei Autorennen und Tanzturnieren und hat aktiv für Max Reinhardt Chansons komponiert. Euler starb im Juli 1957 im Alter von 88 Jahren und liegt auf dem Frankfurter Hauptfriedhof begraben.

August Euler

In den fünfziger Jahren begann man, sich erste Gedanken darüber zu machen, wie man den ehemaligen Flugplatz sinnvoll nutzen konnte. Es entstanden recht zusammenhanglos Sportanlagen, ein ADAC Übungsplatz, der zentrale Frankfurter Omnibusbetriebshof und ein Atom-Versuchsreaktor der Universität. Er wurde in den

sechziger Jahren noch als kleine Sensation gefeiert, später hat es um ihn Auseinandersetzungen gegeben, in den siebziger Jahren wurde er stillgelegt.

Das letzte Trümmerschuttlager verschwand, und es entstand der Rebstockparkplatz, den jeder Messebesucher kennt, der mit dem Auto anreist. Von hier fahren Sonderbusse zur Messe, zu Großveranstaltungen, die dort stattfinden und, wenn sich die Stadtoberen es in letzter Minute nicht noch anders überlegen, später »quer durch die Stadt« zur Bundesgartenschau.

Außer Kleingärten wurde hier bis 1962 der Rebstockpark angelegt: Ein kleiner See und ein paar Wiesen. Während der Internationalen Automobilausstellung, der besucherstärksten Messe Frankfurts, werden Teile dieses Parks gelegentlich als Parkplatz mitbenutzt. Außerdem soll dieser Park auch Raum für Großveranstaltungen bieten. Eine dieser eher seltenen Veranstaltungen war am 17. Juni 1979 »Rock gegen Rechts«. Rockmusiker diverser Stilrichtungen hatten sich damals zu einer Veranstaltung zusammengefunden, in der sie auf neofaschistische Tendenzen hinweisen und zeigen wollten, daß man seine Energie für menschenwürdigere Ziele ein-

»Rock gegen Rechts« im Rebstockpark 1979

setzen könnte, und zwar selbstorganisiert, fernab der üblichen kommerziellen Ziele und Motive. Das Datum wird auch deshalb vielen in Erinnerung bleiben, weil die gleichzeitig angesetzte Kundgebung des DGB auf dem Römerberg verboten wurde. Man befürchtete nicht zu Unrecht, daß das Thema »Gegen die Ziele des Neofaschismus« zu größeren Auseinandersetzungen führen könnte. Erstmals in der Geschichte der Bundesrepublik wurde eine DGB-Kundgebung auf dem Römerberg verboten und auf das Rebstockgelände verlegt. »Rock gegen Rechts«-Konzerte fanden auch in den Jahren danach noch statt.

»Erbarme, die Hesse komme« Rodgau Monotones bei »Rock gegen Rechts« 1979

Seit Juni 1987 kann man unmittelbar neben dem TÜV (Am Römerhof Nr. 15a) das »Frankfurter Feldbahnmuseum« besichtigen. Es ist an Wochenenden von 10 bis 17 Uhr geöffnet (Tel.: 06151-376564). Geplant ist ein Betrieb mit Personenzügen durch Kleingärten und den Park bis zum Rebstockbad.

Am Römerhof 15a

Nach 12 Jahren hat der »Dampfbahn Rhein-Main e. V.« hier einen endgültigen Standort gefunden. Zwischenzeitlich hatten seine Exponate bei Aschaffenburg, in Viernheim, bei Bad Schwalbach, auf dem Gelände des ehemaligen Lokomotiven-Ausbesserungswerks Nied und im denkmalsge-

»Dampfbahn Rhein-Main e. V.«, Museumseröffnung am Rebstock 1987

schützten Straßenbahndepot in Bockenheim gestanden. Frankfurt ist die einzige Großstadt der Bundesrepublik, die historische Dampflokfahrten innerhalb ihres Stadtgebiets auf Normalspur und in 60 Zentimeter breiter Schmalspur bieten kann. Bedeutend auch deshalb, weil die hier gezeigten Feldbahnen in und um Frankfurt in großer Zahl bis Ende der sechziger Jahre in den vielen Ziegeleien am Nordrand der Stadt und diversen Kiesgruben im Stadtwald, die heute oft als Badeseen genutzt werden, im Einsatz waren. Mit ihnen und der Schließung der Ziegeleien und Gruben (häufig wegen Neubebauungen im Zuge der Stadterweiterung) ging eine alte Tradition der Ziegelherstellung zu Ende, die die Römer hierher gebracht hatten.

Billiger als im Rebstock-bad, aber mit einigen Ge-fahren verbunden: Der Rebstockweiher

Rebstockweiher
❹

Den Platz um den Rebstockweiher verwandeln an schönen Sommertagen ausländische Kolleginnen und Kollegen mit ihren Familien in einen fast südlich anmutenden Freizeitpark. Türkische, griechische und spanische Spezialitäten liegen auf den Grillrosten während Kinder auf der Wiese spielen und die Männer — ganz nach deutschem Vorbild — ihre Autos polieren. Sie lassen sich von den Schildern nicht abschrecken, die vor dem Baden im außergewöhnlich tiefen und kalten Wasser warnen. Auch auf mögliche Krankheitserreger im Weiher weist ein Schild, malerisch garniert mit einem Totenschädel, hin. Zur Information: der Besuch einer mehrköpfigen Familie im benachbarten Rebstockbad kostet über fünfzig Mark. Auch die Modellboot-Fahrer treffen sich hier, weil das Wasser ruhig und der Autoparkplatz nahe ist. Im Winter friert der See oft zu und wird dann zum Übungsplatz der Feuerwehr, die winterfeste Tauchausrüstungen erprobt und Rettungseinsätze für Personen, die im Eis einbrechen, trainiert. 1986 hatten die Wiesen innerhalb Frankfurts einen traurigen Rekord zu verzeichnen: Mit 4.246 Becquerel radioaktivem Jod waren sie kurz nach der Tschernobyl-Ka-

tastrophe die am stärksten belasteten in Frankfurt. Zu dieser Zeit waren alle städtischen Liegewiesen für die Bevölkerung gesperrt.

Rekorde, die vor allem das Sport- und Badeamt begeistern, hat auch das »neue« Rebstockhallenbad aufzuweisen. 1982 war der Freizeitkomplex des Architektenteams *Fischer, Glaser* und *Kretschmer* als repräsentatives Zentralbad mit allen erforderlichen Einrichtungen auch für Wettkämpfe eingeweiht worden. Mit 800.000 Besuchern jährlich übertrifft es alle Erwartungen trotz ungewöhnlich hoher Eintrittspreise, die anfangs viele Kritiker auf den Plan riefen. Man kann hier in Wellen baden, unter Palmen liegen (wie einst im Freibad am Main vor dem letzten Krieg), Unterhaltungsveranstaltungen miterleben und durch eine Schleuse auch bei Frost in einer Wasserbahn zu bestimmten Zeiten durchs Freie schwimmen. 1,3 Millionen Liter Wasser werden dazu stündlich umgewälzt. Damit es in Zukunft keine Stehplätze gibt, wurde die Sauna 1986 erheblich erweitert und in eine Heian-Kyo-Sauna umgestaltet. 75.000 Besucher haben im selben Jahr gleich für einen ersten Besucherrekord gesorgt. Das zeltähnliche Dach mit der wellenförmigen Abschlußkante wird wohl noch lange Zeit ein weithin sichtbares Symbol des neuen »neuen Frankfurt« bleiben. Ein kleines Wunder, daß die enormen Besucherzahlen bisher nicht auf Kosten anderer älterer Bäder im Stadtgebiet gehen. Kein Wunder: Im Unterschied zu anderen Freizeiteinrichtungen trägt sich das Rebstockbad selbst, worauf die Stadt zu unrecht stolz ist; die Eintrittspreise sind entsprechend hoch.

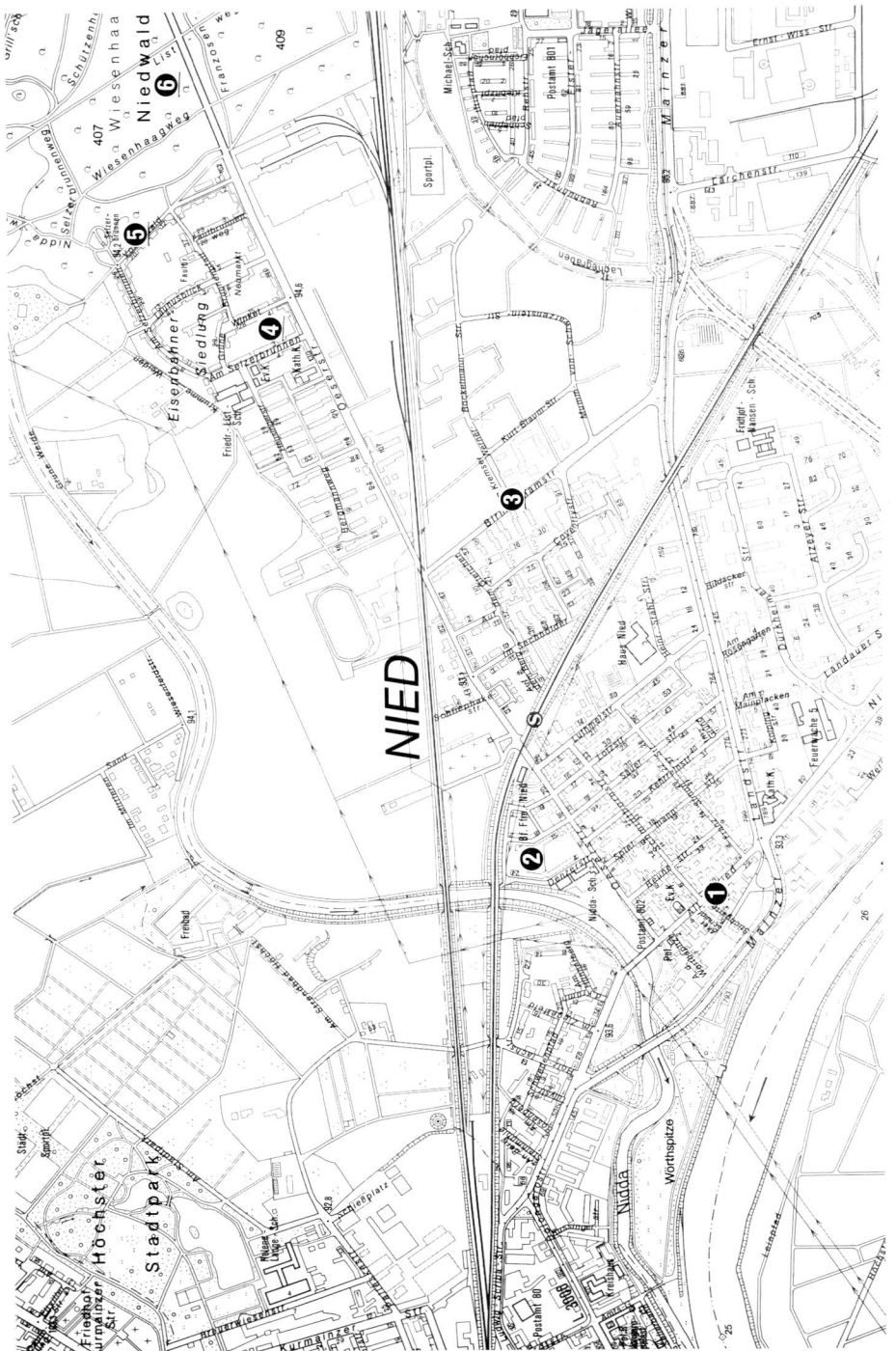

»Maakuh« und Knoblauch im Eisenbahnerdorf

Rundgang 8

Nied/Niedwald

von Jürgen Engelhardt

*Ausgangspunkt: Station »Nied Kirche«, Straßenbahnlinie 15,
Busse 53, 57, 70*
Endpunkt: Station »Neufeld«, Bus 57
Dauer: ca. 1 Stunde

Der Raum um Nied, genauer gesagt, der Bereich rund um die Nidda, war seit Menschengedenken ein bevorzugter Siedlungsraum. 5000 v.Chr. lassen sich erste jungsteinzeitliche Siedlungen nachweisen. Die Römer hatten hier ihre Zentralziegelei, aus deren Steinen die Stadt »Nida« entstand (heute steht dort die Nordweststadt). Im dritten Jahrhundert zogen die Römer ab, die Alemannen drängten nach. Der Flurname »Im Streitacker« erinnert daran, daß hier 1246 der deutsche Gegenkönig *Heinrich Raspe* den *Hohenstauferkönig Konrad* besiegte. Im siebzehnten Jahrhundert kam es zu ausgedehnten Streitigkeiten zwischen Lutheranern, Calvinisten und Katholiken. Im achtzehnten Jahrhundert wurden die großen übersichtlichen Fluren bei Nied wieder zum Schauplatz von Kriegshandlungen: Österreichische Truppen schlugen sich 1795 mit Franzosen. Kein Wunder, daß das geschäftstüchtige Nied häufig das Opfer von Plünderungen wurde. Darüberhinaus war diese Gegend ständig vom Hochwasser bedroht, das durch den Zusammenfluß von Main und Nidda die flache Gemeinde fast alle zwei Jahre hart traf. Erst 1886, nachdem der Main kanalisiert worden war, konnte mit der Regulierung der Nidda begonnen werden. Hochwasser bis zu fünf Metern über Normal gibt es seit der endgültigen Regulierung der Nidda ab 1929 nicht mehr.

Nied war immer eine bäuerliche Gemeinde. Der Boden war und ist sehr ertragreich. Die Hochwasser führten indes häufig zu Ernteschäden, so daß für die Bevölkerung die Arbeit in den neuen Chemiewerken in Höchst und Griesheim von Anfang an attraktiv war. Der Bedarf an Arbeitskräften dieser Werke stieg so rasch, daß es viele Bayern und Franken nach Nied zog. Seine Einwohnerzahl stieg von 1.476 im Jahr 1885 auf 7.928 in 1914. Von 1895 bis 1900 ließen die sechs ansässigen Bauunternehmungen 194 neue Wohnhäuser auf eigene Rechnung errichten, die sie problemlos verkaufen konnten. Aus dieser Zeit hat Nied sein schachbrettartiges Straßenraster.

Der Wandel vom Bauern- und Fischerdorf zur Arbeitersiedlung hat sich in dieser Phase vollzogen. Immer mehr Höfe wurden zu Nebenerwerbsbetrieben oder ganz aufgegeben. Schon Ende des letzten Jahrhunderts waren 70% der Beschäftigten Fabrikarbeiter. Wegen der Überbelegung der Wohnungen mußten rund 100 Arbeiter in sogenannten Schlafstellen unterkommen. Erst 1898 gab es den ersten Arzt, *Sanitätsrat Kober*, in Nied; in »Alt Nied« Nr. 15 praktizierte ab 1904 zusätzlich sein jüdischer Kollege *Dr. Kahn*. Die Nazis trieben ihn 1943 zusammen mit seiner Frau in den Selbstmord.

Bis heute wurde der Ort immer wieder durch Siedlungen erweitert, in denen sich allerdings aufgrund ihrer geographischen Lage, durch trennende Bahnlinien und Straßen, nie ein harmonisches Sozialgefüge entwickeln konnte.

An der Ausgangsstation sieht man noch die Reste der ehemaligen Straßenbahnendhaltestelle, die nach der Eingemeindung durch Frankfurt 1928 bis 1935 von Griesheim hierhin verlegt wurde. Mit der Tram konnte die Bevölkerung aus dem Umkreis reibungslos zu den nationalsozialistischen Aufmärschen gebracht werden. 1933 war auf der »Wörthspitze« am Mainufer im Rahmen einer Arbeitsbeschaffungsmaßnahme der »Thingplatz« als Aufmarschplatz der NSDAP eingerichtet worden, um besonders in diesem Stadtteil den Anschein zu erwecken, daß die Nationalsozialisten etwas für die zahlreichen Erwerbslosen taten. In Nied gab es damals in jedem dritten Haushalt mindestens einen Erwerbslosen, der in den meisten Fällen auch der Haupternährer war. Der »Thingplatz« wurde für 25.000 Personen ausgelegt und damit der Mittelpunkt aller größeren Nazi-Parteiveranstaltungen der westlichen Vororte Frankfurts.

Man hatte durch diese Standortwahl außerdem ein Zentrum eher sozialdemokratisch denkender Arbeiter besser unter Kontrolle, deren kultureller Einfluß weit in das »Dritte Reich« hinein fortdauerte. So verboten die Faschisten noch 1942 das Erscheinen der »Nieder Zeitung«. Das 1902 von *Constantin Bauer* gegründete »Amtliche Publikationsorgan für die Gemeinde Nied« hatte in mehreren Ausgaben vorsichtig den großen Worten der neuen Machthaber ihre wenigen Taten für eine tatsächliche Verbesserung der sozialen Lage der Bevölkerung gegenübergestellt.

Eine besondere Stellung hat durch alle Jahrhunderte die Nieder Brücke über die Nidda eingenommen. Sie war ein außergewöhnliches Bindeglied auf der Handelsstraße zwischen Mainz und Frankfurt. Sie war wichtig für die Messekaufleute, aber auch für Truppentransporte. So versuchte die Freie Reichsstadt Frankfurt mit den wechselnden Machthabern der Gemeinde Nied immer wieder Verträge darüber abzuschließen, daß die Kaufleute ungehindert Frankfurt erreichen konnten, unliebsame Truppen aber nicht. Diese Bestrebungen gipfelten darin, daß Kurmainz über Jahrhunderte hinweg erreichte, daß nur die Pfeiler der Brücke aus Stein gebaut werden durften und das Oberteil aus Holz, damit im Falle eines für

Mainz ungünstigen Kriegszustandes die Brücke leicht abgetragen werden konnte. Erst 1817, als die Brückenrechte an Nassau fielen, durfte Frankfurt eine Steinbrücke bauen lassen. Damit konnten letztlich die Brückengelder entfallen, die bis dahin jeder Benutzer hatte zahlen müssen. Sie waren davor notwendig, weil die von Kurmainz verlangte Holzbrücke sehr reparaturanfällig war (besonders nach Hochwasser). Die Bürger von Nied blieben in all den Jahrhunderten die Leidtragenden, da sie nicht nur auf allen ihren Wegen Brückengeld zahlen, sondern auch jede Menge Frondienste zur Instandhaltung leisten mußten.

Neue Brücke

Heute steht diese alte Brücke unter Denkmalschutz und die neue, nach dem letzten Krieg gebaute, wäre für den Auto- und Straßenbahnverkehr nicht mehr ausreichend, falls eine Verkehrsberuhigung in Alt Nied verwirklicht wird. Der Frankfurter Vorschlag, den Nieder Bürgern ihre verdiente Ruhe zu gewähren und dafür die Straßenbahn nicht mehr nach Höchst fahren zu lassen, gefällt Höchst ganz und gar nicht. So sitzen die Nieder auch heute wieder zwischen zwei Stühlen.

Main

In Nied erinnert man sich vielleicht noch am deutlichsten an jenes Kettenschleppschiff, das seit der Jahrhundertwende auf dem Main fuhr und den bekannten Ausspruch »Der mecht ja Krach wie die Maakuh« prägte. Man hatte eine 314 Kilometer lange Kette von Mainz bis Bamberg in den Fluß gelegt, an der im Abstand mehrerer

Kettenschleppschiff, »Maakuh« genannt (1938)

Kilometer Schlepper ›hingen‹. Die Kette lief bei diesen Fahrzeugen von vorne nach hinten über das Schiff und war auf dem Schiff um eine Trommel gewunden, die mit einer Dampfmaschine angetrieben wurde. Das Stampfen der Maschine, das Kettengerassel über die ganze Länge des Eisenschiffes und ein extrem lautes Horn, das alle Schiffer vor dem kaum zu manövrierenden Schleppverband warnte, brachte dieser abenteuerlichen Konstruktion den Namen »Maakuh« (Mainkuh — nicht zu verwechseln mit dem Ortsteil »Mainkur«!) ein. Da die Schule nicht weit vom Ufer lag, richtete sich der Unterricht mitunter mehr nach dem Schiffsfahrplan als nach der Uhr. Alte Frankfurter aus den nordöstlichen Stadtteilen erinnern sich noch heute, »daß der Vater gesagt hat, wenn man die Maakuh hört, gibt es anderes Wetter«: Dann herrschte Südwestwind. Anfang des Zweiten Weltkriegs wurde der nie so recht florierende Betrieb eingestellt.

Älteste Steinbogen-Eisenbahn-Brücke über die Nidda bei Nied

Oeserstraße
❷

Auf dem Weg zur S-Bahnstation sehen wir die älteste Steinbogenbrücke Deutschlands, auf der Eisenbahnschienen über den Fluß führen. Sie gehört zur Streckenführung der 1838 eröffneten »Taunusbahn« von Frankfurt nach Mainz. Damals erhielt Nied keinen Bahnhof, weil der Ort zu weit abseits lag. Bei der Eröffnungsfahrt von Frankfurt aus mußte die Eisenbahn wegen einer Panne an der Lokomotive bereits vom Rebstock an mit Pferden des Rebstöcker Hofs nach Höchst gezogen werden. Erst als eine zweite Strecke zum neuen Hauptbahnhof gebaut wurde, bekam Nied 1888 die heute zur S-Bahn-Haltestelle umgebaute Station. Viele Arbeiter waren dennoch weiterhin aus Geldnot gezwungen, zu Fuß zu ihrer Arbeitsstelle zu gehen.

Ausbesserungs-
werk

Zwischen Oeserstraße und Eisenbahn befindet sich ein großes Gelände, das zum Teil mit Wohnungen neu bebaut ist, sich teilweise aber auch als großes Trümmerfeld präsentiert. Hier stand die 1918 eröffnete »Königlich-Preußische Lokomotiv-Hauptwerkstätte«. Sie war durch den neuen großen Hauptbahnhof notwendig geworden und bereits seit 1909 in Planung. Damals wurden auf einen Schlag rund 500 Arbeiter verschiedener Berufsgruppen benötigt, die im Raum Nied nicht gefunden werden konnten. So kamen Arbeitskräfte aus der Wetterau und sogar aus dem Lahnbereich hierher.

Nach dem Ersten Weltkrieg wurde das Werk in »RAW - Nied« (Reichsbahnausbesserungswerk) umbenannt. Die Belegschaft des Ausbesserungswerks wurde auf rund 5.000 Beschäftigte erhöht. Bereits kurze Zeit später drängte die Werksleitung auf Entlassungen und Rationalisierung des Betriebs. Die neugegründeten Arbeiterräte versuchten die Erhaltung der Arbeitsplätze durchzusetzen. Sie wollten mit dem damaligen Verkehrsminister *Oeser* (nach dem die Straße des Werks benannt ist) in Berlin persönlich sprechen. Er weigerte sich, den Arbeiterrat zu empfangen. Im Ausbesserungswerk kam es zu heftigen Protestkundgebungen. Die Französische Besatzungsmacht besetzte daraufhin 1919 das Werk. Weil die Arbeiter unbeeindruckt von Drohungen jeglicher Art den Kampf um die Verbesserung ihrer Arbeitsbedingungen fortsetzten, wurde der Betrieb 1920 geschlossen. Die Besatzungsmacht sah nun den Eisenbahnbetrieb ernsthaft gefährdet und verfügte deshalb eine neue Arbeitsordnung, die mit der Hälfte der Belegschaft auskam, allesamt »dienstverpflichtet«. Die andere Hälfte wurde entlassen. Darunter waren natürlich alle, die jemals in irgendeiner Weise als »Oppositionelle« aufgefallen waren.

Das Ausbesserungswerk war eine der Hochburgen der »Unabhängigen Sozialdemokratie« (USPD) — während des ersten Weltkriegs und erst recht in der Revolution und in der Zeit unmittelbar danach. Der hohe Organisationsgrad und das politische Bewußtsein der dortigen Arbeiterschaft machte sie zum Vortrupp unter den Frankfurter Eisenbahnern; sie marschierten mit an der Spitze der allgemeinen politischen Bewegung der Eisenbahnarbeiter.

Als 1919 im Reich die Arbeiterräte nacheinander gewaltsam aufgelöst wurden oder sich unter dem Druck der Gegenrevolution selbst auflösten, existierte der Frankfurter Arbeiterrat noch immer und blieb an der Machtausübung in der Stadt beteiligt. Als auch dieser — letzte — städtische Arbeiterrat im November 1919 gewaltsam aufgelöst wurde, blieb der Arbeiterrat im Ausbesserungswerk Nied bestehen, und zwar bis zum Februar 1920. Er gehörte damit zu den Arbeiterräten im Deutschen Reich, die der Gegenrevolution am längsten standhielten. Seine gewaltsame Auflösung durch Reichswehreinheiten, die hier in der »Neutralen Zone« eigentlich keine Handlungskompetenzen hatten, gehört bereits zu den Vorboten des Kapp-Lüttwitz-Putsches vom März 1920.

Von 1924 an stand das Werk wieder unter deutscher Leitung. Die in dieser Zeit geplanten Betriebserweiterungen wurden wegen der Wirtschaftskrise nicht verwirklicht. Erst nach 1933 stockte man die

*Die Trümmer des Bundes-
bahn-Ausbesserungswerks*

Belegschaft auf 2.000 auf, um die Lokomotiven für den kommenden Kriegseinsatz warten zu können. Während des Kriegs arbeiteten 2.500 Beschäftigte und 400 zwangsverpflichtete Ausländer in
diesem Werk. Die Zwangsarbeiter waren in einem Barackenlager
auf dem ehemaligen Sportplatzgelände des »Turnvereins Nied v.
1877« (Birminghamstraße/Im Kremser) untergebracht. 1.500

Dampfloks wurden damals jährlich ausgebessert — eine Zahl, die
die Arbeitsbedingungen nur unzureichend widerspiegelt und nie
wieder erreicht wurde. Zwar gab es auch nach dem Krieg keinen Ar-
beitsmangel — viele im Krieg beschädigte Lokomotiven mußten
wieder instandgesetzt werden. Mit zunehmender Elektrifizierung
der Strecken und durch den verstärkten Einsatz von Dieselloks sank
die Zahl der ausgebesserten Dampfloks jedoch drastisch auf rund
560 1964 und auf 146 im Jahre 1966. Diese Entwicklung veranlaßte
die Führung der Deutsche Bundesbahn zu einer ersatzlosen Schließung des Werkes. Für die Belegschaft bedeutete die Schließung ein
Jahr vor dem fünfzigjährigen Betriebsjubiläum nicht nur den Verlust des angestammten Arbeitsplatzes, sondern darüberhinaus eine
ungeheure Mißachtung der über Jahrzehnte geleisteten Arbeit. Es
kam zu heftigen Protesten gegen die Schließung. Demonstrationen
der Belegschaft, von Sympathisanten aus der ganzen Stadt unterstützt, waren an der Tagesordnung. Aber alle Mühen waren zweck-
los: der Dampfbetrieb sollte in ein paar Jahren gänzlich eingestellt
werden, und die Wartungsanlagen für Diesel- und Elektroloks waren an anderen Orten entstanden.

1974 wurden brauchbare Gebäude von Wohnungssuchenden,
meist Jugendlichen, besetzt. Aus Angst davor, daß sich auch hier alternative Lebens- und Wohnprojekte entwickeln könnten, ließ die
Bahn alle Gebäude abreißen. Die Trümmer lagern heute noch dort,
ohne daß eine sinnvolle Nutzung des Geländes absehbar ist. Auch
eine Neubebauung scheitert an dem Problem spezifischer »Altlasten«: Für den Bau des Ausbesserungswerkes mußte der Boden mit
Betonsockeln stabilisiert werden, da er sonst die großen Gewichte
der Loks nicht getragen hätte und der Untergrund abgesackt wäre.

Bei einer Neubebauung müßten sie entweder entfernt werden, dies hätte eine erhebliche Verteuerung der Bauprojekte zur Folge, oder man könnte nur Gebäude ohne Unterkellerung errichten. So wird uns das Reichsbahnausbesserungswerk zumindest als Trümmerfeld aufgrund der fehlenden Attraktivität als Bau- oder Spekulationsgelände wohl noch einige Zeit erhalten bleiben.

Eisenbahnersiedlung gegenüber dem Ausbesserungswerk

Die gegenüberliegende »Eisenbahnersiedlung« war gleichzeitig mit dem Bau des Ausbesserungswerks begonnen worden, da man wußte, daß viele Arbeitnehmer aus dem weiteren Umkreis angeworben werden mußten und eine Wohnung benötigten. Das Gelände wurde von der Bahn für den eigens zum Bau gegründeten »Eisenbahner-Siedlungsverein« in Erbpacht zur Verfügung gestellt. 1921 entstand das Tor zur Siedlung gegenüber dem heute abgebrochenen Badehaus des Ausbesserungswerks. Dahinter liegt ein Marktplatz, der seine Funktion als Kommunikationszentrum für alle Bewohner nie so recht erfüllte. Ein Grund: Die Wohneinheiten hatten Gärten und Schrebergärten mit Stallungen für Kleintierhaltung, in denen sich nach Feierabend das soziale Leben abspielte — zumal das angebaute Gemüse ein notwendiger Beitrag zur Selbstversorgung war. Auf Druck der Stadt Frankfurt wurde die Siedlung mehrmals entlang der Oeserstraße erweitert.

Eisenbahnersiedlung Oeserstraße ❹

Daß die Siedlung hätte ein Kurort werden können, wenn der Faulwasserbrunnen am Ende der Faulbrunnenstraße und der Selzerbrunnen am Waldrand geschickt vermarktet worden wären — dürfte angesichts der Lärm- und Umweltprobleme des Großraums Frankfurt eher unwahrscheinlich sein. Dennoch kommt heute eine Gruppe von Kennern hierher und holt sich ihr Heil-Trinkwasser aus dem ehemals feuchten und sumpfigen Aue-Wald. Niddaregulierung und Trinkwasserbrunnen sorgen dafür, daß man jetzt immer trockenen Fußes spazieren gehen kann. Seinen Reiz hat der Aue-Wald mit einem sehr typischen Baum- und Pflanzenbestand aus Eichen, Buchen und Birken bis heute nicht verloren. Die hier wachsende Knoblauchrauke taucht den ganzen Wald zeitweise in intensiven Knoblauchgeruch.

Faulbrunnenstr./ Selzerbrunnen ❺

Niedwald ❻

Dampflok mit Stromabnehmer
Der Frankfurter Nahverkehr

Seit 1836 wünschte sich Offenbach einen Bahnanschluß an Frankfurt. Erst 1847 wurde dieser Wunsch erfüllt, indem man eine Lokalbahn von Offenbach über den »Lokalbahnhof« (damals »Bf. Sachsenhausen« genannt) durch die Textorstraße zur in Bau befindlichen »Main-Neckar-Brücke« anlegte. Die Brücke war nach der ebenfalls in Bau befindlichen »Main-Neckar-Bahn« benannt. Später hieß sie »Wilhelmsbrücke« und seit 1950, als erste wiedereröffnete Brücke nach dem Krieg, »Friedensbrücke«. Der hessische Großherzog Ludwig III. gestattete zunächst nur Güterverkehr, worüber sich die Offenbacher Bürger so ärgerten, daß sie am 8.3.1848 mit selbst bestimmtem Personal Personenverkehr auf eigene Verantwortung eröffneten. Da auf diese Aktion niemand vorbereitet war, gab es auch erst nach einigen Tagen Fahrpreise und Schaffner. Seit 1875 verkehrte die Lokalbahn nur noch von Offenbach bis zum »Lokalbahnhof«, da mittlerweile von Frankfurt über den neu errichteten »Südbahnhof« eine Bahnverbindung nach Offenbach und Hanau fertiggestellt war. Die im Zweiten Weltkrieg zerstörten Anlagen der Lokalbahn wurden notdürftig weiter betrieben und 1955 gänzlich abgebrochen. Außer dem Straßennamen »Lokalbahnhof« ist nichts geblieben.

Anders erging es der ersten elektrischen Straßenbahn in Deutschland, die auf einer öffentlichen Straße verkehrte und Oberleitung hatte: Die »Frankfurt-Offenbacher-Trambahngesellschaft« (FOTG) baute 1884 ihre erste Strecke vom Sachsenhäuser Ufer (Höhe »Alte Brücke«) auf der Offenbacher Landstraße nach Offenbach. Damals getraute man sich nicht, die Stromrückführung durch die Gleise zu führen. Man hatte Bedenken, den Fahrgastraum nicht genügend gegenüber den elektrischen Einrichtungen isolieren zu können und entschloß sich, wie bei einem Obus zwei Oberleitungen zu verlegen. Die Räder waren ebenfalls aus Gründen besserer Isolation aus Holz. Ein Zug dieser Bahn steht heute im Straßenbahnmuseum in Schwanheim und gilt als ältester original erhaltener Straßenbahntriebwagen der Welt. Das Lokal »zum Depot« in Oberrad weist auf die ehemalige Wagenhal-

Frankfurts einziger O-Bus fuhr nur kurze Zeit von Praunheim über die Römerstadt nach Heddernheim. Mitte der 50er Jahre war wieder alles vorbei.

le hin und ist mit Hinweisen auf die Bahn ausgestattet.

Ebenfalls in Sachsenhausen begannen am »Lokalbahnhof« sowie nahe der »Untermain-brücke« die Strecken der »Frankfurter Waldbahngesellschaft« nach Niederrad, Schwan-heim und Neu Isenburg. Sie dienten vor allem dem sehr starken Ausflugsverkehr an Sonnta-gen in ›das Wäldchen‹ mit Sonderverkehr zum »Wäldchestag«, dem dritten Pfingstfeiertag von Frankfurt. Die Waldbahn trug auch wesentlich dazu bei, das notwendige Material zur Aufschüttung des Hauptbahnhofgleisfeldes aus der westlichen Stadtwald-Region heranzu-schaffen. Aus Geldmangel wurden die Strecken erst 1929 elektrifiziert und ins Straßenbahn-netz integriert. Deshalb sind die kleinen Dampfloks noch vielen alten Frankfurtern gut in Erin-nerung. In Neu Isenburg und Schwanheim sind die Bahngebäude von 1889 erhalten geblie-ben und stehen unter Denkmalschutz.

Im Norden Frankfurts begann einst in Heddernheim die ›Gebirgsbahn‹ oder ›Taunus-bahn‹, wie sie die Bürger nannten. Die 1888 gegründete »Frankfurter Localbahn AG« (FLAG) erschloß das Urselbachtal mit seinen vielen Mühlen für die expansionsfreudige In-dustrie. Eine dieser Mühlen zwischen Niederursel und Weißkirchen, die Selbsthilfeinstitu-tion »Krebsmühle«, beherbergt heute zahlreiche Handwerksbetriebe und kulturelle Einrich-tungen, die umweltschonendes Handeln in die Tat umsetzen. 1910 begann der elektrische Betrieb unter anderem auf der neu erbauten Niddabrücke bei Heddernheim durchgehend bis zum Schauspielhaus mit für jene Zeit technisch höchst bemerkenswerten Triebzügen, die noch bis 1961 verkehrten. Wer als Schulkind mit dieser Bahn gefahren ist, wird nie ver-gessen, wieviel Kraft das Öffnen der Schiebetüren erforderte! Viele können sich auch noch daran erinnern, daß die Schaffner oft böse wurden, wenn man diese Überlandzüge nur in-nerhalb der Stadt benutzte. An den Stationen stand angeschrieben, daß man diese Züge den Überland-Reisenden vorbehalten sollte. In den dreißiger Jahren gab es in Bad Homburg noch eine Anschlußbahn, die die Ausflügler bis auf die Saalburg brachte. Heute dominiert sonntags das Auto und der Bahndamm ist ein beliebter Wanderweg zur Saalburg. 1954 konnte man auf den ›Taunusbahnen‹ auch noch die wohl größte Rarität der Dampflokzeit se-hen: eine Lok mit Stromabnehmer. Er war notwendig geworden, damit auch die Dampflok im noch vorhandenen Güterverkehr die neuen elektrisch gesteuerten Weichen betätigen konn-te.

Am 4.7.1961 wurde der Bau eines Stadtbahnnetzes beschlossen und am 4.10.1968 die erste Strecke mit Tunnelabschnitten von der Nodweststadt zur Hauptwache eröffnet. Es folgten die Taunusstrecken, die wegen der VDM-Kupferwerke in Heddernheim Güterzugbe-trieb nach Oberursel aufwiesen. Damit die Güterwagen, die wesentlich breiter sind als U-Bahnwagen, verkehren konnten, mußten die U-Bahnsteige niedriger als üblich ausfallen. Deshalb müssen die Fahrgäste auch heute nach dem Abbruch der Kupferwerke eine Stufe beim Ein- und Aussteigen überwinden. Die speziell entwickelten Triebwagen machten Ge-schichte und laufen heute auch in Calgary, Edmonton und San Diego. Der zweite neue U-Bahn-Strang zwischen Hauptbahnhof und Bornheim bekam die üblichen Bahnsteige, die keine Trittstufen an den Fahrzeugen notwendig machen. So hatte Frankfurt seit den siebzi-ger Jahren bereits zwei unterschiedliche Stadtbahnen. Seit 1986 gibt es nun das dritte Sy-stem auf dem Linienstrang von Praunheim zum Zoo. Dieser Teil der Stadtbahn wird von Wa-gen befahren, die je nach baulichen Gegebenheiten Trittstufen ausklappen können oder nicht.

Für Nahverkehrsspezialisten wie für Ausflügler sind die genannten Bahnen eine Reise wert. Auf der Strecke nach Oberursel (40 Min. Fahrzeit) ist die Landschaft mittlerweile mit endlosen Siedlungen zugebaut. Dafür erwartet den Besucher an der Endstation der unmit-telbare Beginn des Taunuswaldes. Die Station »Motorenfabrik« besitzt ein in den Gebäude-komplex integriertes Wartehäuschen aus der Gründerzeit. Hier wurden vor dem Zweiten Weltkrieg die Feldbahnloks hergestellt, die am Nordrand Frankfurts den Lehm in die Ziege-leien transportierten.

Auf der Linie nach Bad Homburg ist der Wechsel von Feldern und Dörfern mit großen Wohnsiedlungen noch sehr gut zu erleben. Von hier sind weite Spaziergänge durch Acker-

Anfangs nur für alliiertes Personal: die Round-up

land nach einer Fahrzeit von 20 bis 30 Minuten von der Stadt aus möglich. Daneben existiert ein weit verzweigtes Netz der seit 1899 erstmals elektrisch betriebenen Frankfurter Straßenbahn neben zahlreichen Omnibuslinien, die zusammen mit den Regionallinien und dem 1978 eröffneten S-Bahn-Netz der Bundesbahn im Frankfurter Verkehrsverbund (FVV) den täglichen Strom von rund 200.000 Pendlern zu bewältigen helfen.

Eine Stadtrundfahrt besonderer Art bietet der »Ebbelwei-Express«. 1977 baute man einige alte Straßenbahnwagen um, die seither nachmittags an Wochenenden und Feiertagen auf einer Rundtour durch Frankfurt fahren. Im Fahrpreis ist Apfelwein und Musik am Sitzplatz inbegriffen. Im Gegensatz zum ersten Versuch einer solchen Einrichtung in den zwanziger Jahren, ist der heutige Zug international bekannt geworden. Er kann außerdem zu privaten Fahrten an Wochentagen gemietet werden. Unter den Fahrgästen finden sich oft alte Frankfurter, die beispielsweise Erinnerungen an die »Roundup« wachrufen. Diese Linie verkehrte 1945 alleine für die Besatzungsangehörigen und verband deren Quartiere untereinander. Es waren die besten noch vorhandenen Wagen requiriert worden, was heftigen Protest der Stadt auslöste, zumal sie relativ gering frequentiert wurden. Man zeigte sich bald kooperativ und ließ dann auch Frankfurter mitfahren.

Die Amerikaner behielten sich aber das Recht vor, Straßenbahnen dort anzuhalten, wo sie einsteigen wollten. Die Zeitung der Stadtsparkasse Frankfurt weiß zu berichten, daß einmal in der Dunkelheit ein Fahrer nicht auf ein Handzeichen reagierte. Der GI feuerte einen Warnschuß ab, worauf der Fahrer rief: »Was soll dann der Krawall hier, merr sinn doch net in Texas.«

In den zwanziger Jahren hatte Frankfurt die billigste Straßenbahn. Davon kann heute keine Rede mehr sein. Das Nahverkehrskonzept des FVV ist umstritten — nicht nur wegen der Fahrpreise. Die straßenbahnfreie City, die Ausdünnung der Linien am Stadtrand, nicht gerade behindertenfreundliche Gestaltung von Stationen und Fahrzeugen — all dies sind Kritikpunkte, die einer bürgernahen Gestaltung des öffentlichen Personennahverkehrs im Wege stehen und noch immer zu viele Bewohner dieses Großraums — trotz überfüllter Straßen und fehlender Parkplätze — ins Auto steigen lassen.

Die Waldbahn nach Neu-Isenburg fuhr bis in die 20er Jahre

Trümmerbeseitigung anstelle von Nahverkehr

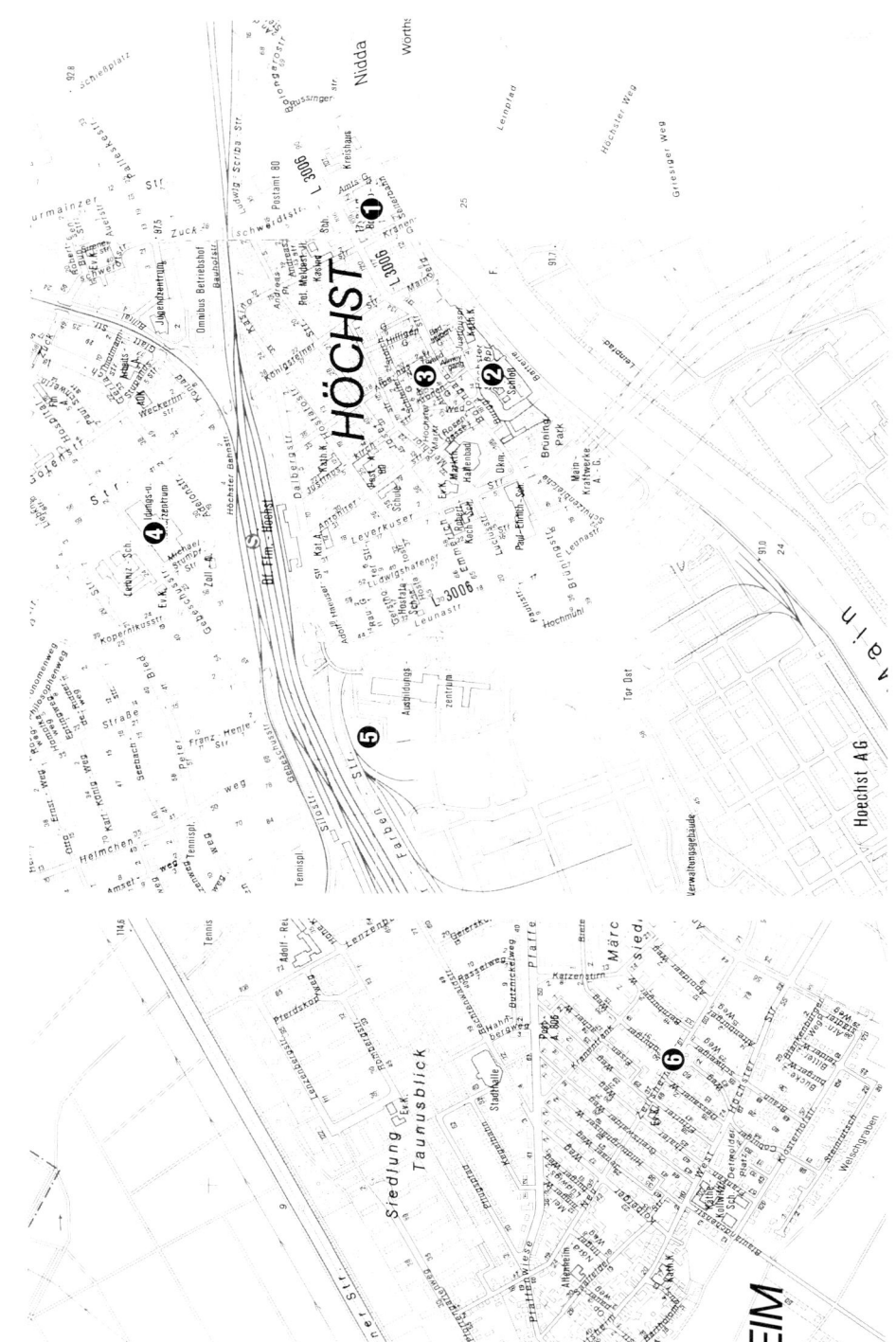

Rotfabriker und Maa-Dapscher

Höchst

von Jürgen Engelhardt
(mit frankforderischen Kommentaren von Irmgard Senger)

Ausgangspunkt: Station Zuckschwerdtstraße, Straßenbahnlinie
15, Busse 51, 53, 54, 55, 57, 59, 70
Endpunkt: Zeilsheim, Busstation Pfaffenwiese/Kolberger
Weg, Busse 50, 51, 54
Dauer: ca. 1 1/2 Stunden

Ohne de Höchster besonners schmeichele oder ihne bös zu wolle, könnt mer
doch die Frach stelle, ob net des grad typisch für sie is, dass se sich arrang-
schiern könne — denn ganz Höchst besteht ja eischentlich nur aus Kontraste,
un mit dene müsse die Leut hier fertisch wern — wo käme se sonst hie, wenn se
des net könnte. Ob se darum anners sin wie annere Frankfurter? Mösche se
sei, wie se wolle — wie se sich für ihr Altstadt eigesetzt un was se draus ge-
macht hawwe, des mecht en so leicht keiner nach — und des muss ihne sogar e
iwwerzeucht Frankfurterin lasse.

Der Bolongaropalast

Höchst zählt zu den bekanntesten Stadtteilen der Welt, es gab
dem größten Chemiekonzern seinen Namen. Aber Höchst ist nicht
nur »Hoechst AG«. Außer dem vier Quadratkilometer großen Fa-
brikgelände gehören zu Höchst eine unversehrte Altstadt und kilo-
meterlange Siedlungen für die Angestellten der »Farbwerke« — wie
sie die Frankfurter nennen. 1928 wurde die Stadt Höchst eingemeindet.

Da die Höchster wußten, daß Frankfurt eigentlich nur Interesse
an den Farbwerken hatte, knüpften sie Bedingungen an den Einge-
meindungsvertrag, z.B. ein eigenes Standesamt und andere Dinge.

Was hier im Höchster Rathaus betriwwe werd, is sozusache e Sonderange-
bot von bürjernaher Verwaltung. Denn fuffzich Jahr nach de Eigemeindung
sache die Höchster immer noch, sie müsste nach Frankfort fahrn, wenn se
mal in die Innestadt solle. Die Höchster sin immer in erster Linie Höchster
und dann erst Frankforder. Mer kann en net zumute wesche jeder Kleinisch-
keit in de Römer zu hetze. Aus der Einsicht hält auch de Frankfurter Owwer-
berjermeister hier — in de ehemolische Wohnräum vom Herrn Bolongaro —
Sprechstunde fer die Höchster Bürjer ab.

1928 wurde von der Stadt Frankfurt vertraglich der Anschluß an
das Straßenbahnnetz zugesagt. Erst im Januar 1952 wurde er eingeweiht. Daraus erklärt sich die Empörung bei vielen Höchstern über
Pläne, diese Anbindung wieder rückgängig zu machen: wie einst
soll die Straßenbahn nur bis Nied fahren und die neue Brücke von
1952 über die Nidda dem wachsenden Autoverkehr überlassen
werden.

Verstimmung herrschte auch darüber, daß Frankfurt die Höch-

Der alte Hafen an der Nid-
damündung

ster Altstadt nicht nur bei Stadtrundfahrten im Abseits liegen ließ. Privatinitiativen und Geld der Hoechst AG gaben den Anstoß zur Sanierung zu Beginn der siebziger Jahre. Und wie sich die Zeiten ändern: Heute weist Frankfurt sogar mit einem Sonderfaltblatt auf das gemütliche Städtchen »Höchst« hin, und die Höchster lächeln zufrieden. Sie sind stolz darauf, daß Frankfurt sie, aber nicht sie Frankfurt brauchen.

❶
Bolongaropalast
Bolongarostr. 109

Joseph Maria Bolongaro,
der erste Höchster »Gastar-
beiter«

Jeden Mittwoch, Freidach und Samsdach is in Höchst Markt, da komme die Leut von weit un breit, um ihr Zeuch hier zu verkaafe oder eizukaafe — da werd geguckt un gefeilscht, verhandelt un gekauft — da sieht mer Fremde un trifft Bekannte. Handel un Wandel hawwe schon immer viele Fremde nach Höchst gezoche, awwer auch die einheimisch Bevölkerung uffgeschlosse gemacht. Weltoffe wär e zu hochgestoche Wort — Net zu ihrm Nachteil. Dieser Uffgeschlossenheit verdanke se immerhin ihrn »Bolongaropalast« — e wahrhaft fürstlich Residenz, wenn mern so aaguckt. Zuerst hat sich der Italiener Josef Maria Bolongaro — (den se auch de Schnupftabakkönisch genannt hawwe, weil er mit dem Zeuch gehandelt hat) — nämlich in Frankfurt niedergelasse. Awwer die Frankforder, vor allem die Handelsleut, hatten was gesche den erfolschreiche Gastawweiter. Es war alles schon emal da. De Rat der Stadt hat ihm un seine Erwe die Bürjerrechte verweischert. Da hat sich de Herr Bolongaro kurzerhand nach Höchst abgesetzt. Die Mainzer Herrn hatte e besser Nas fürs Geschäft. Sie hawwe die Bolongaros ohne viel Fissematente eigebürschert. Rauskomme is debai der prunkvolle Barockpalast — de erste Palast in Deutschland, den sich en Privatmann baue konnt. Damit hatte die Höchster de Frankforder widder mal e Schnippche geschlache.

Die Familie Bolongaro starb in den darauffolgenden Jahrzehnten aus. Die Tabakfabrik wurde 1785 geschlossen, der Palast wechselte mehrfach den Besitzer, bis 1908 die Stadt den Bau erwarb und dort die städtischen Behörden einrichtete. Der Garten des Palastes wird als Aufführungsort von Theaterstücken im Rahmen der Reihe »OFF-TAT« benutzt.

Zu Füßen des Palastes befindet sich die Wörthspitze, die Mündung der Nidda, umgeben von Wiesen, auf denen man zwischen zwei Flüssen spazieren oder in der Sonne liegen kann. Ein alter Ladekran deutet darauf hin, daß bis zur Jahrhundertwende natürliche Flußläufe, soweit möglich, als ›Hafenbecken‹ benutzt wurden. Neben der letzten Fähre über den Main, die von Frankfurt aus betrieben wird, sieht man entlang der Kaimauer die Reste des alten Höchster Hafens, der heute durch den firmeneigenen Hafen der Hoechst AG ersetzt wird.

Wörthspitze

Blickt man vom Ufer aus auf die Stadt, wird deutlich, daß Höchst auf einem Hügel erbaut wurde. Bei der vermeintlichen Stützmauer handelt es sich um die noch erhaltene alte Stadtmauer. Auf Höhe der sogenannten »Batterie« sind noch die Reste aus staufischer Zeit zu sehen. Mitte des vierzehnten Jahrhunderts wurde die heutige Mauer errichtet und im folgenden Jahrhundert noch einmal verbessert. Der Zugang zum Main war nur durch das vollständig erhaltene Maintor möglich. An ihm befinden sich beeindruckende Hochwassermarken. Die extremen Hochwasser kamen vor allem durch Packeisdämme zustande, die sich in Zeiten einsetzenden Tauwetters auf dem damals unregulierten Fluß bildeten und zu extremen Rückstaus führten.

**Stadtmauer
Mainburg
Batterie**

Der Schloßplatz

Nur e paar hunnert Meter weiter maauffwärts gibts heut noch, wie in alte Zeite, Fischer, die in aller Ruh mit ihrm klaane Bootche uff em Fluss erumschaukele un tatsächlich noch dicke Aale aus em Wasser hole. Die Fischer sin die ältest Zunft von Höchst. Un es gibt auch noch die Maa-Dapscher. Jeden Tag, den Gott wern lässt, spaziern se hier uff de Uferpromenad an de alt Stadtbefestischung entlang, die noch aus em 14. Jahrhunnert stammt. So geche elf Uhr morgens trifft mer sich auf em Kinnerspielplatz. Allerdings sinds zwei Kategorie von Spaziergänger, die da zusammetreffe — die aane sin die Maa-Dapscher, die sache, sie wärn halt einfache Leut — die annern nenne sich »Maa-Adel«, fuffzen Männer, die scheints e bissie was Besseres sin und sich selbst zum Ritter schlache — was immer widder zu Frotzeleie führt. Die Maa-Dapscher freue sich, wenn se sich gescheseitisch uf die Schipp nemme könne und hawwe Spass an ihre alte Geschichte, die se immer widder erzähle.

Durch das Maintor gelangt man zum Schloßplatz, dem alten Marktplatz. Er ist bei schönem Wetter ein beliebtes Ausflugsziel. Das neben den Restaurants liegende Wohnhaus mit dem Karpfen in den Dachziegeln diente einst als Gasthaus »Zum Karpfen«. Dürer und Goethe gehörten zu den mit dem Schiff Durchreisenden, die hier abstiegen.

**Maintor
Mainberg**

Erzbischof *Gerlach von Mainz* ließ das Schloß 1356 als Zollburg errichten, obwohl *Friedrich Barbarossa* bereits im zwölften Jahrhundert die Mainzölle zur Belebung des Handels hatte abschaffen lassen. Aber Höchst, wissend um seine günstige strategische Lage am Handelsweg von Mainz nach Frankfurt, hielt an den Zöllen fest.

**❷
Schloß
Höchster Schloß-
platz**

Wie alt das Schloß tatsächlich ist, dessen Turm zum Wahrzeichen von Höchst wurde, läßt sich nicht genau bestimmen. 1397 haben die Frankfurter die Burg niedergebrannt, weil die Zölle das Messegeschäft störten; der Kaiser verbot den Wiederaufbau. Erst Kurfürst Wolfgang von Dalberg nahm sich der Ruine an und schuf im sechzehnten und siebzehnten Jahrhundert das heutige Renaissanceschloß, das noch ein paarmal leicht verändert wurde. Im Dreißigjährigen Krieg drohte erneut die Zerstörung, als die Braunschweiger Truppen die Besetzung der Stadt aufgaben und abzogen. Ein Hauptmann Zuckschwerdt soll verhindert haben, daß die Anlage gesprengt wurde. Heute gehört der Komplex der Hoechst AG, beherbergt das Gästehaus, das Werksmuseum und das vom Höchster Geschichtsverein aufgebaute und betreute Museum für Höchster Geschichte (Öffnungszeiten: sonntags 10 bis 16 Uhr).

Justinuskriche Justinusplatz

Vom Marktplatz aus kann man die Justinuskirche erreichen, die bereits vom Flußufer sozusagen auf der Stadtmauer thronend zu sehen war. Sie ist das älteste erhaltene Bauwerk in Frankfurt. Unter ihr entspringt eine Quelle, die in vergangenen Zeiten so viel Wasser führte, daß hier die ersten Ansiedlungen von Höchst vermutet werden. Bei Ausgrabungen fand man an dieser Stelle Reste einer im 9. Jahrhundert entstandenen Basilika. Vermutlich sollte das im 11. Jahrhundert als renovierungsbedürftig bezeichnete romanische Gotteshaus im Lauf der Jahrhunderte zu einer gotischen Kirche umgebaut werden. 1460 wurde der neue gotische Chor fertiggestellt, der streng genommen eine krasse Mißachtung der Proportionen der Gesamtanlage darstellt. 1983 wurde die »Stiftergemeinschaft Justinuskirche« gegründet, die durch Sammlungen und Spenden für die weitere Erhaltung der Kirche sorgen will.

Ein Stück Stadtmauer mit Justinuskirche (Chor von der Mainseite)

❸ Höchster Altstadt

Straßen wie »Brand«, »Neben dem Brand« und »Nach dem Brand« weisen darauf hin, daß die meisten Häuser 1586 einem Feuer zum Opfer fielen. Eines der repräsentativen Fachwerkhäuser jener Zeit, die diesen Brand überstanden, brannte 1973 ab und wurde bis 1976 wieder hergestellt: das Gasthaus »Zum Anker«. Ein paar Schritte durch die Altstadtgäßchen vermitteln einen Eindruck vom Leben im sechzehnten Jahrhundert.

An der Bolongarostraße, auf Höhe der Königsteiner Straße, hat auch die »Hamburger«-Kultur auf ungewöhnliche Weise Einzug gehalten: Eine alte öffentliche Toilette wurde zum Schnellimbiß umgebaut.

In der Bolongarostraße 186 steht unmittelbar am ehemaligen Stadttor das 1582 für den Mainzer Amtmann *Hartmut von Cronberg* errichtete Haus. Vier Jahre später wurde es an Erzbischof *Wolfgang von Dalberg* verkauft und wird seither »Dalberghaus« genannt.

Unnergeschluppt is dort jetzt die Höchster Porzellanmanufaktur, die — wie manches in Alt-Höchst — widder zum Lewe erweckt worn ist. Die Künstler, die hier die Sache bemale, müsse ganz schö was los hawwe, sonst wern se net genomme. Schon im 18. Jahhunnert hawwe se mit ihrm Porzellan ganz schö Furrore gemacht. Angefange zu brenne un zu bemale hawwe se 1746 und 1796 war schon widder Schluss demit. Awwer in dene fuffzich Jahr is die Manufaktur weltbekannt worn — mancher sacht, sie hätte damals »Porzellangeschichte« gemacht. Genau nach dene erfolchreiche Vorbilder werd seit 1965 in Höchst widder Porzellan gemacht. Kenner nenne nämlich die Höchster Manufaktur heut schon widder mit Meissen in eim Atemzuch.

Über lange Jahre war das kulturelle Leben in Höchst eher bescheiden. Daran änderte auch das erste Freibad mit einer ständigen Wassertemperatur von 25 Grad C, das »Silobad« an der Hunsrück-

**Farbwerksbad
Hunsrückstraße**

Blick in die Höchster Altstadt

straße, das mit Abwärme der Hoechst AG geheizt wird, nur wenig. Erst die 1963 errichtete Jahrhunderthalle zum hundertjährigen Bestehen der Farbwerke brachte einen Durchbruch in der Konzert- und Theaterkultur. *Friedrich Wilhelm Krämer* entwarf den Kuppelbau, dessen Kuppelschale 86 Meter Durchmesser hat. Bis zu 3.500 Personen haben hier Platz.

**Jahrhunderthalle
Pfaffenwiese 301**

Das immer noch wichtigste kulturelle Zentrum ist das »BIKUZ«, das »Bildungs- und Kulturzentrum« in der Gebeschus-Straße. Die Frankfurter Volkshochschule ist hier Hauptveranstalter und betreibt mit dem »filmforum« ein Filmkunsttheater. Der »Kulturtreff« arbeitet eng mit dem »filmforum« zusammen. Ab 1.10.87 befinden sich Kulturtreff, »filmforum« im Komplex »Neues Theater« in der Emmerick-Josef-Straße in den ehemaligen Räumen des »Excelsior-Kino-Centers«.

Im Südwesten von Höchst liegen die Werksanlagen der Hoechst AG. Das Unternehmen hat sich damit aber genau westlich von Frankfurt angesiedelt. Für einen Industriebetrieb mit Emissionen ist das eigentlich die falsche Seite, da die vorherrschende Windrichtung von Westen nach Osten ist. So sagt man in Frankfurt: »Es riecht nach Hoechst — wir kriegen anderes Wetter«.

Wenn mer den Name »Höchst« hört — da denkt mer an schlechte Geruch, an Qualm, Hektik oder bestenfalls an Awweitsplätze. Des »Immitsch« kimmt von de Fabwerke, die sich 1863 hier etabliert hawwe, un seitdem regelrecht in die Landschaft gewuchert sinn — mehrere Kilometer zieje sich die Fabrikgebäude inzwische am Maa entlang. Selbst alte Frankfodder fält bei dem Name »Höchst« meist nix anners ei wie es Chemiewerk, des sich jetzt »Hoechst AG« nennt — Höchst mie oe geschriwwe. Und ausgerechent die Industrie un der gute Geruch hawwe Höchst weltbekannt gemacht. E Anstelung in die Rotfabrik — wie mer im Volksmund sacht — hat en gesellschaftliche Stellenwert — die Fabrik wuchert nämlich net nur in die Landschaft — sie wuchert aach in die Leut enei.

Eine zwei Kilometer lange Werksmauer von unglaublicher Eintönigkeit entlang der »Hoechster-Farben-Straße« markiert auch bei Frankfurts bekanntestem und wichtigstem Industriebetrieb jene Grenze, an der es heißt: Privateigentum! Betreten verboten! Auch wer zum arbeiten hineinwill, benötigt einen Werksausweis. Die Geschichte der Hoechst AG ist auch die Geschichte der chemischen Industrie überhaupt.

Als man endeckt hatte, daß aus Teer, der als Abfallprodukt der Massenproduktion von Eisen entsteht, Benzol und aus Benzol zusammen mit Salpetersäure Anilinfarben, also künstliche Farben, hergestellt werden können, war der Grundstein für die Deutsche Chemische Industrie gelegt. Es dauerte noch einige Jahre, bis die Laborergebnisse in eine Industrieproduktion umgesetzt werden konnten. Die Höchster »Anilin- und Anilinfarbenfabrik — Meister, Lucius und Co«, wie die Hoechst AG damals hieß — war 1863 eines der ersten Unternehmen, das diese neuen Erkenntnisse in der Produktion umzusetzen versuchte. Ab 1867 wurde aus »und Co« »und Brüning«.

1863 begann die Produktion mit 5 Arbeitern, 1 Kontoristen und 1 Chemiker. Hergestellt wurde die rote Farbe Fuchsin: 25 Pfund Anilinöl und rund 50 Pfund Arsensäure wurden auf 200 Grad erhitzt. Aus der daraus entstandenen Schmelze wurde durch Auskochen das Fuchsin gewonnen. Alle Beschäftigten bekamen von der Herstellung des Fuchsins rote Hände und Körper. Weil das Rot auch beim Waschen nicht abging, wurden sie ›Rotfabriker‹ genannt.

Seit 1868 wurden systematisch Chemiker mit Universitätsausbildung in den Forschungslabors eingestellt. So gewann man einen Vorsprung gegenüber den Konkurrenten aus England und Frank-

Die »Rotfabrik« aus der Vogelschau

reich. 1880 werden die Farbwerke in eine Aktiengesellschaft umgewandelt. 1888 kommen bereits 50% der Weltproduktion von Farben aus Deutschland. 1913 sind es sogar 87%. Seit 1883 haben die Farbwerke ein zweites Standbein: die pharmazeutische Produktion.

In jenen Jahren gab es bei den Farbwerken bereits 2.000 Arbeiter, die von über 50 Aufsehern überwacht wurden. Rund 70 Chemiker, 15 Techniker und 100 Kaufleute ergänzten die Belegschaft. Damals erließ der Unternehmer eine »Fabrikordnung«, die mit unserem heutigen, immer noch unzureichenden Arbeitsrecht wenig gemein hatte. So wurde bis 1881 7 Tage in der Woche gearbeitet. Später gab es einen ganztägig freien Sonntag. Bis 1914 betrug die Wochenarbeitszeit ausschließlich der Pausen noch 57 Stunden. Die Schichtarbeiter im kontinuierlichen Betrieb kamen allerdings auf 70 Wochenarbeitsstunden. Wenn die Werksleitung Überstunden anordnete, waren auch 80 bis 90 Stunden keine Seltenheit. Wer zur Wahl gehen wollte, bekam nur unbezahlten Urlaub. Von 1899 an erhielten Arbeiter mit 25 Dienstjahren eine Woche Urlaub. Ab 1906 gab es vom zweiten Dienstjahr an drei Tage Urlaub im Jahr.

Der rücksichtslose Raubbau an der Gesundheit der Arbeiter war umfassend. Er betraf den Umgang mit gefährlichen Stoffen, die Länge des Arbeitstages bis hin zu den außerbetrieblichen Lebensbedingungen der Beschäftigten. Zunächst glaubten die Unternehmer, ihre Profitinteressen hemmungslos geltend machen zu können. In 50 Jahren war die Belegschaft auf 5.000 angewachsen. Dementsprechend herrschte in Höchst eine eklatante Wohnungsnot. Viele Arbeiter waren lediglich in firmeneigenen Schlafsälen unterge-

bracht. Die Folge dieser Bedingungen war zwangsläufig eine große Fluktuation in der Belegschaft, die sich negativ auf den Betriebsablauf auswirkte und dem Kapitalinteresse schadete. Deshalb begann man mit dem Bau von Werkswohnungen. Zwischen 1874 und 1890 wurden am Seeacker Gebiet (auf dem heute das Ausbildungszentrum steht) und in der Luciusstraße 175 Werkswohnungen gebaut. 1899 waren 9,6% der Belegschaft untergebracht. Später kamen Häuser im Heimchen und am Zeilsheimer Weg hinzu. Man wählte bewußt Siedlungshäuschen für bis zu vier Familien mit Obst- und Gemüsegarten sowie Kleintierhaltung. Auf diese Weise sollte die ganze Familie »seßhaft« werden. Das Einkommen wurde durch Jahresprämien und einmalige Tageszulagen ergänzt, die auch den Sinn hatten, Streiks zu verhindern und möglichst jede Form von Gewerkschaftsarbeit im Betrieb zu unterlaufen.

Ein in dieser Zeit sehr populärer Gewerkschafter und Sozialdemokrat war der »Rote Schuster« *Friedrich Brühe.* Er übernahm 1889/90 den Reichstagswahlkreis Höchst und gehörte 1893−98 und 1907−20 dem Reichstag bzw. der Nationalversammlung an. Trotz seines zeitaufwendigen politischen Engagements gab er seinen Beruf als Schuster nie auf. Bebel, Liebknecht und andere Genossen trugen von ihm selbst gefertigte Schuhe.

Im Ersten Weltkrieg waren dann die Zeiten glänzender Geschäftsbilanzen zunächst einmal vorbei, weil wichtige Fachkräfte im Krieg waren und der Farbenabsatz zurückging. Patriotismus und wissenschaftliche Neugier vereinten sich damals in unseliger Weise, als Nobelpreisträger wie *Fritz Haber, Walter Nernst, Emil Fischer, Richard Willstätter* und andere die Oberste Heeresleitung darüber unterrichteten, daß man aus den Abfallprodukten der Farbenindustrie mit geringem Aufwand chemische Massenvernichtungsmittel herstellen konnte. Ein erfolgreicher Versuch an der Westfront im April 1915 kostete rund 5.000 französische Soldaten das Leben. Habers Ehefrau versuchte ihren Mann von weiteren Experimenten dieser Art abzuhalten. Sie hatte keinen Erfolg und beging Selbstmord. Die Giftgasproduktion riß die Chemische Industrie aus ihrem finanziellen Tief heraus.

1916 wurde eine sogenannte ›kleine IG (Interessengemeinschaft) Farben‹ mit folgenden Firmen gegründet: BASF, Bayer, Agfa, Hoechst, Casella, Kalle, Griesheim Elektron und Weiler-ter Meer. Man sah sich aber dennoch nach dem Ersten Weltkrieg nicht in der Lage, die alte Weltmachtstellung zu behaupten. Aus dem losen Zusammenschluß entstand am 21.11.1925 mittels Kapitalverschmelzung der genannten Firmen die »IG Farben« mit Sitz in Frankfurt.

Die Zeit zwischen den Weltkriegen gestaltete sich für die Beschäftigten der Höchster Farbenwerke äußerst wechselvoll. Der Sturm der Novemberrevolution von 1918 fegte einen Teil der Repräsentanten des alten Systems weg. Der Kaiser ging und die Republik wurde ausgerufen. Die Arbeiter- und Gewerkschaftsbewegung konnte zumindest für kurze Zeit ihre gesellschaftliche Machtposition erheblich ausbauen. In der Frankfurter Volksstimme vom 10. November 1918 heißt es: »An die Bevölkerung des Kreises Hoechst a.M. Das Proletariat des Kreises Hoechst a.M. hat, dem Beispiel anderer Städte folgend, am Samstagnachmittag, der großen historischen Zeit entsprechend,

Schuhe für Bebel, Liebknecht und andere Genossen: Friedrich Brühe

*ebenfalls einen Arbeiter- und Soldatenrat gebildet, die politische Gewalt er-
griffen. Um 3 Uhr nachmittags waren die Vorbesprechungen soweit gedie-
hen und die Delegierten aus den Betrieben, sowie die Vertrauensleute der hier
in Garnison liegenden Truppen versammelten sich im Stadtverordneten-Sit-
zungssaal.«*

Die Gewerkschaften erzielten einige Erfolge bei der Verbesserung der Arbeitsbedingungen. Der 8-Stunden-Tag wurde eingeführt. Akkordlöhne und Prämiensysteme wurden in den Farbwerken abgeschafft. Allerdings bedurfte es zur Durchsetzung dieser
Veränderungen erheblicher Anstrengungen von seiten der Beschäftigten. Vor allem in den Zweigwerken der Farbwerke kam es
zu Streiks und blutigen Arbeitskämpfen. Die neuerliche wirtschaftliche Rezession zu Beginn der 20er Jahre verschlechterte ihre Position derart, daß die Unternehmensführung anfangen konnte, das
für die Beschäftigten einmal Erreichte wieder rückgängig zu machen. So wurden die alten Akkordlohn- und Prämiensysteme wieder eingeführt, die Arbeitszeit wieder verlängert und gerade für den
Schutz der Beschäftigten der Chemieindustrie wichtige Regelungen
abgeschafft oder zumindest häufiger mißachtet.

Die Zeit des Hitlerfaschismus wurde für die IG Farben zu einem
prächtigen Geschäft. Sie hatte für die Faschisten insofern große Bedeutung, als sie in der Lage war, die für die militärische Aufrüstung
notwendige Benzinproduktion sicherzustellen. Und noch in anderer Hinsicht erwies sich die IG Farben als sehr nützlich: Sie bot alle

Voraussetzungen für die Produktion von Explosionsstoffen. Dieses Gewicht des Unternehmens für die militärische Rüstung und die wachsende Bedeutung der Produktion von Arzneimitteln veranlaßten die Alliierten den Werkskomplex in Höchst — und damit auch die Umgebung — nicht zu zerstören.

Die Faschismusforschung unserer Tage stimmt weitgehend darin überein, daß die Nationalsozialisten es der Industrie überließen, die neu eroberten Länder »auszufüllen«. So wurde im IG-Hochhaus sozusagen ein zeitlich verzögerter Feldzug geplant. Der schlimmste Auswuchs dieses »Feldzugs« war das finanzielle Engagement der Firma im KZ Auschwitz, um Arbeitskräfte für ein dort neu anzusiedelndes Zweigwerk zu bekommen und die Teilhaberschaft an der Produktion des Giftes Zyklon B für die Gaskammern. Auch beim Einsatz von Zwangsarbeitern war die »IG Farben« hemmungslos: 50.000 Gefangene und Deportierte aus dem Ostgebiet mußten in der Firma Fronarbeit leisten. Sie waren in einem Lager südwestlich der damaligen Werksanlagen untergebracht.

Aber auch von Widerstand der Höchster Arbeiterschaft ist zu berichten: er beginnt mit *Traugott Liesem*, der seit 1933 versuchte, in den Farbwerken eine Widerstandsorganisation aufzubauen. Er wurde deshalb 1934 zu vier Jahren Zuchthaus verurteilt. 1936 wurden 105 Arbeiter der »IG Farben Hoechst« und der »Kleyerwerke« (»Adler«) verhaftet, weil sie Geld für die spanischen Republikaner sammelten. Im selben Jahr wurden in Frankfurt 300 Personen, darunter etwa 15 Frauen, wegen Verteilung von Flugblättern etc. durch die Gestapo verhaftet. Diese hatte ein ausgeklügeltes Spitzelsystem in den Werken entwickelt, das Widerstandsbewegungen in der Regel im Keim erstickte.

Am 28.3.1945 wurde Höchst besetzt. Das Vermögen der IG Farben wurde beschlagnahmt und der Konzern aufgelöst. Das Magazin »Der Spiegel« schrieb 1947, daß die »IG Farben« direkt und indirekt rund 2.000 Firmen mit 400.000 Beschäftigten kontrolliert hätten.

Bei der Aufspaltung des IG-Farben-Vermögens erhielten die alten Aktionäre neue Papiere. Jede IG-Farben-Aktie brachte Anteile an BASF, Bayer, Hoechst und Casella. Außerdem erhielten sie einen Liquidationsanteilschein der IG Farben, die als »IG-Farbenindustrie Aktiengesellschaft in Abwicklung« in der Silberbornstraße heute noch existiert. Die AG handelt mit Beteiligungen, Grundstücken, Wertpapieren. Neben der 21,6 Mill. Mark Beteiligung am Ammoniakwerk Merseburg GmbH besitzt sie Aktien von Mannesmann, Thyssen, Hoechst, Bayer, VW, AEG, Deutscher Bank u.a. 1948 war die Hoechst AG wieder ein eigenständiges Unternehmen und auf dem Weg zur »Normalität«. Die Amerikaner förderten und unterstützten die Produktion von Arzneimitteln in Höchst, weil sie Angst vor möglichen Seuchen hatten. Unterdessen wurden die ehemaligen Aufsichtsratsvorsitzenden in den Nürnberger Prozessen zu Haftstrafen zwischen ein und acht Jahren verurteilt. Viele der verhängten Strafen wurden verkürzt. Die meisten der Verurteilten bekleiden in den folgenden Jahren schon wieder leitende Positionen in diversen Betrieben der Großindustrie. Die »Entnazifizierungskampagne« erweist sich mehr und mehr als Strohfeuer.

Der Verwaltungsbau der Farbwerke, Haupteingang

Die »Hoechst AG« ist heute bereits größer als die »IG Farben« damals. Peter Behrens Verwaltugsgebäude von 1924 gilt als eines der wichtigsten Bauwerke expressionistischer Architektur und steht unter Denkmalschutz. Die von Behrens geplante Brücke zum alten Verwaltungsbau wurde das heutige Firmenzeichen.

Rund um die Coburger Straße stehen heute noch fast unverändert die Siedlungshäuschen der »Arbeiter-Kolonie Zeilsheim«, wie die Werkssiedlung damals hieß. Ende vergangenen Jahrhunderts gebaut, hat sie alle widrigen Zeiten überstanden. Der kleine namenlose Park in der Mitte von Zeilsheim entstand auf dem Gelände eines Lagers für Gefangene und Deportierte. Die Italienerin *d'Eramo* hat ihre eigenen Erfahrungen dort in dem Buch »Der Umweg« dargestellt.

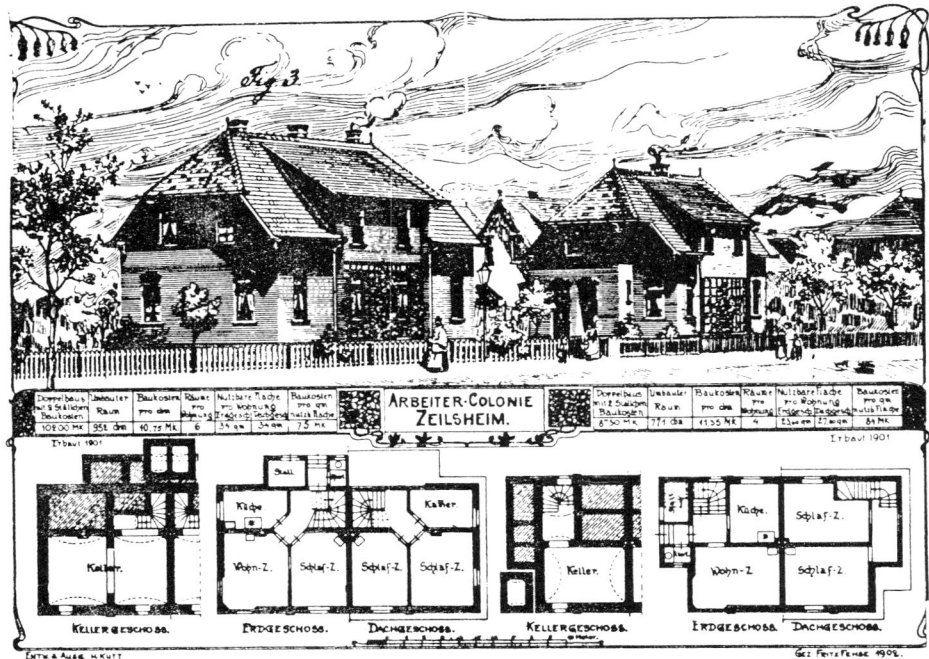

Nach der Befreiung von 1945 wurden die leeren Baracken notdürftig in hygienisch einigermaßen akzeptable Zustände gebracht und der Stacheldraht erneuert. Diesmal ging es darum, die Bevölkerung daran zu hindern, das Gelände zu plündern. Kurz darauf kamen jüdische und andere Mitbürger, die KZ-Aufenthalte überlebt hatten, zurück. Sie wurden in den alten Lagern und in requirierten Wohnungen untergebracht. In den benachbarten Lagern entlang der »Pfaffenwiese« waren gleichzeitig Kriegsgefangene der Alliierten in Verwahrung. Zeilsheim wurde so zu einem großen Sammlungs- und Durchgangsort von durch den Hitlerfaschismus und den Weltkrieg aus ihren Alltagsstrukturen und gewohntem Lebensrhythmus herausgerissenen menschlichen Schicksalen.

Viele Juden warteten hier auf ihre Einreiseerlaubnis nach Israel. Alles zusammengenommen ist es nicht verwunderlich, daß sich hier, so die Zollfahnder damals, »der größte Schwarzmarkt Europas« entwickelte. Hier verschwand so manches Kuhgespann eines

Bauern, der auf dem Schwarzmarkt handeln wollte, spurlos und kam als Braten wieder in den Warenkreislauf. Die Polizei war diesem Treiben gegenüber machtlos. Vor allem deshalb, weil Teile des Orts rund um die »Pfaffenwiese« Sperrgebiet waren, das von Deutschen rechtmäßig nicht betreten werden durfte. Von 1945 bis 1947 spielte sich das »Geschäftsleben« hier ab.

Ältere Zeilsheimer denken sogar mit einem gewissen Stolz an jene wilden Jahre zurück: Hier hatte ganz Deutschland eingekauft!

Ankunft polnischer Juden in Zeilsheim 1945 als neue Lagerbelegung

Ein bißchen Schnaps wurde natürlich auch gebrannt, denn Alkohol gab es ja bei den Farbwerken. Ohne die geht eben nichts im Westen Frankfurts. Allerdings werden sie heute von einer Bürgerinitiative beobachtet, die den originellen Mundart-Namen »Höchster Schnüffler un Maagucker« trägt. Jedes neue Chemieunglück belegt, wie berechtigt dieses Mißtrauen ist.

Nach 1949 setzten die »Farbwerke Hoechst AG« ihre Tradition in Sachen Wohnungsbau wieder fort und förderten 6.000 Mietwohnungen und rund 9.000 Eigenheime, obwohl nur 12 Werkswohnungen zerstört waren. So sind in den umliegenden Orten sowohl die alte Siedlungsstruktur wie die neue nebeneinander erhalten geblieben. Seit den achtziger Jahren indes werden die Mietwohnungen zunehmend in Eigentumswohnungen umgewandelt.

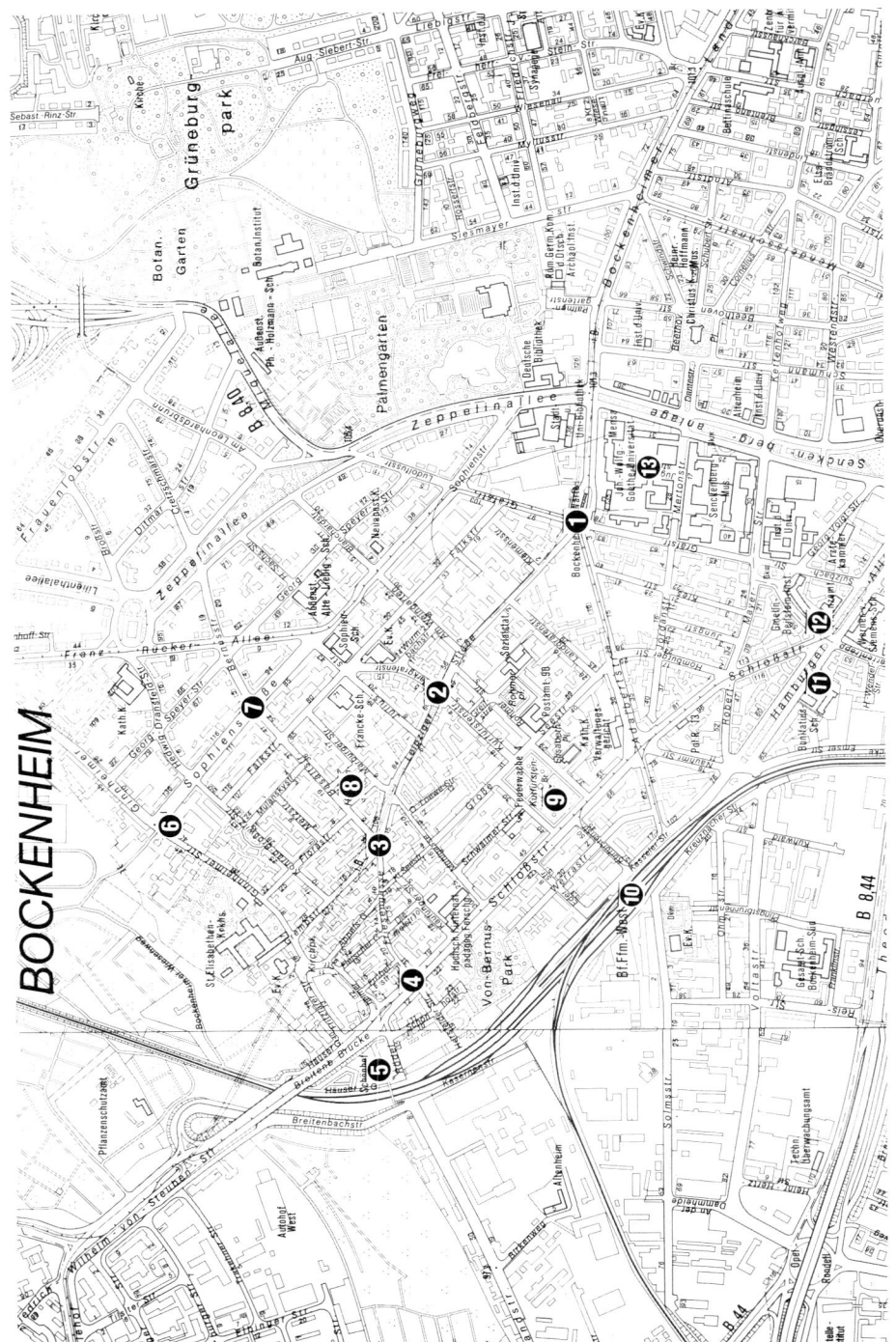

Wohliges Chaos und die Macht der Reichen

Bockenheim

von Uwe Fritzsche und Margret Steen

Ausgangs- und Endpunkt:	*Station Bockenheimer Warte (U-Bahnen U 6, U 7, Straßenbahnlinie 19, Buslinie 33, 50)*
Dauer:	*ca. 2 Stunden*

Wohl kaum eine andere Universität hat ihre unmittelbare Umgebung so unbeeindruckt gelassen wie die Frankfurter Johann-Wolfgang-Goethe-Universität am Rande von Bockenheim. Der Stadtteil der Universität ist kein Studentenviertel, auch wenn Frankfurts Baudezernent *Hans-Erhard Haverkampf* den Bockenheimer Geschäftsleuten mehr als einmal riet, ein wenig Quartier-Latin-Atmosphäre zu verbreiten. Die Uni, ohnehin dort gelegen, wo der Stadtteil schon ins schnieke Westend überzugehen droht, ist nicht »typisch Bockenheim«. Der Stadtteil lebt von und mit seinen Gegensätzen, die sich zu bunter Vielfalt mischen und manchmal ins Bizarre steigern. Umstanden von den Symbolen Frankfurter Wirtschaftsmacht, hat Bockenheim etwas Kleinstädtisches, etwas Eigenständiges hinübergerettet in die Stadt, die auf Dienstleistung und neue Mittelschicht getrimmt werden soll.

Uni-Siegel

Die alte Oberschicht ist in Bockenheim eh zu Hause, im Norden des Stadtteils, auf der reichen »Ginnheimer Höhe«. Hier wohnt man nicht, hier residiert man. Unter Durchschnitt, wer nur ein ganz normales Dreifamilienhaus sein eigen nennt. Der Gegensatz heißt Bockenheim-Süd: Hier behaupten sich mühsam einige Häuserzeilen des sozialen Wohnungsbaus zwischen Gewerbegebiet und Industriebranche. Eine Landschaft, die Frankfurts Planer zu ehrgeizigen Plänen für eine neue Bürostadt mit dem klangvollen Namen »City West« herausgefordert hat. Zwischen den Extremen das »eigentliche Bockenheim«. Geprägt von Geschäften und Geschäftchen, von jungen Alternativen und alten Bockenheimern und nicht zuletzt von Ausländern. Ein Drittel der 26.600 Einwohner Bockenheims sind Ausländer. Ein Ghetto ist dennoch nicht entstanden. Im Festzelt der Vereine teilen sich schon mal türkische Folkloregruppen und Fanfarencorps das Programm, sichtbare Ansätze einer multinationalen Kultur, die freilich über Anfänge noch nicht hinausgekommen ist. In Bockenheim ist manches anders, toleranter, fortschrittlicher vielleicht. Im Ortsbeirat, einer Art Stadtteilparlament,

hielten SPD und Grüne auch dann noch die Mehrheit, als Wallmann strahlend in den Frankfurter Römer einzog. In Bockenheim
verzeichneten die Grünen bei den Kommunalwahlen Frankfurter
Rekordergebnisse von über 20 Prozent.

*Bockenheims
Geschichte im Postkarten-
stil auf dem U-Bahnhof*

Die Bockenheimer Warte

**Bockenheimer
Warte**
❶

Doch von heiler Welt ist der Stadtteil weit entfernt. Viele fürchten, daß die Sanierung im Stadtteil und der Bau der U-Bahn eine
Welle der Vertreibung auslösen könnte — über steigenden Mietzins
und durch Umwandlung preiswerter Wohnungen in unbezahlbares
»Wohneigentum«. Es wäre das Ende jener sozialen Struktur, die
heute den Stadtteil ausmacht. In manchen Geschäften ist die Tendenz erkennbar, sich den gutverdienenden Mittelschichten als Alternative zur teueren »Freßgass'« und Goethestraße in der Innenstadt anzudienen.

»Gewerbefleiß« hat in Bockenheim Tradition. Der erstmals im 8.
Jahrhundert urkundlich erwähnte Ort »Bochinheim« erkor sich
1819 bei der Verleihung der Stadtrechte den Bienenkorb als Symbol
jenes Fleißes zum Wappen. Schon 1790 kam Bockenheim in den
Genuß einer großzügigen »Steuerreform«: 15 Jahre lang herrschte
Steuerfreiheit. 1895 wird Bockenheim nach Frankfurt eingemeindet, und so kommt Frankfurt zu einer eigenen Stadtsparkasse — gegründet im Jahr 1860 in Bockenheim. Es gab genug zu verdienen:
Im Süden Bockenheims entstand im Zuge der Industrialisierung ein
ganzes Industriegebiet, und manche hochherrschaftliche Villa bewohnte ein Fabrikbesitzer. Auch heute sitzt das »ganz große Geld«
in Bockenheim: Die Deutsche Bundesbank steht zum Teil auf Bokkenheimer Gemarkung. Das wissen selbst viele Bockenheimer
nicht. Sie hätten auch nichts davon.

Da steht sie, mitten auf einem Platz der gnadenlosen Stadtgestal-
tung: Die alte, behäbige *Bockenheimer Warte* ist umgeben von pfle-
geleichtem Waschbeton. Erbaut in den Jahren 1434/35 war sie ein
Teil der Frankfurter Feldbefestigung, ein vorgeschobener Posten
der Frankfurter sozusagen. Ideen muß man haben, das galt auch da-

mals, als im Jahre 1560 der Wachturm zur Windmühle hergerichtet wurde. Weltpremieren hat sie erlebt, die alte Bockenheimer Warte. 1785 startete der Franzose *Jean-Pierre Blanchard* in Frankfurt zum ersten bemannten Ballonflug Deutschlands und warf an der Warte

Die Leipziger Straße

seinen Hund aus der Gondel. Der schwebte sicher an einem Fallschirm zur Erde. Vergleichsweise öde ist das Ende des alten Wachturms. In seinem Inneren verbirgt sich heute ein Entlüftungsrohr der Kanalisation. Das Bockenheimer Wahrzeichen ist die Warte geblieben, auch wenn alle Überlegungen im Sande verlaufen sind, sie mit einer Art Turm-Café mit Leben zu erfüllen. »Sie ist alt und nutzlos, ein Museumsstück, nicht begehbar und kein Platz für Ausblicke. Die Häuser ringsum sind ihr längst über die Turmspitze gewachsen. Vielleicht ist sie nur zum Anlehnen für den Zeitungsverkäufer da«, schrieb ein Bockenheimer Stadtteilblatt über den alten Turm. Aber er ist der Auftakt zum Stadtteil. »Hier an der Warte beginnt das wohlige Chaos, das geschäftige Durcheinander, die bunte Vielfalt der kleinen Stadtteil-Welt«, schrieb die Zeitung weiter. Ort politischer Auseinandersetzung war der Turm im Januar 1933: SA-Leute schossen wild in die Gegend. Die Schüsse galten *Heiner Studer*, einem der führenden Männer im Antifaschistischen Kampfbund, tödlich getroffen wurde jedoch sein Beifahrer auf dem Motorrad, *Johann Kestler*, ein Expedient der »Arbeiterzeitung«.

Das alte Straßenbahn-Depot neben der Warte war für jahrelanges Tauziehen gut. Die alte Halle aus dem Jahr 1883 hat noch die Pferdebahn gesehen. Wegen der besonderen Dachkonstruktion steht das »Depot« unter vorläufigem Denkmalschutz. Bis in die siebziger Jahre wurde es von den Frankfurter Stadtwerken als Straßenbahnzentralwerkstatt genutzt. Dann ging der Streit los: Initiativen gründeten sich und forderten ein Bürgerhaus im Depot, etwa nach dem Vorbild der Hamburger »Fabrik«. Doch die Stadt wies solche Vorschläge immer wieder barsch zurück. Denn das Depot sollte nach einem Vertrag mit dem Land Hessen der Universität für

Altes Straßenbahndepot

Das alte Straßenbahndepot als es noch als Zentralwerkstatt fungierte

Ladengalerie

In der Leibziger Straße: Links das denkmalgeschützte Delkeskamp'sche Haus. Im Hintergrund das neue Einkaufszentrum

deren Zwecke übereignet werden. Obwohl sich das Land auch mit einem Ersatzgelände begnügt hätte, bestand nunmehr die Stadt Frankfurt darauf, das historische Gemäuer in die Obhut der Uni zu stellen und damit die leidige Diskussion um ein Kulturzentrum zu beenden. Inzwischen haben im Depot mehrere vielbeachtete Theateraufführungen stattgefunden. Ironie der Frankfurter Kommunalpolitik: Die Stadt selbst wählte das Depot als Spielort beim Festival »Theater der Welt«, nachdem sie sich jahrelang geweigert hatte, ernsthaft über ein Kulturzentrum im Depot nachzudenken.

Die neue »Ladengalerie« an der Bockenheimer Warte, 1984 mitsamt Wohnungen und Tiefgarage auf einem ehemaligen Spekulationsgelände im Zuge der Stadtteilsanierung fertiggestellt, markiert einen Stadtteil im Konflikt. Überwiegend ausgerichtet auf eine betuchte Käuferschicht, wird sie von manchem als Symbol eines drohenden sozialen Strukturwandels verstanden. Andererseits zeigen verwaiste Schaufenster leerstehender Läden, daß sich die gehobene Mittelschicht wohl seltener als erwartet an die Warte verirrt und lieber gleich zum Weltstadt-Shopping in die City eilt. Historisches fügt sich in das cool-modernistische Ladenzentrum: Das Delkeskamphaus in der Leipziger Straße 9 ist in den Neubaukomplex integriert. Der spätklassizistische Bau aus der Zeit um 1865 diente der Familie *Delkeskamp* zeitweise als Kohlenhandlung. Zu ihren Vorfahren gehörte der Grafiker *Friedrich Wilhelm Delkeskamp*. Besonderheit des denkmalgeschützten Hauses: Es ist weit und breit das einzige mit einem fünfeckigen Grundriß. Im Haus ist heute eine Beratungsstelle der Stadt für Sanierungsfragen und eine ständige Ausstellung des Vereins »Freunde Bockenheims« untergebracht, die vielleicht einmal den Grundstock für ein Stadtteilmuseum bilden könnte.

Die Leipziger Straße ist wie ein Rückgrat im Stadtteil. Kurz »Leipziger« genannt, ist sie Haupteinkaufsstraße und »Laufsteg« zugleich. Eine Lokalzeitung schrieb einmal: »Die Leipziger ist Treffpunkt und Ort der zufälligen Begegnung. Wer zwischen Bokkenheimer Warte und Kaufhof nicht dreimal Hallo gesagt und zehn bekannte Gesichter gesehen hat, muß neu im Stadtteil sein. Dann kommt das noch.« Obwohl sie eine typische Einkaufsstraße ist, findet man auf der »Leipziger« mehr als ein seelenloses Shopping-Center. Der Bogen spannt sich vom Pelzgeschäft bis zum Punker-Treff in einer alten Reinigung, die nicht mehr »Express« sondern »Exzess« heißt, seit die Punkies hier einzogen. Dazwischen das Goethe-Theater in einer alten Fabrik, nebendran ein ständiger Flohmarkt auf drei Etagen, mittendrin türkische und italienische Lebensmittelläden — eine bunte Mischung, die Gelegenheit zum Wachsen hatte.

Ihren Namen hat die »Leipziger« nicht, wie man erwarten möchte, aus der Zeit nach dem Zweiten Weltkrieg, als Straßennamen zur Polit-Propaganda im kalten Krieg wurden. Die »Leipziger« heißt schon seit der Eingemeindung Bockenheims nach Frankfurt im Jahre 1895 so. Bis dahin war es die »Frankfurter Straße«. 1986 kam die Straße zu bundesweitem Spott und Ruhm. Der Frankfurter Oberbürgermeister Wolfram Brück sagte die Eröffnung der neuen U-Bahn-Strecke unter der »Leipziger« mitsamt einem großen Straßenfest einfach ab. Der Mann war zornig, weil der Regierungspräsident seinen Plänen für eine straßenbahnlose Innenstadt nicht im vollen Umfang zustimmen wollte. Einige Wochen danach wurden die neuen U-Bahn-Linien U 6 und U 7 ohne größeren Pomp eingeweiht.

Die U-Bahn in Bockenheim ist verbunden mit dem großen Rampenstreit. Vor dem Bau ging das Tauziehen jahrelang darum, wo die mühsam unter die Erde gebrachte U-Bahn wieder ans Tageslicht kommen sollte. Ursprünglich war eine Rampe in der Adalbertstraße vorgesehen. Einmütiges Urteil im Stadtteil: Mit dieser Lösung wird Bockenheim in zwei Teile zerschnitten. Die SPD wollte die U-Bahn bereits im Westend wieder an die Oberfläche kommen lassen, die CDU war dagegen. Die Lösung hieß: Der Tunnel wird unter der »Leipziger« hindurchgeführt und die Bahn kommt erst außerhalb des Stadtteils wieder hoch. Die großen Parteien sind zufrieden und rechnen sich — jede auf ihre Weise — hoch an, eine schlimme Rampe verhindert zu haben. Während neue U-Bahnen in anderen Stadtteilen zu drastischen Umsatzeinbußen und auch Pleiten kleinerer Geschäftsleute führten, weil plötzlich der Sichtkontakt von der (nicht mehr vorhandenen) Straßenbahn fehlte, blieb die U-Bahn in Bockenheim bislang ohne solche Nebenwirkung. Hier droht Wohnungsmietern und Geschäftsleuten eher Gefahr von der Aufwertung, die ganze Viertel durch die U-Bahn erfahren. Da und dort wird »gehobeneres Niveau« auf der »Leipziger« sichtbar, und die Frage ist, wie lange der kleine Gemüseladen solchem »Investitionsdruck« standhalten kann.

Die wichtigste Einkaufsstraße: Die Leibziger

Eine Gaststätte »Zum Walfisch« an der Ecke Leipziger Straße/ Markgrafenstraße war von 1918-1933 eines der Veranstaltungslokale der KPD in Bockenheim. Zu den traditionsreichen Versammlungsstätten der Frankfurter Arbeiter gehörte auch das an der Leipziger Straße gelegene Gasthaus »Zum Schwanen«, welches später Kino wurde und der Konkurrenz des Fernsehens inzwischen erlegen ist. Im »Schwanen« fanden während der sozialdemokratischen

Kampagnen für ein fortschrittliches Wahlrecht in Preußen während der Jahre 1907-1910 zahlreiche Versammlungen mit namhaften Rednern statt.

Friesengasse
❸

Friesengasse — die stille Fortsetzung der »Leipziger«, wo das Leben ruhiger und deutlich wird, was »Sanierungsgebiet heißt. Zu beiden Seiten der Gasse erstreckt sich das Sanierungsgebiet »Bockenheim-West«. Noch immer trägt das Viertel Spuren des Verfalls, besonders im Bereich Friesengasse/Grempstraße. Immerhin ist die einst befürchtete »Kahlschlag-Sanierung« ausgeblieben, nachdem

Jeder dritte Bockenheimer ist Ausländer: Sie prägen den Stadtteil mit — auf der Straße und bei gemeinsamen Festen

Friesengasse 13

Grempstraße

**Friesengasse/
Schloßstraße**
❹

Schloßstraße 5

Bürgerinitiativen Sturm gegen die Bagger-Mentalität der Planer gelaufen waren. Heute finden sich im Sanierungsgebiet Bockenheim-West durchaus Vorzeige-Objekte, wie zum Beispiel das Dritte-Welt-Haus. Mit Sanierungsmitteln war es sogar möglich, das Haus mit einem Grasdach zu decken. Das Dritte-Welt-Haus ist in Privatinitiative entstanden und steht vor allem für Dritte-Welt-Gruppen zur Verfügung. Auch das alternative »Statt-Café« in der Grempstraße ist ein Ergebnis der Sanierung, die schließlich doch behutsamer mit gewachsenen Stadtteil-Strukturen umging, als ursprünglich zu erwarten war. Insgesamt haben Mietpreisbindungen und andere Einschränkungen in den Sanierungsgebieten jedoch die Spekulation nicht verhindern können. Sie kommt heute auf leiseren Sohlen als einst in rauhen Westend-Tagen — vorwiegend durch Umwandlung in Eigentumswohnungen.

Man mag schauen, wie man will an der Kreuzung Friesengasse/Schloßstraße; nichts besonderes: eine deutsche Kreuzung in ihrer ganzen Öde. Die Bebauung aus der »Wirtschaftswunderzeit« läßt Gedanken an »wohliges Chaos« gar nicht erst aufkommen. Es wäre auch nicht der richtige Ort dafür. Der Platz ist ein »Denk mal!«, gerade auch, weil es keines gibt. Auf dem Eckgrundstück Schloßstraße 5 stand die Synagoge der Bockenheimer jüdischen Gemeinde — bis zur sogenannten »Reichskristallnacht«.

Ausländer/innen und Dritte Welt

Frankfurt gehört zu den multikulturellsten Großstädten der Bundesrepublik. 1/4 aller Frankfurter/innen ist nicht in Deutschland geboren oder hat Eltern, die eine andere als die deutsche Staatsbürgerschaft besitzen. 1/3 von ihnen stammen sogar aus außereuropäischen Ländern, mit Asien an der Spitze. Wahlpolitisch sind Frankfurts ausländische Bürger/innen entmündigt, doch geht von ihnen gleichwohl seit Jahren eine rege politische und kulturelle Vereinstätigkeit aus, von der die Inländer/innen meist nur wenig ahnen (Parteien, Frauen- und Jugendgruppen, Kulturzentren, Sportvereine, religiöse Zirkel etc.).

Daneben gibt es seit Beginn der 70er Jahre zahlreiche deutsche und bi- bzw. multinationale Initiativen und Vereine, die insbes. von Menschen aus dem intellektuellen, gewerkschaftlichen und kirchlichen Spektrum getragen werden: Menschenrechtsgruppen, länderspezifische Solidaritätsgruppen, entwicklungspolitische Aktionsgruppen, Ausländerinitiativen etc. Sie suchen seitdem die deutsche Öffentlichkeit für die Probleme der »Dritten Welt« bzw. der »Dritten Welt in Frankfurt/Main« zu sensibilisieren. Mit wechselndem Erfolg. Und dann gibt es noch — last but not least — eine ganze Reihe mehr oder minder isolierter Einzelpersonen, die sich regelmäßig oder sporadisch über solche Probleme informieren oder in bestimmten Bereichen auch einmal intensiver mitarbeiten möchten.

Das Dritte-Welt-Haus (3WH) verdankt(e) seine Entstehung dem Versuch, diese recht heterogenen Gruppen und Einzelpersonen in einen intensiveren Kommunikationsprozeß und vielleicht zu einem neuen Ansatz im Bereich der Solidaritätsarbeit zu bringen. Seit 1980 versuch(t)en wir, dafür die erforderlichen räumlichen Voraussetzungen zu schaffen. Das war alles andere als einfach.

1982 wurde im Frankfurter Nordend in einem kleinen Ladenlokal in der Neuhofstraße das erste 3WH eröffnet. Als Übergangslösung. Nach einiger Zeit ergab sich dann die Möglichkeit, eine geräumige ehemalige Brotfabrik in Bockenheim anzumieten. Nach umfangreichen und langwierigen Renovierungsarbeiten konnten wir unser zweites 3WH im Juni 1985 mit einem rauschenden Fest eröffnen, seitdem versuchen wir, es am Funktionieren zu halten.

Gegenwärtig ist das 3WH regelmäßiger Treffpunkt für fünf ausländische Gruppen: das Selbsthilfe- und Diskussionsforum äthiopischer Flüchtlinge, den Verein Selbsthilfe für iranische Flüchtlinge, den Verein der Arbeiter aus der Türkei, die Koreanische Frauengruppe in der BRD und Westberlin, die aus nordafrikanischen Berbern bestehende Gruppe Imaighen und die Ghana-Union. Zu den überwiegend von Deutschen getragenen Mitgliedsgruppen mit regelmäßigem Treff im 3 WH zählen: AAB (Anti-Apartheid-Bewegung), AK Afrika, AG Lateinamerika und Demokratie, El-Salvador-Komitee, Nicaragua-Komitee, Pazifik-Forum.

Die Veranstaltungen im 3WH werden z.Z. entweder von diesen Mitgliedsgruppen bestritten oder von anderen im Frankfurter Raum beheimateten Ausländer- und Dritte-Welt-Gruppen. Bisher war bei der Raumvergabe politische Pluralität unser oberstes Gebot. Auch die 3WH-Mitglieder(gruppen) sind nicht durch eine gemeinsame politische Linie »im engeren Sinne« verbunden. Wir möchten keine Gewißheiten verkünden, sondern Diskussionen anregen und Kontroversen stimulieren. Daher wurde auch eine Programmgruppe gegründet, die zu entsprechenden Themen Veranstaltungsreihen organisiert.

Unser neuestes 3WH internes Projekt ist der Aufbau eines *Medienzentrums (MIZ)*. Es »ergänzt« bzw. »ersetzt« unser bereits seit 1 1/2 Jahren bestehendes »*Mädchenzentrum*«, das von überwiegend türkischen Mädchen aus Bockenheim aufgesucht und von 2 deutschen Sozialpädagoginnen/arbeiterinnen (ABM) geleitet wird (Hausaufgabenhilfe, Musik, Tanz, Klönen etc.). Im MIZ (1 ABM-Stelle) können diverse Materialien eingesehen und/oder ausgeliehen werden.

Darüber hinaus möchten wir das 3WH generell zu einer Info- und Anlaufstelle in Sachen Dritte Welt und Ausländer/innen machen: wir arbeiten an einer Adreßdokumentation, um gezielt Kontakte, Referenten/innen zu vermitteln. *Monika Schuckar*

Die jüdischen Einwohner Bockenheims teilen bis zu ihrer bürgerlichen Gleichstellung 1833 (Gesetz zur gleichförmigen Ordnung der besonderen Verhältnisse der Israeliten in Kurhessen) das Schicksal der unterdrückten Minderheit mit ihren Glaubensgenossen im Gebiet des Deutschen Reiches: Schutzzölle, Leibsteuern, eingeschränkte Wohnrechte, eingeschränkte Berufswahl. Selbst im Dorf Bockenheim bestand im 18. Jahrhundert die Absicht, eine »Judengasse« anzulegen. Zur Einweihung der im orientalischen Stil errichteten Synagoge trat auch der Männergesangsverein Liederkranz auf: treudeutsch und christlich. Die Harmonie währte nur kurz. Es gibt keine jüdische Gemeinde mehr in Bockenheim. Und noch immer gibt es kein Zeichen der Trauer, der Erinnerung an jene, die emigrieren mußten, deportiert und ermordet wurden. Ein Platz, der weder Opfer noch Täter nennt. Man kann Kaffee trinken, wo einst die Synagoge stand, oder Auto fahren. Ein Teil des Grundstücks der Synagoge liegt unter dem Asphalt der ausgebauten Schloßstraße. Ein deutscher Platz. Vermutlich findet sich demnächst ein kleines Metalltäfelchen zum mahnenden Gedenken: Wir begehen den fünfzigsten Jahrestag der sogenannten Reichskristallnacht. Verordnete nationale Nachdenklichkeit und Besinnung, bundespräsidial abgesegnete, feierliche Enthüllung durch den Frankfurter Oberbürgermeister nicht ausgeschlossen.

Schönhof ⑤

Das Gremp'sche Gutshaus nach dem Umbau von 1907

Kirchplatz

Der *Schönhof* ist heute vor allem bekannt wegen des griechischen Lokals mit seinem ausgedehnten Sommergarten. Gyros und Keftedes kann man sich auf wahrhaft historischem Boden schmecken lassen: Der Schönhof geht zurück bis auf das Jahr 1575. Den Namen gab das blaue Blut eines alten Bänkers, der als »Edler von Löwenclau, Herr von Schönhofen« im Gutshof residierte und bürgerlich *Isaac d'Orville* hieß. Der Schönhof war zeitweise als Bürgerhaus für den Stadtteil vorgesehen. Die Stadt reagierte mit solchen Vorschlägen auf die Forderung nach einer entsprechenden Einrichtung im Depot an der Warte. Als sich diese Pläne zerschlagen hatten, verschwand auch das Bürgerhaus im Schönhof auf wundersame Weise aus den städtischen Investitionslisten. Statt eines großen Bürgerhauses verfolgt die Stadt jetzt das Konzept dezentraler, kleiner Bürgertreffs im Stadtteil. Weithin sichtbar: die alte Jakobskirche aus dem Jahr 1365. Sie wurde in den folgenden Jahrhunderten mehrfach erweitert und umgebaut. Schon 1593 zeigte eine Turmuhr, was die Stunde geschlagen hatte.

Der Kirchplatz wird in die Stadtteilgeschichte eingehen wegen der »Brunnenepisode«, die sich nach dem Bau der U-Bahn abspielte. Die Stadt wollte ihren 138 Brunnen den 139sten auf dem Kirchplatz hinzufügen. Ein Wettbewerb wurde ausgeschrieben, Entwürfe preisgekrönt. Doch der Brunnen fiel ins Wasser. Auch der erste Preisträger überzeugte schließlich selbst die städtischen Planer nicht mehr. Ein Abstecher in den U-Bahnhof »Kirchplatz« lohnt wegen eines riesigen Mosaiks mit Darstellungen aus dem alten Bockenheim. Man muß das Postkartenmotiv nicht schön finden, monumental ist es allemal.

Das älteste Bockenheimer Gebäude: Das Gremp'sche Haus. Schon im 13. Jahrhundert wird es als »Steynerne Kemenate« erwähnt. Alle anderen Gebäude waren aus Lehm und Fachwerk. Für Bockenheims bäuerliche Bevölkerung war es der Hof stets wech-

» Forells Garten«. Straßen-ansicht

selnder Herrschaften, wo sie feudale Dienste zu erbringen hatten und ihre Abgaben entrichten mußten.

Ginnheimer Land-straße 40-42

Lustig ist das Studentenleben — in Bockenheim gilt das zumindest für die Wohnsituation nicht. Grau und öde überragt das Studentenwohnheim in der Ginnheimer Landstraße 40-42 selbst den Turm der benachbarten Frauenfriedenskirche. Ein Studium lang ist der Wohnpferch das Zuhause für einige hundert Studenten. Eine Wohnmaschine, die im günstigen Fall freien Ausblick auf die Taunusberge bietet, deren Planer aber vergessen haben, daß auch Studenten keine seelenlosen Wesen sind. Am Fuße der Wohntürme erinnert eine Gedenktafel an die nationalsozialistische Vergangenheit.

Eine alte »Perlenfabrik« stand früher an Stelle der Studententürme. Als die hier gefertigten und aufgefädelten Metallperlen nicht mehr Mode waren, wurde die Fabrik 1903 stillgelegt. Die Gebäude übernahm die Stadt Frankfurt und richtete dort ein »Armenhaus« ein.

Zehn Jahre lang — ab 1923 — war die alte Perlenfabrik Heimat für Jugendliche ohne Ausbildung und ohne Arbeit. Als »Westendheim« ging es in die Geschichte der Reformpädagogik ein, das Heim wurde in Selbstverwaltung betrieben. Die Erzieher und Ausbilder entstammten alle der Arbeiterjugendbewegung. Solche Institutionen waren die ersten, die der nationalsozialistischen Machtergreifung zum Opfer fielen. Im Westendheim war das nicht schwer, weil die Stadt schon kurz zuvor die Finanzierung immer drastischer kürzte. Die Standarte 63 der SA übernahm das Gebäude. Vor allem Gewerkschafter, Sozialdemokraten und Betriebsräte wurden im Frühjahr 1933 hier eingekerkert, zusammengeschlagen, verhört und gefoltert. Ein provisorisches KZ, bis die großen, durchorganisierten Konzentrationslager fertiggestellt waren — Durchgangsstation nach Buchenwald.

Der Ginnheimer Spargel

Ginnheimer Höhe heißt das reiche Viertel am Nordrand des Stadtteils im Zwickel zwischen Frauenlob- und Sophienstraße. Hier regierten schon immer Geld und Privilegien, die sich bis heute erhalten haben. Zwischen Villen und Diplomatenresidenzen sucht man vergeblich nach einem Laden, in dem man auch nur ein Päckchen Zigaretten kaufen könnte. Bis heute ist jener kommunale Vertrag nicht außer Kraft gesetzt, der die besonderen Vorzüge des Quartiers schon Anfang des Jahrhunderts im Zusammenhang mit der Eingemeindung sichern sollte. Der »Ginnheimer-Höhe-Vertrag« bestimmt unter anderem: »...insbesondere ist Bau und Einrichtung von Krankenhäusern, Wirtschaften, Fabriken, Lagerräumen, Bäckereien, Metzgereien und sonstigen Handwerksbetrieben unzulässig.« Das Viertel der Reichen sollte frei sein von all den störenden Einrichtungen, mit denen man das Geld verdiente, um sich die Villa fernab der stampfenden Fabriken leisten zu können. Pferdeställe waren zulässig, jedoch nicht für gewerbliche Zwecke. In anderen Worten: Herrenreiter ja, Bauern oder Fuhrleute — nein danke. Selbst Größe und Lage der Hausmeisterwohnungen waren vorgeschrieben. Sie hatten im Dachgeschoß zu liegen und durften außer der Küche nicht mehr als zwei Wohnräume umfassen. Als auf Betreiben der CDU ausgerechnet jenes ohnehin ruhige Viertel weiter »verkehrsberuhigt« werden sollte, scheute die Stadt keine Mühe. Massive Leitplanken schotteten das Viertel ab. Der Verkehr wurde zusätzlich in andere bereits überlastete Quartiere abgedrängt. Nach Protesten war auch der CDU so viel Ruhe im reichen Viertel peinlich. Die Straßensperre wurde wieder aufgehoben.

Zur Peinlichkeit entwickelte sich auch der 331 Meter hohe Fernmeldeturm, der im Volksmund »Ginnheimer Spargel« genannt wird, obwohl er auf Bockenheimer Boden steht. Bei seiner Eröffnung feierte die Stadt das »neue Wahrzeichen«. Doch mit dem Ausblick von der Kaffee-Plattform und vom Drehrestaurant in der silbernen Turmkanzel war es schon 1982 wieder vorbei: Die private Gastronomiefirma im Post-Spargel war pleite. Seither können Frankfurt-Touristen den Turm nur noch von unten betrachten. Der Turm dient der Post als Verteilerstelle im Richtfunk-Netz, über das Telefonverkehr und Überspielungen zwischen den Rundfunkanstalten abgewickelt werden. Der ungewöhnlich hohe Turm wurde nach dem Bau der Frankfurter Hochhäuser nötig.

Sophienstraße
❼

An der Sophienstraße tauchen wir wieder ein ins Stadtteil-Leben. Sie ist die Grenze zwischen »Ober- und Unterbockenheim«, wie manche scherzhaft sagen, eine scharf gezogene Trennlinie zwischen dem Viertel der Privilegien und dem Stadtteil, der geprägt ist von alten Mietshäusern etwa aus der Gründerzeit. An der Sophienstraße fügen sie sich teilweise zum Ensemble. Straßennamen verweisen auf sozialdemokratische Traditionen: Franz Metz, Heinrich Mulansky und Konrad Broßwitz gehörten zu den namhaften Bockenheimer Sozialdemokraten, die den Nazis Widerstand entgegenzusetzen versuchten.

Sommer im Bernus-Park

Im alten *Titania-Kino am Hessenplatz* hielt *Rosa Luxemburg* 1913 ihre berühmte Anti-Kriegsrede, die ihr im wilhelminischen Staat ein Jahr Gefängnis einbrachte. Rosa Luxemburg forderte die Arbeiter auf, nicht auf ihre französischen und andere ausländische Kollegen zu schießen, wenn es zum Krieg kommen sollte. Ihre Rede in der »Liederhalle«, wie das spätere »Titania«-Kino damals hieß, fand so viel Beachtung, daß die Zeitung »Volksstimme« notierte: »Um 8 Uhr herrschte ein unheimliches Gedränge im Saal, so daß auch die nur vereinzelt aufgestellten Tische entfernt werden mußten.« In neuerer Zeit ist das »Titania«-Kino eher ein Symbol des zeitweiligen Kinosterbens. Als letztes Bockenheimer Stadtteil-Kino rettete es sich mit meist drittklassigen Streifen bis ans Ende der siebziger Jahre. Dann gaben die Besitzer auf, das alte Kino stand jahrelang leer. Bemühungen, wieder Kino im alten »Titania« stattfinden zu lassen, scheiterten. Inzwischen ist die Altkatholische Gemeinde ins Foyer-Gebäude des alten Kinos mit einem Gemeindezentrum eingezogen. Den Kinosaal hat die Stadt übernommen — für einen dezentralen Bürgertreff.

Hessenplatz

Die Grünanlage auf dem Hessenplatz ist ein frühes Beispiel der »Renaturierung«. Schon in der Römerzeit soll der Ort zur Basaltgewinnung gedient haben. Von der Basaltgruppe blieb später nur ein kleiner See, die »Große Steinkaute«. 1892 wurde sie verfüllt und zur Grünanlage umgestaltet. Der letzte der Bockenheimer Basaltbrüche soll 1900 geschlossen worden sein.

Der *Bernuspark* an der Schloßstraße — heute eine eher unbedeutende Grünanlage im Stadtteil — ist ein Relikt aus jenen Tagen, als Leute mit dem nötigen Geld im Schloß zu hausen pflegten. Der Park war der Garten des 1771 erbauten Bockenheimer Schlößchens, das zuletzt der Familie *Bernus* gehörte. Erhalten ist noch die kleine Schloßgärtnerei, die von den Bockenheimern heute noch (fälschlich) als das Bockenheimer Schlößchen bezeichnet wird. Aus den hochherrschaftlichen Zeiten übrig ist auch die kleine Steinbrücke, die über den Weiher im Park führt.

Bernuspark

Westbahnhof ⑩

Das alte Elektrizitätswerk

Voltastraße

Der *Westbahnhof* ist heute im wesentlichen eine von vielen S-Bahn-Stationen, gebaut nach den Bedürfnissen einer Stadt, die mit und von den Pendlern aus dem Umland lebt. Der frühere Bockenheimer Bahnhof wurde bereits 1848 erbaut und war damals Scheitelpunkt der Homburg-Cronberger- und der Main-Weser-Bahn. Bevor der Lastwagen die Straßen eroberte, führten Anschlußgleise vom Bockenheimer Bahnhof zu den Industriebetrieben an der Bockenheimer Warte. Westlich des Bahndamms eröffnet sich eine neue Stadtteilwelt: Im vergangenen Jahrhundert war die Südhälfte Bockenheims das Industriegebiet mit Zukunft. Inzwischen mischt sich dort sozialer Wohnungsbau mit Industriebranchen, kleineren Gewerbebetrieben in alten, teils nostalgischen und nach kultureller Nutzung schreienden Fabrikhallen. Nur wenige Großbetriebe wie die gewerkschaftseigene Union-Druckerei, in der viele Gewerkschaftszeitungen hergestellt werden,oder die Main-Gas-Werke sind geblieben.

Das »ungeordnete Gelände« jenseits der Bahn weckte den Ehrgeiz der städtischen Planer. »*City West*« heißt die Zauberformel, mit der etwa bis zum Jahr 2000 rund 20.000 neue Arbeitsplätze entstehen sollen. Der für seine postmoderne Handschrift bekannte Stararchitekt *Oswald Ungers* hat erste Pläne für die neue Bürostadt vorgelegt, die wie eine steinerne Schüssel aussehen wird — mit einem Rand aus Hochhäusern, Wohnungen und flachen Bürobauten in der Mitte, das Ganze durchsetzt mit »Pocket-Parks«, wie ein bißchen Grün im Quadrat vornehm genannt werden soll. Unter der Wohnbevölkerung — meist in Sozialwohnungen — geht die Angst vor Vertreibung um. Denn die Macht des großen Geldes nimmt schon sichtbare Kontur an, mit einer »Residenz an der Messe« beispielsweise. Vor wenigen Jahren noch verkaufte Frankfurts Planungsdezernent *Hans Küppers* das teure Mittelding zwischen Luxushotel und Appartmenthaus als »Studentenwohnungen«. Zwar hat die Stadt bislang immer wieder versprochen, die vorhandenen Wohngebäude sollten erhalten und die »Wohnfunktion« sogar gestärkt werden. Geglaubt hat das in Bockenheim-Süd bislang noch niemand recht. Daß der Plan der City-West gar ein Haus mitten auf einem vorhandenen Schulhof vorsah, machte die Menschen mißtrauisch, focht aber die Stadt nicht an. Als Planungsfehler, der beseitigt werden muß, wurde der Schnitzer abgetan. Umstritten in der Diskussion ist die »City-West« unter anderem auch deshalb, weil sie das Wirtschaftsgefüge der Stadt weiter zugunsten von Banken und Dienstleistungsbetrieben verschieben wird. Der gewerbliche Sektor, so die Kritiker, werde weiter vernachlässigt. Ökologisch rächen sich die Sünden der Vergangenheit: Ein Kataster der Altlasten aus früherer Blütezeit der Bockenheimer Industrie hielt die Stadt vorläufig unter Verschluß. Obwohl die alten ökologischen Sünden noch nicht einmal offenliegen, drohen schon neue. Die City West mit ihren vorgesehenen Hochhäusern mußte schon umgeplant werden — wegen drohender negativer Klimaauswirkungen.

In mancher Hinsicht ist Bockenheim-Süd wie ein Freiluft-Museum, vielleicht auch wie ein historischer Flohmarkt. Auf dem alten Friedhof an der Solmstraße sind Grabmale aus dem vergangenen Jahrhundert erhalten, darunter das Familiengrab der Bockenheimer Kaufmannsfamilie *Rohmer*. Das Opel-Rondell am Rande von Bockenheim-Süd war in den fünfziger Jahren wie ein Symbol zum Aufbruch in die Massenmotorisierung und ein für damalige Verhältnisse kühner Architektur-Entwurf. Über einer Tankstelle durfte im kreisrunden, ringsum verglasten Restaurant gespeist werden. Der Bau ist noch vorhanden und wird heute von einer Restaurant-Kette bewirtschaftet. Zeugnis der Vergangenheit legt auch das alte Elektrizitätswerk aus dem Jahre 1892 ab, in dem heute ein Bosch-Autodienst untergebracht ist. Was aus ausgedienten Fabrikhallen werden kann, zeigt sich in der Hamburger Allee 45, wo »wie von selbst« ein multi-kulturelles Zentrum entstanden ist. Eins kam zum anderen: Ein neues Kino zog ein, die Redaktion des »Pflaster-strand« und die Frankfurter Regionalredaktion der taz haben dort ihren Sitz, und das englisch-sprachige »Café-Theater« fand hier ei-

Solmstraße 1

Hamburger Allee 45
⑪

ne neue Bleibe, nachdem es aus dem Stadtteil Sachsenhausen verschwinden mußte. Hinzu kommt das »orfeo«-Café im Erdgeschoß, eine Kunstschule und zahlreiche kleinere Gewerbebetriebe.

Die Hamburger Allee: Heimstatt für »Orfeo-Café«, TAZ, Plasterstrand und Theater

Varrentrappstraße 38 heißt die Adresse, die 1974 für Schlagzeilen sorgte. 500 Jugendliche besetzten das Haus, um es künftig als *Jugendzentrum* zu nutzen. Am Abend des denkwürdigen Tages demonstrierte die Polizei Stärke, räumte und nahm 251 Hausbesetzer fest. Ein Jahr später legalisierte die Stadt das besetzte Haus und übergab es offiziell als »Jugendhaus«. In die Schlagzeilen geriet es wieder, als im Herbst 1985 *Günter Sare* bei einer Demonstration gegen die NPD von einem Polizeiwasserwerfer überrollt und getötet wurde. Sare war bis zu seinem Tode der zweite Vorsitzende des Trägervereins für das Bockenheimer Jugendzentrum.

Varrentrappstra-ße 38
⑫

Kaum ein Zufall: Im Senckenberg-Museum fand 1914 die Gründungsfeier für die »Königliche *Universität Frankfurt* am Main« statt. Hervorgegangen ist die heutige Johann-Wolfgang-Goethe-Universität unter anderem aus der »Jügelschen Stiftung«, deren Ziel »die Einrichtung und Unterhaltung einer allgemeinen öffentlichen akademischen Unterrichtsanstalt für die Gebiete der Geschichte, der Philosophie und der deutschen Sprache, sowie der Literatur« war. Heute umfaßt die Universität 21 Fachbereiche.

Das »Juridicum« und das Sozialzentrum der Uni

Frankfurts Uni ist dreigeteilt: Zum »Kerngebiet« in Bockenheim kommen die medizinischen Fachbereiche in Niederrad und die chemischen Abteilungen in Niederursel. Das äußere Kennzeichen der Frankfurter Uni ist ihr wüstes architektonisches Durcheinander. Der Campus hat den Charme eines Autobahnkreuzes, und nichts würde ihn als Ort geistiger Auseinandersetzung ausweisen, wäre da nicht die altehrwürdige Fassade aus der Gründerzeit im Hintergrund. Überragt wird das alles vom Juridicum, im Wortsinne eine metall- und glasglitzernde Hochburg der Juristen. Übertroffen wird die kalte Funktionalität nur noch vom sogenannten »Afe-Turm«, ein 116 Meter hoher Klotz aus Beton, in dem die Abteilung für Erziehungswissenschaften untergebracht ist. In den Stadtteil hat sich die Universität nicht integrieren können. Die Schwellenängste der Bockenheimer vor dem genau abgegrenzten Universitätsbetrieb sind zu groß. Der Versuch des Vereinsringes, eine Stadtteilkerb auf dem Campus zu veranstalten, endete im Desaster. Die Resonanz war bei den Bockenheimern und den Studenten fast gleich null.

Auf dem Gelände der Universität, aber nicht Bestandteil derselben befinden sich auch die *Akademie der Arbeit* (1921 eröffnet und von den Gewerkschaften finanziert, sollte und soll sie Arbeitnehmern ohne entsprechende schulische Vorbildung eine wissenschaftliche Ausbildung vermitteln) und das *Institut für Sozialforschung*, die Wiege der »Frankfurter Schule«.

Die Frankfurter Schule

Wer sich in Frankfurt am Main zu Fuß auf die Suche nach anschaulichen Spuren der Frankfurter Schule begibt, hat alles auf engem Raum beieinander. An der Ecke Senckenberganlage/Dantestraße fast mitten im Universitätskomplex steht das nach dem Zweiten Weltkrieg neu errichtete Institut für Sozialforschung. Im Direktor-Zimmer, dem Parterre-Eckzimmer, saß in den 50er Jahren *Max Horkheimer,* in den 60ern *Theodor W. Adorno.* Heute residiert dort *Ludwig von Friedeburg,* der Mitte der 50er Jahre als Leiter der empirischen Abteilung ins Institut eintrat, in den frühen 70er Jahren hessischer Kultusminister war.

Im östlich gelegenen Nachbargebäude in der Dantestraße ist in den unteren drei Stockwerken das Philosophische Seminar untergebracht. Dort wirken *Jürgen Habermas* — in der zweiten Hälfte der 50er Jahre ein von Adorno hochgeschätzter, von Horkheimer für zu links befundener Mitarbeiter des Instituts und nach Adornos Tod der große eigenwillige Fortsetzer der Frankfurter Schule — und *Alfred Schmidt* — gewissermaßen der materialistische Fachphilosoph unter den jüngeren Vertretern der Frankfurter Schule und Verwalter des Horkheimer/Pollock-Nachlasses.

Geht man vom Institut geradewegs nach Norden in Richtung Stadt- und Universitätsbibliothek, überschreitet man an der Ecke Senckenberganlage/Bockenheimer Landstraße in Höhe des im Erdboden versinkenden altertümlichen Straßenbahnwaggons, durch den man zur U-Bahn-Station hinabsteigen kann, die Stelle, an der 1924 das alte Institut für Sozialforschung errichtet wurde, von dem Ende des Zweiten Weltkriegs nur noch einige Trümmer standen. Die Stadt- und Universitätsbibliothek beherbergt die Nachlässe von Max Horkheimer, *Friedrich Pollock* und *Herbert Marcuse.* Nördlich von der Bibliothek, Zeppelinallee 77, steht noch die Villa von *Hermann* und *Felix Weil,* den Stiftern des alten Instituts.

Der Ausdruck »Frankfurter Schule« ist ein in den 60er Jahren von außen angeheftetes Etikett, das einem nonkonformistischen Intellektuellen und antisystematischen und die Liquidation des Individuums und des Besonderen beklagenden Denker wie Adorno zunächst gar nicht lieb war, das er aber zuletzt selber mit unverkennbarem Stolz gebrauchte. Inzwischen ist dieser Begriff längst zu einem Bestandteil der Wirkungsgeschichte des damit Bezeichneten geworden. Man kommt ohne ihn nicht aus, und er trifft Wesentliches. Über Jahrzehnte hinweg diente das von Horkheimer und Marcuse in den 30er Jahren lancierte Etikett »kritische Theorie« einer Gruppe bedeutender Intellektueller als Signum ihrer Verbundenheit in der gesellschaftskritischen Zielsetzung ihrer Arbeit. Über Jahrzehnte hinweg fungierte das Institut für Sozialforschung als institutioneller Bezugspunkt der Arbeit an der kritischen Theorie bzw. im Geiste kritischer Theorie. Über Jahrzehnte hinweg gab es eindrucksvolle Repräsentanten des Instituts und der kritischen Theorie: lange Zeit den als charismatische Figur wirkenden Wissenschaftsmanager Horkheimer, dann den vielseitig qualifizierten und vielseitig wirksamen gesellschaftskritischen Intellektuellen Adorno. Dergleichen wirkte fast unvermeidlich schulbildend. Inzwischen gehört die von Horkheimer im Auftrag des Instituts herausgegebene und von den frühen 30er bis zu den frühen 40er Jahren erschienene »Zeitschrift für Sozialforschung« mit Aufsätzen von Horkheimer, Adorno, Marcuse, Fromm, Pollock, Benjamin, Neumann, Löwenthal, Kirchheimer, gehört Horkheimers und Adornos zur Zeit des Zweiten Weltkriegs im US-amerikanischen Exil entstandene »Dialektik der Aufklärung«, gehört Adornos posthum erschienene »Ästhetische Theorie« — gehören alle diese Produkte der »Frankfurter Schule« zum Reigen der paradigmabildenden Werke dieses Jahrhunderts. Das hat gewissermaßen rückwirkend schulbildend gewirkt.

Die Geschichte der Entstehung des Instituts für Sozialforschung und seiner Entwicklung zur institutionellen Basis der kritischen Theorie klingt wie ein modernes Märchen. 1890 ging der 22jährige *Hermann Weil* als Angestellter einer Mannheimer Getreidefirma nach Argentinien. 1907 kehrte er als Mitinhaber einer der größten Getreidehandelsfirmen Argentiniens mit seinem Sohn *Felix* nach Deutschland zurück und ließ sich in Frankfurt am Main nieder. Der Sohn wurde angesichts von Weltkrieg, russischer Revolution, Novemberrevolution zum

Der Eingang des Instituts für Sozialforschung vor und nach 1933

»Salonbolschewisten« und linken Mäzen, der aus seinem mütterlichen Erbe Personen und Projekte unterstützte. Zu seinem Lieblingsprojekt wurde die Etablierung eines Instituts für Marxismus, an dem marxistische Diskussion jenseits der Borniertheiten des akademischen Wissenschaftsbetriebs wie der ideologischen Engstirnigkeiten politischer Parteien eine feste Stätte finden sollte. Das Unwahrscheinliche wurde Wirklichkeit: der Sohn, dessen finanzielle Mittel für ein so großangelegtes Projekt nicht ausreichten, gewann den konservativen Vater als Stifter und das preußische Kultusministerium als Verbündeten bei dem Unternehmen, ungeachtet des Mißtrauens und der Abneigung der Frankfurter Universität, dieser ein selbständiges Institut anzugliedern, das sich »Institut für Sozialforschung« nannte, aber doch in erster Linie ein Institut für marxistische Sozialforschung werden sollte und wurde.

Unter dem ersten Leiter, dem österreichischen Sozialdemokraten *Carl Grünberg,* der sich offen zum Marxismus bekannte, blieb die Arbeit des Instituts vor allem wirtschaftstheoretisch und historisch orientiert. »Frankfurter Schule« begann erst, als Max Horkheimer an die Stelle des erkrankten Grünberg trat und in seiner Antrittsrede das Projekt einer Durchdringung von Sozialphilosophie und empirischen Sozialwissenschaften zur Erforschung der gegenwärtigen Zusammenhänge von Wirtschaft, Psyche und Kultur darlegte. Das Ziel war: kollektive interdisziplinäre Arbeit an einer Theorie und Empirie verbindenden materialistischen Analyse der Gesellschaft. Die Rede war ein Meisterwerk bedächtiger Stilisierung, ganz unmarxistisch klingend und doch ein Projekt ankündigend, von dem Horkheimer sich die Überwindung der Krise des Marxismus erhoffte.

Aber kaum hatte die Arbeit begonnen, war das Institut schon auf der Flucht. Nach der Zwischenstation Genf, wo Horkheimer bereits früh eine Filiale errichtet hatte, emigrierte es 1934 in die USA, wo eine der renommiertesten Universitäten des Landes, die New Yorker Columbia University, ihm ein Haus zur Verfügung stellte. Dank Horkheimers Vorsicht war das Vermögen des Instituts gerettet worden, blieb es noch lange finanziell unabhängig. Ein ähnlicher Balanceakt wie im vor-nationalsozialistischen Deutschland begann. Weiterhin ging es Horkheimer darum, beides zu vereinen: die sendungsbewußte Weiterarbeit an kritischer Gesellschaftstheorie und Sozialforschung und die Sicherstellung anerkennender Duldung durch den etablierten Wissenschaftsbetrieb.

1936 erschienen die »Studien über Autorität und Familie«. Das Buch enthielt Glanzstücke wie Fromms um die Konzeption des autoritären Charakters zentrierten sozialpsychologischen Aufsatz im theoretischen Teil. Die beabsichtigte Durchdringung von Theorie und Empirie aber war nicht zustandegekommen. Dem ersten Bericht des Instituts über gemeinsame Forschungen folgten auch keine weiteren. Ende der 30er Jahre war der Höhepunkt interdisziplinärer Zusammenarbeit erreicht. Horkheimer, *Fromm,* Marcuse, Adorno, Pollock, *Neumann, Kirchheimer,* Löwenthal, *Wittfogel* — diese der Marxschen Theorie verbundenen Philosophen, Ökonomen, Politologen, Psychologen boten das erstaunliche und seltene Bild einer Gruppe von Intellektuellen, die teils aufgrund der gemeinsamen Unterbringung im Gebäude des Instituts, teils durch den gemeinsamen Publikationsort »Zeitschrift für Sozialforschung« und Redaktionssitzungen, teils durch arbeitsteilig bestrittene Vorlesungen an der Columbia University, teils aufgrund des — in vieler Hinsicht allerdings sehr fragwürdigen — Wissenschaftsmanagementstalents von Horkheimer, teils dank der besonderen Anziehungskraft des Instituts in der Situation des Exils ein locker koordiniertes Kollektiv bildeten.

Ende der 30er Jahre hatte aber auch schon der Zerfall begonnen — bedingt unter anderem durch Horkheimers Angst um das schrumpfende Vermögen des Instituts, seine überzogenen Vorstellungen von einem homogenen Mitarbeiterkreis und seine Entschlossenheit, in enger Zusammenarbeit mit wenigen Mitarbeitern »die Theorie« voranzubringen und endlich das lange geplante Buch über Dialektik zu schreiben. Es wurde ein produktiver Zerfall. In der ersten Hälfte der 40er Jahre erschienen Fromms »Escape from Freedom« (dt.: Die Furcht vor der Freiheit), Marcuses »Reason and Revolution« (Vernunft und Revolution), Neumanns »Behemoth« (Behemoth. Struktur und Praxis des Nationalsozialismus 1933—1944) und die »Dialektik der Aufklärung« (ein Gemeinschaftsprodukt Horkheimers und Adornos, die nach Los Angeles übergesiedelt waren, und zunächst unter dem Titel »Philosophische Fragmente« in einer Auflage von 500 hektographierten Exemplaren als Veröffentlichung des Instituts herausgebracht). Außerdem wurde, finanziert vom American Jewish Committee, das vom Institut entworfene Antisemitismus-Projekt realisiert — allerdings nicht vom Institut, sondern nur unter Beteiligung einiger Mitarbeiter des geschrumpften Instituts. Horkheimer fungierte lange Zeit als Leiter des Projektes, war später Mitherausgeber der fünfbändigen »Studies in Prejudice«. Adorno war Mitarbeiter beim größten und wichtigsten Teilprojekt, dem Berkeley-Projekt über Wesen und Ausmaß des Antisemitismus, dessen Resultat die »Authoritarian Personality« war, ein Klassiker der Soziologie.

In den letzten Kriegsjahren waren bis auf die Cheftheoretiker Horkheimer und Adorno alle wichtigen (zum Teil ja bereits einstigen) Mitarbeiter des Instituts ganz- oder teilzeitlich in Staatsdiensten und leisteten vor allem im Office of Strategic Services (OSS) einen Beitrag zum antifaschistischen Kampf der Alliierten. Nach dem Krieg hätten Neumann, Marcuse und Kirchheimer gerne wieder mit Horkheimer und dem Institut zusammengearbeitet. Aber darauf wollte Horkheimer sich nach wie vor nicht mehr einlassen. Stattdessen tat er etwas, was die Finanzen schonte und die Rückkehr nach Deutschland ohne Aufgabe der Position in den USA erlaubte. Er erreichte, daß mit Unterstützung des US-amerikanischen Hochkommissars und der Stadt Frankfurt die Neuerrichtung eines Instituts für Sozialforschung erfolgte — als deutsche Filiale eines US-amerikanischen Instituts, als Brückenkopf für die Erziehung der Deutschen zur Demokratie, als Chance für Frankfurt, zu einem Zentrum moderner Gesellschaftsforschung zu werden.

Als Horkheimer, Adorno und Pollock, inzwischen längst Bürger der USA, sich mit ihren Frauen in Frankfurt niederließen und ihre deutsche Position auszubauen begannen, sahen sie sich als Juden, als linke Intellektuelle und als kritische Sozialwissenschaftler in einer von ihresgleichen mehr oder weniger gründlich gesäuberten Umwelt, in der die Zeichen längst eindeutig auf Restauration standen. Die Personen, die sie empfingen, waren zum Teil dieselben, die 1933 ihre Vertreibung begrüßt hatten. Außer Horkheimer und Adorno kam keiner der profilierten Dozenten aus der Blütezeit der Frankfurter Universität in den letzten Jahren der Weimarer Republik zurück. Gerade weil Horkheimer, Adorno und Pollock Ausnahmen waren und blieben, konnten sie mit wohlwollender Duldung rechnen.

Als Horkheimer im November 1951 kurz nacheinander seine Rede zur Wiedereröffnung des Instituts für Sozialforschung und seine Antrittsrede als Rektor der Frankfurter Universität hielt, klang vom alten Ziel einer Theorie und Empirie verbindenden interdisziplinären Intellektuellen-Kooperation nichts mehr durch. Kritische und der Gesellschaft Nutzen bringende Soziologen bzw. soziologisch denkende Menschen heranzuziehen war nun das erklärte und ihn tatsächlich bewegende Ziel. Lag darin nicht mehr Resignation, bedeutete das nicht ein rabiateres Abrücken von alten Zielen als nötig? Sicherlich. Aber in der damaligen Situation, im »Restauratorium« der Adenauer-Bundesrepublik, war selbst das, was Horkheimer wollte und bot, ein Lichtblick für Studenten und Jugendliche. Und dann gab es schließlich Adorno, dessen Produktivität und Energie ungebrochen waren. Während Horkheimer neben seiner nach wie vor pädagogisch überaus erfolgreichen Lehrtätigkeit zum Repräsentanten wurde, wurde Adorno zum Protagonisten einer kritischen Soziologie, zum führenden Musikphilosophen, zum die intellektuelle Szene prägenden Kulturkritiker.

1955 war ein Jahr symbolträchtiger Publikationen. Es erschienen die ersten drei Bände der »Frankfurter Beiträge zur Soziologie«: die Horkheimer zum 60. Geburtstag gewidmete Aufsatzsammlung »Sociologica« — mit der der endgültige Verzicht auf die Fortsetzung der »Zeitschrift für Sozialforschung« besiegelt wurde, für die die Beiträge ursprünglich gedacht waren; das »Gruppenexperiment« — eine sich eindrucksvoll in die Reihe der früheren empirischen Projekte des Instituts einreihende Untersuchung über das politische Bewußtsein der Westdeutschen; die »Betriebsklima« betitelten Ergebnisse einer Auftragsforschung in Werken der Mannesmann AG — Zeugnis des Abschieds von der einstigen Unabhängigkeit des Instituts. Im gleichen Jahr erschien zudem Marcuses »Eros and Civilisation«, eine Art triebdynamische Fundierung der kritischen Theorie und ein beeindruckender Beweis, daß da jemand auf eigene Faust Weiterarbeit am Projekt der kritischen Theorie leistete, der für Außenstehende mit dem Institut für Sozialforschung nichts zu tun zu haben schien.

Marcuse war es, dessen Vortrag bei den Veranstaltungen zu Freuds Geburtstag in Frankfurt und Heidelberg im Sommer 1956 bei einem vielversprechenden neuen Mitarbeiter des Instituts, Jürgen Habermas, unverhohlenes Erstaunen, fast ratlose Sympathie hervorrief. Ein deutlicherer Beleg war kaum denkbar dafür, wie fremd die utopisch-gesellschaftskritische Tradition deutschen und gerade auch Frankfurter Denkens durch die Herrschaft des Nationalsozialismus geworden und durch Restauration und Kalten Krieg für die nach 1933 Herangewachsenen auch geblieben war. Marcuses Traum, irgendwann einmal in Frankfurt wieder mit Horkheimer und dem Institut zusammenzuarbeiten, wurde nie Wirklichkeit. Wirklichkeit wurde dagegen Horkheimers Wunsch, dem von Adorno ans Institut geholten und zu seinem Assistenten gemachten Habermas die weitere Mitarbeit zu verleiden. Die Untersuchung über »Student und Politik«, an der Habermas beteiligt war, erschien außerhalb der »Frankfurter Beiträge zur Soziologie«, und mit dem »Strukturwandel der Öffentlichkeit« mußte Habermas sich bei dem Marburger Professor für Politische Wissenschaft, Wolfgang Abendroth, einem »Partisanenprofessor im Land der Mitläufer«, habilitieren.

Beim sogenannten Positivismusstreit der 60er Jahre spielte Horkheimer — inzwischen emeritiert und Haus an Haus mit Pollock in Montagnola in der Schweiz wohnend — keine Rolle mehr, Habermas neben Adorno eine um so größere. Eindrucksvoller, weil offener, integrationsfähiger und konstruktionsfreudiger als Adorno verfocht er gegen einen »positivistisch halbierten Rationalismus« die Vorstellung einer Konstellation von Erkenntnishaltungen und Interessen, in der auch der dialektische und auf die gesamtgesellschaftliche Totalität zielende Forschungstyp Platz fand und zu den Aufgaben der Vernunft auch die kulturelle Einbindung der technischen, der instrumentellen Rationalität gehörte.

Als 1968 der von Adorno herausgegebene Band mit den einschlägigen Beiträgen zum Positivismusstreit erschien, war dieser Streit längst überlagert durch ein weitaus gewichtigeres und aufsehenerregenderes Phänomen: die Studenten- und Protestbewegung. In ihr kam der über lange Zeit angestaute Unmut über die formulierte Gesellschaft des Wirtschaftswunderlandes Bundesrepublik zum Ausbruch. Angestachelt wurde der Protest durch die Befreiungsbewegungen in der Dritten Welt. Bei der Artikulation des Unmuts und

Max Horkeimer   *Theodor W. Adorno*   *Herbert Marcuse*   *Jürgen Habermas*

des Protests spielte die kritische Theorie eine wichtige Rolle. Adornos Kulturkritik hatte als Lichtblick im Muff der Adenauer-Zeit gewirkt. Die Wiederentdeckung älterer Arbeiten der Frankfurter Schule (auch die »Dialektik der Aufklärung« gab es bis 1969 nur als Raubdruck) weitete den Blick für die Tradition linksintellektuellen Denkens. Gerade alte Aufsätze des seiner Vergangenheit überaus distanziert gegenüberstehenden Horkheimer wurden besonders wichtig. Zum bekanntesten Vertreter der kritischen Theorie, ja zum Idol — neben Marx, Mao Zedong, Ho Chi Minh und Che Guevara — wurde für die rebellierenden Studenten aber Herbert Marcuse. 1965 hatte er, das Engagement US-amerikanischer Studenten bei der Bürgerrechtsbewegung im Süden der USA und beim Protest gegen den Vietnamkrieg vor Augen, in dem seinen Studenten an der Brandeis University gewidmeten Aufsatz über »Repressive Toleranz« ein exponiertes Bekenntnis zum Naturrecht der Unterdrückten auf Widerstand vorgelegt. In ebenfalls exponierter Form, nämlich als Hauptreferent, nahm er im Mai 1966 an dem vom SDS veranstalteten Kongreß »Vietnam — Analyse eines Exempels« in der Frankfurter Universität teil, dessen Abschluß die bis dahin größte Demonstration in der Bundesrepublik gegen den Krieg der USA in Vietnam bildete.

Marcuse wurde für einige Jahre zum gefeierten Lehrer der Neuen Linken. Habermas, nicht weniger engagiert als Marcuse, aber vor allem an die hochschul- und gesellschaftspolitische Situation in der Bundesrepublik und ihre radikale Reform denkend, wurde zum unbequemen Mahner zur Besonnenheit. Adorno, noch im Sommer 1968 erfreut über die Studentenbewegung, die zeige, daß die negativen Utopien von Huxley und Orwell sich nicht bewahrheiteten, war einige Monate später angesichts sich zuspitzender Auseinandersetzungen ratlos. Als er am 31. Januar 1969 mittags vom Fenster seines Eckzimmers im Institut aus mehrere Dutzend Studenten im Geschwindschritt um die Ecke biegen und im Institut verschwinden sah, schloß er auf Besetzungsabsichten. Die Polizei wurde gerufen, das Institut geräumt. Als Adorno im August 1969 während eines Urlaubs in der Schweiz starb, waren Protestbewegung und Frankfurter Schule auseinandergedriftet und beide zugleich mehr oder weniger an ein Ende gekommen. Die Protestbewegung zerfiel in höchst unterschiedliche Gruppierungen und Strömungen, und Adornos Tod bedeutete eine Zäsur, mit der die Frankfurter Schule jedenfalls in ihrer alten Gestalt endete.

Soweit sie in neuer Form weiterlebt, geschieht es nicht im Institut für Sozialforschung oder in wie auch immer symbolischer Verbindung mit ihm, sondern in greifbarster Form bei einzelnen Philosophen und Soziologen wie Jürgen Habermas und *Oskar Negt* und in schwerer greifbarer Form in den unterschiedlichsten Bereichen und Personenkreisen. Daß nach der 40jährigen Existenz einer »Schule« ein von ihr mitgeprägter, aber selbständig zu Ruhm gelangter Jüngerer sie auf eigenwillige und wirkungsvolle Weise fortsetzt — das ist eine Unwahrscheinlichkeit, die gut zur unwahrscheinlichen Geschichte der Frankfurter Schule und des Instituts für Sozialforschung paßt.   *Rolf Wiggershaus*

Das »Café Marx« und ein »Fünf-Finger-Plan«

Das Westend

von Margret Steen

Ausgangs- und
Endpunkt: *U-Bahn-Station Opernplatz, Linien U6, U7*
Dauer: *ohne längere Aufenthalte in den Parks ca. 1 ¹/₂*
           Stunden

Frankfurt-Bankfurt-Krankfurt-Mainhattan: In dieser Reihenfolge wurde im Frankfurter Westend Stein für Stein Geschichte preisgegeben, zerstört, in spiegelnden Fassaden die Allgewalt des Kapitals zementiert, wurden Bewohner bedrängt, schikaniert, bedroht, vertrieben. Spitzhacke, Ramme und Abrißbirne, Bagger, Kran, Stahl und Beton waren die Instrumente der Stadtzerstörung, die parteiübergreifend mit dem sozialdemokratischen Planungsdezernenten *Kampffmeyer* an der Spitze mit Stadtplanung verwechselt wurde.

Südafrika-Demonstration
vor der Deutschen Bank

Nachdem in den fünfziger Jahren die Ordnungsprinzipien ideologisch eingeübt waren, schritt man in den sechziger Jahren zur Tat. Frankfurt machte Ordnung in der Großstadt. Das urbane Durcheinander war den Planern — nicht nur in Frankfurt — ein Greuel. »Zentrum« hieß das Schlagwort. Frankfurt entwickelte den Ehrgeiz, ein, wenn nicht gar *das* europäische Bankenzentrum zu werden. Dazu brauchte es Platz. Sowohl im angestammten Bankenviertel in der City, wo traditionsreiche Dienstleistungsbetriebe den Neubauten des großen Geldes weichen mußten, wie auch in der unmittelbaren Nachbarschaft des ehemals »reichen Westends«, wo die first-class Adresse auf der Visitenkarte garantiert war. »Cityerweiterungsgebiet«, so hieß das technokratische Kürzel; kein Westendbewohner konnte auch nur vermuten, wieviel Gewalt sich dahinter verbarg.

Als großbürgerliches Frankfurter Wohnviertel entstand das Westend erst im 19. Jahrhundert. Als »Straße der Millionäre« galt die mit Kastanien bestandene Bockenheimer Landstraße, von deren beiden Seiten aus das Westend mit eleganten Villen, großzügigen Gärten und Parkanlagen erschlossen wurde. Noch war der Westen nicht die bevorzugte Lage. Auch an den anderen Ausfallstraßen entstanden großbürgerliche Villen. Gerade die neu zu Reichtum und Ansehen gekommenen Bankiers und Barone, die sich in der »Außenstadt« angesiedelt hatten, bedurften zur Festigung ihrer gesellschaftlichen Reputation mehr als nur der großzügig und aufwendig gestalteten eigenen Behausungen.

Bockenheimer
Landstraße

Das erste »echte« Hochhaus Frankfurts: Zürichhochhaus am Opernplatz

Opernplatz

Das Viertel selbst mußte den Charakter der Exklusivität ausstrahlen, in seinem Glanz schuf sich das Bürgertum seine gesellschaftliche Anerkennung selbst. In der Wahl der Mittel war man nicht zimperlich. Die »freie« Konkurrenz galt auch im Kampf um die beste Wohnlage. Den Wettstreit um die Ansiedlung der wichtigsten gesellschaftlichen Treffpunkte zur Selbstinszenierung bürgerlicher Pracht und Potenz entschieden das Westend und seine Bewohner für sich. Ausgestochen wurde dabei vor allem das Ostend, das anfangs noch mitbieten konnte. Mit dem Palmengarten im Westend und dann noch mit der Oper hatte der Osten der Stadt nichts mehr zu melden. Das Westend war das unzweifelhaft eleganteste Viertel der Stadt geworden, der gesellschaftlich-kulturelle Mittelpunkt der feinen Leute. Sie hatten es sich einiges kosten lassen! Vierzigtausend Menschen lebten hier, als die Spekulanten kamen, eingeladen von der Stadt. Zwanzigtausend sind es heute.

Das blau-weiße Zürichhochhaus war das erste Hochhaus im Westend. Die Geschichte begann als Wiedergutmachung. Das Areal zwischen Bockenheimer Landstraße, Unterlindau, Staufenstraße und Reuterweg gehörte bis 1938 der Familie Rothschild. Dann erwarb es die Stadt Frankfurt für den Spottpreis von 620.000 Reichsmark.

Die »Arisierung« des jüdischen Besitzes ist ein Kapitel der deutschen Geschichte, vor dem sich die Historiker bis jetzt gedrückt haben. In Frankfurt lebte vor dem Zweiten Weltkrieg die zweitgrößte jüdische Gemeinde Deutschlands. Vor allem die Anhänger des liberalen Judentums wohnten im Westend. Wie viele Westendvillen und Häuser im »Dritten Reich« den Besitzer gewechselt haben, ist bis heute nicht bekannt. Die Erbengemeinschaft der Rothschilds erhielt 1950 eine Wiedergutmachung von der Stadt. Als sieben Jahre später weitere Erben der Familie auftauchten, wurden erneut Verhandlungen nötig. Die Stadt gab ein Drittel des Geländes an die Rothschilderben zurück und sicherte eine höhere Ausnutzung des Grundstücks zu. Die Zürichversicherung und die Berliner Handelsgesellschaft erwarben das Areal und errichteten dort ihre Bürohochhäuser. Das restliche Gelände — der Rothschildpark — verblieb als öffentliche Grünfläche im Besitz der Stadt.

Staufenstr.1

An seinem nördlichen Ende — Staufenstraße 1 — steht das Amerika-Haus, vor dreißig Jahren erbaut. Mit Seminarräumen und einer umfassenden Bibliothek. Filmfreaks hatten hier die erste Gelegenheit, amerikanische Filme im Original zu sehen.

Fürstenbergerstr. 235

Selbst der eher betuliche Baedeker für Frankfurt kommt um starke Worte nicht herum: Das Westend-Center (heute heißt es Hochhaus am Park) in der Fürstenberger Straße 235 bezeichnet er »als abschreckendes Beispiel drohender Bauweise und Grundstücksspekulation.« Mehrere Architekten hatten nacheinander an dem Entwurf des Bürosilos gewerkelt und seine Durchsetzung in den Baubehörden betrieben. Hier stieß das Vorhaben anfangs durchaus auf Entgegenkommen. Es entsprach den städtischen Vorstellungen, die im sogenannten »Fünf-Finger-Plan« festgehalten waren. Danach sollten — ausgehend vom Opernplatz als Handballen — fünf Finger das Westend durchstoßen. Als Schneisen, von Bürotür-

men gesäumt und für den Autoverkehr aufbereitet, hatte man den Reuterweg, den Straßenzug Ober- und Unterlindau, die Bockenheimer Landstraße, den Kettenhofweg und die Mainzer Landstraße vorgesehen.

»Auch 1985 noch immer Angst im Westend« (aus: Frankfurter Rundschau vom 14.10.1985)

An der Kuppe des zweiten Fingers stand das Spekulationsobjekt Westend-Center auch nach städtischen Vorstellungen am richtigen Platz. Nur mit den Maßen nahmen der »Bauherr« und seine Architekten es nicht mehr so genau. Hier ein wenig höher, dort ein bißchen breiter. Eine stattliche Anzahl nicht genehmigter Quadratmeter kam so zustande. Als der Rohbau fertig war, erklärte das hessische Verwaltungsgericht die Baugenehmigung für null und nichtig. Der häßliche Klotz stand jahrelang als Spekulationsruine leer, erst vor einem Jahr wurde er bezugsfertig. Die Geschichte dieses Hauses und der näheren Umgebung erfährt man am eindringlichsten — weit besser als dieser Text es je beschreiben könnte — beim Kiosk am Fuße des Hochhauses. Seine Betreiberin hat die Wildwestendzeiten erlebt und erlitten, wurde immer wieder genötigt, um ihre Existenz zu bangen und zu kämpfen.

Schräg gegenüber das »IG-Farben-Hochhaus«. Es wurde nach Plänen des Architekten *Hans Poelzig* 1928—30 errichtet. Bis 1928 hatte an diesem Platz eine psychiatrische Anstalt, im Volksmund »Affenstein« genannt, gestanden. Der Arzt *Dr. Heinrich Hoffmann* hatte sie zusammen mit Frankfurter Bürgern 1864 als Armenklinik gegründet. Hier wurden schon damals psychisch Kranke mit einer Art Arbeitstherapie behandelt. Zwangsjacken wurden nur im äußersten Notfall angewendet.

Dr. Hoffmanns Geschöpf: Der Struwelpeter

1844 verfaßte eben jener Dr. Hoffmann für seine eigenen Kinder den »Struwwelhans«. Es handelte sich um eine Reihe von Geschichten über jene Puppe, die der Arzt zur Ablenkung der Kinder verwendete, die in seine Praxis kamen bzw. kommen mußten. Wegen der Reime wurde später aus dem »Struwwelhans« der »Struwwelpeter«, einer der weltweit erfolgreichsten

Kinderbuchlongseller. Gelegentlich wurde der »Struwwelpeter« in Frank-
furter Schulen sogar in lateinischer Sprache (!) verwendet. Es hat bis in die
70er Jahre unseres Jahrhunderts gedauert, bis der »Antistruwwelpeter«
(F.K. Waechter) jene Erziehungs- und Wertvorstellungen endlich auf die
Schippe nahm, die der »Struwwelpeter« so vielen Millionen Kindern nahe-
gebracht hat.

IG Farben-Hoch-
haus

Das »IG-Farben-Hochhaus« repräsentiert eine monumentalisti-
sche Linie des »Modernen Bauens«. Bis auf den klotzigen Pfeiler-
Portikus des Haupteinganges kommt es ohne klassische Stilzitate
aus. Das Gebäude bestimmte Eisenhower 1945 zum US-Hauptquartier in Deutschland, heute ist es Sitz verschiedener amerikanischer Dienststellen. Sein neuer Name »Creighton W. Abrams Buil-
ding« hat sich hierzulande nicht durchgesetzt.

Militär in der Mainmetropole

Wer durch das Tor zur Welt am Rhein-Main-Flughafen die Hochburg spätkapitalistischer
Lebenswelt betritt, kann viele Gründe haben. Sei es, daß er mit einem Fels in der Anti-Apart-
heidsbrandung ein einträgliches Südafrikageschäft abwickeln möchte, oder zu einem der
zahllosen Industrieunternehmen unterwegs ist, die im Zentrum und in der Peripherie Frankfurts ihren Sitz genommen haben. Vor allem, wenn der Reisende in der gewinnträchtigsten
Branche — der Rüstungswirtschaft — auf Abschlüsse hofft, ziehen ihn viele Firmenvertre-
tungen hierher. Das Bundesamt für Wirtschaft in Eschborn — bestallter Kontrolleur der Rü-
stungsexportgeschäfte — umgehen jedoch die meisten Geschäftsleute. Bei den dreißig
meistfrequentierten Adressen tippt der Taxifahrer dann auch nicht auf Wehrtechnik, sondern auf Nachrichten- und Informationstechnik, Computertechnologie oder Feinmechanik.
Wer muß schon wissen, daß AEG und Siemens, Telefonbau & Normalzeit, Hewlett Packard
und andere einen Schwerpunkt ihrer Geschäfte bei der »Verteidigungstechnologie« haben.
Helmut Sinn scheint wie die Schaltbau GmbH auf zivile Meßtechnik spezialisiert. Die bun-
deswehreigene Güteprüfstelle gleich im Betrieb deutet auf das Gegenteil. Daß die Mannes-
mann-Anlagenbau AG nicht nur Erdgasröhren durch Osteuropa verlegte, sondern ständig
das NATO-Pipelinesystem restauriert und gen Osten ausbaut, wissen allenfalls die Insider
der Rohrleitungsbranche. Nur Firmen wie McDonell Douglas oder Rockwell-Collings sind so
untrennbar mit Hochrüstung verbunden, daß sie — wenn überhaupt bekannt — dann als reine Rüstungsmultis zählen.
   Man kann die Mainmetropole jedoch auch wertfrei ansteuern — um ihrer kulturhistori-
schen Schätze wegen: Wer die Kirchen St. Bartholomäus (Dom) und St. Leonhard, die alte
Nikolaikirche oder die ehemaligen Kloster der Karmeliter und Dominikaner besichtigt, die
Liebfrauen-, Katharinenkirche und Dreikönigskirche anschaut, dann das Haus Paradies und
das Haus Krimmvogel ebenso würdigt wie die Holzhausensche Einöde und den Eschenheimer Turm, Hauptwache, Saalhof und Römer, Palais Thurn und Taxis erkundet, bevor er abschließend einen Blick in die Paulskirche — Wiege des demokratischen Parlamentarismus
— wirft, hat in Frankfurt genau jene Kulturdenkmäler bereist, die nach dem Willen der Ge-
samtverteidiger den nächsten Krieg unbeschadet überstehen sollen. Das Landesamt für
Denkmalpflege hat auf Kosten des Einzelplans 36 (Zivile Verteidigung) diese sechzehn
schützenswerten Kulturbereiche namhaft gemacht. Die Illusion wird genährt, durch Hinter-
legen der Koordinaten dieser Kulturbauten bei der UNESCO und ihre Kennzeichnung mit
dem blau-weißen Schild für geschütztes Kulturgut könnten bei einem militärischen Konflikt
in Mitteleuropa mit der heutigen Waffentechnik einzelne Gebäude unbeschadet bleiben.
   Daß die menschlichen Behausungen unversehrt bleiben könnten, glaubt die Frankfurter
Stadtregierung nicht. So hat sie bei ihren Bemühungen um die Renovierung historischer

Bauwerke einen deutlichen Schwerpunkt gesetzt: Die Sakralbauten der Endzeitmythologie des Hitlerfaschismus — betonarmierte Bunker — werden in der Mainmetropole wie in keiner anderen Stadt der Republik wieder nutzbar gemacht: Allein 1986 wurden sieben dieser Bunker in der Teue-, Thudichum- und Praunheimer Landstraße, in der Wittelsbacher Allee, im Hauptbahnhof, im Wörth und der Obermainanlage für ca.3,5 Millionen DM für ihre alte Aufgabe wieder hergerichtet. Gleich 10,35 % der bundesweit dafür zur Verfügung gestellten Finanzmittel ließ der damalige Oberbürgermeister Wallmann für 1 % der bundesdeutschen Bevölkerung in seinem Amtsbereich reservieren. 24 Bunker mit 30.840 »Schutzplätzen« sind insgesamt in Frankfurt bezugsfertig; 18 weitere Betonsärge mit 30.000 Plätzen wollen die konservativen Stadtväter in den nächsten Jahren hinzufügen. Nicht nur die Wertsachen der Banken sollen in unterirdischen Schutzbauten für die Nachwelt — und ihre Nachkriegswirtschaft — aufgehoben werden, sondern auch zumindest eine vermehrungsfähige Population als Kern dieser Nachwelt.

Was macht Frankfurt so gefährlich für seine Menschen, wenn die Abschreckung versagt? Daß die Russen in drei Tagen via Fulda und Hanau den Kreml des Kapitalismus — schon wieder: Deutsche Bank — erreichen, glauben selbst die eingefleischten Feindbildbesprecher nicht mehr. Sie sind übrigens schon da — in der Sowjetischen Militärmission in der Königslacher Straße, von wo die Viermächte-Fossile in schwarzen Opellimousinen aufbrechen, die NATO auszuspähen. Ob die anderen, die Massen, nun doch und wann genau kommen, wüßte mancher gern. Aus dieser Neugier hat das Militär eine Profession gemacht. Und gerade in der Mainmetropole ballen sich die Agenturen, die sich mit der Nachrichtengewinnung beschäftigen: Die wichtigste heißt JOSAF und hat mehr als sieben Brüder. Diese Joint Operations Support Activity Frankfurt übernimmt die Analyse und Auswertung aller elektronischen Aufklärungsergebnisse, die die Amerikaner in Europa gewinnen. Zur Weiterleitung an die NATO-Partner sind die Erkenntnisse von JOSAF nicht gedacht; sie dienen Weinbergers Hausgebrauch.

Wurde nach dem Krieg zur Sperrzone der US-Militärpräsenz: Das IG-Farben-Haus

Neben JOSAF sitzt die Europazentrale der National Security Agency (NSA) im IG-Farben-Haus. Die NSA ist »Amerikas geheimster Nachrichtendienst« *(James Bedford)* und emsig beschäftigt, geheimdienstliche Informationen über Politik, Wirtschaft und Militär zusammenzutragen — beileibe nicht nur von Staaten des Warschauer Vertrags, sondern auch über neutrale und befreundete Nationen. Damit steht sie in Konkurrenz zur CIA (Central Intelligence Agency), die nach den Angaben des ehemaligen CIA-Mitarbeiters *Phil Agee* in einer der Armeebasen Frankfurts ihren Hauptstützpunkt hat. Die Air Force Security Agency für Europa — auch im IG-Farben-Haus —, das Army Security Battalion des V. Corps und die Detachments der 201. Army Security Company aus Augsburg und andere Militärgeheimdienststellen machen Frankfurt zur Frontnachrichtenzentrale der US-Streitkräfte. Daher wundert es nicht, daß sie diesen Standort auch für eine Eingreifgruppe ihrer Antiterroreinheit »Delta Force« im Auge haben.

Naturgemäß fallen bei einer Stadtrundfahrt nicht diese Spionagezentren ins Auge, sondern vor allem, wenn man mit dem DGB eine antimilitaristische Stadtrundfahrt macht, die zahlreichen Kasernen und Versorgungseinrichtungen. In Frankfurt im Creighton-W.-Abrams-Complex ist der Sitz des V. US-Corps, jenes militärischen Großverbandes, der mit zwei Divisionen das angenommene Einfalltor der roten Armee nach Hessen im Fulda Gap verteidigen soll. Der Stab einer der beiden Divisionen ist gleich am Standort in der Frankfurter Drake-Kaserne (Homburger Landstraße) untergebracht.

V. Corps und 3. US-Panzerdivision haben einen großen Teil ihrer Führungs- und Versorgungstruppen in der Mainmetropole konzentriert: Fernmeldeverbände wie die 22. Signal Brigade des Corps in der Michael-Kaserne (Konrad-Glatt-Straße), die auch das 32. und 17. Signal Bataillon beherbergt, ein weiteres Bataillon dieser Truppengattung in der Edwards-Kaserne (Homburger Landstraße) und zahlreiche Funkkompanien in nahezu allen militärischen Liegenschaften. Eine herausragende Rolle für die moderne Kriegsführung spielen die Verbände zur elektronischen Aufklärung. Solche CEWI-Bataillone (Combat Electronical Warfare Battalions) logieren in der Gibbs-Kaserne (Gießener Straße), in der Michael-Kaserne und im IG-Farben-Haus. Neben dem Abhören und Stören feindlicher Funkverbindungen sind sie auch für die Kriegsgefangenenbefragung zuständig und für Counter Intelligence — die Kontrolle der Teile der Zivilbevölkerung, die die Verteidigungsbereitschaft ihrer Mitbürger untergraben könnten. Unterstützt werden sie dabei von der Military Police, die in der Drake-Kaserne ihren Hauptstützpunkt hat.

Neben dem von den Grünen 1982 enttarnten Pershing-II-Wartungszentrum in Hausen gibt es in Frankfurt zahlreiche logistische Einrichtungen der Army: Vom Hospital (Gießener Straße) über das Calibration Laboratory in Schwanheim und den Transportation Motorpool in der Friedberger Landstraße bis zum Wartungszentrum in der Königsberger Straße oder dem Printing and Publications Center in der Gaugrafenstraße ist die ganze Stadt mit solchen Einrichtungen übersät.

Insgesamt verbrauchen die Streitkräfte 2,88% der Frankfurter Stadtfläche. Die Bundeswehr trägt mit dem Verteidigungskommando 431 in der Friederichstraße, dem Amt für Flugsicherung (Insterburgstraße) und dem Verfügungsgerätelager in der Orberstraße nur mit 4,3 ha dazu bei, während die US-Streitkräfte etwa 708 ha beanspruchen. Nicht eingerechnet in diesen Wert ist der Liegenschaftsbedarf der mehr als fünfzig Betriebe und Firmen, die sich auf den amerikanischen Tax-free-Bedarf eingestellt haben. Bei einem Spaziergang rund um die Eschenheimer Landstraße stößt man z.B. auf Video Rentals und Car Insurance, Military Car Sales und Travel Corporations, sowie die amerikanischen Spezialitätenrestaurants in ungewohnter Dichte: Burger King und McDonalds. Die autonome und autarke Lebenswelt der Angehörigen der amerikanischen Streitkräfte spiegelt sich in diesen Firmen, PX-Shops und anderen AAFES-Betrieben. Wer über diesen kurzen Überblick hinaus — vielleicht den zahlreichen Wegweisern der Army im Stadtbild folgend — alle Militäreinrichtungen in Frankfurt aufgesucht hat und nun aus Erschöpfung, Terminnot oder vom blanken Entsetzen getrieben auf dem schnellsten Wege das Weite suchen will, der stürzt vielleicht zum Flughafen und damit vom Regen in die Traufe.

Die Rhein-Main-Airbase — der militärische Teil des Frankfurter Flughafens — ist einer der Hauptumschlagspunkte des weltweiten Transportkommandos der Air Force, des Military Airlift Command. Seine 435. Tactical Airlift Wing und ihre zahllosen Unterstützungseinheiten schlagen pro Jahr mehr als 100.000 Tonnen Luftfracht um — darunter z.B. die Waffenlieferungen der USA in den Iran. Über das militärische Passagierterminal laufen etwa 500.000 Flugreisende pro Jahr. Neben der Rolle als Frachtflughafen gilt Rhein-Main auch als Sprungbrett der amerikanischen schnellen Eingreiftruppe gegen Staaten der Dritten Welt, den Rapid Deployment Forces.

Daß der Bau der Startbahn 18 West — Musterbeispiel für Bürgerwiderstand und seine Kriminalisierung — mit militärischen Optionen der NATO zu tun hatte, haben alle Verantwortlichen dementiert. Dabei wird der Rhein-Main-Flughafen im Krisenfall gleich doppelt gebraucht: Als Anlandeflughafen für die Verstärkungskräfte und Versorgungsgüter des V. Corps und als Einsatzflughafen für Kampfflugzeuge. Für beide Zwecke wird er durch das Unterstützungsabkommen für die amerikanischen Verstärkungskräfte (USA-BRD 1982) in Anspruch genommen inklusive aller zivilen Anlagen und eines Großteils der Beschäftigten. Ohne die umstrittene 18 West wäre diese Luftwaffenbasis für den Doppelauftrag nicht hinreichend gerüstet.

Wer durch diese knappe Übersicht über das Militär in der Mainmetropole neugierig geworden ist oder eine abstruse Neigung zu diesem Thema entwickelt, kann sich auf über 250 Seiten in dem im September 1987 erscheinenden Buch näher informieren:

Barbara Dietrich und Erich Schmidt-Eenboom: Der militarisierte Frieden, ibf-Verlag, Postfach 1328, 8130 Starnberg, ca. DM 12,--.

Erich Schmidt-Eenboom

Im Grüneburgpark, als englischer Park angelegt, drehen die Jogger ihre Runden,verfolgt von unzähligen Vierbeinern. Familien aus aller Herren Länder breiten ihre Decken aus, spielen Federball oder machen Picknick, Studenten lümmeln sich auf der Wiese, Fußballer aller Altersklassen kicken ein bißchen aufs Tor. Der Grüneburgpark ist die lebendigste Ecke des Westends. Dem Ortsbeirat aber ist das bunte Treiben in regelmäßigen Abständen ein Dorn im Auge: Schließlich entblößen sich manche Sonnenhungrige ganz. Gegen die Nackten und die Blößen zieht dann das Stadtteilparlament mit verklemmter Biederkeit zu Felde. Die CDU ruft nach der Polizei: gegen die Rauschgifthändler im nördlichen Teil des Parks und gegen die Nackten. (Noch immer weiß niemand, ob die Polizisten nun etwa stapelweise mit Schamtüchern und Feigenblättern ausgestattet werden sollen, um den kleinbürgerlichen Blick vor dem gar schröcklichen Bild eines unbekleideten Menschen zu schützen.) Beschaulicher geht es in der Nordwestecke des Parks zu, dem botanischen Garten. Hier liegen die biologischen Institute der Universität, in den Grünanlagen wachsen Pflanzengemeinschaften nach Standortbedingungen. Kleine Kinder und ältere Leute füttern unentwegt die Enten im Teich.

Wer noch nicht genug hat vom Grün in der Stadt kommt von hier aus in den Palmengarten, den sich die Frankfurter im 19. Jahrhundert gekauft haben (vgl. ausführlich dazu Rundgang 5). Der botanische Schaugarten gab eine prächtige Kulisse ab für die Inszenierung der gesellschaftlichen Ereignisse des Großbürgertums. Diese Zei-

Grüneburgpark

Park mit Gartenhaus vom Schönhof, das wegen des Baus der Breitenbachbrücke abgerissen werden »mußte«. Es wurde hier als Café wieder aufgebaut.

Palmengarten

Westend-Synagoge in der Freiherr-vom-Stein-Straße — ein Kuppelbau im maurischen Stil, 1911 fertiggestellt.

Freiherr-vom-Stein/Altkönigstr.

❻

Häuserkampf im Westend: vor dem sicheren Abbruch bewahrt — für Konsulate, Werbeagenturen etc.

Eppsteiner Straße 47

❼

ten sind vorbei. 1,3 Millionen Besucher jährlich kommen heute in den Palmengarten, besichtigen die Blumenschauen, die exotischen und einheimischen Pflanzen, besuchen die Ausstellungen und Konzerte oder bummeln einfach mal durch.

Die am 29.9.1910 eingeweihte Synagoge Freiherr-vom-Stein-/ Ecke Altkönigstraße ist die einzige erhaltene der ehemals acht Frankfurter Synagogen (Konservative Synagoge am Börneplatz; Synagoge der Isr. Relig.ges. an der Friedberger Anlage; Hauptsynagoge in der Judengasse; Bockenheimer Synagoge in der Schloßstraße 5, Heddernheim; Justinuskirchstraße in Höchst und Inselgäßchen 9 in Rödelheim). Die Westend-Synagoge wurde, wie die anderen, in der sog. »Kristallnacht« von der SA angezündet und demoliert, jedoch gelangte die SA nicht in das Innere des Gebäudes, weil der Kastellan Bachmann die Herausgabe des Schlüssels verweigerte. Er wurde dafür von SA-Mitgliedern halbtot geschlagen. Einige Tage später konnten in einem Nebengebäude der Synagoge einige Beamte der jüdischen Gemeinde ihre Arbeit wiederaufnehmen, um für die noch verbliebenen Gemeindemitglieder ein Minimum an Betreuung aufrechtzuerhalten. Im Krieg wurde das Gebäude als Kulissenlager des Opernhauses genutzt, bis es am 20. März 1944 durch eine Brandbombe innen endgültig zerstört wurde. Die wiedererrichtete Synagoge wurde im September 1950 eingeweiht.

Eppsteiner Straße 47 — das Foto dieses Hauses ging im September 1970 durch die Weltpresse. Die erste Hausbesetzung im Westend. »Gegen die Zerstörung von Wohnungen« »Gegen Mietwucher und Spekulation« stand auf den Bettlaken, die aus den Fenstern und an Balkonbrüstungen hingen. Was in der Provinz bestenfalls als »Studentenkrawall« registriert wurde, gründlich mißverstanden als Aktion von faulenzenden Studenten, die alles kaputtmachen wollen, genoß im Westend unverhohlen Sympathie. So sah es nämlich damals im Westend aus:

»›Investoren‹ wurden ermutigt zu ›investieren‹, d.h. Grundstücke im Westend zu kaufen. Sie kamen in Scharen. Genehmigungen für Häuserabrisse und neue Bürobauten wurden großzügig erteilt... Alle namhaften Banken waren direkt oder über ihre Tochtergesellschaften an der Finanzierung der hoffnungsvollen Bodenspekulation beteiligt. Fast 20.000 Bewohner wurden trotz herrschender Wohnungsnot in knapp vier Jahren aus den Häusern und aus dem Stadtteil vertrieben. Zuerst die alten deutschen Mieter, nach ihnen die Familien der Gastarbeiter, die zur Verdrängung und zum Kaputtwohnen der Häuser mißbraucht wurden. Sie hatten die schlechteste Chance: Zimmerweise Vermietung an ganze Familien in den einst gutbürgerlichen oder herrschaftlichen Etagen, selbst das Badezimmer wurde noch als ›Wohnraum‹ einzeln vermietet, ebenso Kellerräume und Dachkammern. Überlastung der Installationen, keine Reparaturen, bald feuchte Wände, dazu Wuchermieten und nur kurzfristige oder überhaupt keine Mietverträge. Das Bemühen der so schäbig ausgebeuteten Familien um Ordnung und Sauberkeit unter solchen Bedingungen mutete heroisch an. Die vom Hausaufkäufer gewollte Verslumung war nicht aufzuhalten.«

Westend-Alltag: Büros zu vermieten

Weitere Hausbesetzungen in den nächsten Jahren folgten zu Dutzenden. Manche von ihnen schon nach wenigen Stunden wieder durch massive Polizeieinsätze beendet, andere jahrelang. Die letzten Hausbesetzer verließen nach fünfzehn Jahren die Siesmayerstraße 6. Nachdem sie das Haus vor dem sicheren Abbruch bewahrt haben — nur durch die Hausbesetzung wurde es überhaupt solange erhalten, daß es unter Denkmalschutz gestellt werden

Siesmayerstr. 6

Das letzte besetzte Haus in der Siesmayerstraße Nr. 6 1986

konnte — ziehen bald wieder die ein, die einst den Kahlschlag des Westends begonnen haben: die Finanziers der Spekulanten. Die Deutsche Bank hat Liegenschaft samt der Nachbarhäuser 2 und 4 vor vier Jahren erworben, und Walter Wallmann damit die große Sorge um eine »Kellerleiche« abgenommen (das ist ein westendtypischer Fachausdruck. Als Kellerleichen gelten die Areale, für die von seiten der Stadt Versprechungen gemacht oder positive Zusagen formuliert wurden, bevor die Trümmerlandschaft im Westend selbst die »Stadtväter« zum Umdenken zwang).

Nun werden die Banker wieder einziehen. Wohnen im Westend, Wohnen in der Stadt ist wieder zeitgemäß. » 15 Jahre Siesmayerstraße 6 — ein Sieg der Kultur über den Kommerz« stand vor zwei Jahren an dem besetzten Haus. Nichts weiter als ein frommer Wunsch, denn der Kommerz reklamiert gerade in Frankfurt die Kultur wieder für sich.

Wohnen im Westend: Erst gegen Ende des Jahrhunderts entstanden Mietwohnungen; auch diese von großzügigem Zuschnitt. Dienstboten hatten einen separaten Eingang zu ihren kleinen Zimmern, die immer zwischen Dach und letztem Obergeschoß lagen. Sie sind heute meist bis spät in die Nacht erleuchtet. Ihre neuen Mieter sind Studenten. Eine stärkere soziale Mischung der Bewohnerschaft erfolgte in den zwanziger Jahren. Die Wirtschaftskrise zwang immer häufiger zur Aufteilung der Villen in einzelne Wohnungen und zur weiteren Parzellierung der Grundstücke. Noch immer wohnten hier die reichen Leute, aber das Großbürgertum war nicht mehr unter sich. Auch nach dem 2. Weltkrieg bot das Westend attraktive Wohnlagen. Den großzügigen Häusern gewann man aber nicht nur schöne Seiten ab: die hohen Räume waren nur schlecht und teuer zu heizen, Stragula und Linoleum standen im Ruf, erheblich pflegeleichter zu sein als Parkett, und wo der Nierentisch »in« war, geriet der Stuck an der Decke zum Zeichen hoffnungsloser Antiquiertheit. Die reichen Leute bauten ihre Villen anderswo: Bungalows im Grünen. Noch immer vermittelte der reiche Baumbestand, die Gärten und Parks die Erinnerung an das »reiche Frankfurt«.

Wer durch das Westend geht, sollte es in dem Bewußtsein tun, daß nahezu jedes Haus hier in den letzten 25 Jahren seine eigene umkämpfte Geschichte hat. Sinnlos und unmöglich, sie hier alle zu erzählen. Mehr als zweihundert Gebäude im Westend stehen heute unter Denkmalschutz, die Schadensliste, die die Aktionsgemeinschaft Westend (AGW) vor elf Jahren aufstellte, nannte etwa zweihundertfünfzig Plätze: Ruinen, Slumhäuser, leerstehende Gebäude, Abrißplätze, aufgekaufte Liegenschaften mit ungewisser Zukunft. Die AGW — 1969 von den Bewohnern des Westends ins Leben gerufen — dürfte eine der ältesten bundesdeutschen Bürgerinitiativen überhaupt sein.

Durch Bürgerprotest gerettet: Das Café Laumer. Auch hier sollte ein Bürogebäude entstehen.

Sie rettete vieles vor dem schon sicheren Verfall. Zum Beispiel das Café Laumer an der Bockenheimer Landstraße 67, in dem sich alle, denen schon die Füße weh tun, einen gepflegten Kaffee und ein Stück Kuchen gönnen sollten. Wer noch eine Legitimation zum Ausruhen braucht — bitteschön: ›Café Marx‹ nannte der Volksmund in den zwanziger Jahren die ebenso behagliche wie vornehme Restauration. Bei einem Täßchen Kaffee oder Mokka pflegten hier die Vertreter der Frankfurter Schule, die Gründer und Lehrenden am Institut für Sozialforschung, den kritischen Diskurs.

Café Laumer Bockenheimer Landstr. 67 ❽

Gleich um die Ecke — Lindenstraße 27 — repräsentativer Altbau, gepflegtes Grün vorm Haus: eine Bank, was sonst? Eine Gedenktafel am Rande des Grundstücks verweist auf die Geschichte des Hauses, das gegen Ende des 19. Jahrhunderts als Damenstift erbaut wurde. 1940 wurde das Haus unter Zwangsbedrohung an die Gestapo veräußert. Die Gestapozentrale des Regierungsbezirks Wiesbaden zog ein. Von hier aus wurden Frankfurter Bürger bespitzelt, verfolgt, gefoltert und Transporte in die Konzentrations- und Vernichtungslager zusammengestellt. Das Haus überstand den Zweiten Weltkrieg relativ heil und diente in den ersten Nachkriegsjahren als Büro des Frankfurter Oberbürgermeisters. Eine Tatsache, die damals wohl niemand als anstößig empfand. Es galt weder als Symbol der Befreiung, das Nazi-Hauptquartier zu besetzen, noch stellten sich peinliche Fragen nach der Angemessenheit des Ortes. Die Räume erfüllten die nötigen Ansprüche, die Fenster waren heil, ebenso die Einrichtung. Das war das einzige, was zählte.

Lindenstraße 27 ❾

Auf dem Weg zum Pferdestall, etwa an der Feuerbachstraße läßt sich die Grenze erkennen, an der der Widerstand gegen den Fünf-Finger-Plan Erfolg hatte. Die Schneise im Kettenhofweg konnte nicht ganz ausgeführt werden. Symbol dieser Kämpfe ist das Haus an der Ecke Kettenhofweg/Ulmenstraße, der heutige Bürgertreff Westend »Pferdestall«.

Kettenhofweg/ Ulmenstraße 20 ❿

Bürgertreff »Pferdestall«
1884

»Gebaut worden ist dieses repräsentative Haus ca. 1880 von dem Architekten Ch.L. Schmidt für M.L. Livingston als Remise. Die zahlreichen Kutschen konnten sogar per Aufzug nach oben befördert werden. Der Bau wechselte verschiedentlich den Besitzer. Von 1969-1971 erwarb die Aufkäufergruppe Perel und Miteigentümer nach und nach das ganze Karree, um dem Westend ein weiteres Hochhaus zu bescheren. Es war die Zeit der wildesten Bodenspekulationen im Westend. Wo Bürger seit Generationen ein Zuhause hatten, fanden sich bald eine Abbruchwüste und Ruinen. Ein Abbruchschein für die heute unter Denkmalschutz stehenden Villen an der Ulmenstraße war schon ausgestellt. In der Öffentlichkeit erhob sich massiver und empörter Protest, und erst in letzter Minute gelang es dem Architekten Guttmann und der Bauaufsichtsbehörde, die Eigentümer umzustimmen. Nur deshalb steht der »Pferdestall« noch heute. Aber was sich dort abspielte, ist eine üble Geschichte, die vielen von uns in Erinnerung bleiben wird.

Der ›Pferdestall‹ war von Perel ab 1971 einem berüchtigten Zwischenvermieter überlassen worden, der das Haus unter skandalösen Umständen an Gastarbeiterfamilien vermietete. Mietstreiks und Räumungsprozesse folgten. Trotz gewonnener Prozesse war aber ein Wohnen in den ungeheizten Räumen auf Dauer unmöglich. Nachdem die letzte Familie 1972 augezogen war, quartierten sich Stadtstreicher ein. Eine Periode rasch voranschreitender Zerstörung begann.

Mitglieder der Aktionsgemeinschaft Westend (AGW) mauerten des öfteren Schlupflöcher zu. Das half wenig. Einen kleinen Schutz des Hauses erreichten sie durch eine Beleuchtung der Fassaden und nächtliche Kontrollgänge. Der Wachsamkeit einiger Nachbarn ist es zu verdanken, daß ein

Brand im ersten Obergeschoß schnell gelöscht werden konnte... Erst nach 4 Jahren kam ein Pachtvertrag unter Dach und Fach. Danach konnten Renovierung und Umbau zum Bürgertreffpunkt beginnen.

Um endlich eine erträgliche Lösung zu schaffen, entschloß sich die Stadt, das gesamte teure Spekulationsareal zu erwerben. Nach 2 Jahren Bauzeit und Kosten von rund 1,8 Mio. DM wurde der ›Pferdestall‹ 1979 zum Bürgertreffpunkt. Alle, die wissen wollen, was aus dem restlichen Karree geworden ist, können die neu gebauten (postmodernen) Häuser betrachten; sie werden als Eigentumswohnungen angeboten.

Portal am »Pferdestall« — im Hintergrund die Deutsche Bank

Nicht sehen können Sie, daß unter der Gartenerde im Mittelbereich die Betondecke der Tiefgarage liegt. Auch nicht mehr sehen können Sie, wie übel die Villen in der Ulmenstraße zugerichtet waren, denn sie sind renoviert, teilweise Büros statt der früheren Wohnungen. Auch das Eckhaus Niedenau 51 sollte seinerzeit abgerissen werden, wurde aber von Wohngemeinschaften besetzt gehalten, die eine weitere Demolierung verhinderten. 1982 wurden die Bewohner mit ›Ersatzwohnungen abgefunden‹. Heute können Sie das von den jungen Leuten gerettete Haus bewundern; es kam zuletzt noch unter Denkmalschutz und ist inzwischen renoviert zu Mietwohnungen — monatlich 3.000 bis 4.000 DM. Somit ist alles auf's Schönste hergerichtet und sündhaft teuer.« (»Aktionsgemeinschaft Westend e. V.«)

Die Aktionsgemeinschaft Westend hatte um den Denkmalschutz im ganzen Stadtteil gekämpft und ein generelles Umdenken bei den Kunsthistorikern in Gang gebracht. Als schützenswert galt zuvor nur »ausgewiesene Kunst«, Gebäude mußten schon wesentlich mehr als hundert Jahre auf dem Buckel haben, bevor Denkmalschützer und Konservatoren sich ihrer annahmen. Die Rettung der Bausubstanz verhinderte nicht die Vertreibung der Bewohner. Hinter den wohnlichen Fassaden verbergen sich oft genug Büros. Die Zweckentfremdung von Wohnraum geht weiter. Wer die Geisterstadt Westend hautnah erleben will, sollte den Spaziergang — wenigstens durch den südlichen Teil — in die Abendstunden verlegen. Wenn anderswo die Lichter in den Häusern angehen, liegen im Westend ganze Straßenzüge im Dunkeln. Wo Wohnungen erhalten geblieben sind, ziehen jetzt die ein, die sich den »Stilaltbau im Westend« leisten können. Die Vertreibung geht weiter.

Niedenau 51
⓫

Beschließen wir unseren Rundgang am Ausgangspunkt Opernplatz. Blick zurück — diesmal auf die beiden Hochhaustürme der Deutschen Bank. »Soll und Haben« nennt sie der Volksmund. Die verspiegelten Fassaden drängten sich während unseres ganzen Spaziergangs immer wieder ins Blickfeld. Ihre Dominanz im Stadtbild werden sie bald verlieren. Nach dem Willen des Magistrats — diesmal CDU — soll Frankfurt *das* europäische Bankenzentrum werden. Weitere Hochhäuser an der Mainzer Landstraße sind geplant. Der Westend-Bebauungsplan — mühsamst ausgehandelter Kompromiß — soll geändert werden. Die Spekulation im Westend blüht wieder. Die AGW — einst ausgezeichnet mit der Theodor-Heuß-Medaille für mündiges Bürgertum — sammelt wieder die Schreckensmeldungen. Wenn die gigantischen Vorstellungen der vielen neuen Frankfurter Hochhäuser tatsächlich verwirklicht werden, wird sich die Deutsche Bank in der Frankfurter Skyline eines Tages so klein und bescheiden ausnehmen wie das Zürichhochhaus.

Opernplatz
⓬

Eins, zwei...Yuppies sind dabei

Unwiderstehlich sind sie, die deutschen Männer, die Aufsteiger, »Young urban professionals«, Yuppies. Die Selbstdarsteller, Egozombies, die sich nach eigenem Bekunden niemals mit Hochgeistigem quälen wollen, dafür stündlich mit Bilanzen, Börsenkursen und dem privaten Kontostand, die Armut häßlich finden und das Solidaritätsprinzip bestenfalls als altmodisch, schlimmstenfalls als naiv, dumm, zu verbieten, bezeichnen, finden im Zentrum der nationalen und internationalen Geldflüsse, der Bankenmetropole ihr Dorado. Wer will schon die Orientierung im Dschungel der Makro- und Mikro-Trends verlieren? War's gestern noch weiß, ist's heute schwarz und morgen vielleicht noch gestreift. Wer nicht sicher ist, ob der Trend »Nouvelle Cuisine« heißt oder schon wieder »derbe Hausmannskost«, wer lieber Designer-Kottelet als Vollbart trägt, wessen Herzenswunsch es ist, eine Nasenlänge der Zeit voraus zu sein, wer sich täglich den Weg durch den Dschungel der »modernen« Zeiten bahnen muß, wem gleichzeitig die Zeit zur ganz präzisen Spurensuche fehlt, der braucht seine »In-Treffs«. »Eins-Zwei« in der Hochstraße, wenige Meter weiter zum Stadtbad hin das »Oyster«, runter zur Kaiserhofstraße »Leiter«, und gegenüber »Le Jardin« bilden mit der »Tomate« auf der Freßgass und dem Bistrot »Pour toi« in der Goethestraße das Bermudadreieck für all die armen Teufel, die sich zwei bis dreimal im Jahr an den Stränden der Karibik ungeschützt dem Dämon Sonne aussetzen müssen.

KFZ-Mechaniker Kalle, sämlichem Übersinnlichen dieser Scene abhold, übertölpelte zwei hochpomadisierte Türsteher im Mafia Look und begegnete im »Eins-Zwei« zahllosen Abgesandten der Dagobert-Duck'schen Geisterwelt, die persönlich dafür sorgen, daß auf Erden, in allen Lebenslagen, recht viele Unfälle stattfinden.

Er mußte sich im folgenden Auswirkungen auf den Denkapparat nach leichteren Kopfverletzungen anhören. Gefragt, was an ihnen, als Top-Ebern, unwiderstehlich sei, bekommt man nur Bestes, seriös-eitles zu hören: »Weil ich vor Männlichkeit strotze; weil es modisch ist, unflätig, aber teuer gekleidet zu sein; weil ich Heiterkeit und Schöpfungsdrang ausstrahle; weil ich so schön bin; weil Frauen weiche Knie kriegen, wenn sie meinen Namen hören; weil mich einfach alle lieben und ich mich bei Frauen völlig verausgabe; weil ich mit 45 immer noch Biß habe und die Frauen dahinschmelzen; weil ich Frauen erst bepöble und dann betöre.«

Leicht hatten sie's nicht, diese Männer, so zu werden, wie sie sind. Das bißchen Kleingeld, aus dessen vergifteter Quelle solch' kulturell hochstehende Sprüche sprießen, wurde meistens von der Elterngeneration mit auf den harten Lebensweg gegeben.

Welche Themen sind an der Bar angesagt? Ausführliche Vorträge über neueste Produktinnovationen aus dem Konsumgütermarkt. Das geilt unheimlich auf: »Den Deutschen steht eine Pantoffelrevolution ins Haus.« Den atemberaubend langweiligen Heimschlappen, die sich modisch mehr am Vorgestern als am Gestern orientieren, ist Konkurrenz erwachsen. Überdimensionale Haustreter sind angesagt! Der snobistische Stuben-Yuppie wandelt im Modell »Ritz après Schuhe« zwischen Gelage und Gemach hin und her. Die Schampus-Schlappen erwecken denn auch den Eindruck, als hätte ihr Träger zwei Smoking-Oberteile samt Fliege um die Füße gewickelt. Zum Typ »Kanadischer Holzfäller« passen indes mehr die braunen Bärentanzschuhe mit einem Satz Krallen. Weniger martialisch wirken dagegen die Oma- und Opa-Pantoffel, deren Oberseite von freundlich-ältlichen Gesichtern geziert wird, in deren zahnlosen Mund man die Füße steckt.

Der 26jährigen Corinna ist »Pepsi« zu modisch und zu »in«. »Coke« dagegen hat eine gutgeballte Tradition. Sie würde sich mit dreißig eine Kugel durch den Kopf schießen, wenn sie vom Tod der Mutter erführe. Ein 34jähriger Typ wie ein Hamburger, fade und ohne Nährwert, würde nie »Coke« trinken, weil: »Ich vergleiche ›Coke‹ mit der Gruppe von Leuten, die immer nur dem Status Quo folgen. ›Pepsi‹ ist aber ein bißchen rebellisch. So wie ich.«

Der beängstigende Anstieg der Neo-Faschisten in Frankreich, der Vormarsch der »front-national« unter »Le Pen«, ist bestenfalls eine ignorante Bemerkung wert: »Na sowas«. Be-

geistert gefeiert und diskutiert werden hingegen Ereignisse von weltbewegender Tragweite: Französischer Meister im Schweinegrunzen wurde Gilles Martin! Eine Runde Schampus für alle! Das 0,1 ltr.-Gläschen zu 12 Mark. Der Lehrer aus Biarritz beherrschte bei einem Wettbewerb am 19. Juli in »Trier-sur Baise« am besten unter 14 Wettbewerbern die Disziplinen »Grunzen des Schweines beim Fressen«, »Grunzen des Ebers beim Bespringen« und »Grunzen der großen Sau unterm Schlachtmesser«.

Jil Sander brachte diese Geisteshaltung mit einer ihrer zahllosen Weisheiten so trefflich maßgeschneidert wie ihre Kleidungsprodukte auf den Punkt: »Ein gutgeschnittener Anzug und ein schlechtgeschnittener Anzug, das sind schon zwei Welten«.

Ein Lehrling aus der Hair-Styling-Branche versucht in essayistischer Form über die blühenden Verrücktheiten des Bernd Otto, Vorstandsvorsitzender der Coop AG, klugzuscheißen. Ein Lebensmittelhändler also, das neue ideologische Leitbild dieser Scene: »Zwischen den Singles und den jungen Alten«, analysiert er messerscharf, »zwischen leitenden und leidenden Verbrauchern, zwischen den Genießern und Asketen, irrlichtert der moderne Mensch in seiner selbstbestimmten Unberechenbarkeit«.

Wie vieles andere, was der »Zeitgeist« auskotzt, sind auch solche Lebensorte Schaumschlägerei, die man für ein paar tausend teuer gekleideter solariumgebräunte Traumtänzer inszeniert, die mit gewollt geilem Blick aufs Geld und aufs Fleisch die Kleinsttempel des Pseudo-Sets bevölkern und sich an den Genußmöglichkeiten dieser phantasiearmen Zeiten berauschen. Der umwerfende Charme des Milieus erwächst aus der rührenden Schlichtheit der einzelnen Minimalereignisse. SAUCE GUT, ALLES GUT.

Willi Hau

Kein Ort. Nirgends?

Eine frauenbewegte (Rad-) Tour

von Elke Kiltz

Ausgangspunkt: Hamburger Allee (Straßenbahnlinie 18 und 21
oder S-Bahnhof Westbahnhof)
Endpunkt: Karlsruher Str. (Nähe Hauptbahnhof)
Dauer: siehe Text

Wie Frauen gelebt und was sie geleistet haben, ist in der Vergangenheit selten für wert befunden worden, der Nachwelt zu erhalten, z.B. durch Denkmäler, Straßennamen, Hinweise in Stadtbüchern und -führern, Tafeln an ihren Wirkungsstätten etc. Es war und ist offenbar Sache der Frauen selbst, die Spuren ihrer Ahninnen sichtbar zu machen. Deswegen sollen in diesem Frauenstadtrundgang neben den aktuellen Orten der Frankfurter Frauenbewegung auch Spuren lokalisiert werden, die an unterschiedliche Frauen aus unterschiedlichen Zeiten erinnern. Zum Teil sind diese Orte nicht mehr aufzufinden, weil die Stadtentwicklung darüber hinweggegangen ist — d.h. es ist dann nur noch die ungefähre Lage zu beschreiben. Die einzelnen Frauen stehen — obgleich die knappen Angaben sehr personenbezogen sein müssen — nicht nur für sich, sondern auch für die Frauen aus ihrem jeweiligen Umfeld. So wie das tragische Schicksal der Kindesmörderin *Susanna Margarethe Brandt* deutliche Hinweise auf die soziale und rechtliche Lage von Dienstmädchen in der 2. Hälfte des 18. Jahrhunderts gibt, deutet die Verurteilung von *Karoline Stunz* wegen politischen Engagements 1892 die Schwierigkeiten an, die Frauen um diese Zeit hatten, ihre Interessen öffentlich zu vertreten. Die eingeschränkten Möglichkeiten zur beruflichen und persönlichen Selbstverwirklichung, die bei einer *Karoline von Günderode* zum Selbstmord führen, gelten um die Wende vom 18. zum 19. Jahrhundert für die meisten Töchter aus verarmten adligen Familien. Das Engagement einer *Bertha Pappenheim* und einer *Henriette Fürth* Anfang des 20. Jahrhunderts ist ebensowenig denkbar ohne den Hintergrund der ersten Frauenbewegung wie der politische Widerstand einer *Johanna Kirchner* oder *Toni Sender* ohne den Hintergrund einer starken antifaschistischen Bewegung.

Die Hinweise auf die mit einem Sternchen versehenen Frauen sind aus dem Buch »Frauen und Frankfurt« (VAS-Verlag; Frankfurt Okt 1987) entnommen. Die Autorinnen Barbara Bromberger und Katja Mausbauch haben hierfür aufgrund umfangreicher Recherchen viele bisher unveröffentlichte Fakten und konkrete Frankfurter Adressen ausfindig gemacht. Darüber hinaus habe ich Elisabeth Bütfering, Mitarbeiterin des Frankfurter Stadtarchivs für ihre Unterstützung zu danken.

Diskussion in der Frauen-
schule 1987

Die Orte der *neuen* Frauenbewegung, d.h. der Frauenbewegung nach 1968, wären ein eigenes Buch wert, wollte frau sie alle aufsuchen und sich mit der Frankfurter Geschichte der Frauenbewegung vertraut machen. Im Rahmen des vorliegenden Buches soll Frauen, die Frankfurt besuchen, lediglich die Möglichkeit gegeben werden, Anlaufstellen zu finden, von denen aus sie weitergehen und weiterdenken können. Sollte die eine oder andere »alteingesessene Frankfurterin« durch einen Hinweis hier erstmals den Weg z.B. in den Frauenbuchladen, die Frankfurter Frauenschule oder das Frauengesundheitszentrum finden — um so erfreulicher.

Der Spaziergang auf den Spuren unserer Ahninnen »springt« zwischen der Vergangenheit (und da noch innerhalb zweier Jahrhunderte) und der Gegenwart, erfordert also einiges an Umdenken und Vorstellungskraft, was das jeweilige räumliche und soziale Umfeld angeht. Zudem ist er nicht an einem Nachmittag oder Tag zu Fuß zu »erledigen«. Er kann aber mit Hilfe öffentlicher Nahverkehrsmittel oder eines Fahrrads durchaus an einem Tag gemacht werden.

Hamburger Allee 45

❶

Die Adresse *»Hamburger Allee 45«* in Bockenheim ist seit einigen Jahren zum Zentrum der Frankfurter Frauenbewegung geworden. Hier sind im Hinterhof die Räume des Feministischen Gesundheitszentrums und der Frankfurter Frauenschule in enger Nachbarschaft zu finden.

Das Frauengesundheitszentrum — entstanden aus der praktischen Umsetzung der Kritik von Frauen am herkömmlichen Gesundheitssystem —

bietet nach zehnjähriger Arbeit inzwischen eine Vielzahl von Angeboten, seinem ganzheitlichen Gesundheitsbegriff entsprechend. In der Aufbauphase des Zentrums standen die geburtsvorbereitenden Kurse für schwangere Frauen mit und ohne Partner im Vordergrund. Inzwischen findet die Frau, die ungewollt kinderlos ist, ebenso Beratungs- und Selbsthilfegruppenangebote wie die ungewollt schwangere Frau oder die Frau, die in ihrer Kindheit sexuell mißbraucht wurde. Bauchtanz-, Entspannungs- und Massagekurse erfreuen sich reger Nachfrage. Nicht zu vergessen ist die wichtige Funktion des Zentrums, sich in öffentliche Auseinandersetzungen zu Themen wie z.B. § 218 und die Gen- und Reproduktionstechnologie aus feministischer Sicht einzumischen. In den Räumen des Gesundheitszentrums arbeitet auch die Gruppe des Vereins »Notruf für vergewaltigte Frauen und Mädchen«.

**Frauengesund-
heitszentren**

Eine Etage tiefer hat die Frankfurter Frauenschule vor ca. fünf Jahren ihre Räume eröffnet. Mit unsicheren Zukunftsaussichten, dafür um so mehr Mut, Engagement und — wie in allen Projekten — viel ehrenamtlicher Arbeit hatte das Team im Oktober 1982 in angemieteten Kursräumen im Bürger/innen-Treff »Pferdestall« im Westend das erste Kursemester gestartet.

**Frankfurter
Frauenschule**

Inzwischen arbeiten 4 Frauen im Team festangestellt und ca. 25-30 Frauen pro Semester als Kursleiterinnen auf Honorarbasis in der Frauenschule. Das Kursangebot setzt an den Lebens-, Alltags- und Bildungserfahrungen von Frauen an, bezieht sich demzufolge auf spezifische Lebenssituationen von Frauen (Gruppen für Mütter, Alleinerziehende, ältere Frauen etc.), vermittelt Sachwissen z.B. in Geschichte und Literatur oder auch »Feminist English«, enthält Selbsterfahrungsgruppen und Kurse zu aktuellen gesellschaftlichen Fragen und neuerdings (mit starker Nachfrage) »Standard- und lateinamerikanische Tänze«.

Im Sommer bietet eine »Frauensommerwoche« während der Kursferien allen daheimgebliebenen oder schon aus den Ferien zurückgekommenen Frauen 7 Tage lang die Möglichkeit, über weibliche Lebenszusammenhänge und -entwürfe, über Politik, Kunst etc. zu diskutieren, Vorträge zu hören; kurz: in einer Frauenöffentlichkeit Altes neu zu denken, neue spannende aktuelle Fragestellungen zu entwickeln oder einfach viele Bekannte zu treffen. Ständige Kunstausstellungen gehören inzwischen zur festen Einrichtung — die Eröffnungsmatineen sind auch für Männer zugänglich.

Die Frauenbetriebe, anfangs Teil der Frauenschule, sind wegen der steigenden Nachfrage nach Kursen für Frauen, die sich selbständig machen wollen, inzwischen ein eigenes Projekt geworden.

Frankfurter Frauenblatt

Die vier Frauen, die es aufgebaut haben bzw. später dazugekommen sind, bereiten Frauen in ihren Kursen sehr intensiv auf Betriebsgründungen vor. Das reicht von Buchführung über Wirtschaftlichkeitsberechnungen, Verhandlung mit Banken, Fragen der Standortwahl bis hin zu detaillierten Betriebsplänen. Ein Ergebnis der bisherigen Kursarbeit ist das »Projekt Markthalle«, ein sorgfältig ausgearbeitetes Modell eines Markthauses, in dem unterschiedlichste Frauenbetriebe Waren und Dienstleistungen unter einem Dach anbieten können. Was dafür noch fehlt, ist ein geeignetes Haus in günstiger Lage und finanzielle Starthilfe aus öffentlichen Mitteln.

Der Redaktionssitz des Frankfurter Frauenblatts, einer Zeitung, die seit fast 10 Jahren die Frankfurter Frauenbewegung kommentiert, ihr eine Plattform gibt, kontroverse Diskussionen anzettelt, einen feministischen Blick in der Frankfurter und auch hessischen

**Frankfurter
Frauenblatt**

Medienlandschaft artikuliert, ist gleichfalls in den Räumen der Frauenschule. Zu Anfang ein geheftetes hektographiertes Heftchen ist inzwischen eine ansehnliche Zeitschrift daraus geworden, die zehnmal im Jahr erscheint. Die Mitarbeit in der Redaktion wird nicht bezahlt, erfordert demgemäß einiges an Engagement. Feste Zuständigkeiten gibt es kaum, fast alle können alles bzw. eignen sich alle Arbeitsschritte für das Zeitungmachen — außer dem Druck — an.

Feministisches Interdisziplinäres Forschungsinstitut

Straßentheater vor und zum » Denkmal der unbekanten Hausfrau«

Zwei weitere Projekte waren hier eine Weile beheimatet bzw. hatten in der Hamburger Allee ihre Gründungsadresse und ihre ersten Treffen. Im Feministischen Interdisziplinären Forschungsinstitut, das inzwischen in die Pfingstweidstr. 4 umgezogen ist, arbeiten Wissenschaftlerinnen unterschiedlicher Disziplinen zusammen. In diesem Diskussions- und Arbeitszusammenhang sind bereits einige Studien wie z.B. ein Teil der hessischen Mädchenstudie entstanden.

Das FeM-Projekt » Mädchenhaus« wurde in der Frauenschule 1987 erstmals der Öffentlichkeit vorgestellt. Der Verein feministische Mädchenarbeit — ein Zusammenschluß von Mädchenarbeiterinnen — hat mit diesem Projekt ein Konzept für ein Mädchenhaus erarbeitet, das neben Ausbildungs-, Freizeit- und Übernachtungsangeboten auch eine Zuflucht für sexuell mißbrauchte Mädchen bieten soll. Vor kurzem hat der Verein ein geeignetes Haus in der Straße » Hinter den Ulmen ‹ 19 gefunden und startet sein Projekt mit ungewissen finanziellen Aussichten. Die Vereinsadresse war am Anfang die Hamburger Allee 45.

In den Räumen der Frauenschule fand sich ein Jahr vor den Kommunalwahlen 1985 eine Gruppe von Frauen zusammen, die auf der Grundlage der positiven und negativen Erfahrungen einiger Frauen in der Zusammenarbeit mit den Grünen bei der Erarbeitung und Durchsetzung des Hessischen Aktionsprogramms für Frauen die Frage diskutierte, ob autonome Frauen auf der offenen Liste der Grünen für den Römer kandidieren sollten. Heute sind drei Frauen dieser Gruppe — deren Zusammensetzung sich inzwischen etwas geändert hat — im Römer, zwei als Stadtverordnete der Fraktion die Grünen im Römer, eine als Fraktionsassistentin. Damit sind erstmals in Frankfurt feministische Themen bzw. die feministische Sichtweise von Leben in dieser Stadt auf die parlamentarische Tagesordnung der Frankfurter Stadtverordnetenversammlung gerückt. Die Kommunalgruppe bietet den ›Römerinnen‹ Stütze und Anregungen gleichzeitig.

Frauencafé

Als eine der wichtigsten Einrichtungen in der Frankfurter Frauenschule bleibt zum Schluß noch das Café zu erwähnen. Frau kann einfach so hingehen zum Plaudern und Schmökern in den Büchern und aktuellen Zeitschriften der kleinen Bibliothek im Caféraum, zwischen zwei Terminen in meist netter Gesellschaft noch schnell was essen oder auch z.B. jeden 2. Sonntag im Monat beim Tanztee das Tanzbein schwingen.

Basaltstraße 23

❷

In der *Basaltstraße 23* befand sich 1913 ein Treffpunkt der SPD, die »Liederhalle«. Später war hier lange Zeit ein Kino, die Titania. Heute wird das ehemalige Kino umgebaut zu einem Zentrum der Altkatholischen Kirche; die Bürger/innen des Stadtteils hätten lie-

Die neue Frauenbewegung

»Vom Feminismus hatten die Frauen, die sich im Herbst 1969 im Club Voltaire in Frankfurt zum ersten Mal trafen, noch kaum etwas gehört. Sie waren in der neugegründeten Organisation, dem Weiberrat zusammengekommen, um sich politisch auf ›Vorderfrau‹ zu bringen. In straffer Organisationsform mit Plenum, Schulungsgruppen, Intensivschulung, also mehreren Terminen in der Woche, paukten und diskutierten sie, was die männlichen Genossen in der damaligen Studentenbewegung ebenfalls diskutierten: Marx, Engels, Mandel. Frauengruppen waren damals eher »Durchlauferhitzer« für die spätere Eingliederung in gemischte Gruppen.

Als Alice Schwarzer im Frühsommer 1971 damit begann, die Kampagne gegen den Abtreibungsparagraphen, die in Frankreich gerade angelaufen war, auch in die Bundesrepublik zu tragen, stieß sie bei den Frauengruppen zunächst auf Ablehnung. ›Zu unpolitisch und reformistisch‹ lautete das Urteil des Frankfurter Weiberrats. Erst unter dem immer stärker werdenden Druck der Nicht-Studentinnen, die das ewige Theoretisieren satt hatten und endlich auch einmal praktisch politisch arbeiten wollten, befaßte er sich mit dem Paragraphen 218 — zunächst wieder theoretisch mit dessen Funktion innerhalb der bestehenden Gesellschaft.

Aber es begannen auch fieberhafte Aktivitäten: Selbstbezichtigungen ›Ich habe abgetrieben‹ wurden gesammelt, die dann im Sommer 1971 im ›Stern‹ veröffentlicht wurden. Es wurden Flugblätter verfaßt und verteilt, Informationsstände in der Innenstadt und in den verschiedenen Stadtteilen aufgestellt. Beim ersten Bundesfrauenkongreß im März 1971 im Haus der Jugend hatten sich rund 450 Frauen aus 40 Frauengruppen getroffen. In den Arbeitsgruppen ging es um ›die Gründe für die Selbstorganisation von Frauen‹, um ›die Situation der erwerbstätigen Frau‹, um ›die Funktion der Familie in der Gesellschaft‹ und um den ›Paragraphen 218‹. Für die meisten Frauen und auch für den Weiberrat stand am Ende dieses Kongresses fest: Wir müssen unsere Sache selbst und autonom in die Hand nehmen.

Nun rissen die Aktionen nicht mehr ab. Die Frauen waren sehr erfinderisch. Der Zulauf wurde immer stärker, eine Kontaktadresse immer notwendiger. Schließlich eröffnete der Weiberrat zusammen mit Frauen aus dem ›Revolutionären Kampf‹, die sich mittlerweile auch eher der Frauenbewegung zugehörig fühlten, das erste Frauenzentrum in Frankfurt in der Eckenheimer Landstraße.

In dem Maße, wie Frauen miteinander kämpften und arbeiteten, veränderte sich auch ihr Verhältnis zueinander und zu sich selbst. Sie begannen sich und ihre Bedürfnisse ernst zu nehmen, neu zu definieren. Es entstanden Gesundheitsgruppen, Frauenkneipen, ein Lesbenzentrum. Als dann die Reform des § 218 keine wesentliche Änderung der Situation brachte, wurden Busfahrten zu Abtreibungskliniken nach Holland organisiert.

Die Holland-Fahrten stellten die Frauen erst im Frühjahr 1978 ein, nachdem sie erkannt hatten, daß damit das Problem Schwangerschaftsabbruch auf die Dauer nur ›ausgelagert‹ wurde. Die Beratung schwangerer Frauen ging jedoch weiter.

Neben dem Eckenheimer Frauenzentrum gab es bald weitere Treffpunkte dieser Art für Frauen: das Neu Isenburger und das Bockenheimer Frauenzentrum.

Heute lebt die Frankfurter Frauenbewegung in vielen kleinen Gruppen, die oft gar nicht erfaßbar sind. Manche Frauen wiederum sind in die Gegenkultur eingetaucht; zahlreiche Frauen aber arbeiten in der Ökologie- und in der Friedensbewegung mit.«

Zu ergänzen ist dieser Text über die Anfänge der neuen Frauenbewegung in Frankfurt (von Ulla Hünlich und Gisela Geier im Rhein-Main-Buch 1982 des AZ-Verlags) um den Hinweis auf die Frauenforen an den Volkshochschulen und auf die Kinderladenbewegung. Die Frauenforen boten seit 1971 die Möglichkeit für Frauen aus ganz unterschiedlichen Zusammenhängen bzw. mit ganz unterschiedlicher Geschichte, sich selbst zu erfahren und gemeinsame Lernprozesse zu erleben. Zehn Jahre später wurden die Finanzmittel massiv gekürzt, weil den Stadtvätern das Protestpotential, das sich hier auf der Grundlage der Erkenntnis gemeinsamer Unterdrückung und vor allem gemeinsamer Handlungsmöglichkeiten herausbildete, offenbar unheimlich war.

Die Kinderladenbewegung war initiiert von Frauen im Umkreis der Student/inn/en-Bewegung als gemeinsame Lösung für die Kinderbetreuung jenseits von als autoritär kritisierten Institutionen. In Frankfurt gibt es heute neben den städtischen und kirchlichen Kindertagesstätten, Kindergärten etc. zahlreiche Krabbelstuben und Kinder- und Schülerläden, die auf die Eigeninitiative der Mütter und Väter zurückgehen.

Die Frauenbewegung mit dem vereinheitlichenden Ziel, gegen den Abtreibungsparagraphen zu kämpfen, aus der Zeit des Aufbruchs gibt es so nicht mehr. Stattdessen sind viele Frauen an ganz unterschiedlichen Orten und an unterschiedlichen Punkten ihrer eigenen Entwicklung in Bewegung. Die Themen sind ausdifferenzierter geworden und die Kontroversen um den »richtigen Weg« und das »richtige Ziel«, die es so m.E. nicht gibt, haben zugenommen.

Viele der seit 1971 entstandenen Fraueninitiativen und -projekte existieren nicht mehr, weil sie durch andere Aktivitäten überflüssig wurden, weil den Frauen, die sie neben Erwerbs- und Familienarbeit machten, irgendwann die Puste ausging, weil die Bedürfnisse sich änderten.

Zu nennen wäre in diesem Zusammenhang z.B. die Frauenkneipe in der Oppenheimer Landstraße, das Frauencafé (später »Gerüchteküche«) in der Neuhofstraße, die Frauenzentren. das Lesbenzentrum in der Kiesstraße und später in der Eckenheimer Landstraße, die Frauenkinogruppe im Studentenkino »Pupille« im Studentenhaus.

Frauenprojekte

Allen Projekten der autonomen Frauenbewegung in Frankfurt ist gemeinsam, daß sie mit ihrer Arbeit praktische Konsequenzen aus der feministischen Analyse der patriarchalischen Strukturen dieser Gesellschaft gezogen haben und somit die auf Veränderung abzielende Antwort darstellen. Die meisten Projekte haben nur dank jahrelanger ehrenamtlicher, d. h. unbezahlter Arbeit der beteiligten Frauen entstehen können, die damit neben der Bearbeitung eines drängenden Problems für Frauen wie z.B. miserable Gesundheitsversorgung oder die allerorten auf der Straße oder auch in den individuellen Beziehungen gegenwärtige Gewalt von Männern auch selbstbestimmte Frauenarbeitsplätze geschaffen haben.

Staatliche Unterstützung für die gesellschaftlich unverzichtbare Arbeit dieser Projekte floß nur in den Zeiten der rotgrünen Tolerierung und Koalition (von 1984 bis Jan.1987) in Hessen etwas reichhaltiger als sonst: aus dem Hessischen Aktionsprogramm für Frauen — relativ bescheiden bestückt mit insgesamt 7,5 Mio. DM. Die Stadt Frankfurt mit ihrer CDU-Mehrheit hat sich bisher mit einer finanziellen Förderung solcher Projekte vornehm zurückgehalten, obwohl viele städtische Ämter gerne auf die Beratungsangebote der Frauenprojekte verweisen. Schließlich füllen sie real existierende Lücken und reagieren auf Nachfrage und Bedürfnisse, die nicht wegdiskutiert werden können. Getreu dem Motto der Mehrheitspartei, daß es sich z.B. bei sexuellem Mißbrauch oder Vergewaltigung nicht um strukturelle Gegebenheiten handelt, die mit der klassischen Arbeitsteilung zwischen Männern und Frauen untrennbar verbunden sind, sondern um Einzelfälle eines ansonsten intakten Familien- und Gesellschaftssystems, stiehlt sich der hiesige Magistrat aus seiner Verantwortung für die Bürgerinnen dieser Stadt, indem er die Arbeit der Frauenprojekte als nicht förderungswürdig betrachtet.

Durch die politische Wende in Hessen ist die kontinuierliche Weiterarbeit der bis dato aus Landesmitteln bezuschußten Projekte mindestens beeinträchtigt, wenn nicht gar bei einigen die Existenz gefährdet, falls die öffentlichen Gelder von der CDU gekürzt oder gestrichen würden. *Elke Kiltz*

ber ein kommunales Kino oder ein Kulturzentrum gehabt. An diesem Ort hat *Rosa Luxemburg* 1913 eine flammende Rede gegen den Krieg gehalten.

Der Verein zur beruflichen Förderung von Frauen in der *Varrentrappstraße 47* (Sitz der Geschäftsstelle) und *Adalbertstraße 18* bietet Kurse zur Berufsorientierung, zum beruflichen Wiedereinstieg und Umschulungskurse für Frauen genauso wie Beratung für arbeitsplatz- und ausbildungsplatzsuchende Mädchen und Frauen. Ein Modellversuch des Vereins ist der Förderung ausländischer Mädchen gewidmet. Er hat damit gleichzeitig ca. 20 Arbeitsplätze selbst geschaffen.

» Die Radikalen in der alten Frauenbewegung «

Adalbertstraße 18
🕒

Von hier ist es nicht weit bis zum nächsten wichtigen Kommunikations- und Informationsort der Frankfurter Frauenbewegung: dem Frauenbuchladen in der *Kiesstraße 27*. Den Buchladen, der von einem Kollektiv geführt wird (2 der Frauen können für ihre Arbeit bezahlt werden, die anderen arbeiten ehrenamtlich einige Stunden jeweils), gibt es an diesem Ort seit über 10 Jahren. Für Frankfurtbesucherinnen, die sehen wollen, was gerade an Frauenaktivitäten ansteht, empfiehlt sich auf jeden Fall, in der Kiesstraße einen Blick auf die Plakate und Zettel dort an der Tür, neben den Regalen und hinten im gemütlichen kleinen Caféraum zu werfen und eine entsprechende Frage an die diensthabende Ladenfrau zu richten. Kann sein, daß auch eine spannende Lesung im Buchladen auf dem Programm steht.

Kiesstraße 27

Wenn nicht gerade Semesterferien sind, kann frau sich auch im heiß erkämpften *Frauenraum* im alten Studentenhaus auf dem Campus der Universität (3 Minuten vom Frauenbuchladen entfernt) in der *Mertonstraße* einen Überblick über dortige und andere

Mertonstraße

Aktivitäten verschaffen, Kontakte knüpfen, so sie in Frankfurt studieren will oder einfach mal reinschauen.

Hier tagt einmal wöchentlich das Unifrauen- und Lesbenplenum. Als es 1977 an der Frankfurter Universität den ersten Frauenasta Europas gab, bekamen die frauenpolitischen Aktivitäten wie Frauenseminare und Frauenarbeitsgruppen an den einzelnen Fachbereichen Auftrieb und Rückenwind, der Forderungen wie der nach einem Ort für Frauen innerhalb des universitären Rahmens den nötigen Nachdruck verlieh. Examensarbeiten und Prüfungen über feministische Fragestellungen in und feministische Kritik an der Wissenschaft in den einzelnen Disziplinen sind inzwischen an der Uni Selbstverständlichkeiten und die damals zum ersten Mal erhobene Forderung nach einer Frauenprofessur ist 10 Jahre später endlich verwirklicht.

Über die Varrentrappstraße, die Emser Brücke, Günderrodestraße und Frankenallee führt der Weg zum nächsten Ziel.

Hufnagelstraße 14 ❹

In der Hufnagelstraße 14 gibt es seit 1978 einen Treffpunkt für deutsche und ausländische Mädchen unter Trägerschaft eines großen Verbandes (Internationaler Bund für Sozialarbeit), den *Mädchentreff*. Kein Projekt der autonomen Frauenbewegung im strengen Sinne, aber durch die Mitarbeiterinnen mit feministischem Konzept arbeitend. Der Mädchen-Cafe-Treff bietet Gruppen (Ausländerinnengruppe, Berufsgruppe etc.) offene Treffs, Einzelberatungen, Lehrgänge und Freizeiten. Ein Ort, von dem aus Mädchen sich die Welt aneignen können!

Über die Galluswarte auf der Mainzer Landstraße entlang sind AGISRA und IAF in der *Mainzer Landstraße 147* zu erreichen.

Mainzer Landstraße 147 ❺

AGISRA (Arbeitsgemeinschaft gegen internationale, sexuelle und rassistische Ausbeutung) ist das zur Zeit jüngste Projekt in Frankfurt, hat erst kürzlich eröffnet und arbeitet zu den Problemen internationalen Mädchen- und Frauenhandels und Sextourismus. Frankfurt hat sich dabei als Ort für

die Bundesgeschäftsstelle dieser bundesweiten Arbeitsgemeinschaft gerade-
zu angeboten, weil der Frankfurter Flughafen ein wichtiges Zentrum des in-
ternationalen Frauen- und Mädchenhandels ist und hier zahlreiche soge-
nannte »Bumsbomber« Richtung Südostasien starten, gefüllt mit deutschen
Männern, die sich exotischen Sex kaufen wollen. Die AGISRA hat ihr Do-
mizil in den Räumen der IAF gefunden.

Die Interessengemeinschaft der mit Ausländern verheirateten Frauen,
Verband binationaler Partnerschaften, setzt sich bundesweit und regional in
Zusammenarbeit mit anderen Initiativen, Frauenverbänden, Gewerkschaf-
ten, Parteien und Kirchen für die Gleichberechtigung ausländischer und
deutscher Mitbürger/innen ein und bietet Beratung für Betroffene an.

Ins benachbarte Westend kommt frau/mann am schnellsten über
Güterplatz und Hohenstaufenstraße. In der Mendelsohnstraße 86
lebte *Toni* (Sidonie Zippora) *Sender,* Jüdin, erfolgreiche, engagierte
Politikerin, als sie als Vertreterin der USPD 1918 in die Frankfurter
Stadtverordnetenversammlung gewählt wurde.

Mendelsohn-
straße 86

Toni Sender, 1888 in Biebrich geboren, war damals eine der jüngsten
Frauen in der Stadtverordnetenversammlung. 1920 wurde Toni Sender
Reichstagsabgeordnete — erst für die USPD, später zum linken Flügel der
wieder vereinigten SPD gehörend — und arbeitete im Wirtschafts- und im
Außenpolitischen Ausschuß bis zum Ende der Republik. 1933 blieb ihr nach
per Flugblatt mit Foto veröffentlichten Morddrohungen nur noch die Emi-
gration. Als Rednerin vieler Massenveranstaltungen, als Jüdin und Soziali-
stin war Toni Sender den Nationalsozialisten besonders verhaßt. Über die
Tschechoslowakei und Belgien kam sie in die Vereinigten Staaten, wo sie un-
ter anderem als Journalistin, als Wirtschaftsspezialistin und zuletzt als Ver-
treterin des Bundes Freier Gewerkschaften bei den Vereinten Nationen tätig
war. Sie starb Anfang der sechziger Jahre in New York.

In der Parallelstraße existiert seit September 1985 (nach zweijähriger Vorbereitungszeit) das einzige feministische Projekt ohne größere Geldsorgen, das *feministische Archiv und Dokumentations-*
zentrum in der Arndtstraße 18, gegründet mit Geldern der Reemts-
ma-Stiftung. Hier tragen neun Frauen alles an Material zusammen,
was sie über die historische radikale Frauenbewegung und die neue
Frauenbewegung — insbesondere die sogenannte graue Literatur
wie Flugblätter etc. — bekommen können.

Arndtstraße 18

In der Parallelstraße zur Arndtstraße, in der Lindenstraße 27,
war während der Zeit des Faschismus der Sitz der Gestapo. Im
April 1942 wurde hier die russische Zwangsarbeiterin *Valentina*
Archipowa * wegen »Plünderung« verhört. Die Methoden solcher
Vernehmungen der Gestapo sind bekannt. Im Protokoll heißt es la-
pidar: »Vernehmung mußte wegen Unwohlsein der Archipowa abgebrochen werden«. Valentina Archipowa blieb dennoch bei ihrer
Aussage. Sie hatte unter dem Schutt des abgebrannten Hauses ihrer
Dienstherrin 2 m angesengten Damast und 1 m Hemdenstoff gefunden und gegen einen Mantel eingetauscht. Das Frankfurter Son-
dergericht verurteilte die Zwangsarbeiterin im Juli 1942 als »Volks-
schädling« zum Tode. Das Gnadengesuch des Pflichtverteidigers
wurde abgelehnt, Valentina Archipowa, 23 Jahre alt, Mutter von 2
Kindern, im September 1942 in der Strafanstalt Preungesheim hingerichtet.

Lindenstraße 27

Myliusstraße 32

⑨

Auf der anderen Seite des Westendes, jenseits der Bockenheimer Landstraße findet sich am Haus Myliusstraße 32 ein Hinweis darauf, daß hier *Clara Schumann geb. Wieck* gewohnt hat. Clara Schumann, 1819 in Leipzig geboren, war schon in ihrer Jugend eine bekannte Pianistin. Als Komponistin ist sie erst wieder von der neuen Frauenbewegung entdeckt worden. Nach dem Tod ihres Mannes, des Komponisten Robert Schumann, bestritt sie den Lebensunterhalt für sich und ihre Kinder durch Musikunterricht — von 1878-1892 am Hoch'schen Konservatorium in der Eschersheimer Landstraße 4.

Feldbergstraße 23

Nicht weit entfernt von Clara Schumanns Wohnsitz hat die 50 Jahre jüngere *Berta Pappenheim* eine Zeitlang gewohnt — in der Feldbergstraße 23.

Bertha Pappenheim

Bertha Pappenheim ist 1859 als Tochter einer wohlhabenden jüdischen Familie in Wien-Leopoldstadt geboren. Mit ihrer Mutter übersiedelte sie nach dem Tod des Vaters in das preußische Frankfurt in die Leerbachstraße 10. Nach deren Tod lebte sie bis zu ihrem Umzug nach Neu-Isenburg 1928 in der Feldbergstraße. Bertha Pappenheim war eine der aktivsten Frauen in der jüdischen Frauenbewegung. An der Arbeit der Israelitischen Mädchenwaisenanstalt in der Theobald (Christ)-Straße 21 — gegründet 1847 von der Baronin Rothschild — war sie ebenso beteiligt wie an der Arbeit des Israelitischen Mädchenclubs in der Fahrgasse 146 und der Stellenvermittlung für jüdische Mädchen und Frauen in der Langestraße 30. Darüber hinaus war Bertha Pappenheim ab 1900 als Mitglied des Städtischen Armen-Amtes in der öffentlichen Jugendfürsorge und ab 1910 als Mitglied des Städtischen Armenrates tätig. Sie nahm damit teil am organisierten Weg der Frauen in die öffentlichen Gemeindeämter. Als eine ihrer wichtigsten Lebensaufgaben muß allerdings ihr Kampf gegen die Ausbeutung von Mädchen und Frauen durch Prostitution und Mädchenhandel gelten, bei dem sie auch ihre Glaubensgenossen — jüdische Mädchenhändler — heftig attackierte. Als Möglichkeit konkreter Abhilfe, als Hilfsangebot gründete sie 1907 mit Unterstützung vieler jüdischer Frauen das Heim des Jüdischen Frauenbundes für jüdische ledige Mütter, konzipiert als Schutz- und Erziehungsheim. Das Heim mußte in den folgenden Jahren stetig vergrößert werden. Acht Jahre nach Bertha Pappenheims Tod, 1936, wurde das Heim von den Nationalsozialisten aufgelöst, die Bewohnerinnen wurden deportiert, vermutlich nach Theresienstadt oder Auschwitz.

Von der Feldbergstraße aus führt deren Verlängerung, die Wolfgangstraße, auf den Reuterweg.

Reuterweg 83

⑩

Im Reuterweg 83 gibt es seit 1984 eine Beratungsstelle für iranische Flüchtlingsfrauen vom Verein autonome iranische Frauenbewegung im Ausland e.V. als Reaktion auf die Tatsache, daß seit 1983 immer mehr Frauen aus dem Iran in die BRD flüchten, die mit existentiellen Schwierigkeiten konfrontiert sind und Unterstützung brauchen.

Opernplatz

⑪

Der Reuterweg führt geradewegs zum Opernplatz, dem Ort, an dem *Magda Spiegel** bis zum Faschismus erfolgreich auftrat. *Magda Spiegel*, eine bekannte Altistin, hat lange an der Frankfurter Oper gearbeitet. Sie ist als Tochter einer jüdischen Familie 1887 in Prag geboren. In Frankfurt wohnte sie u.a. in der Lichtensteinstraße

2, in der Hansaallee 7 und in der Holzhausenstraße 16. Eine Weile konnte sie, obgleich Jüdinnen und Juden bereits Auftrittsverbot hatten, nach 1933 noch an der Oper bleiben. 1935 wurde dann auch ihr Vertrag nicht mehr verlängert — aus rassischen Gründen. 1942 wurde sie von der Gestapo festgenommen und nach Theresienstadt gebracht.

Jenny Apolant leitete ab 1907 die »Zentralstelle für Gemeindeämter der Frau« des Allgemeinen Deutschen Frauenvereins in der *Hochstraße 49.* Zu Anfang hieß die Stelle noch »Auskunftstelle für Gemeindeämter der Frau«. Jenny Apolant hat diese Stelle mitbegründet. Sie wurde 1884 als Jenny Rathenau in Berlin geboren und heiratete mit 21 Jahren einen Frankfurter. Neben ihren Hausfrau und Mutterpflichten engagierte sie sich stark in der liberalen Frauenbewegung.

Hochstraße 49

Sie arbeitete in der Frauenstimmrechtsbewegung und publizierte verschiedene Schriften über Stellung und Mitarbeit der Frauen in der Gemeinde, über die Mitwirkung der Frau in der kommunalen Wohlfahrtspflege sowie Anfang 1919 über das kommunale Wahlrecht für Frauen in den deutschen Bundesstaaten. Ab November 1919 war das Frauenwahlrecht dann nach langen Kämpfen der bürgerlichen, radikalen und sozialistischen Frauenbewegung endlich zugestanden. Von 1919 bis 1924 war Jenny Apolant Stadtverordnete für die Deutsche Demokratische Partei im Römer.

Im Foyer des *Volksbildungsheimes* am Eschenheimer Turm ist eine Büste des Ehepaars Epstein zu finden. *Else Epstein,* 1881 in Frankfurt geboren, arbeitete zusammen mit ihrem jüdischen Mann Wilhelm von 1905 bis 1930 im Bereich Volksbildung. Sie war Mitglied im Arbeitsausschuß des Verbandes für Volksbildung und in der Deutschen Demokratischen Partei (DDP) engagiert. Der Verband wurde 1933 aufgelöst. Else Epstein kam für einige Monate in das Frauenkonzentrationslager Ravensbrück, weil sie ihren Mann versteckt hatte (Er starb 1941). Nach ihrer Rückkehr bei Kriegsende schlug sie dem Magistrat der Stadt sofort die Neugründung des aufgelösten Verbandes vor und baute ihn gemeinsam mit dem Deutschen Gewerkschaftsbund Frankfurt wieder auf. Als Mitglied der CDU war Else Epstein im Bürgerausschuß (der späteren Stadtverordnetenversammlung) vertreten.

Eschenheimer Turm

Else und Wilhelm Eppstein im Volksbildungsheim

Zum Erreichen der nächsten Station empfiehlt sich die Benutzung der U-Bahn (U 1, 2 oder 3 ab Eschersheimer Tor bis Haltestelle Hügelstraße). Von da aus führt der Weg die Eschersheimer Landstraße ein Stück zurück bis zur Ganghoferstraße, dann zurück auf die Eschersheimer und dort Richtung Innenstadt bis zum Marbachweg.

Im Haus Marbachweg 307 wurde im Juni 1929 *Anne Frank* geboren. Bis zur Emigration nach Amsterdam 1933 lebte die jüdische Familie in der Ganghoferstraße 24. Als 1940 die deutschen Faschisten in den Niederlanden einmarschierten, waren Jüdinnen und Juden auch dort bedroht.

Marbachweg 307

Die Familie Frank versteckte sich ab Juli 1941 in einem Hinterhaus und wurde von befreundeten holländischen Familien mit dem Notwendigsten versorgt. Bis August 1944 schrieb Anne Frank in diesem Versteck Tagebuch. Zu diesem Zeitpunkt wurde das Versteck verraten, die dort lebenden Menschen wurden verhaftet. Anne Franks Mutter starb im Konzentrationslager Auschwitz, sie selbst und ihre Schwester starben in Bergen-Belsen an Typhus. Der Vater überlebte und veröffentlichte nach dem Krieg das Tagebuch seiner Tochter. Am Haus Ganghoferstraße 24 wurde auf Veranlassung des Frankfurter Jugendrings 1947 eine Gedenktafel angebracht. Die in der Nähe gelegene Schule trägt den Namen »Anne-Frank-Schule«.

Hauptfriedhof

Marianne Jung (Willemer)

Vom Marbachweg führt die Kaiser-Sigmund-Straße direkt zum Portal des Hauptfriedhofs. Auf zwei Frauen, die hier beerdigt sind, soll hingewiesen werden: *Marianne Willemer** kam mit 14 Jahren 1798 nach Frankfurt, wo sie als Sängerin, Tänzerin und Schauspielerin in Theatern auftrat. Der Kaufmann Willemer ließ sie mit seinen Töchtern zusammen erziehen und heiratete sie 13 Jahre später. Im gleichen Jahr lernten sich Marianne Willemer und Johann Wolfgang von Goethe kennen.

*Ricarda Huch**, deren Grab sich ebenfalls auf dem Hauptfriedhof befindet, war nur die zwei letzten Monate vor ihrem Tod — 1947 — Bürgerin der Stadt Frankfurt. Sie hatte geplant, ihren Lebensabend bei ihrer hier lebenden Tochter zu verbringen.

Ricarda Huch war eine der ersten Frauen, die studierten. In der Schweiz studierte sie Geschichte und promovierte zur Dr. phil. Als bekannte Schriftstellerin — 1931 hatte sie den Goethepreis der Stadt Frankfurt erhalten — wurde sie 1933 von der Preußischen Akademie der Künste aufgefordert, sich für die faschistischen Machthaber zu erklären. Sie wies dieses Ansinnen deutlich zurück.

Neuhofstraße 4
⑭

Zur Neuhofstraße, der nächsten Station, kann wieder die U-Bahn benutzt werden (U5 Haltestelle Hauptfriedhof bis Haltestelle Glauburgstraße). *Lore Wolf**, geboren 1900 in Sommershausen am Main, kam schon als Kind mit ihren Eltern nach Frankfurt.

Bei Beginn des Ersten Weltkrieges arbeitete sie 14jährig in einer Munitionsfabrik. Sie wurde früh Mitglied der Naturfreundejugend und der sozialistischen Arbeiterjugend. 1929 wanderte sie wegen der zunehmenden Arbeitslosigkeit mit Mann und Tochter in die USA aus, später (1932) ging die Familie in die Sowjetunion und kehrte wenig später nach Deutschland zurück. Lore Wolf hatte sich inzwischen der Kommunistischen Partei angeschlossen und arbeitete in der Roten Hilfe mit, die zahlreiche Flugblätter gegen den Faschismus druckte und verteilte sowie eine Zeitung herausgab. Die Flugblätter wurden in einer Wohnung in der Neuhofstraße 18 hergestellt und mußten dann zum Druck nach Fechenheim gebracht werden. Lore Wolf hat mehr als einmal diesen gefährlichen Transport übernommen.

Autonomes
Frauenhaus

Die Adresse des autonomen *Frauenhauses* ist nicht öffentlich. Dies ist zum Schutz der Frauen notwendig. Im April 1976 wurde der Verein Frauen helfen Frauen e.V. mit dem Ziel gegründet, Gewalt gegen Frauen als ein strukturelles Problem dieser Gesellschaft öffentlich zu machen und konkrete Hilfe für mißhandelte Frauen durch die Gründung eines Frauenhauses anzubieten. Nach zweijähriger Vorarbeit, in der der Verein eine Beratungsstelle unterhielt, konnte dann 1978 das autonome Frauenhaus im Nordend (eines der ersten Frauenprojekte in Frankfurt) eröffnet werden. Der Verein hat im letzten Jahr ein weiteres Haus in Heddernheim eröffnet.

Ein Projekt der ausländischen Frauenbewegung ist das Mutter-Kind-Beratungszentrum seit Sept. 1984 in Bornheim in der Berger Straße 211, ein Treffpunkt, der in erster Linie von türkischen Frauen — aber auch von Frauen anderer Nationalitäten — aufgesucht wird. Neben Beratung in Berufs-, Gesundheits- und Familienfragen bietet das Zentrum Kurse (z.B. Alphabetisierungskurse und Nähkurse) und einen Ort, an dem ausländische Frauen häusliche Isolation aufbrechen und sich austauschen können.

Über die Saalburgallee führt der Weg von der Berger Straße zum Ende des Roederbergweges. Im Roederbergweg 270 war während

Berger Straße 211
⑮

⑯
**Roederbergweg
270**

Frauen-Notruf

des Zweiten Weltkrieges eines der Frankfurter Lager für ausländische Zwangsarbeiterinnen*. 28 Frauen und Mädchen aus der Sowjetunion lebten hier und wurden unter Bewachung zur Arbeitsstelle und wieder ins Lager gebracht.

Ernährung und Unterbringung der Zwangsarbeiter/innen waren in der Regel menschenunwürdig. Schwangere Frauen wurden über das jeweils zuständige Arbeitsamt zur Abtreibung oder Geburt in die Lager Pfaffenwald oder Kelsterbach gebracht, wo die rassisch unerwünschten Kinder entweder zwangsabgetrieben oder nach der Geburt unter völlig unzureichenden hygienischen Bedingungen so schlecht bzw. gar nicht versorgt wurden, daß sie bald starben. Die Friedhöfe in der Nähe dieser Lager weisen auffallend viele Frauennamen und Kinder auf den Grab- und Gedenktafeln (so es welche gibt) auf. Gleichzeitig war für die »arischen« Frauen Abtreibung strengstens verboten und der Mutterkreuzkult stand in voller Blüte.

Der Roederbergweg führt Richtung Zoo. Über die Bärenstraße gelangt man in die Straße Am Tiergarten. Am Zoo gab es um die Jahrhundertwende zeitweilig für die Frankfurterinnen und Frankfurter Miß Polly beim Fallschirmspringen zu bewundern. Die Auf-

Kaethe Paulus

Baumweg 37
⑰

Seilerstraße

**Allerheiligenstra-
ße/Klingerstraße**
⑱

tritte galten als Attraktion. Miß Polly hieß mit bürgerlichem Namen *Käthe (genannt Käthchen) Paulus*, war 1868 in Mainhausen geboren und machte 1893 ihren ersten Fallschirmabsprung. Von Beruf Schneiderin, war sie in der Lage, selbst Fallschirme herzustellen, was sie in den ersten Kriegsjahren in Berlin auch tat. Sie machte dabei eine Erfindung, die noch heute in Gebrauch ist und nach ihr benannt wurde: der Paulushaken, eine Sicherheitseinrichtung. Käthe Paulus hat bis 1914 in Frankfurt gelebt und starb 1935 in Berlin.

Eine Anlaufstelle für Frauen, die in der Prostitution arbeiten, ist Tamara (Kontaktstelle für Frauen) am Alfred-Brehm-Platz 17. Tamara ist ein Hilfs- und Beratungsangebot, das von den beiden großen Kirchen finanziert wird (2 angestellte Frauen), wobei das Konzept für diese Arbeit maßgeblich von der HWG-Selbsthilfegruppe (siehe weiter unten) mitgestaltet wurde.

Über Pfingstweidstraße und Sandweg ist der Baumweg zu erreichen. Nach ihrer Heirat lebte *Henriette Fürth**, 1861 in Gießen geboren, im *Baumweg 37*. Sie war eine engagierte Sozialpolitikerin. Selbst Mutter von 8 Kindern publizierte sie über das Pflegekinderwesen in Frankfurt, trat energisch für »Mutterschutz durch Mutterschaftsversicherung« (das gleichnamige Buch erschien 1907), die Gleichstellung des unehelichen mit dem ehelichen Kind und für die Interessen lediger Mütter ein. Sie arbeitete in der Rechtsschutzstelle für Frauen mit und unterstützte den Kampf für das Frauenwahlrecht. Auf der ersten Versammlung von Frauen in der Paulskirche am 17.11.1918 war das Frauenwahlrecht Thema ihrer Rede. Von 1919 bis 1924 war Henriette Fürth SPD-Stadtverordnete. 1931 erhielt sie wegen ihrer sozialpolitischen Aktivitäten die Ehrenplakette der Stadt Frankfurt. Ab 1933 hatte Henriette Fürth Berufsverbot. Sie verließ Frankfurt und starb 1938 in Bad Ems.

Im Gefängnis Klapperfeld wurde die Widerstandskämpferin *Johanna Kirchner** 1943 auf dem Weg zur Urteilsverkündung nach Berlin festgehalten und konnte dort ihre gleichfalls inhaftierte Tochter *Lotte Schmidt* vor ihrem Tod noch einmal sehen.

Im Mai 1943 wurde sie wegen ihrer Widerstandsarbeit in Deutschland und in der Emigration zu 10 Jahren Zuchthaus verurteilt. Bei der Wiederaufnahme des Verfahrens auf Verlangen Freislers hin sprach der »Volksgerichtshof« das Todesurteil. Johanna Kirchner wurde 1944 in Berlin Plötzensee hingerichtet. Im Stadtteil Westhausen erinnert ein Straßenname an sie; die Arbeiterwohlfahrt hat ein Altenheim nach ihrer Mitbegründerin benannt.

Sophie Ennenbach wurde 1880 als Tochter einer armen Familie im Taunus geboren. Als die Familie nach Frankfurt zog, verdingte sich Sophie Ennenbach als Dienstmädchen. Sie engagierte sich bald in der Arbeiterkonsumgesellschaft und wurde Mitglied in der SPD, sobald Frauen Parteimitglieder werden konnten (dies war Anfang des Jahrhunderts noch verboten). 1912 wurde Sophie Geschäftsführerin des Verbandes der Hausangestellten in Frankfurt. 1920 während des Kapp-Putsches war Sophie Ennenbach Mitarbeiterin des Revolutionsrates im Frankfurter Hof. Von 1928-1933 war sie

Stadtverordnete der SPD-Fraktion. Mit dem Machtantritt der Nationalsozialisten verlor sie ihre Arbeitsstelle. Sie verließ — inzwischen auch von ihrem Mann geschieden — Frankfurt und suchte Arbeit erst in Chemnitz, dann in Berlin.

Im Katharinenturm an der Katharinenkirche (er ist heute nicht mehr da) wurde 1771 *Susanna Margarethe Brandt* während der Zeit ihres Prozesses gefangengehalten. Sie war als Kindesmörderin angeklagt. Als Dienstmagd im Gasthaus »Zum Einhorn« war sie — 24jährig — von einem Gast geschwängert worden und hatte die Schwangerschaft, so gut es ging, verborgen.

Johanna Kirchner

Als ledige Mutter war eine Frau in der Zeit der »Aufklärung« eine Ausgestoßene. Susanna Margarethe Brandt tötete ihr am 1. August 1771 heimlich geborenes Kind aus Verzweiflung, floh aus Frankfurt und wurde mit Auffinden der Kinderleiche steckbrieflich gesucht. Bei ihrer freiwilligen Rückkehr am nächsten Tag wurde sie verhaftet, wegen ihres schlechten gesundheitlichen Zustandes erst im Hospital, dann im Katharinenturm gefangengesetzt. In den folgenden Monaten wurde sie mit dem obduzierten, nach dem Begräbnis wieder ausgegrabenen Leichnam des Kindes konfrontiert, permanent verhört und sagte aus Angst vor Folter mehr aus, als tatsächlich geschehen war. Der Verteidiger versuchte mit Hinweis auf die soziale Lage lediger Mütter ein gnädiges Urteil zu erreichen und forderte die Stadt Frankfurt auf, ein Findelheim einzurichten. Susanna wurde trotzdem zum Tod durch das Schwert verurteilt. Ihr Gnadengesuch wurde abgelehnt. Am 14. Januar 1772 wurde sie auf der Hauptwache enthauptet. Über die Stadt wurde aus diesem Anlaß der Ausnahmezustand verhängt, die Tore bis auf zwei geschlossen, militärische Sicherheitsmaßnahmen getroffen. Vermutlich war Frankfurt auf den Beinen, um sich das schauerliche Schauspiel anzusehen. Johann Wolfgang von Goethe hat — damals 22 Jahre alt — den Prozeß aufmerksam verfolgt, und das Schicksal der Susanna Margaretha Brandt ist in die Figur des Gretchen im ›Faust‹ eingegangen.

Am Roßmarkt, genauer an der Kreuzung Gallusanlage/Am Salzhaus stand Ende des 18. Jahrhunderts das Cronstetten-Hynsperg'sche Stift, ein Damenstift, das Töchter verarmter adliger Familien ohne Mitgift und damit ohne Aussicht auf Heirat aufnahm. Hier bezog *Karoline von Günderrode* 1798 17jährig eine kleine Wohnung und hatte sich in Zukunft an die strengen Kleidungs- und Verhaltensregelungen des Hauses zu halten. Sie nahm jedoch jede Gelegenheit wahr, Kontakte zur Außenwelt zu halten und zu reisen. Mit *Bettina Brentano* (später von Arnim) war sie herzlich befreundet. Bettina widmete der Freundin nach ihrem frühen Selbstmord einen Roman (Die Günderode). Unter dem Pseudonym Tian erschien 1802 der erste Gedichtband der Günderrode. 1806 erdolchte sich Karoline von Günderrode in Winkel am Rhein. Auskunft über ihr Leben und ihre Dichtung gibt das Buch von *Christa Wolf* »Der Schatten eines Traumes«.

Im Haus Großer Hirschgraben (dem heutigen Goethe-Haus) wurde 1750 *Cornelia Friederike Christiane Goethe* geboren, ein Jahr nach ihrem berühmten Bruder *Johann Wolfgang*. Sie galt als begabt und genoß in der Kindheit eine ähnlich musische Erziehung wie der Bruder. An ihrem Schicksal werden die Begrenzungen

Cornelia Friederike Christiane Goethe

⑲
Eiserner Steg

Anna Beyer im Club Voltaire Oktober 1984

weiblicher Existenz im wohlhabenden Bürgertum deutlich. Streng überwacht vom Vater in Korrespondenz und Freundschaften und ohne Aussicht auf die Bildungschancen des Bruders blieb ihr nur die Flucht in eine — unglückliche — Ehe mit *Johann Georg Schlosser.* Mit ihm lebte sie seit 1774 in einem kleinen Ort (Emmendingen), womit sie geistig und räumlich noch stärker isoliert war. Cornelia, deren Einfluß auf die Dichtungen des Bruders nach dessen eigenen Aussagen recht groß war, starb mit 26 Jahren im Kindbett nach der Geburt der zweiten Tochter. Die Mutter Cornelias und ihres Bruders, *Frau Rat Goethe* war bekannt für ihre originelle und kluge Redeweise.

Von der Freundschaft mit *Aja Goethe* profitierte *Bettina Brentano* sehr. Bettina, 1785 in der Alten Sandgasse geboren, ging als Mädchen im Großen Hirschgraben ein und aus. Sie war ein äußerst lebhaftes und bildungshungriges Kind. Sie wehrte sich erfolgreich gegen Konventionen und Begrenzungen, die sie an der Entfaltung ihrer Persönlichkeit hätten hindern können. Mit 26 Jahren heiratete sie den Dichter *Achim von Arnim.* Nach dessen Tod, als sie bereits 7 Kinder großgezogen hatte, begann sie selbst zu publizieren. Sie verfaßte sowohl literarische Werke wie »Goethes Briefwechsel mit einem Kinde« als auch sozialkritische, politische Schriften. Sie setzte sich beispielsweise für die Schlesischen Weber ein oder appellierte an den Preußischen König für die Abschaffung der Todesstrafe. Ihr Briefroman »Dies Buch gehört dem König« gibt ein deutliches Zeugnis von Bettina von Arnims politischem Engagement.

Anette (Anna Margaretha) Stoltze *, geboren 1813, war beim Frankfurter Wachensturm 1833 beteiligt. Sie ist zwar nicht so bekannt wie ihr 3 Jahre jüngerer Bruder Friedrich (politischer und Mundartdichter), war aber politisch und künstlerisch nicht wenig engagiert.

Anna Beyer *, 1909 in Frankfurt geboren, als kaufmännische Angestellte tätig, war politisch engagiert im Internationalen Sozialistischen Kampfbund (ISK). Eine ihrer spektakulärsten Widerstandsaktionen war der abendliche Gang über den Eisernen Steg, bei dem sie ab und zu ihren Koffer abstellte. Hob sie ihn wieder auf, war an der Stelle »Nieder mit Hitler« zu lesen, weil der Koffer mit tintengetränkten Schwammbuchstaben versehen war. Anna Beyer unterhielt während dieser Zeit eine vegetarische Gaststätte im Steinweg, die sowohl Widerstandskämpfer/innen als Treffpunkt und Informationszentrale diente als auch jüdischen Bürger/innen einen Mittagstisch bot. Als die Gestapo auf das Lokal aufmerksam wurde, mußte Anna Beyer sich verstecken. Sie emigrierte nach England und arbeitete dort weiter im Widerstand. 1946 wurde Anna Beyer SPD-Stadträtin im Römer. Später war sie Regierungsdirektorin in Wiesbaden. Sie lebt in Frankfurt und ist heute Vorsitzende des Zusammenschlusses der Frankfurter Frauenverbände.

1647 wurde *Maria Sibilla Merian* *in Frankfurt geboren. Der Vater hatte seine Malerwerkstatt in der Alten Mainzer Gasse, er starb

» Huren wehren sich gemeinsam«, Information über die Situation der Prostituierten

3 Jahre nach der Geburt der Tochter. Der Stiefvater Jakob Marell, gleichfalls Maler, erkannte die zeichnerische Begabung Marias und gab ihr Unterricht. 1665 verließ Maria Sibilla mit ihrem Mann, dem Maler J.A. Graff Frankfurt und zog nach Nürnberg. Ihr erstes Buch »Das neue Blumenbuch« gab sie mit dem Ehemann, von dem sie sich später trennte, heraus. Mit 53 Jahren konnte sie mit finanzieller Unterstützung der Stadt Amsterdam, in der sie damals lebte, eine lange Reise nach Niederländisch-Guayana antreten. 10 Jahre beobachtete sie dort Tiere und Pflanzen, sammelte, präparierte und zeichnete. Später gab sie darüber ein Buch heraus »Metamorphosis insectorum sirinamensius«, das zu den besten Naturschilderungen gehört. Maria Sibilla Merian starb 1717 in Amsterdam.

Alte Mainzer Gasse

Die letzte Station des Frauenrundgangs führt in das Viertel, in dem zur Zeit große Veränderungen anstehen — in das Bahnhofsviertel. Hier trifft sich einmal wöchentlich die HWG-Selbsthilfegruppe, die in der jüngsten Vergangenheit getreu ihrem umgewandelten amtlichen Kürzel (umgewandelt von Häufig Wechselnder Geschlechtsverkehr in Huren Wehren sich Gemeinsam) unüberhör- und unübersehbar die Interessen der Prostituierten in der Öffentlichkeit artikuliert. Treffpunkt ist im Stadtteilbüro in der Karlsruher Straße 5, wo in absehbarer Zeit auch bestimmte Öffnungszeiten über das einmalige Treffen hinaus angeboten werden sollen. Im Bahnhofsviertel wird die 1986 gegen den heftigen Widerstand von Bewohnerinnen und Bewohnern des Viertels beschlossene Sperrgebietsverordnung durchgesetzt. Unter dem moralinen Deckmäntelchen »Säuberung des Bahnhofviertels von Prostitution, Kriminalität etc.« soll Platz geschaffen werden für Bank- und Bürohäuser. Dem wirtschaftlichen Druck der expandierenden Dienstleistungsunternehmen und ihren Standortwünschen hat der CDU-Magistrat kein Konzept für eine vernünftige bürgerinnenfreundliche Stadtentwicklung entgegengesetzt. Im Gegenteil!

HWG-Selbsthilfegruppe Karlsruher Straße 5

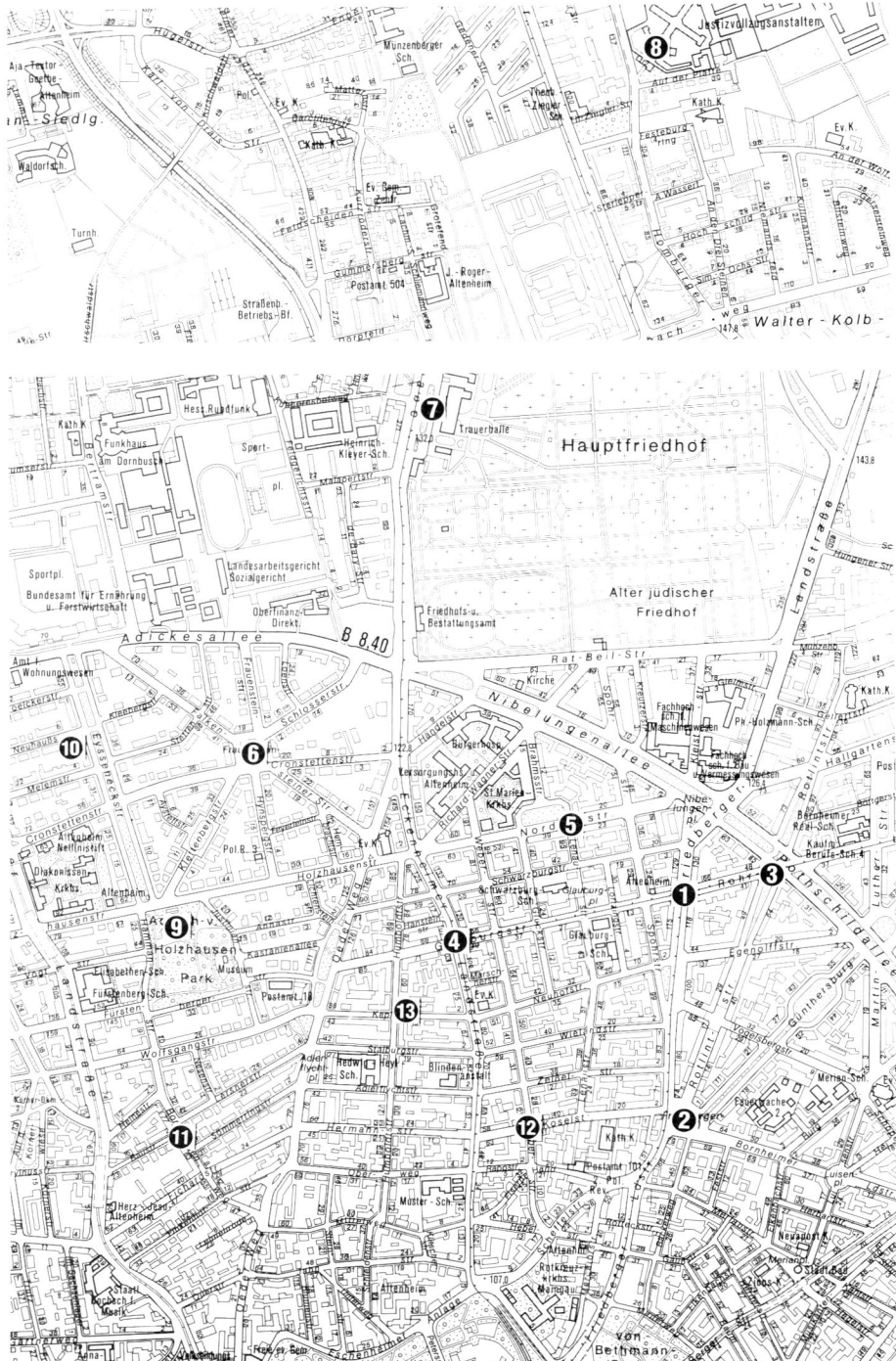

Wo Adornos wahre Erben dem Größenwahn verfallen

Das Nordend

von Willi Hau

Ausgangspunkt: *Straßenbahnstation Rohrbachstraße/Friedberger*
Landstraße, Linien 12 und 25
Endpunkt: *Bushaltestelle Adlerflychtplatz, Linie 36*
Dauer: *ca. 2 1/2 Stunden (ohne Abstecher; mit*
Kneipenaufenthalt: ganze Nächte)

Das Nordend: gleichmäßige mehrgeschossige Bebauung und das
weitgehende Fehlen von Industriebetrieben ermöglichen ein relativ
angenehmes Wohnklima. Auch wenn die Straßen mit Autos dicht
zugeparkt sind und das Spielen auf der Straße immer gefährlicher
wird — das Nordend ist in den letzten Jahren zu einem beliebten
Scene-Viertel geworden. Und wo viele — besonders jüngere —
Menschen zusammenleben, bildet sich schnell das entsprechende
soziale und kulturelle Umfeld heraus: das Straßenbild wird geprägt
von den unterschiedlichsten Speiselokalen, Kneipen und Cafés.

Die Tatsache, daß in diesem Stadtteil Alt-Achtundsechziger und
Neu-Grüne, die Altzeichenhexenmeister der Neuen Frankfurter
Schule, Edel-Punks und stinknormale Bürger die Kneipenkultur
weiter pflegen, die Frankfurt bereits in den 60er und 70er Jahren
den frühen Ruf einer Scene-Stadt einbrachte, soll für uns Anlaß
sein, sich dem Nordend hauptsächlich von den Kneipen her zu nä-
hern. Kein Kneipenführer — wenn dennoch Namen genannt werden, dann nur, weil mit ihnen ein Stück Stadtteilgeschichte und
-kultur verbunden ist — dafür zugleich ein Streifzug durch Frankfurter »Esse' und Trinke'«.

Frankfurt und das »Stöffche« sind nicht nur eins, sie sind auch ewig wie
die Frankfurter Würstchen, die Grün' Soß', die Haspel, Leiterche, und »Quer
dorch de Garte«, Gemüsesuppe, deren Einlage je nach Geldbeutel zwischen
Fleisch und Brot wechselt. Ebenso wie »Sipi«, Spinat mit Spiegelei, erleben
alte Frankfurter Gerichte in den letzten Jahren einen regelrechten Boom. Der
Pizza-, Gyros- und Hamburger-Schwemme stellt sich Traditionsreiches, wie
»Flöh«, Kraut mit Kümmel, »Stich«, »Bauchläppche«, den »Crepes« die
»Kreppel« entgegen. Mit dem »Bembel«, dem Krug, aus dem das Stöffche,
der Apfelwein fließt, werben nicht nur die kleingewerblichen Keramikma-
nufakturen. Seit den späten 70ern stilisieren die Öffentlichkeitsarbeiter und
Tourismusstrategen im Presse- und Informationsamt den »Bembel« zum
umsatzschwangeren Wahrzeichen der Stadt. Quasi als Tribut an die feucht-
fröhliche Tradition der Frankfurter. Im Frühsommer laben sie sich am
»Sparchel«, oder »Sporchel«. In der Erntezeit wird »Ebbelbrei« und »Pan-
nekuche« gereicht. In jüngster Zeit findet man diese Gerichte mehr oder we-

niger oft und variantenreich auf der Speisekarte traditionsreicher Äpplewoi-Wirtschaften. Nur allzuoft allerdings wird dieses Milieu, dieses herrlich chaotische und zugleich deftige Gemisch aus Kultur, Tradition, Dekadenz, savoir vivre und zum Teil Superspießertum im Verlauf einer touristischen »Fremdenführung« vom profanen Alkoholrausch zugedeckt. Um die Eß- und Trinktraditionen der Frankfurter kennenzulernen, sollte man versuchen, für ein paar Tage dazuzugehören. Waschechte Traditionstrinker sind rede- und klatschfreudige Exhibitionisten, also schlichtweg gemeinschaftsfördernd, präpotente Genießer und Meister(innen) der Improvisation. Der echte Frankfurter ist ein knorriger, aber liebenswerter Chaot.

➋

Café Riff

Rotiintstraße

Um den Friedberger Platz herum liegt jener Stimmbezirk, wo die Grünen die SPD bei der Landtagswahl 1987 in so manchem Wahllokal in der Zahl der Zweitstimmen überrundeten. Ins Nordend wanderten im Laufe der letzten Jahre Studenten, einkommensunterprivilegierte ab, die in den 70er Jahren von der Spekulation und deren Folgen hierher vertrieben wurden. Hier hat sich eine starke »Scene-Infrastruktur« herausgebildet, deren augenfälligste Erscheinungen Kinderläden, Galerien, Second-Hand-Läden und auf engstem Raum drei Cafés bilden. Im »Café — Riff« treffen sich am Wochenende gegen Mittag die Nachtschwärmer, die den Abend zuvor in der »Batschkapp« und im »Elfer« verbrachten. Die Flicken in den Jeans sind schwarzen Ringen unter den Augen und den Edel-Punk-Utensilien in Schwarz gewichen. Weniger der kritische Dialog, der ökopolitische Diskurs sind gefragt als das Design am Körper. Eine neue Generation posiert sprachlos mit den Medien anonymer Kommunikation: Kleidung, Haarschnitt, Uhren, Sonnenbrillen, Feuerzeuge, Zigaretten und Autoschlüssel.

Gegenüber eines der ersten Alternativ-Cafés, heute bereits eine Kultstätte: Das »Rotlint-Café«. Hier trifft sich die solide gewordene 68er Generation. In jeder Wohngemeinschaft des Viertels, die was auf sich hält, gehört der Rotlind-Café-Besuch zum Ritual, ansonsten sind auch diese Damen und Herren etwas eitler geworden. Sommers sitzen sie gerne im Freien, am Straßenrand und zittern dem Desaster einer Persönlichkeitskrise entgegen: »Wahrscheinlich guckt wieder kein Schwein«.

Rohrbachstraße
➌

Ein Abstecher in die Rohrbachstraße führt zurück in den »Alltag« polizeilichen Umgangs mit aufsässigen Bürgern. Hier jagte in der Nacht vom 3. auf den 4. November 1981 die Frankfurter Polizei Startbahngegner durch die Straße, kesselte sie ein und machte vom Schlagstock ungehemmt Gebrauch. Ein aufgebrachter Anwohner berichtet über diese Polizeiaktion:

»Ich wurde von einigen Hundert singenden und trommelnden meistens jungen Demonstranten, die vor meinem Haus marschierten, geweckt... Meine Frau bat mich zum Fenster zu kommen, um diese lustige Szene anzusehen... Die Laune der Demonstranten war fröhlich und ausgelassen. Die Demonstration war friedlich. Plötzlich hörte ich Schreie und sah angreifende Polizisten, deren Anwesenheit ich vorher überhaupt nicht bemerkt hatte. Die Polizisten schlugen mit voller Kraft mit Schlagstöcken auf jeden, den sie nur treffen konnten. Vom Wohnzimmerfenster im 2. Stock mußte ich hilflos mitansehen, wie eine Gruppe von ca. 10 schlagstockschwingenden Polizisten ei-

Rotlint-Café

ne Gruppe von mindestens 50 jungen Leuten einkreisten und sie gegen die Wand der Häuser Nr. 5 und Nr. 7 drängten und brutal mit außergewöhnlicher Härte auf sie einschlugen.«

In der Spohrstraße finden wir »Mollis Pinte«. Mit ihren 65 Jahren steht sie die ganze Woche hinterm Tresen. Freitags, samstags bis 4 Uhr. Sie ist damit der Stadt dienstältestes Original. Zugleich zieht sie alle Altersstufen an. Welche Wirtin kann sich schon rühmen, daß nach ihr und ihrer Kneipe eine Band benannt wird? Die »Molly Nordend band« spielt Rhythm and Blues, und das heute noch, nach 15 Dienstjahren. Wer kennt schon ein dermaßen vulgär loses Maul, aus dem zuweilen die unbequeme und zotige Frankfurter Denkweise herzlich, aber direkt aus dem Bauch des Volkes kommt.

Spohrstraße 26

Molli, die Wirtin von Mollis Pinte hinter dem Tresen

Von Molly's Pinte führt uns der Weg in die Glauburgstraße. Gleich zu Beginn finden wir rechts eine italienische Gaststätte, in der Mitte der 70er Jahre die erste Frankfurter Sponti-Generation rund um Dani Cohn-Bendit tagte und zechte. Weltruf erlangte der »Pizza-Peter« indes, seit die Redaktion der »Titanic« respektive die »wahren Erben Adornos« von der »Neuen Frankfurter Schule (NFS)« dort ihr gastronomisches Heil suchten.

Glauburgstraße

»Also, wann der Begriff zum ersten Male ans Licht trat, das läßt sich heute kaum mehr präzise sagen: wahrscheinlich war es bei einer Gruppenausstellung der Frankfurter Altzeichenhexenmeister Robert Gernhardt, Hans Traxler und Friedrich Karl Waechter in München. In der Folge verwandten die Medien das Etikett jedenfalls so dankbar wie die Künstlergruppe (sofern sich all die Zeit über von einer solchen reden läßt) es selber gern und ungescheut tat — und dies mit kalkuliert hohem Anspruch: Denn fraglos zitiert der Schulname NFS verpflichtend jene bekannte und ältere ›Frankfurter Schule‹ rund um die Philosophen und Soziologen Max Horkheimer, Theodor W. Adorno und (später) Jürgen Habermas, welche seit den dreißiger

Jahren zuerst in Frankfurt unter dem anderen (Schul-)Markenzeichen ›Kritische Theorie‹ operierte... Aufklärung, Emanzipation, Ideologiekritik hat die NFS auch und noch immer auf ihre Fahnen geschrieben — freilich nicht immer geradezu und wortwörtlich; sondern manchmal kommt die Botschaft (in diesem Fall von Robert Gernhardt) so daher:

Der Herr rief: »Lieber Knecht,
mir ist entsetzlich schlecht!«
Da sprach der Knecht zum Herrn:
»Das hört man aber gern!«

Aus der Hexenmeisterküche: Neue Frankfurter Schule Großmeister F.K. Waechter illustriert das Grundgesetz

... Immer geht es der NFS um und gegen Verdummung und Verführung — und dieser ihr Kampf für Aufklärung wird wesentlich geführt mit den Waffen der Satire, der Ironie, des Humors als den schuleigenen spezifischen Formen von Kritik. ...

Wer sind nun die Mitglieder bzw. Direktoren der Neuen Frankfurter Schule? Genannt wurden schon der Zeichner Traxler, der Zeichner und Theaterautor Waechter und der Zeichner und Textautor Gernhardt. Zusammen mit den Zeichnerautoren Chlodwig Poth und F.W. Bernstein bilden diese seit mehr als 20 Jahren — seit der Gründung der weiland ›Pardon‹-Satirezeitschrift — den Ur- und Kernbestand der Truppe wie der späteren ›Schule‹. An zentralen und richtungsweisenden Trägern kam später wenig mehr dazu: die Satire- und Buchautoren Peter Knorr und Bernd Eilert — sowie, wenn ich es richtig sehe, ich, Eckhard Henscheid, der Autor dieser als Selbstporträt camouflierten Gruppenloge.

Frauen? Leider ist zu sagen, daß sie innerhalb der erheblichen Dynamik der NFS allzeit nur peripher vertreten waren... Nicht unerwähnt bleiben darf aber hier die junge Riege der Mitarbeiter der in Frankfurt beheimateten ›Titanic‹, ein halbes Dutzend Leute zwischen 25 und 30, dazu ausersehen, dereinst den heute zwischen 40 und 55 laborierenden Ur-NFS-Männern den kritisch-satirischen Stab aus den im Dienste von Aufklärung erschlafften Händen zu nehmen und die längst verdienten marmornen Denkmäler im Grüneburg- oder Holzhausenpark zu errichten.«
(Eckhard Henscheid, Wahre Erben Adornos)

Friedrich Karl Waechter

An der Ecke Glauburgstraße/Eckenheimer Landstraße hatte in den Jahren 1972 bis 75 in der Nr. 106 die maoistische, aus der Studentenbewegung hervorgegangene KPD-AO ihre Zentrale. Sie machte sich mehr mit der Plagiierung traditionalistischer, chinesi-

➍ Glauburgstraße 106

scher Politikmodelle, in einer für bundesdeutsche Verhältnisse zuweilen tragikomischen Form einen Namen, als daß sie die Verhältnisse im Lande bewegte. Der integrierte Arbeiterclub »Karl Liebknecht« blieb, bis auf wenige, frei bewirtete Vorzeigeproleten, von Nicht-Mitgliedern unbesucht.

Wir gehen nun ca. vier Minuten die Glauburgstraße Richtung Oederweg bis »Zur Stalburg«, einer typischen Frankfurter Nachbarschaftskneipe. Das Publikum setzt sich aus Anwohnern, Stu-

denten und der Scene zusammen. Oberhand behalten aber schon seit Generationeen kinderreiche Familien. Im Gegensatz zu manch anderem, mit Schick aufgedonnerten Apfelweintouristico Sachsenhausens, wurde die Einrichtung »Natur belassen«, ist einfach, derb, deftig. Nicht geschönt. Die »Stalburg«, seit 1888 Schankwirtschaft, davor ein Sommersitz derer von Stalburg, war durch einen unterirdischen Gang mit dem Holzhausenschlößchen verbunden. Wie Wirt Fritz Reuter erzählt, sei Frankfurt im 15. Jahrhundert belagert und angezündet worden. Den Brandschatzern gelang das Eindringen in die Stadt nicht, die Einwohner konnten zum Teil durch diesen unterirdischen Gang flüchten.

Familie von Holzhausen und Verwandte beim Eislaufen, als noch Schloß und Park im Privatbesitz waren

Zurück über die Eckenheimer Landstraße in die Nordendstraße, und dort ins »Größenwahn« — einst erstes Schwulenlokal der Scene, wo man selbigem bis spät in die Nacht frönen kann. Schräg gegenüber: Die »Weinstube«, eine Institution der jüngeren Scene. In ihr treffen sich Vertreterinnen aus der Frauenbewegung. Zugleich kommen die Anhänger Rot-Grüner Bündnisse zwei- bis dreimal die Woche hierher, um mit Freunden, Freundinnen und WG-Nachbarn den allerneusten Klatsch über die Grünen Promis aus Josefs ehemaliger Ministerialbürokratie auszutauschen.

Jenseits der Eckenheimer Landstraße findet man über die Falkensteiner Straße zum Frauensteinplatz. Er wurde benannt nach einem vereinsähnlichen Zusammenschluß adliger Frankfurter Kaufleute, die im fünfzehnten Jahrhundert ihre Treffen im »Haus

❺
Nordend/
Lenaustraße

❻
Frauensteinplatz

Nordend   209

Frauenstein«, das zwischen Römer und Salzhaus lag, abhielten. Ironischerweise war Frauen der Zugang zu jener Gesellschaft in der Regel verwehrt. Der Platz selbst zeigt mit seiner sternförmigen Straßenanlage eindrucksvoll die Stadtplanung der Gründerzeit.

Hauptfriedhof

Vom Frauensteinplatz aus ist ein Abstecher zu einer der größten Ruhe- und Grünzonen Frankfurts möglich: dem Hauptfriedhof mit dem neuen Jüdischen Friedhof. 1828 war das Gelände als Ersatz für den alten zentralen Petersfriedhof an der Bleichstraße nördlich der Zeil als Anlage »vor der Stadt« eingeweiht worden. Die ältesten Teile rund um das Hauptportal wurden als Englischer Garten von *Sebastian Rinz* gestaltet. Auf dem heute 75 ha großen Areal befinden sich Gedenkstätten für die Gefallenen beider Weltkriege sowie eine Gedenkstätte für die Opfer des Nationalsozialismus.

Neben vielen anderen Persönlichkeiten aus Kunst, Kultur und Politik befinden sich hier die Gräber von Nikolaus Hadermann, *ein Lehrer, der die äußerste Linke im Paulskirchenparlament 1848 vertrat;* Friedrich August Ravenstein, *Kartograph und Buchhändler;* Friedrich Ernst Roessler, *der Gründer der Degussa;* Arthur Schopenhauer, *jener weltbekannte Philosoph, der in Frankfurt lebte;* Samuel Thomas Sömmering, *der den elektrischen Telegraphen erfand;* Carl Ferdinand Gutzkow, *der Wortführer des »Jungen Deutschland«;* Anselm von Feuerbach, *Rechtswissenschaftler;* Pauline Schmidt, *die Vorbildfigur für »Paulinchen« im »Struwwelpeter«;* Friedrich Stoltze, *Frankfurter Mundartdichter mit großem sozialpolitischem Engagement; die Unternehmerfamilie* Mouson, *deren Kosmetika weltberühmt wurden;* Heinrich Kleyer *(1853-1932), Gründer der Adlerwerke;* Wilhelm Merton, *Sozialwissenschaftler und Philosoph;* Ricarda Huch, *Dichterin; der Bankiersfamilie* Bethmann; Heinrich Hoffmann *(1809-1894), der den »Struwwelpeter« erfand;* Arthur von Weinberg, *ein Mitbegründer der Universität, der im KZ Theresienstadt umgebracht wurde;* Theodor W. Adorno, *Philosoph, Soziologe und Musikwissenschaftler, der die »Frankfurter Schule« entscheidend prägte.*

Homburger Landstraße
Haftanstalt Preungesheim
❽

Noch weiter außerhalb des Rundgangs, aber dennoch in einem Frankfurt zu Fuß nicht auszulassen, liegt die Haftanstalt Preungesheim. Ursprünglich war es ein »simultanes« Gefängnis, heute in renovierter und modernisierter Ausstattung eine Frauenhaftanstalt; außerdem die angegliederte neuerbaute Untersuchungs-Haftanstalt.

Die Rolle, die dieses Gefängnis zwischen 1933 und 1945 spielte, war — regional bezogen — mindestens ebenso furchtbar wie die des berüchtigten Zuchthauses Berlin-Plötzensee. In Preungesheim wurden die politischen Gefangenen der Nazis nicht nur zur Verbüßung zeitlicher Strafen eingeliefert, sondern auch die von der NS-Justiz zum Tode Verurteilten zu ihrer Hinrichtung. Zur Erinnerung an den 20. Juli 1944 sowie an die hier hingerichteten Antifaschisten schuf der Berliner Bildhauer Prof. Karl Hartung *1962 eine Plastik vor der Frauenhaftanstalt sowie einen Schriftzug an der Mauer mit einem Text von* Ricarda Huch, *gemeißelt in römischen Travertin.*

❾
Holzhausenpark

Zurück zu unserem Rundgang: Westlich des Oederwegs geht die Bebauung in ein begehrtes Villenviertel über. Hier steht das 1728 erbaute Holzhausenschlößchen in einem kleinen Park. *Remy de la*

Fosse hatte das Wasserschlößchen als Landsitz »in der Oed« für eine der ältesten Frankfurter Patrizierfamilien gebaut. 700 Jahre waren sie an der Regierung der Stadt beteiligt. Über sechzig Mal haben sie den Bürgermeister gestellt. Sie erstellten eines der bedeutendsten Patrizierarchive, das bis ins dreizehnte Jahrhundert zurückreicht und jetzt im Stadtarchiv lagert. Das Holzhausenschlößchen beherbergte (bis zur Fertigstellung der neuen Räume im Karmeliterkloster) das Museum für Vor- und Frühgeschichte.

Das auch für Frankfurt typische soziale West-Ost-Gefälle wiederholt sich im Nordend in fast grotesker Weise: Das Holzhausenviertel im Westen ist so fein, daß es in seiner Servitut — einer Art Grunddienstbarkeit — sogar vor dem Durchzug von Leichenzügen (zum angrenzenden Hauptfriedhof) geschützt ist. Das östliche Nordend war als »Worschtfett-Viertel« bekannt. Der Westen zeichnet sich bis heute durch einen Mangel an Ladengeschäften aus (wahrscheinlich haben die Leute dort ihre Dienstmädchen in aller Frühe zum Markt in die Stadt geschickt); entsprechend bunter geht es im Osten zu. Auch so ›lästige‹ Infrastruktureinrichtungen wie Schulen finden sich in großer Zahl nur im östlichen Nordend.

Das Holzhausenschloß

In der Region um die kleine Neuhauß-Straße, nicht gerade Geldschickeria-Terrain, aber doch so etwas wie leicht linker Hautgout, wohnten nicht nur vier Neue-Frankfurter-Schule-Schulmeister, sondern auch einer der bedeutendsten Köpfe der politischen (Nachkriegs-)Linken der Republik: *Wolfgang Abendroth* zusammen mit seiner Lebensgefährtin *Lisa*. Er starb im September 1985 im Alter von 79 Jahren.

Neuhauß-Straße
⑩

» *Wolfgang Abendroth hat sich in den 50er und frühen 60er Jahren als Hochschullehrer wissenschaftlich und politisch zum Marxismus bekannt — in einer Zeit also, als der Marxismus hierzulande als überholt und widerlegt, vor allem aber als gemeingefährlich galt — in einer Zeit, in der halbwegs*

Das Nordend als Ort der Arbeiterbewegung: Demonstrationszug anläßlich der 2. Bezirkskonferenz der Werktätigen Frauen in Hessen im Oktober 1930 in der Rotlintstraße

seriöse ›Marxismus-Studien‹ im Umkreis der evangelischen Kirche entstanden. Die Marxsche Methode der Kapitalismus- und Klassenanalyse und der Ideologiekritik hielt er für unverzichtbar — auch im Blick auf die Fundierung der Politikwissenschaft als politische Soziologie...

Wolfgang Abendroth war als Sozialist zugleich Internationalist. Er war stolz darauf, schon in den 20er Jahren in der Internationalen-Arbeiter-Hilfe gearbeitet zu haben; er war glücklich, daß er im vergangenen Jahr mit Lisa noch einmal auf jene Insel zurückkehren konnte, wo er sich 1944 der griechischen Widerstandsbewegung gegen den Faschismus anschloß; er war der einzige bundesdeutsche Vertreter beim ersten Vietnam-Tribunal der Russell-Foundation in den 60er Jahren; und eine seiner letzten Reden hielt er bei einer Solidaritätsveranstaltung mit den britischen Bergarbeitern.« (Frank Deppe)

Wolfgang Abendroth war als Wissenschaftler und Jurist, der sich ständig mit Grundrechtsfragen beschäftigte, nicht nur in der Arbeiterbewegung anerkannt und hoch geschätzt. Zum Ehrenbürger seiner Wahlheimatstadt Frankfurt wollte ihn aber weder ein SPD- noch ein Christlich-demokratischer Oberbürgermeister machen.

Bornwiesenweg ⑪

Durch Eysseneck- und Hammanstraße kommt man stadteinwärts in den Bornwiesenweg. Hier gibt es einen kleinen »Werkladen«, in dem Spielzeug und Kunstgewerbegegenstände verkauft werden, hergestellt von Patienten der Rehabilitationswerkstätten des Frankfurter Vereins für soziale Heimstätten, einer psychosozialen gemeindenahen Einrichtung.

Schräg gegenüber vom »Tulpencafé«, der »Schmendrick«, ein Kneipen-Highlight der links-alternativen Scene, das der Hinwendung zum neongestylten Yuppietrend auch großer Teile der Linksschickeria widerstand. Sehr schnell stellte der Kreative der 80er an das Interieur, das architektonische Profil seiner Treffs, dieselben

1979: ein Jahr Strandcafé

Ansprüche wie an das Outfit der ihn Umgebenden. Es war nicht mehr egal, wie der Barhocker aussah, auf dem man saß, wie das Long-drink-Glas geformt war. Das Umstylen auch von linken Kneipen begann. Der jahrelang disziplinierte und jetzt endlich von der Leine gelassene Narzißmus konnte nicht länger dulden, daß das Spiegelbild mit nicht adäquat Gestyltem umgeben war. Kneipen wie der »Schmendrick« sind daher ein Anachronismus. Wie sich zeigt, ein lebendiger. Weder ist Publikum in größeren Massen abhanden gekommen, noch leidet die Qualität politischer Diskussionen an abgescheuerten Holztischen und der Theke unter der Neon-Offensive. Hier konnte man ihn leibhaftig als sympathischen und politisch integeren Stammtischbruder kennen- und schätzenlernen: *Hermann Treusch*, in den letzten Jahren als Tatort-Bösewicht populär geworden.

Ein Stück weiter stoßen wir erneut auf den Oederweg, in dem sich die »Naturbar« befindet. Hier gibt es alles, was das ökologische Herz erfreut; unbedingt probieren: eine der gefüllten Brottaschen.

Das »Strandcafé« an der Ecke Koselstraße/Weberstraße, Pionier der alternativen Kaffeehauskultur, ergänzt das übliche Frühstücksangebot um Vollwertiges. Häuserkämpfer aus dem Westend wechselten Anfang der 70er nach Verlassen des Hauptoperationsfeldes Uni erneut die Kampfzonen und entdeckten die alternative Nischenwirtschaft. Auf deutsch: Man mußte irgendwie überleben, und mit gehobener, origineller Gastronomie ließ sich schon immer in kürzester Zeit erstaunlich viel Geld verdienen. Cafés wie das »Strandcafé« werden im Unterschied zu »normalen« Wirtschaftsbetrieben im Kollektiv, sprich mit einem genossenschaftlichen Or-

**Koselstraße/
Weberstraße**
⑫

ganisationsmodell betrieben und schaffen jenseits der Frankfurter Denkerschule, abseits von Revolution und Terrorismus für ältere und jüngere Hänger und Bewegte Orte immerhin sehr anspruchsvoller Kommunikation. Das Weltverändern hat man sich noch lange nicht abgewöhnt. Lediglich die Formen haben sich gewandelt.

Adlerflychtstraße

Es lebe die Alk-Internationale: Trinkhalle Schleusenstraße

Wir wandern ungefähr einen Kilometer den Oederweg Richtung Innenstadt hinunter bis zur Adlerflychtstraße. An ihrem Ende, in der Nr. 6H, Nähe Eckenheimer Landstraße, befindet sich Frankfurts jüngstes Programmkino »mal seh'n« mit angegliederter Filmwirtschaft. Unter den zahlreichen Programmkinos der Stadt ist das »mal seh'n« leidenschaftlich dem experimentellen, politischen und avantgardistischen Kino verpflichtet, gilt daher unter Nicht-Cineasten als etwas stillere, asketische Spielstätte. Das hat den Vorteil, daß auf der Leinwand nicht die üblichen Trivialelemente wie in »populären« Kommerzkinos der Innenstadt toben.

Die Frankfurter — ob Scene oder nicht — halten etwas auf ihre Küch'. Nicht nur daß solch deftige Essen mit den absonderlichen Namen »Himmel und Erde« (der Name kommt von den Äpfeln, die in den Himmel, und den Kartoffeln, die in den Boden wachsen, mit Zwiebeln angemacht und mit Pfeffer und Schweineschmalz gewürzt) und »Schneegestöber« (Camembert mit Gervais, Butter, Zwiebel, Paprika und frischem Pfeffer, gelegentlich auch mit Petersilie) inzwischen in den feineren Lokalen wieder zu neuen Ehren kommen. Auch der Unwiderstehliche erfreut sich nach wie vor größter Beliebtheit: Handkäs' mit Musik — für eine(n) Frankfurter Genießer(in) ist das ein ganzes Leben. Im Ausland wird er/sie unglücklich ohne »Grün Soß'« und »Rippche mit Kraut«.

Keplerstraße 20
⑬

Oskar Füllgrabe

Will er/sie nicht in einer der zünftigen Frankfurter Kneipen genießen, sondern zu Hause selbst zubereiten, so findet er/sie die Zutaten heute im Supermarkt oder in der Lebensmittelkette, z.B. bei »Schade & Füllgrabe«. Aber wer weiß schon, daß sich hinter diesem Namen mehr verbirgt als ein bekannter Filialbetrieb mit Dreck am Stecken während der Nazi-Zeit (vgl. Rundgang 15)? Und damit wären wir bei der letzten Station unseres Streifzuges durch das Nordend. In der Keplerstraße 20 eröffneten *Oskar Füllgrabe* und *Konrad Schade* in den 80er Jahren des letzten Jahrhunderts ein Kolonialwarengeschäft, aus dem sich später — wenn auch unter anderen Besitzern — die Kette entwickelte. Oskar Füllgrabe kandidierte für die Sozialdemokraten bei den Stadtverordnetenwahlen, war Bevollmächtigter der örtlichen Schreiner-Krankenkasse und wurde schließlich 1885 Vorsitzender der illegalen Parteiorganisation, die ihn zum Kandidaten für die Reichstagswahlen 1887 vorsah. Im November 1886 wurde er zusammen mit anderen Genossen während einer Zusammenkunft der Leitung der illegalen Parteiorganisation verhaftet und im Januar 1887 zu sechs Monaten Gefängnis verurteilt. Nach seiner Entlassung ging Füllgrabe nach Kassel; er starb 1919 an den Folgen einer Blinddarmoperation.

Wasserhäuschen
oder Beethoven wird moralisch

Man glaubts kaum, aber es ist wahr: »*Wasserhäuschen*« gibts nirgends sonst. Kioske ja, hier und da mal eine Bude; aber wer schon mal seine Schritte in eine fremde Stadt gelenkt hat und nach halb Sieben ein Bier oder eine Wurst oder die vergessene Margarine kaufen wollte, der muß zugeben, daß er gescheitert ist. An den 800 Frankfurter Wasserhäuschen kriegt er alles. Und mehr: Jede Bude hat ihren eigenen Charakter, die meisten sind unverwechselbar. Und wer will, kann hier das bekommen, was es sonst vielleicht nur noch in Dorfkneipen gibt: Ein paar Worte über die Theke, ein Stück Diskussion, oder wenigstens eine Bemerkung am Rande. Frankfurt weist viele Erscheinungen auf, die sich Kultur nennen. Frankfurt hat aber auch ein Stück schlechtes Gewissen, totgeschwiegene, aber um so authentischere Kultur, eine Wasserhäuschen-Kultur, die ihr eigenes Milieu hervorbringt: Leute, die schon morgens an der Bude stehen und die dort bleiben, bis der Laden dicht macht. Jeder »normale« Kunde kennt sie, reagiert mit Angst oder Ärger, manchmal amüsiert. Die »Kaputtheit« der »Stammkunden mit der Fahne« akzeptiert er als Naturgesetz, was dahintersteckt, bleibt unbekannt. Das Historische Museum ohne den Sonntags-Jazz, Sachsenhausen ohne den »Wagner«, Bornheim ohne Bergerstraße, die Klappergasse ohne den Brunnen, die Uni ohne Mensafraß: Alles das könnte ein Frankfurter zur Not noch verkraften, aber Frankfurt ohne Wasserhäuschen? Das wäre das Ende!

Da ziehen sich tagsüber Worte zusammen zu Monologen, zu Stücken von Gesprächen über die Eintracht, da werden Erfahrungen ausgetauscht, wo man am besten Zinnkrüge »hinlagen« kann und wo man sie loskriegt, da werden Tips weitergereicht, wie es unten ist im »Ämtchen«, in der Außenstelle des Frankfurter Arbeitsamtes an der Großmarkthalle, wie die Preise so sind, wie die Bullen und wo sie sind und wer gerade besonders scharf ist, da wird geschwätzt über das Wetter, über Futt und Grüne Bohnen. Da werden Streichhölzer geraten in der geballten Faust, da macht der Wirt die nächste Runde mit. Da kommen Kinder dazwischen und halten mit einer Hand den Roller fest: »Weingummi«, Schoko-Riegel oder Plastikspritzen, auf die Brausepulver gezogen ist — für den goldenen Waldmeister-Prickel-Schuß. Da meint Tina, daß »man das im Kopp net aushält«, da meint Gerhard, daß »da mal ne Revolution hermüßt, die da ne MG reinhält«, da meint Körnchen (der so heißt, weil er nur Korn trinkt — oder Bier) »mich kann man am Arsch lecken«.

Da gehen Münzen über den Plastikteller und über die Gummimatte, da wird Wechselgeld eingestrichen, da geht, da wird gesagt, wie spät es ist und was für ein Wetter, egal zu welcher Jahreszeit, »unheimlich die Post ab«. Meinen sie.

»Weißt du«, sagt Hermann am unteren Ende vom Alleenring, wo die Habsburger auf die Rhönstraße stößt und er seinen Boxer den Tauben nachrennen läßt, »der kategorische Infinitiv und das christliche Prinzip der Nächstenliebe gehen dialektisch irgendwie doch zusammen, es gibt einen moralischen Punkt, wo expressis verbis Eigenliebe als Movens umkippt in die Hinwendung zum Du. Das ist irgendwie wie Musik: Beethoven wird moralisch erst sinnvoll in der Rezeption«. Oder der alte Kürschnermeister, der seine tägliche Runde durch Bornheim dreht, oder Heinz, der Schluckspecht, oder Mecki, oder Pauli, der immer in der Klappergasse steht, oder der Steuerfritze, der Kohlenträger, die Bauleute in der Mittagspause, der Typ von der Lufthansa, der froh war, daß seine Schilddrüsenoperation so schnell verheilte, damit er pünktlich nach Feierabend an seine Trinkbude kann, oder der Zivilbulle, für den sie am Kurfürstenplatz extra Sechs-Ämter-Tropfen führen — sonst geht das Zeugs überhaupt nicht — oder wie sie alle heißen, die an den 800 Frankfurter Trinkbuden stehen, richtig und die kleine Beerdigungsgesellschaft oben am Wasserhäuschen am Hauptfriedhof.

Wulf Goebel/Willi Hau

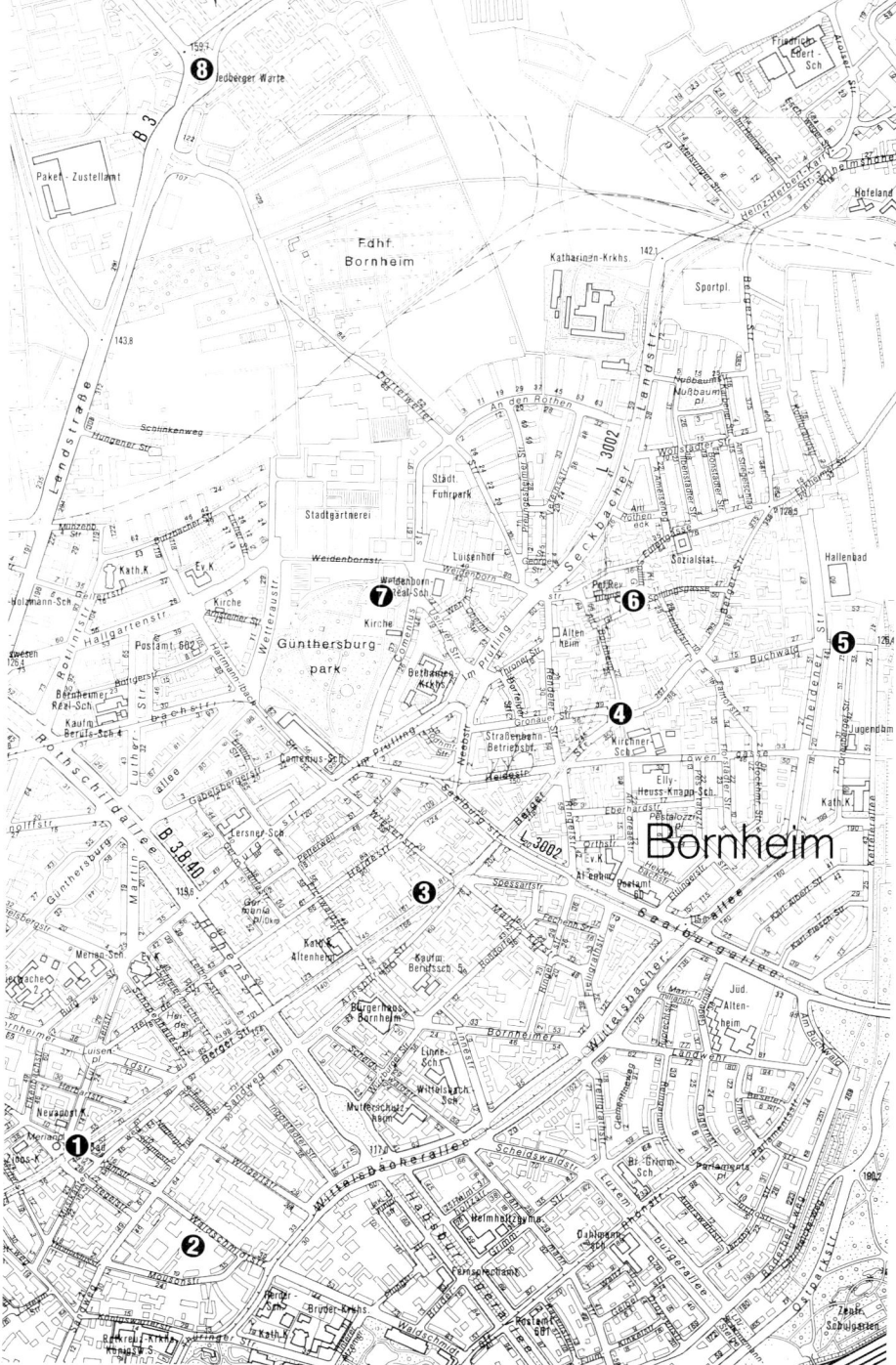

Das lustige Dorf

Bornheim

von Irmgard Senger

Ausgangspunkt: *Station Merianplatz, U-Bahn U 4*
Endpunkt: *Friedberger Warte Bus Linien 34, 38, 69*
Dauer: *ca. 2 Stunden*

Bornheim — wegen seiner vielen Gaststätten, Cafés, Tanzsäle, Etablissements und wegen der losen Sitten, die dort geherrscht haben sollen, vielleicht auch wegen seiner aufgeschlossenen Bevölkerung — wurde in der Vergangenheit »das lustige Dorf« genannt. Zeitweise gehörte es in Frankfurt zum guten Ton, seine Besucher von außerhalb nach Bornheim zu führen. Heinrich Heine und Ludwig Börne waren, sicher noch vor ihrem großen Streit, da und schrieben darüber, auch Uhland, Liliencron, Hauff und die Herren vom Deutschen Bundestag, mit ihnen Fürst Bismarck.

Bornheim ist Frankfurts größter Stadtteil — in seinen alten Grenzen 100.000 Einwohner — eine Großstadt in der Großstadt, — »awwer e Großstadt, die is wie a Familie«, sagen die Einheimischen. Bornheim ist ein reines, sehr gefragtes Wohngebiet, im Krieg nur wenig zerstört. Es gibt keine Industrie, keine Fabriken. Man wohnt dicht beieinander: Alte und Junge, Studenten, junge Familien, Ausländer, Künstler, Intellektuelle und natürlich die Bornheimer »Ureinwohner«, die um keinen Preis in einen anderen Stadtteil ziehen möchten. Die Straßen sind voller Leben — überall kleine Läden, Cafés, Gaststätten, die berühmten Ebbelwoi-Kneipen — von Insidern höher geschätzt als die spektakulären in Sachsenhausen — und einige zaghafte kulturelle Initiativen. In den engen Gassen an der oberen Bergerstraße und um den Kirchturm der Johanniskirche herum, konnte Bornheim noch etwas vom »lustigen Dorf« bewahren.

Aber die Bornheimer konnten nicht nur lustig sein, sie engagierten sich auch in der Politik: 1891 tagten die deutschen Metallarbeiter im Bornheimer Meriansaal und gründeten dort den Metallarbeiterverband, 1894 fand der Parteitag der Sozialdemokratischen Partei in der Bornheimer »Lilie« statt und vor 1933 gab es immer wieder hart ausgetragene Auseinandersetzungen zwischen Sozialdemokraten, Kommunisten und Nazis.

Bornheim ist eine fränkische Siedlung, und manche Historiker meinen, es sei älter als Frankfurt. Gewohnt haben dort Bauern und

Bergerstraße

 ❶

Leibeigene — kleine Leute also. Und auch nach der Eingemeindung, 1877, und der beginnenden Industrialisierung waren es hauptsächlich Arbeiter und kleine Angestellte, die es ins Quartier zog. So entwickelte sich ein Stadtteil ohne große städtebauliche Attraktionen, aber mit viel Flair, das heute noch zu spüren ist.

Der Anfang der Bergerstraße

Bergerstraße

Die Bergerstraße — Lebensader zwischen der Innenstadt und Bornheim — rund drei Kilometer lang. Sie reicht vom Anlagenring bis nach Seckbach. Auf ihrer gesamten Länge ist sie voll vitalen Lebens. Fast in jedem Haus sind kleine Läden — Haushalts-, Lebensmittel-, Blumengeschäfte, Gemüsehändler, Bistros, Pizzerias, Eissalons, Gaststätten und Wirtschaften, kleine Boutiquen, Metzger, Bäcker, Buchhändler und viele Leute — und das mindestens bis zur Höhenstraße. Von dort bis zum Uhrtürmchen hat der Ort der Stadt seine Referenz erwiesen. Es gibt einige Kaufhäuser und Ladenketten — wenn auch kleiner und persönlicher als anderswo. Mit der Bergerstraße kann es nicht einmal die berühmte Leipziger in Bokkenheim aufnehmen, meinen Kenner.

Bebaut wurde die Gegend zwischen Anlage und Höhenstraße, die bis dahin »Bornheimer Heide« hieß, im letzten Viertel des vergangenen Jahrhunderts. Viele der alten Häuser aus der Gründerzeit, mit ihren typischen roten Sandsteinsimsen haben den letzten Krieg überstanden.

Heute sind die hohen Altbauwohnungen begehrte Mietobjekte, und die Mieten sind, im Gegensatz zu anderen Stadtteilen, und wegen ihrer Renovierungsbedürftigkeit, noch bezahlbar. Entsprechend ist die Wohnbevölkerung: Studenten, Ausländer und viele Alte. In Scene-Kreisen spricht man, wenn von Bornheim die Rede ist, vom Studentenstadtteil.

Zur Geschichte: Bis zum Ende des vergangenen Jahrhunderts erstreckte sich zwischen Anlagenring und etwa der Höhenstraße die »Bornheimer Heide«. Ein großes unbebautes Gebiet mit niedrigem Bewuchs und der populären Pappelallee, über die an Wochenenden die Frankfurter in hellen Scharen nach Bornheim flanierten. Aufregende Dinge sind damals auf der Heide geschehen: Schlachten wurden geschlagen, Soldaten begraben, die Stadt Frankfurt wurde von dort beschossen und der Friede in einer Bornheimer Gaststätte geschlossen. 1745 wurde ein leibhaftiger Kaiser — *Franz der I.* und seine Frau, *Maria-Theresia* — von der Bornheimer Heide zur Krönung geleitet. Und 1785 stieg der Franzose *Francois Blanchard* mit seinem Heißluftballon von der Heide auf. Hunderttausend sollen damals gekommen sein, um das Schauspiel zu sehen. Enthusiastisch wurde Bornheim danach als »die Wiege der deutschen Luftschifffahrt« bezeichnet.

Der »Mousonturm«

Auch von Mord ist zu berichten: 1848 wurden zwei preußische Reaktionäre und Mitglieder der Nationalversammlung *(General Auerswald und Fürst Felix von Lichnowsky)* von aufgebrachten Bürgern dort getötet. 1872 wurde das gesamte Areal für 500.000 Gulden an die beiden Frankfurter Kaufleute *Oppenheimer* und *Weil* verkauft. Ein beispielloser Bauboom begann. In nur etwa dreißig Jahren entstand die Bergerstraße mit all ihren Nebenstraßen bis hin zum Bornheimer Ortskern. Mit den Grundstücksspekulationen hat es, so scheint's, in Frankfurt früh angefangen.

In der Waldschmidtstraße, die am Merianplatz von der Bergerstraße abgeht, gab es über fünf Jahrzehnte eine der wenigen Frankfurter Fabriken, die Firma Mouson mit dem berühmten »Mousonturm«, dem »ersten« Hochhaus in Frankfurt.

Waldschmidt- straße ❷

Sie stellte Haarwaschmittel, Seifen und Cremes her und bot rund 300 Menschen Arbeit. Anfang der siebziger Jahre ging das Unternehmen pleite. Die Fabrikhallen verkamen. Mitglieder der »Gruppe Omnibus«, eine Vereinigung von Künstlern verschiedener Sparten, wollten den Gebäudekomplex zu einem kulturellen Zentrum ähnlich der Hamburger »Fabrik« machen. Denn daran haperts im volkreichsten Stadtteil Frankfurts. Junge Leute aus dem Viertel und unabhängige Künstler schlossen sich an. Eine »Mouson-Initiative« wurde gegründet. Und selbst der Frankfurter Kulturdezernent, Hilmar Hofmann, engagierte sich für die Idee. Ein jahrelanges Tauziehen begann, denn die Stadt hatte andere Pläne. Längst war das wertvolle, citynahe Gelände zum Spielball wechselnder privater und städtischer Investitionsinteressen geworden.

Zwar gab es immer mal wieder vage Zusagen für das Kulturprojekt, die aber ebenso regelmäßig wieder verworfen wurden. Inzwischen gammelten und gammeln die Gebäude vor sich hin. Vorsichtshalber wurde der expressionistische siebengeschossige Turm vom Landesdenkmalpfleger vor einiger Zeit unter Denkmalschutz gestellt. Nun besteht noch einmal Hoffnung für das Kulturzentrum. Zwar nicht so, wie von den Initiatoren geplant — aber immerhin. Der Turm soll für alternative Kultur ausgebaut werden — mit Saal für Theateraufführungen, Probenbühne, Café, Ateliers und Proberäumen für Musiker. Man darf gespannt sein, ob den Stadtvätern in letzter Minute nicht wieder etwas anderes zum Mousonturm einfällt.

Die »Mouson-Kulturinitia-tive«

Markt am Uhrtürmchen

Bergerstr. 177

❸

Der Platz am Uhrtürmchen — es steht dort seit 1873 — wird im Volksmund Drehschreibe genannt. Hier beginnt für die Einheimischen erst das richtige Bornheim. Man sollte mittwochs oder samstags kommen, dann ist Markt. An solchen Tagen hat der Platz ein fast südländisches Flair. Da werden Obst, Gemüse und Spezialitäten aus der ganzen Welt angeboten — Menschen aller Hautfarben wimmeln durcheinander, Bornheim hat einen Ausländeranteil von 20% — außer Bornheimer Platt hört man noch viele andere Sprachen und Mundarten. Oft ist es so voll, daß kein Durchkommen ist. Aber überall im Gedränge stehen Gruppen, die einen Schwatz halten, spielen Kinder.

Gleich gegenüber, in der Arnsburgerstraße 76, die Buchhandlung Heinz Schutt, die sich seit längerer Zeit ums kulturelle Leben in Bornheim verdient macht — mit Dichterlesungen und Ausstellungen, mit Jazz-Veranstaltungen im schönen alten Hof. Außerdem gibt es dort ein Antiquariat, in dem sich Schätze heben lassen — wenn Heinz Schutt Lust dazu hat. Auf der Ecke nebenan: die Arnsburg-Apotheke, Bornheims älteste Apotheke, die bereits 1855 gegründet wurde.

»Berger 177« Adresse und Name eines inzwischen vielbeachteten Kinos. Lange standen die Säle des Vorstadtkinos, wie so viele, leer, bis drei junge, engagierte Leute hier ein sogenanntes Programmkino einrichteten. Seit 1981 präsentieren sie ein anspruchsvolles, engagiertes Filmprogramm. Den Spielplan stellen sie zusammen wie ein Spezialitätenrestaurant seine Speisekarte, sagte einer der drei. Sie machen das, wie sie sagen, nicht aus wirtschaftlichen Interessen, sondern einfach aus Spaß am Kino. Inzwischen ist das Berger 177 längst kein Vorstadtkino mehr. Die Besucher kommen aus ganz Frankfurt und Umgebung.

Die Kinometropole

In Frankfurt gibt es keine Filmfestspiele und keine Bavaria-Studios. Dafür gibt es ein breites Filmangebot, in dem jeder Besucher der Stadt ›seinen‹ Film in den rund 70 Kinos finden wird. Verleiher testen hier gerne Filme, geht der Test schlecht aus, hatten nur die Frankfurter Gelegenheit, den Film zu sehen. Das erste ortsfeste Kino stand 1906 in der Kaiserstraße Nr. 66. 1907 kam dort die »Lichtburg« (damals »Union-Theater«) hinzu, deren Saal heute mehrfach geteilt ist und hauptsächlich Pornofilme bietet. Ähnlich erging es dem 1908 gegründeten »Boulevard«. Es existiert als »Hansa-Lichtspiele« nach wie vor. 1923 erfaßte das Filmfieber beinahe auch das Schumanntheater. Aber die Wogen des Protestes schlugen hoch: Deutschlands populärstes Varieté nach dem Berliner Wintergarten durfte nicht Kino werden! Die Volksmeinung setzte sich durch.

D e »Lichtburg« spielte als eines der ersten Kinos nach dem Krieg wieder. In den fünfziger Jahren setzte ein einmaliger Kinoboom ein. Fünf Kinos gab es damals allein in Bockenheim. Jeder Stadtteil hatte wenigstens ein Lichtspielhaus. Da indes das neue Fernsehprogramm nicht schlechter war als die seichten Liebesgeschichten des deutschen Nachkriegsfilms, gab es wenig Grund, zur golden umränderten Leinwand im Stadtteil zu ›pilgern‹.

Den meisten Stadtteilkinos erging es Anfang der sechziger Jahre wie den »Römer-Lichtspielen« gegenüber dem Feuerwehrhaus in Praunheim. Zum Vorstellungsbeginn sah ein Beauftragter aus dem Fenster seiner Wohnung und zählte die Wartenden. Waren es wenigstens fünf, rief er dem Vorführer, der das Kino nicht von der Wohnung aus sehen konnte, ein paar Häuser weiter über die Straße zu — oder er winkte den Besuchern ab: Zu wenig, Vorstellung fällt aus. Nur die Kinos in der Innenstadt blieben, zumindest der Zahl nach. Als erstes hatte dort das »Scala« nach dem Krieg eröffnet. In langen Schlangen warteten die Besucher. In den sechziger Jahren drohte das »Aus« für dieses Kino. Jetzt heißt es »Eldorado«, spielt Filme mit erhöhtem kulturellen und politischen Unterhaltungswert und sieht gelegentlich wieder Besucherschlangen.

1970 startete das »Kommunale Kino« als erstes seiner Art in Deutschland (hervorgegangen aus *Herbert Stettners* Filmclub im TAT). Die Kinobesitzer versuchten, dieses Experiment als mit Steuermitteln subventionierten unlauteren Wettbewerb zu vereiteln. Von den Folgen des daraus entstandenen neuen Filmbewußtseins der 70er und 80er Jahre profitierten sie jedoch gern. Anspruchsvollere Filme, die bisher ›mitgeschleppt‹ wurden, erreichten plötzlich mehrwöchige Laufzeiten.

Studenten und das Studentenkino »Pupille« in der Uni brachten eine Initiative hervor, um eines der letzten erhaltenen Stadtteilkinos — das »Harmonie« in Sachsenhausen — mit anspruchsvollen Filmen zu erhalten. Das Experiment gelang. Kulturdezernent *Hilmar Hoffmann* rief einen Programmpreis ins Leben, der mit 20.000 DM dotiert, jährlich vergeben wird. Er ermöglicht Renovierungsarbeiten an den alten Kinoanlagen und ein mutiges Programm.

Einen Besuch wert nicht nur für Filminteressierte ist das Deutsche Filmmuseum am Museumsufer. Seinen Grundstock bildet die einstige Privatsammlung des Filmhistorikers *Paul Sauerlaender*. Er hatte zuvor seine Schätze in einem kleinen Privatmuseum gezeigt, dem ein Filmclub angeschlossen war. Diese Filmclubs waren die Vorreiter der Programmkinos. 1949 schlossen sie sich zu einem Verband zusammen mit Sitz in Frankfurt mit bis zu 1.000 Mitgliedern. In den siebziger Jahren löste sich der Verband auf. Geblieben ist das »Jugendkino«, eine Einrichtung der Stadt, in der an Wochenenden in verschiedenen Spielstellen Filme für Kinder angeboten werden. Und ganz ›nebenbei‹ befindet sich in der Klarastraße Nr. 5 das größte Chaplinmuseum der Welt. Sammler und Gründer *Wilhelm Staudinger* hat es 1982 eröffnet. Wer sich nach den Frankfurter Filmnächten (im Sommer auch mit Freiluftkino am Main vor dem Filmmuseum) berufen fühlt, selbst einen Film zu drehen, kann sich in Sachen finanzieller Unterstützung und Ratschlägen an das »Filmbüro Hessen« wenden. Es hat seine Zentrale im Nachbarhaus des Filmmuseums und verwaltet Landesfördermittel.

Jürgen Engelhardt

Der »Sozialdemokratische Ordnungsdienst Abteilung IX Bornheim« 1924

Schützenhof Bergerstr. 175/ 177

So wie früher, als in der Bergerstraße 175/177 noch der »Schützenhof« war, mit seinem großen Garten, dem Musikpavillon und Sälen, die vielen hundert Menschen Platz boten. Jedes Wochenende war Tanz — viele große Feste wurden dort gefeiert. Der Schützenhof wurde zu Beginn der 30er Jahre auch Schauplatz jener eingangs erwähnten Auseinandersetzungen zwischen den Arbeiterparteien und den Nazis. Als die Hitlerjugend 1932 im Schützenhof eine öffentliche Versammlung durchführen wollte, versammelten sich auf Initiative des kommunistischen Jugendverbandes Nordend Antifaschisten und Hitlergegner im Saal, der bereits gegen halb acht überfüllt war. Die Hitlerjugend ließ sich an diesem Abend nicht blicken. Nach einer kurzen Ansprache und dem Gesang des alten Arbeiterliedes »Brüder zur Sonne zur Freiheit« wurde die Versammlung geschlossen. Unmittelbar nach dem Krieg fanden in dieser Gaststätte — wie über das gesamte Stadtgebiet Frankfurt verteilt — gemeinsame Treffen von KPD und SPD statt, um aus den Fehlern der Vergangenheit zu lernen. Der in einem im September 1945 verabschiedeten gemeinsamen Aktionsprogramm bekundete »feste Wille, alles zu tun, um auf dem Wege kameradschaftlicher Zusammenarbeit in allen Fragen des antifaschistischen Kampfes und des Wiederaufbaus die Voraussetzungen für die politische Einheit des werktätigen Volkes zu schaffen«, sollte — wie so viele Dinge der unmittelbaren Nachkriegszeit — nur eine Episode bleiben.

Ebenfalls von kurzer Dauer war die Zeit des Schützenhofes als Varieté, die »Palette«. In den sogenannten »wilden Jahren« traten dort viele berühmte Künstler auf: Peter Igelhoff, Heli Finkenzeller und Mimi Thoma, Wolfgang Neuss und Gert Fröbe, Willi Fritsch, Catarina Valente und Peter Frankenfeld. 1949 mußte das Varieté

schließen. Ein Vorstadtkino zog ein und in den sechziger Jahren wieder aus. Keiner wußte so recht etwas mit den großen Räumen anzufangen. Bornheim blieb lange Zeit ohne Kino — bis das Berger 177 einzog.

»Des Volkes wahrer Himmel« beginnt erst dort, wo die Bergerstraße auch heute noch so eng und bucklig ist wie eine Dorfstraße und wo noch heute wie damals »ein Wirtshaus neben dem andern steht«. Manche haben noch schattige Gärten: der »Solzer« beispielsweise oder die »Sonne«, die »Eulenburg«, das »Große Schmärrnche« und der »Bornheimer Ratskeller«. Das sind nur einige, es gibt noch mehr mit und sehr viele ohne Garten. Der Bornheimer Apfelwein wird hochgelobt. Fast alle Wirte keltern noch selbst und bei manchem reift »das Stöffche«, wie die Frankfurter ihr Nationalgetränk liebevoll nennen, noch in echten Eichenfässern in tiefe Kellergewölben.

An der Ecke von Alt Bornheim und der Bergerstraße fällt ein Obelisk aus rotem Sandstein auf — der Hohe Brunnen, Bornheims erste Wasserleitung, eingeweiht im Jahre 1827. Vorher mußte das Wasser eine Viertelstunde vom Dorf entfernt aus einem Brunnen geholt werden. Der Ort hatte damals schon 2.100 Einwohner.

Gegenüber vom Hohen Brunnen steht seit 1865 Bornheims erste Bürgerschule. Die Schüler, die dort unterrichtet werden wollten, mußten damals noch Schulgeld bezahlen, zunächst 8 Mark, später sogar 18 Mark. Die Frauen und Jungfrauen Bornheims stickten zur Einweihung eine Schulfahne, die noch heute existiert. Viele Generationen von »echte bernemer Buwe un Mädcher« haben seitdem in dem ehrwürdigen Gemäuer, das heute noch genauso aussieht wie damals, die Schulbänke gedrückt. Vor der Kirchnerschule hatte ab

Bornheims erste Bürgerschule benannt nach dem Frankfurter Pfarrer, Schulmann und Historiker Anton Kirchner

Alt Bornheim 2
❹

1881 die Pferdebahn, die von der Konstabler Wache nach Bornheim fuhr, ihre Endstation.

Der Bornheimer Hang. Ältere Besucher denken dabei gleich an Fußball, die jüngeren vielleicht an die Eissporthalle, in der zuweilen große Pop-Konzerte stattfinden — andere sind angetan von dem schönen Spazierweg über den duftenden Kleingärten und von dem weiten Blick, den man von hier bis nach Seckbach und Bergen oder über den Riederwald bis zum Spessart hat.

Sehenswert auf dem Hang ist auch die große Wohnsiedlung, die der weltberühmte Stadtbaurat *Ernst May* Ende der zwanziger Jahre dort bauen ließ. In der Zeit der großen Weltwirtschaftskrise und großer Wohnungsnot, als jeder froh war, wenn er überhaupt ein Dach über dem Kopf hatte, entstanden dort bezahlbare, menschenwürdige Wohnungen — luftig, mit großen Fenstern, Heizung, Bad, eingebauter Küche und Balkon — welch ein Luxus. Viele Bornheimer Wohnungen hatten um diese Zeit die Toiletten noch auf dem Hof oder im Zwischenstock der Treppenhäuser — meist wurden sie von mehreren Mietparteien benutzt — an Bad, Heizung oder Balkon war gar nicht zu denken — meist war nur ein Zimmer der Wohnung zu beheizen.

Noch heute werden diese und auch die anderen May-Siedlungen in Frankfurt als beispielhaft bezeichnet, sind sie Pilgerstätte junger Architekturstudenten. Dennoch sollte man in der Architekturbegeisterung nicht vergessen, den alten »Bornheimer Ratskeller« zu besuchen — ursprünglich eine Brauerei mit tiefen Kellern — heute beliebtes Gartenlokal. Sommers ist einmal in der Woche Blasmusik.

Gewachsen ist Bornheim um den Kirchturm herum, und dort hat sich der dörfliche Charakter des Ortes bis heute erhalten. Vorwiegend kleine, alte Häuser. Manche lassen die typische Anlage fränkischer Bauernhöfe erkennen — in der Turmstraße neben der Kirche

Der »Bornheimer Ratskeller«. Er entstand um 1860, war ursprünglich eine Brauerei, später ein beliebtes Gartenlokal.

beispielsweise. Bis nach dem Zweiten Weltkrieg gab es in Bornheim noch eine ganze Anzahl Bauern. In der nahen Eulengasse und der Kleinen Spillingsgasse waren bis dahin fünf Höfe bewirtschaftet.

Eine Kirche etwa an der Stelle der heutigen Johanniskirche wurde erstmals im Jahre 1261 erwähnt. Sie gehörte damals zum St.-Bartholomäus-Stift und damit unter die Herrschaft der Mainzer Erzbischöfe. Aber die Bornheimer waren schon immer ein eigenwilliges Völkchen. Sehr früh, schon 1527, schlossen sie sich der Reformation an. Nicht so sehr aus Glaubensgründen, wie man sich erzählt, sondern weil die Herren vom Frankfurter Domkapitel zwar den »Zehnten«, den die Bornheimer abgeben mußten, einstrichen, aber dafür kein Äquivalent leisteten.

1751 wurde den Bornheimern ihre alte Kirche zu eng. Sie wurde eingerissen. Es entstand ein Neubau, der 1753 eingeweiht wurde. Aber bereits 1776 traf ihn der Blitz und er brannte aus. Man betrachtete den Brand als ein Strafgericht Gottes, weil die Bornheimer für ihre losen Sitten landesweit bekannt waren. Die heutige barocke Johanniskirche wurde im Jahr 1779 eingeweiht, erbaut von *Johann Andreas Liebhard.* Sie gilt als der bedeutendste Sakralbau des 18. Jahrhunderts im Gebiet um Frankfurt. Die Johanniskirche ist eines der drei denkmalgeschützten Gebäude Bornheims. Bis in unsere Tage war der Zwiebelturm von weit und breit als Wahrzeichen Bornheims zu sehen. Doch immer mehr wird er von den vordringenden Hochhäusern verdeckt.

Ganz in der Nähe, in der Bergerstraße, ein zweiter denkmalgeschützter Bau: das alte Bornheimer Rathaus. Ein barockes Fachwerkhaus, das breitbrüstig an der Straße liegt, mit stilechten Fensterläden und reich verzierten Türen, in dem der letzte Bürgermeister von Bornheim, Otto Rühl, noch residierte. Nach dem Krieg sollte es offenbar »kaputtgewohnt« werden. Unzählige Mietpar-

⑥
Eulengasse
Spillingsgasse

Das sittenlose Dorf um 1800

Bornheimer Rathaus

Bornheim 1913. Damals reichte die Große Spillingsgasse vom Kirchplatz bis zur Löbersgasse.

teien waren darin untergebracht. Es wurde nichts repariert. Die Bausubstanz verkam zusehends. Nun wurde es, nachdem »das Alte« wieder an Stellenwert gewonnen hat, in den letzten Jahren behutsam und fachgerecht renoviert. Seitdem ist es ein Schmuckstück für ganz Bornheim.

Günthersburg-park

❼

Der Günthersburgpark ist die grüne Lunge Bornheims. 290.000 Quadratmeter Wiesen, Büsche, Bäume, Spazierwege und Spielplätze — auf denen Kinder herumtoben, Alte spazierengehen, Paare sich treffen, Familien und junge Leute auf der Wiese liegen, wo Väter und Mütter mit den Kinderwagen spazierenfahren, oder wo man sich nach Feierabend noch trifft, um ein bißchen frische Luft zu schnappen. Im Sommer nimmt häufig am Rand der großen Wiese ein Zelttheater Aufstellung, dann sieht man nachts flirrende Lichter durch den dunklen Park huschen. Seit 1892 darf die Bevölkerung im Park lustwandeln. Zuvor war das Areal in Privatbesitz.

Als 1837 *Mayer Amschel Rothschild* das Anwesen aufkaufte und dort von einem bekannten Stadtgärtner einen Park anlegen ließ, wertete das den ganzen Ort Bornheim auf. Einer seiner Söhne ließ im Park ein Schlößchen errichten, das er in den Sommermonaten bewohnte. Allerdings existiert von dem Bauwerke heute nur noch eine Fotografie. Denn nach der letztwilligen Verfügung des Besitzers mußte die Rothschildsche Sommerresidenz nach seinem Tode niedergelegt werden. Stehengeblieben ist nur die ehemalige Orangerie, die heute von der Evangelischen Reformierten Gemeinde als Gotteshaus genutzt wird — die Gnadenkirche. Am westlichen Eingang des Parks steht eine sehenswerte Skulptur: der »Sämann« von *Meunier.*

Die »Friedberger Warte« um 1930

Friedberger Warte

❽

Etwas außerhalb, und darum am besten vom Günthersburgpark mit dem Bus zu erreichen, liegt die Friedberger Warte — mehr als fünfhundert Jahre alt und Teil der ehemaligen Frankfurter Stadtbefestigung. »Im Sommer 1476«, so die Chronik, »gruben Bürger und fronende Dorfleute die Landwehr, und ein Jahr später beschloß die Stadt den Bau einer Warthe.« Die Bevölkerung mußte schon immer ihren Zoll zahlen. Die Friedberger Warte wird als eines der besterhaltenen Bauwerke dieser Art bezeichnet. Heute steht sie mitten im brandenden Verkehr, und es ist kaum vorstellbar, wie dort eine Gastwirtschaft betrieben werden kann. Aber drinnen, hinter den hohen Befestigungsmauern, ist es ganz still. Ein schöner Garten, mit hohen Kastanienbäumen und eine gemütliche Wirtsstube empfangen den Gast. Der Lärm der Autos bleibt draußen (die Abgase sicherlich nicht), man hört nur die Gäste »babbeln«. An schönen Sommertagen ist kaum ein Platz zu bekommen. Da muß man auf den langen Wirtshausbänken immer noch ein bißchen zusammenrücken. Die körperliche Nähe und der »Ebbelwoi« fördern die Kontakte von Mensch zu Mensch.

Im Rückblick hat man den Eindruck, die Bornheimer könnten fast aus allem eine Wirtschaft machen, und der Spruch, daß Bornheim ein »lustiges Dorf« ist, scheint immer noch zu stimmen.

Jüdische Friedhöfe

Die Frankfurter jüdische Gemeinde war kulturhistorisch eine der bedeutendsten der europäischen Judengemeinden. Sie hörte auf zu existieren, als 1944 die letzten Frankfurter Juden in die Vernichtungslager verschleppt wurden. Die jahrhundertealte Tradition der Frankfurter jüdischen Gemeinde riß damit ab. Die wenigen, zufällig überlebenden Juden aus den Vernichtungslagern, die nach dem Zusammenbruch des Hitlerreichs von den Amerikanern in ein Sammellager in Frankfurt gebracht wurden, gründeten 1946 eine neue Gemeinde, die jedoch nicht an die Tradition der alten Gemeinde anknüpfen konnte, weil es die nicht mehr gab. So legen zum großen Teil nur noch die erhalten gebliebenen jüdischen Friedhöfe in Frankfurt Zeugnis ab von der großen Tradition der ehemaligen Israelitischen Gemeinde, wie sie genau hieß, und auch davon, in welchem Ausmaß sie das Leben der Stadt mitgeprägt hat.

Ein besonders interessanter und aufschlußreicher jüdischer Friedhof, auf dem man wie in einem aufgeschlagenen Buch die wichtigste Periode jüdischen Lebens in Frankfurt nachlesen kann und damit gleichzeitig die Geschichte der Mainmetropole, ist der Friedhof an der Rat-Beil-Straße am Rande *Bornheims* und direkt im Anschluß an den nichtjüdischen Hauptfriedhof (Friedhofseingang Rat-Beil-Straße, zu erreichen mit der U 5, Haltestelle Adickesallee). Er wurde im Jahr 1929 geschlossen. Genau 100 Jahre bestatteten die Frankfurter Juden dort ihre Toten, etwa 30.000 bis 40.000.

Bereits das monumentale, streng klassizistische Portal mit einem prachtvollen schmiedeeisernen Tor zeugt von dem erstarkten Selbstbewußtsein der Frankfurter Juden nach Öffnung des Ghettos Anfang des 19. Jahrhunderts. Es zeugt aber auch von der Wohlhabenheit der Frankfurter jüdischen Gemeinde im vergangenen Jahrhundert. Als der jüdische Friedhof Rat-Beil-Straße 1828 eröffnet wurde, war, wie bereits erwähnt, die Zeit der Einsperrung in der Judengasse vorbei, die entwürdigenden Beschränkungen in der Bewegungs- und Niederlassungsfreiheit und der Berufsausbildung aufgehoben, die Rechtsgleichheit dekretiert. Diese Befreiung der Juden aus einer jahrhundertelangen Unterdrückung machte die Anpassung an die Lebens- und Erwerbsbedingungen der neuen Zeit notwendig. Dieser Anpassungsdruck der Reformer, ihr Eifer, sich der christlichen Umwelt anzugleichen, machte auch vor dem Friedhof nicht halt. Sie schauten über die Mauer zum nichtjüdischen Hauptfriedhof und sahen, wie sich dort Reichtum und Macht in Grabmälern manifestierten. Und sie waren der Meinung, es ebenso machen zu müssen oder gar noch besser, nahmen Abschied von der jüdischen Tradition prunklos-schlichter Bestattungen und übernahmen den christlichen Brauch, Grabmäler nach Belieben und Geschmack der Hinterbliebenen zu gestalten.

So füllte sich der Friedhof Rat-Beil-Straße mit immer höheren, aufwendigeren Grabmälern und immer pathetischeren Inschriften. Schließlich vereinigte der Friedhof in bestimmten Bereichen ein Sammelsurium verschiedenartiger Grabstätten aller Stilrichtungen in teuren und teuersten Materialien. Die Reichen bekamen Prunkgräber aus poliertem Granit, über und über mit Ornamenten verziert, oder Sarkophage aus Marmor teils erhoben auf meterhohen Podesten. Den Vogel schossen dabei die Rothschilds ab. Zwar steht der schlichte Grabstein des Stammvaters der Rothschilds, *Mayer Amschel Rothschild*, auf dem Friedhof Battonstraße, denn er starb bereits 1812, aber gut zwei Dutzend Prunkgrabmäler der Nachfahren des Mayer Amschel sind auf dem Friedhof Rat-Beil-Straße vereinigt, unter ihnen auch Mayer Amschels Ehefrau Gudula, die 1849 starb.

Der Gang über den Rat-Beil-Friedhof ist wie ein Wandeln durch die europäische Kultur-, Finanz- und Kommunalgeschichte. Hier zur Demonstration nur einige wenige Namen der dort Bestatteten: *Paul Ehrlich*, Nobelpreisträger, der das erste wirksame Mittel gegen die Syphilis, das Salvarsan, erfand; *Leopold Sonneman*, der bedeutendste Politiker Frankfurts um die Jahrhundertwende und Gründer der Frankfurter Zeitung; *Isidor Kracauer*, berühmter Historiker, Verfasser mehrerer jüdischer Standardwerke; *Leopold Casella*, Gründer des ersten großen Chemiewerks vor den Toren Frankfurts, der »Casella«; *Bertha Pappenheim*,

Das Hauptportal des jüdischen Friedhofs Rat-Beil-Str.

Frauenrechtsführerin und Sozialarbeiterin, »Hüterin der Menschheit«, wie es auf einer mit ihrem Bild herausgegebenen Wohlfahrtsbriefmarke heißt; *Charles Lazarus Hallgarten*, Finanzmann, Philanthrop und Mäzen. Sein Name steht für den Begriff Philanthropie. Die Stadt ehrte sein Andenken durch die Benennung einer Straße und einer Schule nach ihm; *Moritz Daniel Oppenheim*, der bekannteste jüdische Maler Frankfurts. Wegen seiner zahlreichen Porträts und Milieuzeichnungen aus der jüdischen Welt gilt er als der »erste jüdische Maler« überhaupt. Außerdem finden sich auf dem Rat-Beil-Friedhof zahlreiche Gräber bekannter Bankiers und einer großen Zahl von Schriftstellern und Geistesheroen. Und nicht zuletzt liegt dort ein richtiger Heiliger, der Wunderheilige oder *Rebbe von Stolin*. Noch heute wird er von den Chassidim, ultraorthodoxen Juden, als Wundertäter und Heiliger verehrt. Er liegt auf dem Sonderfeld der Israelitischen Religionsgesellschaft IRG.

Dieses Sonderfeld der IRG ist eine weitere Besonderheit des Friedhofs. Als in der Mitte des vergangenen Jahrhunderts die Reformbewegung der Juden ihren Höhepunkt erreichte, löste das eine Gegenbewegung der beharrenden, gesetzestreuen Juden aus. Die jüdische Gemeinde spaltete sich und die Orthodoxen bildeten eine eigene Gemeinde, die Israelitische Religionsgesellschaft. Sie wollten u.a. auch ihre Toten traditionell schlicht und nicht mit Prunk bestatten. Sie erzwangen, daß man ihnen vom Rat-Beil-Friedhof ein Stück abtrennte, auf dem sie ihre Toten, wie ihre Vorfahren, unter einfachen Grabsteinen mit hebräischen Inschriften zur letzten Ruhe betteten. Und sie zogen eine hohe Mauer um ihr Gräberfeld.

Diese Mauer war gewissermaßen das sichtbare steinerne Symbol der Spaltung der Frankfurter Judenheit. Nach dem Krieg stellte man fest, daß diese Mauer auf eine Länge von zwölf Metern eingerissen worden war. Eine Untersuchung ergab, daß die einzige Bombe, die während des 2. Weltkriegs auf den Friedhof fiel, einem Areal von immerhin 75.000 Quadratmeter, ausgerechnet die Mauer traf und so — zumindest auf dem Gräberfeld — das Trennende zwischen den beiden jüdischen Gruppen beseitigte. Wundert es, wenn da so mancher Jude von einem Wunder, einem Zeichen spricht? Das Loch in der Mauer ist zu besichtigen und dahinter das Grab des Wunderrabbi.

Man kann den Friedhof Rat-Beil-Straße jederzeit aufsuchen, natürlich nicht an Schabbat und an jüdischen Feiertagen. Rechts neben dem Hauptportal ist eine kleine eiserne Pforte. Klingelt man dort, so läßt der freundliche *Herr Meier-Ude*, der auf dem Friedhof wohnt, den Besucher ein und gibt ihm auch jegliche Auskünfte über den Friedhof selbst. Mancher Besucher wird verwundert sein, auf dem Friedhof zahlreiche Grabsteine ohne Inschriften vorzufinden. Diese namenlosen Grabsteine zeugen von dem Vandalismus der Faschisten. Zwar ließen sie den Friedhof bestehen, rissen aber während des Krieges sämtliche aus Kupfer oder Bronze gegossenen Steininschriften, symbolischen Reliefs und Erinnerungsplaketten ab, um daraus Kanonen und Granaten zu gießen. Die Schändungen auf jüdischen Friedhöfen reißen auch heute nicht ab. Erst kürzlich wurden auf dem alten jüdischen Friedhof in Frankfurt-Heddernheim über ein Dutzend Grabsteine umgestürzt. Und während der Niederschrift dieses Berichts (Juli 1987) wurden über zwanzig Grabsteine auf dem Friedhof Rat-Beil-Straße aus ihren Verankerungen gerissen und schwer beschädigt.

Der *neue jüdische Friedhof Eckenheimer Landstraße* ist eine viertel Wegstunde vom Rat-Beil-Friedhof entfernt. An seinem Eingang befindet sich ein Ehrenmal für die in Auschwitz Ermordeten. Anschließend, links und rechts des Mittelgangs sind über 800 Gräber Frankfurter Juden, die ihrem Leben selbst ein Ende setzten, als sie von der Gestapo zur Deportation aufgerufen wurden. Die Gräber und die Grabsteine haben alle die gleiche Form und tragen in hebräischer Sprache die Inschrift »Gestorben für die Heiligung des Namens«. Und auf vielen Grabsteinen dieses neuen Friedhofs stehen die Worte »Umgekommen im Konzentrationslager«.

Auf weitere jüdische Friedhöfe soll abschließend hingewiesen werden. In der *Altstadt* zwischen der *Battonn*- und der *Rechneigrabenstraße* befindet sich der älteste jüdische Friedhof Frankfurts, die ältesten dort aufgefundenen Grabsteine sind aus dem Jahre 1272. Fast sechs Jahrhunderte lang wurden hier die Frankfurter Juden beerdigt. Da der verfügbare Platz im Laufe der Zeit immer kleiner wurde, war die Gemeinde gezwungen, ihre Toten in mehreren Schichten übereinander zu bestatten. Das wiederum hatte zur Folge, da ja die Grabsteine aller Toten stehen blieben, daß schließlich auf kleinstem Raum Stein hinter Stein stand. 1828 wurde der Friedhof schließlich geschlossen.

Innerhalb des Frankfurter Stadtgebietes befinden sich außerdem eine Reihe weiterer Friedhöfe, auf denen einst Juden bestattet wurden. Früher gehörten sie zu selbständigen Gemeinden, die mittlerweile eingemeindet sind. In *Heddernheim* befindet sich der alte jüdische Friedhof an der Straße In der Römerstadt, nördliche Straßenseite, nahe der Durchbruchstelle der Rosa-Luxemburg-Straße. In *Niederursel* gibt es zwei weitere alte jüdische Friedhöfe, einer am Oberurseler Weg, etwa 200 Meter oberhalb der Spielsgasse, Richtung Oberursel, auf der linken Straßenseite; und etwa einen halben Kilometer weiter in Richtung Oberursel auf der rechten Straßenseite, unmittelbar an der Autobahn, das andere Gräberfeld. In *Bockenheim* gibt es einen Friedhof an der Sophienstraße, rechts von der alten Liebigschule. In *Rödelheim* sind zwei weitere, der größere am Ende der Straße Seegewann, ein kleines Gräberfeld befindet sich innerhalb des christlichen Friedhofs an der Westerbachstraße. Ein kleines Gräberfeld schließt sich auch dem christlichen Friedhof in *Griesheim* an. Auch *Bergen* besitzt noch zwei jüdische Friedhöfe. Der eine innerhalb des Wohngebiets an der Straße Am Weißen Turm, der andere liegt etwas außerhalb an der Vilbeler Straße, gegenüber der Einmündung des Feldwegs Am Galgen.

Alle Tore dieser noch bestehenden, aber längst nicht mehr benutzten jüdischen Friedhöfe sind verschlossen, es ist dennoch jedem Interessenten möglich, hineinzugelangen. Er/sie muß sich nur die Mühe machen, den Schlüssel zur Eingangspforte bei der Verwaltung des Frankfurter Hauptfriedhofs, Eckenheimer Landstraße 194, Zimmer 4, zu holen — und ihn wieder zurückzubringen. *Irmgard Senger*

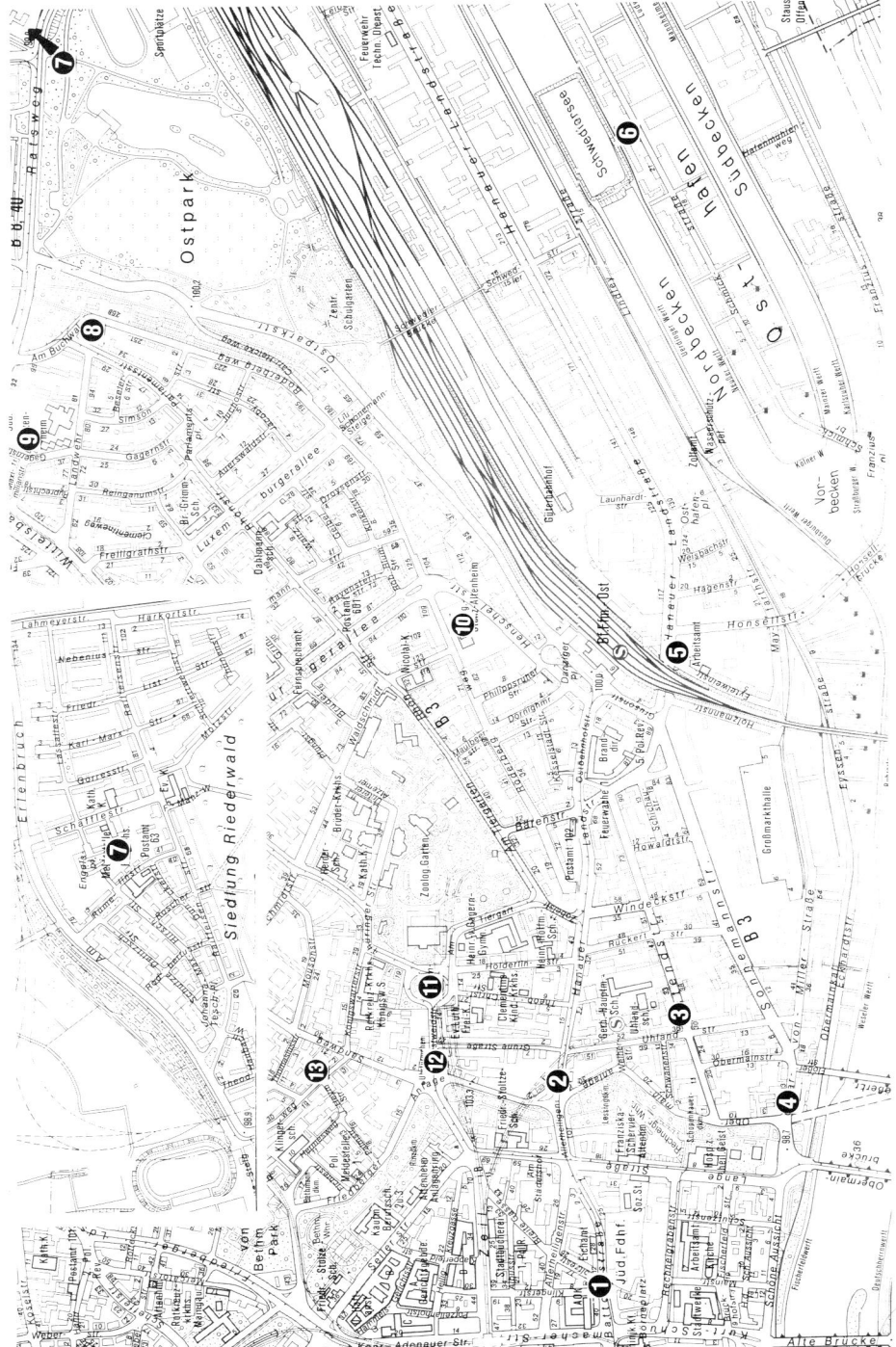

Krisen im Nahen Osten

Das Ostend

von Heiner Halberstadt und Jürgen Engelhardt

Ausgangspunkt: Battonstraße/Stolzestraße
Endpunkt: *Station »Zoo«, U6 und 7, Straßenbahnlinien 11,*
                14, 18, Buslinie 40
Dauer.   *ca. 2 ¹/₂ Stunden*

Das letzte Bürgerhäuschen auf dem Röderberg

Während nach der Schleifung der Wallanlagen 1813 die wohlhabenden Bürgerfamilien und Juden in das westliche Vorfeld der Stadt zogen, wanderten vor allem ärmere jüdische Bürger, Handwerker und Arbeiter, in das Ostend und besiedelten den Röderberg. Der Bereich zwischen Hanauer Landstraße und Main war lange Zeit eine sumpfige, dünn besiedelte und stellenweise bäuerlich bewirtschaftete Auenlandschaft gewesen. Eine einzige Straße führte nach Osten: die Hanauer Landstraße. Sie war Teilstück einer uralten Handelsstraße, die von Lyon nach Nishnij-Nowgorod (heute Gorki) führte. Über sie zogen, bevor der Seeweg nach Indien entdeckt wurde, über Jahrhunderte Handelsleute mit ihren Waren in beide Himmelsrichtungen. Diese binneneuropäische Straße war die große Handelsachse zwischen Europa und Asien. Über die Hanauer Landstraße zogen aber auch große Eroberungsheere gen Osten, darunter die napoleonischen Truppen.

Die Auenlandschaft im Osten Frankfurts entstand als geologische Hinterlassenschaft des eiszeitlichen Mains. Der heutige, fast geschlossene Hügelrücken, der nördlich die Auenlandschaft begrenzt, erstreckt sich vom Röderberg über den Bornheimer Hang und Lohrberg zum Berger Hang und war die Uferkante des Urstromtals. Nachdem sich der Main nach der letzten Eiszeit nach Süden verlagert hatte, blieben zahlreiche Flußaltarme und Bachläufe im früheren ›Strombett‹ zurück. Noch heute kann man vom oberen Teil des Röderbergwegs her diese uralten Landschaftsstrukturen deutlich erkennen.

In den Auenwäldern, den kleinen Seen und Brüchen erhielt sich diese uralte Naturlandschaft bis ins 19. Jahrhundert hinein; wenngleich immer mehr von einer intensiver betriebenen Landwirtschaft eingeschränkt. Erst viel später, Ende des 19. Jahrhunderts, wurde die Landschaft durch die sich hier besonders rigoros ausbreitende Frankfurter Industrialisierung in großen Teilen nachhaltiger zerstört. Doch einigen Refugien verblieb bis in unsere Tage hinein eine reichhaltige und teilweise einmalige Flora und Fauna. Doch auch deren fast restlose Zerstörung ist vorprogrammiert durch geplante und bereits in Angriff genommene gigantomane Verkehrsbauwerke, die dem maßlosen Wachstums- und Verwertungsdenken der sechziger und siebziger Jahre entstammen.

Das neu entstehende Ostend und die anderen nordöstlichen Stadtteile, die sich um alte Dorfkerne herum entwickelten, schoben sich im Zuge der stärker werdenden Industrialisierung (Osthafenbau) und durch die sich den Fabriken zuordnenden Wohnquartiere immer weiter nach Osten vor. So wurde das Ostend im Zuge der Entwicklung neuer Strukturen zu einem starken Zentrum der aufblühenden Frankfurter Arbeiterbewegung, an der zahlreiche der dort lebenden Frankfurter Juden als Arbeiter, Handwerker und Intellektuelle intensiv beteiligt waren.

❶ Battonstraße

Unser Rundgang beginnt in der Battonstraße am jüdischen Friedhof (siehe auch Rundgang 2 und den Kasten über *Jüdische Friedhöfe* im Rundgang 14). Deren gesamte Nordseite ist, bis zur Allerheiligenstraße, ein Baudenkmal des frühen sozialen Wohnungsbaus in Frankfurt. Dazu gehört auch der Hausblock der Battonstraße im Anschluß an den jüdischen Friedhof. Es waren die »Aktienbaugesellschaft für kleine Wohnungen« (1902) und die »Frankfurter Gemeinnützige Baugesellschaft« (1907), damals bürgerlich-karitative Institutionen, die dort angesichts einer enormen sozialen Wohnungsnot unter großen finanziellen Schwierigkeiten versuchten, einen sozialen Wohnungsbau zu realisieren.

Sozialwohnungen der »Actiengesellschaft für kleine Wohnungen« in der Stoltzestraße

An der Ecke Stoltzestraße/Allerheiligenstraße steht, noch heute in fast unveränderter äußerer Form, das erste, 1901 eingerichtete Frankfurter Gewerkschaftshaus.

Stoltzestr. 26

In dem Jahresbericht des damaligen Arbeitersekretariats heißt es u.a.: »Mit berechtigtem Stolze kann die Frankfurter organisierte Arbeiterschaft auf ihr Gewerkschaftshaus blicken und ein gerüttelt Maaß Dank schuldet sie den Genossen, welche in energischer Weise die Schaffung dieses Unternehmens bewirkt haben.

Ein großer Restaurationsraum für die Tageswirthschaft bildet die Front an der Straße Am Schwimmbad. Ein helles großes Fremdenzimmer an der Stoltzestraße dient dem Tagesaufenthalte der zugereisten Kollegen aller Branchen. Ein großer Saal an der Schwimmbad-Seite und ein theilbarer kleiner an der Stoltzestraße im ersten Stock sind für Versammlungen und Fest bereitgestellt. Das Arbeiter-Sekretariat und das Bureau des Gewerkschaftskartells sind im zweiten Stock, an der Schwimmbad-Seite. Die Verbandsbureaus der Bäcker, Maurer, Metallarbeiter, Maler, Weißbinder und Lackierer sowie Holzarbeiter sind an der Stoltzestraße untergebracht. Vereinslokale für nahezu alle übrigen Gewerkschaften befinden sich ebenfalls im zweiten und ersten Stock. Der dritte Stock und das Dachgeschoß enthalten sodann die Fremdenzimmer, in welchen ca. 100 Betten der Benutzung harren. Außerdem Bade- und Reinigungsräume, sowie Desinfektionsapparat. Desgleichen die Verwalterwohnung. Noch sei der im Erdgeschoße gelegenen zwei Kegelbahnen, sowie des geräumigen Gartens gedacht. Zentralheizung, Haustelephon, komfortable Klosettanlagen, alles dient dazu, daß ein rechtes Wohlbehagen den Besucher erfaßt.«

Unser Weg führt entlang der Allerheiligenstraße nach Osten, zur Hanauer Landstraße und dort weiter zur Rechten zur Uhlandstraße. In diesem Bereich entsteht die S-Bahn-Station »Ostend«. Die-

Uhlandstraße

Das alte Gewerkschaftshaus in der Stoltzestraße

**Hanauer Land-
straße**

ses Viertel des Ostends, zwischen Hanauer Landstraße/Sonnemannstraße und Ostbahnhof, wurde im 2. Weltkrieg nur teilweise zerstört und nach 1945 relativ schnell und mit einfachen Baumitteln wieder aufgebaut. Wie bereits vor dem Krieg wohnten hier vorwiegend Arbeiter, die in den Industrie-Anlagen entlang der Hanauer Landstraße arbeiteten. In diesem kleinbürgerlichen und proletarischen Wohnbereich sind vorwiegend in der Uhlandstraße, die parallel zur attraktiven Obermain-Anlage verläuft, einige großbürgerliche, villenartige Häuser eingepaßt. Insgesamt wurde in der Folgezeit, fast im Gleichklang mit einem Abbau der industriellen Produktionsanlagen im Osthafengebiet, immer weniger in den Gebäude- und Wohnungserhalt dieses Quartiers investiert. Große Teile der früheren Mieter zogen ab Anfang der sechziger Jahre in neu entstehende Stadtrandsiedlungen des sozialen Wohnungsbaus, die vor allem von der Neuen Heimat und der Nassauischen Heimstätte im Süden, Westen und Nordwesten der Stadt gebaut wurden. An ihrer Stelle bewohnen immer häufiger ausländische Familien — vorwiegend Türken —, die in anderen Bereichen der Stadt keine Wohnungen erhielten, die beständig an Wohnqualität verlierenden Häuser — trotz nicht geringer werdenden Mieten.

**Uhlandstraße/
Ostendstraße**

Die künftige S-Bahn unterquert am südlichen Ende der Uhlandstraße ein nur nur teilweise bebautes Grundstück des »Landwirtschaftlichen Vereins«, der es sich einst, als Frankfurt noch von vielfältiger Landwirtschaft umgeben war, zur Aufgabe gemacht hatte, landwirtschaftliche Fruchtproduktionen zu einem höheren Verwertungsgrad weiter zu entwickeln. Er arbeitete mit dem Hofgut in Praunheim zusammen und führte dort bis zum Bau der Nordweststadt (1961) biologische Saatgut- und Gemüseveredlungsversuche durch. Inzwischen entwickeln sich auch hier finanzielle Spekulationsoperationen von unterschiedlichen Investoren.

Uhlandstr. 50

Im Hinterhaus der Uhlandstraße 50 befindet sich das »Selbsthilfe- und Nachbarschaftszentrum Ostend«. In diesem vom Land Hessen mitfinanzierten Projekt wird gezeigt, daß mit geringer Hilfeleistung von Fachkräften zahlreiche deutsche und ausländische Bürger eines vernachlässigten Stadtteils durchaus in der Lage sind, in Selbsthilfegruppen ihre gesundheitliche, psychische und kulturelle Lebenssituation zu verbessern. Nach Ablauf der vierjährigen Projektdauer wird das »Selbsthilfezentrum« in Form eines Bürgervereins »Gesundheitsförderung im Ostend« fortgeführt.

**Romanfabrik
Uhlandstr. 21**

In der Uhlandstraße 21 entstand aus einem fast zur Ruine verfallenen Patrizierhaus 1985 eine »Romanfabrik«. Der Bordellunternehmer und — außergewöhnlich für seine Zunft — gleichzeitige Kulturmäzen *Dieter Engel* baute dieses Haus zu einem Treff für Schriftsteller und andere Künstler aus. Im Hinterhaus der Liegenschaft befinden sich Wohnungen für mehrere Künstler und ein kostenloses Domizil für einen alljährlich neu gewählten »Fabrikschreiber«, der dort für 1 Jahr einigermaßen sorgenfrei leben und schreiben kann. Im Keller des Vorderhauses befindet sich die »Literatur-Kneipe«; täglich außer Sonntag ab 19 Uhr geöffnet. Hier treffen sich Stadtteilbewohner, Schriftsteller, Journalisten und Bildende Künstler. In der Kneipe wird zudem ein vielseitiges Kulturprogramm, u.a. mit Lesungen bekannter und unbekannter Autoren veranstaltet. Mitbegründer und Mitgestalter der »Romanfabrik« und ihrer Aktivitäten ist der Autor *Peter Zingler.*

Die »Gemüsetram«. Die »21« fuhr z.B. von der Großmarkthalle nach Schwanheim vor dem letzten Krieg. Solche Gütertransporte waren damals üblich.

In der Oskar von Miller-Straße, gleich neben der den Main schräg überquerenden Flößerbrücke (wir stoßen auf die Oskar von Miller-Straße am südlichen Ende der Uhlandstraße), betreibt ebenfalls *Dieter Engel* das erotische und exklusive Geschäftsunternehmen »Sudfass«. Es ist weithin bekannt und wird gelegentlich von berühmten Popgruppen, die in Frankfurt gastieren, zwecks Rekreation aufgesucht. In der gleichen Häuserzeile hat Engel den »West-Östlichen Diwan« eingerichtet, ein Restaurant mit künstlerisch anspruchsvoller Ausstattung und Gastronomie.

Oskar von Miller-Straße 2

In diesen Bereich des Ostends und im Hafengebiet wird nun, nach einer »Säuberung des Bahnhofsviertels von Prostitution und zugeordneten Betrieben« (durch Sperrgebietsverordnung), ein Großteil des Prostitutionsgewerbes mit administrativen Mitteln geradezu hineingedrängt. Welche baulichen, sozialen und atmosphärischen Veränderungen dieser Stadtteil dadurch erfahren wird, ist offen. Erkennbar ist allerdings, welche politische Wertschätzung der CDU-Magistrat diesem östlichen Stadtteil zuteil werden läßt.

Weiter nach Osten schließt sich an die Oskar von Miller-Straße die Sonnemannstraße an. Zur Rechten, entlang der gesamten Straßenfront, zieht sich das Großmarktgelände und darauf die 1928 erbaute Großmarkthalle hin, der »Bauch von Frankfurt«. Architekt *Martin Elsässer* schuf mit dieser Halle die größte freitragende Hallenkonstruktion seiner Zeit.

Großmarkthalle

Auf 250 x 50 m Fläche beginnt hier täglich der internationale und nationale Gemüse- und Früchtemarkt bereits kurz nach Mitternacht. Der Umsatz in der Großmarkthalle ist seit einigen Jahren rückläufig, da sich der Gemü-

se- und Fruchtumsatz immer stärker in große Lebensmittel-Handelsketten verlagert, mit Direktanlieferungen zu den Großmärkten. Teile der Halle werden heute bereits vom Stadtarchiv und zum Lagern von EG-Überschüssen verwendet. Dennoch ist eine Besichtigung der Großmarkthalle bei frühem Tagesbeginn nach wie vor interessant. Es ist dabei zweckmäßig, sich bei der Marktbetriebsleitung (Tel. 212-3692) vorher anzumelden.

Hinter der Großmarkthalle befinden sich die Gleise der Frankfurter Hafenbahn, die den Westhafen mit dem Osthafen und der Bundesbahn verbinden. Ein Gleisstrang dieser Hafenbahn, direkt vor der Rückseite der Großmarkthalle, wird heute kaum noch benutzt. Von 1941 bis 1944 diente dieses Gleis der »Verladung« von Juden aus Frankfurt und dem Rhein-Main-Gebiet. Von hier aus wurden sie, immer zahlreicher, in die Vernichtungslager Theresienstadt und Auschwitz deportiert. Zuvor wurden sie von den amtlichen Organen der »Endlösung der Judenfrage« direkt aus ihren Wohnungen und Heimen in die Katakomben des Großmarkthallenkellers getrieben, dort ausgeplündert und »sortiert« und dann am frühen Morgen »zur Rampe« gebracht. Die jüdische Geschichte des Frankfurter Ostens ist auch hier auf ihre Weise gegenwärtig geblieben.

An der Südseite der Großmarkthalle (Eyssenstraße Nr. 4/5) befindet sich noch heute das Gebäude, in dem die SA damals ihre Zentrale hatte, einschließlich der Garagen, in denen der Fahrzeugpark der NS-Schergen untergebracht war.

❺
Eytelweinstraße 9
Vom linken Gleis gingen die Judendeportationen hinter der Großmarkthalle ab. In dem Bau rechts wurde die Deportationsstatistik geführt.

In der Eytelweinstraße, die am östlichen Ende des Großmarkthallen-Areals, jenseits der die Hanauer Landstraße überquerenden Eisenbahnbrücke nach links abbiegt, liegt eine Außenstelle des Frankfurter Arbeitsamtes, von ihren »Kunden« kurz das »Ämtche« genannt.

Kurze Industrie- und Sozialgeschichte

Frankfurt am Main war bis 1850 eine geruhsame Handels- und Bankenstadt, mit eher konventioneller als großstädtischer Prägung. Das Frankfurter Großbürgertum, besonders aber die starken Handwerkerverbände verhielten sich, entsprechend ihrer speziellen Interessenlage, zunächst erfolgreich abwehrend gegenüber jeglicher Industrieniederlassung obgleich in anderen deutschen Großstädten die Industrialisierung der Produktion bereits mächtig eingesetzt hatte. Erst zu Beginn der Gründerzeit, als Frankreich nach dem deutsch-französischen Krieg 1870/71 durch den Friedensvertrag von Versailles »verurteilt« wurde, an Deutschland gewaltige Kontributionen zu zahlen, besannen sich die Frankfurter Magistratsherren eines besseren. Hinzu kam, daß ab 1866 viele Banken- und Börsengeschäfte ihren Hauptsitz von Frankfurt nach Berlin verlagerten. Jetzt ließ man der Industrialisierung im Westen und im Nordosten der Stadt freien Lauf. Während z.B. 1849 in Frankfurt nur 6 Betriebe mit Dampfmaschinen arbeiteten, waren es 1875 immerhin schon 196 und 1905 dann 650. 1885 gab es in Frankfurt rd. 45.000 Industriearbeiter.

Der Mainzer Landstraße nach Westen und der Hanauer Landstraße nach Osten folgend, entstanden in rascher Folge vor allem Weiterverarbeitungsindustrien: Maschinenbau, Chemie, Elektrotechnik, Lederverarbeitung, Schrift- und Drucktechnik. Diese »freie Entfaltung« der Produktionskräfte mitten in die östlich gelegene ökologisch intakte Naturlandschaft hinein, führte zu beträchtlichen irreparablen Schäden im Naturhaushalt, mit klimatischen und anderen den Wohnort Frankfurt beeinträchtigenden Folgen. Erst ab 1890 begann eine Großplanung für diesen Raum und mit dem Bau des Osthafens (1909) eine gewollte Konzentration des sich ausweitenden Industriegebiets entlang des Mains. Der Westhafen war bereits als Handelshafen und als Ersatz für die früheren innerstädtischen Hafenanlagen, zugleich mit einer größeren Schiffbarmachung des Mains, von 1883—86 gebaut worden. Der Osthafen wurde mit beträchtlichen Kapazitäten für den Umschlag vor allem von Rohstoffen und anderen Massengütern eingerichtet.

Mit der Ausweitung der Industrie wuchs in Frankfurt die Stadtbevölkerung. Das Arbeitskräfte-Reservoir des umliegenden Landes war dabei schier unerschöpflich. Besonders viele Menschen verließen die umliegenden Mittelgebirge Taunus, Spessart und Vogelsberg. Sie gaben dort ihre kläglichen, landwirtschaftlichen Kleinbetriebe und die harte Arbeit in Steinbrüchen und Forsten auf, um in Frankfurt Arbeiter zu werden. Von 1885 bis 1910 stieg die Zahl der in Frankfurt wohnenden Menschen von rd. 154.000 auf 414.000. Zugleich wuchs damit aber auch die Wohnungsnot in einem fast unerträglichen Maße. Die neue Frankfurter Bevölkerung arbeitete vorwiegend in der Industrie und in den sich ausweitenden Gewerbebetrieben. Immer mehr Arbeiter organisierten sich in den nachfolgenden, heftiger werdenden sozialen Kämpfen in der Frankfurter Arbeiterbewegung, die damit ihren bisherigen von Handwerkern geprägten Zuschnitt verlor.

In Frankfurt wohnten um die Jahrhundertwende über 400 Millionäre: aber 87% der Bevölkerung verfügten nur über ein Niedrigsteinkommen. 1904 gelang es der Frankfurter SPD, trotz des Dreiklassenwahlrechts, erstmals Abgeordnete in das Frankfurter Stadtparlament zu entsenden. Durch die Kriegsrüstung vor und während des Ersten Weltkriegs verdichtete sich die Industriekultur im Frankfurter Osten noch weiter. Desgleichen mit Beginn und während der faschistischen Herrschaft, gegen die die organisierte Arbeiterschaft in den umliegenden Wohnquartieren lang anhaltenden Widerstand leistete. Während des Zweiten Weltkriegs bauten die Nazis rings um das östliche Industriegebiet große Barackenlager (z.B. entlang der Ostparkstraße), in denen vor allem russische Kriegsgefangene und vom Osten nach Frankfurt verschleppte sogenannte Fremdarbeiter unter miserabelsten Lebensbedingungen eingepfercht wurden. In den umliegenden Industriegebieten, vor allem entlang der Hanauer Landstraße, beutete man sie als billige Arbeitssklaven der Kriegswirtschaft aus.

Heiner Halberstadt

Großmarkthalle und Ost-
hafen

*Dort werden ab Mitternacht Nichtseßhafte, aber auch Frankfurter Ar-
beitslose, für eine »Tagessaison« an Großmarkthallen- und Hafenbetriebe
unter gesetzlich festgeschriebenen Vertragsbedingungen vermittelt. Daneben nimmt die Zahl der Schwarzarbeiter, die zu niedrigstem »Lohnpreis« ihre Arbeit verkaufen, beträchtlich zu. Und die Zahl der Alkoholkranken unter diesen Menschen, die durch fast alle sozialen Netze hindurchgefallen und
»ganz unten« am Boden unserer Gesellschaft angekommen sind, steigt. Dagegen fällt das »Arbeitsangebot Großmarkthalle« zugleich mit deren rück-
läufigen Umschlagszahlen.*

Etwa 200 m weiter, entlang der Hanauer Landstraße, in die die
Sonnemannstraße einmündet, geht links die Honsellstraße ab.
Über sie gelangt man auf die Honsellbrücke und damit in das Ost-
hafen- und riesige Areal des östlichen Industriegebiets. Von der
Brücke blickt man bis weit nach Osten zu den abgrenzenden Kami-
nen des Chemiewerks Casella auf ein beträchtliches Stück der
Frankfurter Industriegeschichte.

Wenn man von der Honsellbrücke über das Hafen- und Industriegebiet schaut, erkennt man heute erstaunlicherweise weite
Leerflächen und herabgewirtschaftete Gebäudekomplexe. Nach
dem sog. Wirtschaftsboom im Nachkriegs-Deutschland begann
hier erst langsam, dann aber mit immer größerem Tempo ab Mitte
der sechziger Jahre ein wirtschaftlicher Niedergang der Industrie-
und Gewerbebetriebe. Allein die Schließung und der nachfolgende
Abbruch (Anfang 1970) der Werkshallen der Firma Fries und Söhne und von Siemens (vorm. Voigt und Häffner) vernichtete mehrere
tausend Arbeitsplätze. Während im Stadtzentrum die Hochhäuser
der Banken und der privaten Dienstleistungswirtschaft immer zahlreicher und höher emporschossen, vernachlässigte die kommunale
Wirtschaftspolitik durch ausbleibende Infrastrukturmaßnahmen,
die der technologischen Weiterentwicklung hätten Rechnung tragen müssen, das östliche Industriesiedlungsareal immer mehr.

Auch die großen Hafenbecken und Hafenanlagen des Osthafens werden leerer. Zusätzlich hat sich ein Großteil des Transports von Massengütern von der Schiene und von der Flußschiffahrt auf die Straße verlagert. Die im Bau befindlichen und geplanten gigantischen Autobahnbauwerke entlang und quer über den Bornheimer Hang verstärken diesen Trend und dienen am allerwenigsten einer Neuerschließung dieses brachliegenden Areals, dessen neu zu entwickelnde Nutzung der steigenden Arbeitslosigkeit in Frankfurt nachhaltig entgegenwirken könnte. Eine besondere Führung durch das Osthafenareal, durch seine Geschichte und Gegenwart bietet *Klaus-Dieter Jeske* (Tel. 44 70 35).

In der Hanauer Landstraße 169-173, auf die wir von der Honsellbrücke zurückkehren, befand sich auch die Zentrale der Lebensmittel-Ladenkette »Schade und Füllgrabe«, heute in Rödelheim. Nach der »Machtergreifung« 1933 wurden verstärkt SA-Posten vor den 70 Filialen des jüdischen Unternehmens aufgestellt, die die Kunden davon abhielten, hier einzukaufen. Der Umsatz ging dabei so stark zurück, daß die Besitzer verkaufen mußten.

Ein Abstecher von der Hanauer Landstraße über die Schwedlerstraße führt uns nochmals in das Osthafengebiet zum Schwedlersee. Er ist ein Teil des nördlichen Hafenbeckens, der zum weiteren Ausbau des Osthafens vorgesehen war, aber nie vollendet wurde. Der See mit dichter Grünumrandung ist durch einen Damm vom Mainwasser abgetrennt und wird wesentlich durch sehr sauberes Grundwasser, das vom Röderberghang hierher fließt, gespeist. Flußkrebse und Fische bereichern das außergewöhnliche Freibad inmitten der »Industriewüste«.

Danach folgen wir dem Straßenverlauf der »Hanauer« bis zu der aufsteigenden großen Straßenbrücke. Links ist eine kleine Stichstraße: »An den Riederhöfen«. Hier finden wir das noch erhaltene

Arbeiter bei Voigt und Haeffner

Osthafen

𝕶olonialwaren :: 𝕯elikatessen
𝕶onserven :: 𝔚eine :: 𝔖pirituosen

» Wie Ihnen bereits durch die Tagespresse bekannt geworden sein dürfte, ist die Firma Schade & Füllgrabe A.G. mit dem 20. Mai 1936 käuflich in andere Hände übergegangen. Hierdurch ist die Firma ein rein arisches Unternehmen geworden. Es besteht also keine Beschränkung mehr, daß auch Sie, sehr geehrte Hausfrau, uns in Zukunft wieder besuchen können. Mit deutschem Gruß«

**Schade &
Füllgrabe**

An den Riederhöfen
Ostend   239

Eingangstor zu den »Riederhöfen«, den ältesten urkundlich erwähnten Gebäuden im Ostend. 1193 schenkte König *Heinrich VI.* den Hof dem Frankfurter Schultheißen *Wolfram I.* 1434 gelangten die Riederhöfe durch Schenkung Frankfurter Patrizier an das Heilig-Geist-Hospital. Die Höfe lagen, als Verteidigungsanlage befestigt, neben der Heerstraße Hanauer Landstraße. Heute steht das alte Tor neben dem Zweckbau einer Spedition.

Ratsweg-Brücke

Von der Straßenbrücke wenden wir uns jetzt nach links und kommen auf die Ratsweg-Brücke. Von dort hat man einen guten Ausblick über die ausgedehnten Gleisanlagen von Bundesbahn und Hafenbahn. Im Westen liegt der Güterbahnhof. Von hier fuhren im Zweiten Weltkrieg ständig Soldaten- und Munitionstransporte gen Osten; diese Eisenbahnstrecke war die wichtigste Verkehrsstraße im »Großdeutschen Reich« zwischen Westen und Osten. In der Nähe des Güterbahnhofs befanden sich auch einige Munitionsfabriken, wie z.B. eine unterirdische im Bornheimer Hang, deren Eingang heute zugemauert ist.

Barfuß und braungebrannt?
Kinder in der Riederwald-
siedlung

Am Riederbruch
❼

Nach der Überquerung der Ratswegbrücke kann man über die Straße »Am Riederbruch« einen Abstecher in die »Siedlung Riederwald« machen. 1911 entstanden hier am Rande eines alten Auwaldes die ersten genossenschaftlich errichteten Siedlungshäuser. Sie geben auch heute noch einen guten Eindruck von der damals sehr lebendigen, den Menschen zugewandten Arbeit einer Arbeiter-Wohnungsbaugenossenschaft, dem »Volks-Bau-und-Sparverein«. »Rote Kolonie« oder »Negerdörfchen« waren Spitznamen, weil die nicht gerade zu den Wohlhabenden der Stadt gehörende Bevölkerung viel barfuß und braungebrannt umherlief. Natürlich war man sehr stark SPD- und KPD-orientiert. Hier gibt es immer noch eine Karl-Marx-, August-Bebel- und Lassalle-Straße.

Solange es ging, blieben nach 1933 bei NS-Aktionen in dieser Siedlung die Klappläden zu. Durch gezielte Spitzeltätigkeiten ging der beispielhafte Zusammenhalt der Bewohner leider dennoch verloren. Damalige bauliche Pionierleistungen, wie der Einbau von Bädern und die Bebauung von 10.000 m² des im ganzen 50.000 m² großen Areals zugunsten von ausgedehnten Hausgärten, bieten auch heute noch vorbildliche Wohnverhältnisse.

Dippemeß in den 60ern; die Dippe haben sich bis heute nicht geändert

Wenn wir dem Ratsweg weiter folgen, kommen wir zum Ostpark. Ihm gegenüber liegt heute ein großer Festplatz, auf dem u.a. die traditionelle »Dippemess«, eine Keramikverkaufsmesse, stattfindet und die Eissporthalle. Bis 1965 befand sich hier die »Trümmer-Verwertungs-Gesellschaft (TVG)«. 1945 gegründet, verarbeitete sie 13 Mill. Kubikmeter Trümmerschutt, der auf einer eigens dazu errichteten Feldbahn aus der zerstörten Innenstadt hierhergebracht und in einer riesigen Halde gelagert wurde. Der Schutt wurde dadurch Eigentum der TVG und wurde gemahlen und mit Beton vermischt zum Baumaterial für den städtischen Wiederaufbau.

Kundgebung der SPD im Ostpark 1910

Der Ostpark wurde 1908 von dem Frankfurter Gartenbaudirektor *Carl Heicke* in die brachliegende Naturlandschaft des alten Maintals hineingebaut. Er lag damals noch weit außerhalb der Stadt.

Der Ostpark verdankte seine Entstehung vor dem Ersten Weltkrieg den Bemühungen der damaligen Stadtverwaltung, einen Kranz großer Volksparks im Weichbild der Stadt anzulegen, wie dies um diese Zeit auch in anderen Städten geschah. Noch vor dem Kriege fanden hier Maikundgebungen der Gewerkschaften und der SPD statt. Mitten im Krieg rief die SPD am 30. September 1916 zu einer Friedenskundgebung hierher; am 1. Oktober 1917 luden die SPD, das Zentrum und die Fortschrittspartei gemeinsam zu einer Friedenskundgebung mit prominenten Rednern, um die Friedensresolution dieser Parteien vom Juli 1917 unters Volk zu tragen. Am 9. und 11. November

Ostpark

1918 marschierte die Frankfurter Arbeiterschaft in riesigen Demonstrations-
zügen zum Ostpark, um ihren Willen nach einer demokratischen und sozia-
len Erneuerung Deutschlands zu bekunden. Die Nazis legten die Maikund-
gebung 1933 ebenfalls — und nur für dieses eine Mal — in den Ostpark, um
die Erinnerung an die in der Frankfurter Arbeiterschaft noch immer nach-
wirkende Manifestation vom November 1918 auszulöschen.

Ostpark-Weiher

Mitten im Ostpark liegt der Ostpark-Weiher, der früher aus dem
Fließwasserzug des alten Maintals von Osten her gespeist wurde.
Die zahlreichen querenden Straßenbauten und zum Schluß die gigantischen Verkehrsbauwerke haben diesen Wasserzug von Osten
nach Westen inzwischen weitgehend unterbrochen. Der Ostpark-
weiher bedarf deshalb einer dringenden Sanierung. An der West-
spitze des Ostparks befindet sich der ehemalige Zentralschulgarten,
der nach heftigen Bürgerprotesten nicht, wie ursprünglich vorgesehen, gänzlich finanziellen Einsparungen zum Opfer fiel. Er enthält
noch heute unterschiedliche Landschaftsparzellen mit unter Natur-
schutz stehenden Pflanzen. Im Sommer finden auf der großen Ost-
parkwiese u.a. im Rahmen des Frankfurter »Summertime-Pro-
gramms« sehr beliebte Freiluftkonzerte statt.

⑧
Am Buchwald 3

Nördlich vom Ostpark steigen wir über offene Gartenterrassen
zum Röderbergweg hinauf. Etwa »Am Buchwald« 3 stand bis 1936
ein Aussichtsturm, der wegen Baufälligkeit abgerissen wurde. Aber
auch ohne Aussichtsturm hat man vom oberen Röderbergweg einen auf die weitgeschwungene Linie der Hänge des ehemaligen
Maintals bis Bergen-Enkheim reichenden Ausblick.

An diesen Hängen wuchsen in früheren Zeiten Weinreben, deren
Wein mit guten Rheinlagen, so jedenfalls Johann Wolfgang Goethe,
mithalten konnte. Die gärtnerisch anspruchsvoll gestalteten und gepflegten Hanganlagen des Röderbergs wurden 1931, in der Zeit
wachsender Arbeitslosigkeit in Frankfurt, durch ein Arbeitsbe-
schaffungsprogramm des Frankfurter Magistrats unter dem ver-
dienstvollen bürgerlich-republikanischen Oberbürgermeister *Lud-*
wig Landmann gebaut.

Ludwig Landmann, der fast während der gesamten Weimarer Zeit in
Frankfurt in enger Zusammenarbeit mit der Frankfurter SPD regierte und
u.a. Ernst May nach Frankfurt holte, wurde als Republikaner und Jude 1933
von den Nazis abgesetzt und verfolgt. Er floh nach Holland, lebte dort nach
der faschistischen Okkupation illegal unter elenden Verhältnissen, bis er
1944 starb. Erst 1987 wurden seine Gebeine endlich nach Frankfurt zurück-
geholt und auf dem Hauptfriedhof in einer Reihe mit den großen und demo-
kratischen Oberbürgermeistern der Stadt beigesetzt.

Röderbergweg
270

Im Röderbergweg 270 war während des 2. Weltkriegs ein Lager
für 28 sowjetische Zwangsarbeiterinnen.

Gagernstr.36

⑨

In der Nähe des Röderbergwegs, in der Gagernstraße 36, befindet sich das jüdische Altersheim. Vor 1945 stand hier ein jüdisches
Krankenhaus, das wegen seiner fortschrittlichen Behandlungsme-
thoden über die Grenzen der Stadt hinaus bekannt war. Hier wurde
ein jeder behandelt, arme Leute gelegentlich auch unentgeldlich.

Unser Weg führt uns weiter den Röderbergweg hinunter durch
eine attraktive Wohngegend bis zum Haus Nr. 67. Auf steilem Weg

gelangt man an den Fuß einer ehemaligen Brauerei, die in den Berg hineingebaut war. Die Kellergewölbe im Berg, die sich weitläufig über mehrere Ebenen erstrecken, werden demnächst zu einem »Vergnügungszentrum« ausgebaut.

Röderbergweg 67

Bei der Nummer 82 treffen wir auf das »August-Stunz-Alten-Wohn- und Pflegeheim«. Vor 1933 befanden sich hier allein drei jüdische Einrichtungen: eine Zufluchtstätte für unbemittelte Kranke, ein Kinderhospital und das Gumpert'sche Siechenhaus. Die heutige Einrichtung der Arbeiterwohlfahrt verbindet vorbildlich gerontologische Erkenntnisse mit einer modernen architektonisch-ästhetischen Gestaltung.

Röderbergweg 82
⑩

Unser Gang durch das Ostend endet am Zoo, in dessen Nähe, an der Pfingstweidstraße/Friedberger Anlage das wilhelminische Uhrtürmchen als »Tor zum Ostend« steht. Das 1876 erbaute Zoo-Gesellschaftshaus beherbergt das »Fritz Remond Theater« (Boulevard-Theater, Alfred-Brehm-Platz 16). 1947 beginnt die Geschichte des »Kleinen Theaters am Zoo«. Anfangs regnet es noch durchs Dach. Dennoch treten *H.J. Kuhlenkampff* und später *Willy Birgel* auf. 1975, ein Jahr vor Remonds Tod, wird das Theater nach seinem Schöpfer benannt.

Uhrtürmchen Pfingstweidstr. Zoo Alfred-Brehm-Platz 16
⑪

Das Gesellschaftshaus war auch Ort zahlreicher bedeutender politischer Versammlungen. 1918 sprengte die Frankfurter Arbeiterschaft im Zoo-Gesellschaftshaus eine Kundgebung der Vaterlandspartei, die für die Fortsetzung des Krieges Stimmung machen wollte. Als die Polizei den Saal räumte, zog eine spontane Demonstration bis in die Schillerstraße, wo die Menschen mit Rufen wie »Frieden« und »Nieder mit dem Krieg« ihrem Unmut Ausdruck gaben. Ende Januar 1918 rief eine Massenversammlung der SPD zum Streik gegen den Krieg auf. Am 1. März 1933 protestierten eben-

Die alte Brauerei

Freizeit-»Kultur« im 19. Jahrhundert: Völkerschau im Zoo

falls im Gesellschaftshaus Frankfurter Arbeiter gegen den Faschismus.

Fast drei Millionen Besucher tummeln sich alljährlich auf dem mit 11 ha sehr beengten Zoogelände zwischen rund 6.000 Tierarten. 1853 hatte der Tierarzt Max Schmidt im Leer'schen Garten an der Bockenheimer Landstraße den ersten Zoo eingerichtet. 1874 wurde er auf die Pfingstweide, eine einstige Allmendweide, verlegt. In den kommenden Jahren soll er teilweise, wegen dringender Erweiterungsbauten, an den Niederurseler Hang verlegt werden.

Die Pfingstweide war früher ein Platz großer öffentlicher Veranstaltungen. Hier fanden sich am Abend des 17.9.1848 einige Tausend Demokraten und Anhänger des Arbeitervereins ein, um gegen die Ratifikation des Waffenstillstands von Malmö durch die in der Paulskirche tagende Deutsche Nationalversammlung zu protestieren. Diesen Waffenstillstand hatte Preußen mit Dänemark abgeschlossen, um seine dort kämpfenden Truppen für die Zerschlagung der Revolution im Inneren einsetzen zu können. Gegen diesen Verrat an der deutschen Sache und zum Schutz der Errungenschaften der deutschen Märzrevolution erhoben sich im »Frankfurter Aufstand« vom 18.9.1848 die Frankfurter Demokraten und Arbeiter. Sie wollten der Nation ein Zeichen geben, damit sie sich — wie im März — erneut zum Schutz der Volksrechte erhöbe. Doch bevor das Signal wirken konnte, wurde die Aktion von preußischen, österreichischen und eilends herbeigerufenen hessischen Truppen blutig niedergeschlagen.

Uhrtürmchen und Zoogesellschaftshaus: das Tor zum Ostend

Die Menschenaffen und Okapis des Frankfurter Zoo sind weit über die Grenzen bekannt geworden. Verantwortlich dafür ist *Prof. Dr. Grzimek,* der die schwer zerstörte Anlage nach 1945 mit Energie und ungewöhnlichen Mitteln wieder herrichtete. So stand einige Jahre der schnell errichtete »Zirkus Althoff Bau« hier, der damals als einziger Saalbau des Nachkriegsfrankfurt nur mit einer Zooeintrittskarte zu erreichen war. Außerdem sperrte Grzimek eigenmächtig eine Straße ab und gliederte so ein benachbartes Trümmerfeld als Erweiterung an. Die Stadt ist heute froh darüber.

Im Oktober 1956 wurde aus Grzimeks Wohnzimmer die erste Fernsehsendung der Serie »Ein Platz für Tiere« übertragen. Ihre Beliebtheit trug ebenso wie das Exotarium und das Grzimek-Haus (in dem Tag und Nacht vertauscht ist, so daß man Nachttiere am Tag beobachten kann) zum hohen Bekanntheitsgrad des Zoos bei. Bernhard Grzimek starb im März 1987 im Alter von 77 Jahren während eines Zirkusbesuchs am Ratsweg.

Während Grzimek die Unterscheidung von »Fressen« und »Essen« bei Tieren und Menschen nicht akzeptieren wollte, ziehen heute die Partyhengste und Stuten des Zoo-Gesellschaftshauses eine deutliche Unterscheidung vor: »Filet Mignon, grüne Bohnen und Kräuterbutter« anstelle von Pommes und Frankfurter.

... und in den 40er Jahren

Bevor unser Weg bei »Menschenfütterungen« endet, treffen wir in der Pfingstweidstr. 2 auf das Kinder- und Jugendtheater der »Katakombe«. Es ist in Frankfurts erstem »Programmkino«, dem ehemaligen »Atelier am Zoo« untergebracht. Der chronische Geldmangel in diesem Haus hat Tradition.

Pfingstweidstr. 2

Der Fußgänger, der den Versuchungen der Nobel-Gastronomie widersteht und eine Viertelstunde Fußweg riskiert, wird mit dem Genuß einer vergleichsweise originellen geschichtsträchtigen, zugleich kostengünstigen Frankfurter Gastwirtschaft belohnt: in der »Schönen Müllerin« im Baumweg 12 wird seit über 100 Jahren selbsgekelterter Apfelwein ausgeschenkt. Der Anfang wurde allerdings ein Stück weiter unten, in der Innenstadt gemacht. »Krawallschachtel« in der alten alten Gasse. Dort, wo die Küfer die Apfelweinfässer bearbeiteten, wurde es der Familie Böttger, die heute noch Besitzer des Lokals ist, zu eng. Sie erwarb im Baumweg ein Gartenhaus, wo sommers unter Kastanien Open-Air-Fanatiker 95.000 Liter Apfelwein verzehren. Die deftigen Portionen, nicht über 15 Mark haben schon so manchen nicht-Frankfurter in Staunen versetzt und dem Volksmund zustimmen lassen: »Ich wollt doch nur 'ne Rippe, nicht die ganze Sau.«

Baumweg

Genaue Kenner der Stadtteilgrenzen wissen jetzt, daß sie das Ostend bereits verlassen haben; andererseits vermissen sie einen Hinweis auf die Mousonfabrik. Damit ist wieder einmal ein alter Streit zwischen Bornheimern und Ostendlern auf dem Tisch. Wo befindet sich die Grenze? Eigentlich ist der Sachverhalt völlig klar: Sandweg und Bornheimer Landweg begrenzen das Ostend nach Norden. Insofern gehört die Mousonfabrik eigentlich ins Ostend (ebenso wie die Wittelsbacher Allee, deren Bewohner gern behaupten, sie wohnen in Bornheim — wegen des vermeindlich besseren Rufs), der Baumweg indes nach Bornheim. Wir indes bekümmern uns um diesen Streit nicht weiter. Wichtig ist, daß die Mousonfabrik als kulturelles Stadtteilzentrum erhalten bleibt (Bornheimer und Ostendler werden sie schon gemeinsam richtig nutzen) — und wir sind sicher: eines Tages, wenn die Altbauten im Nordend und in Bornheim zu teuren Eigentumswohnungen saniert worden sind, wird man das Ostend als Geheimtip entdecken.

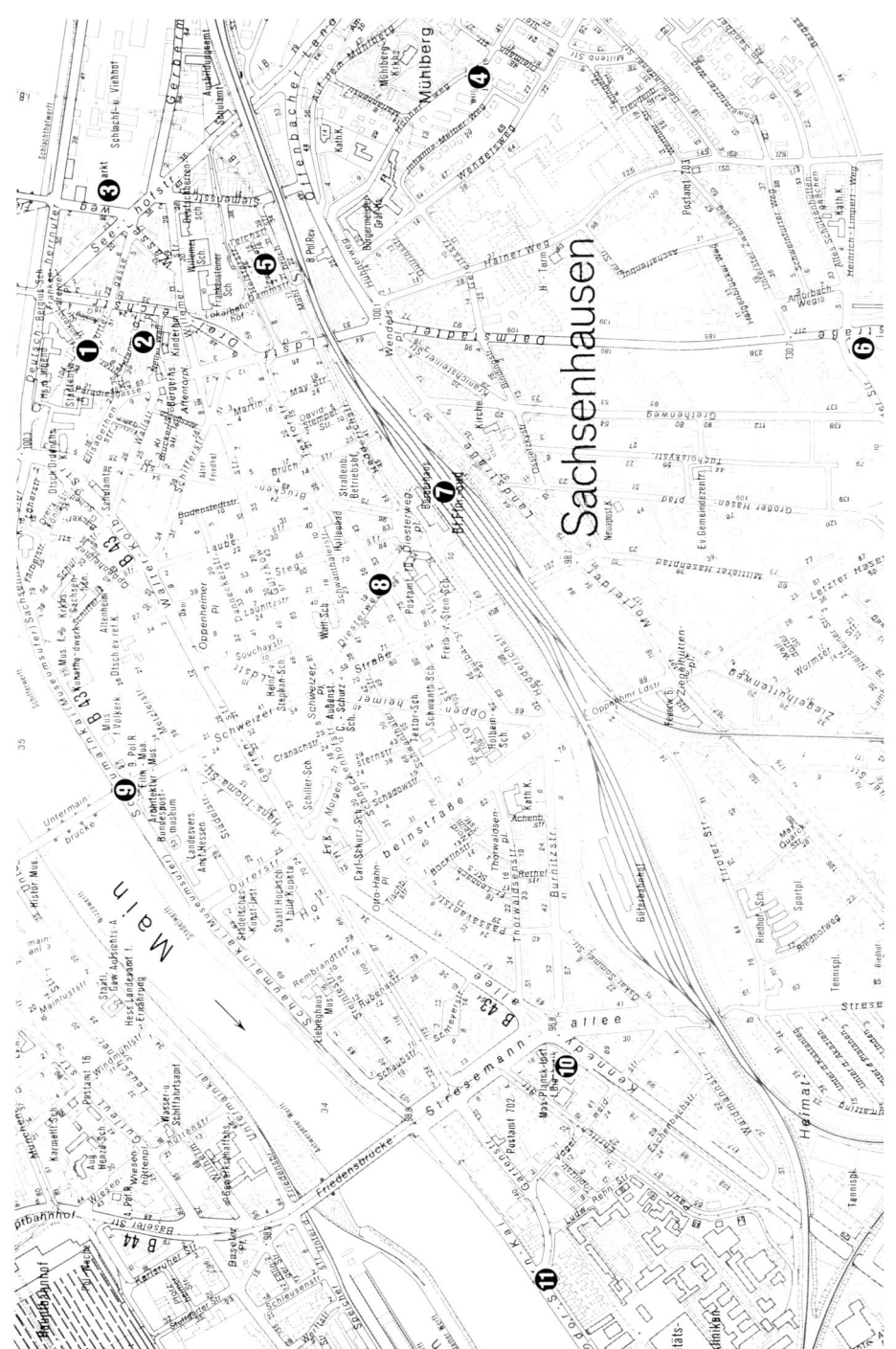

Frau Rauscher und Goethe im Stöffche-Paradies

Sachsenhausen

von Jürgen Engelhardt

Ausgangspunkt: Alte Brücke, Bushaltestelle »Elisabethenstraße« Linie 36
Endpunkt: Straßenbahnstation »Vogelweidstraße«, Linie 15, 16, 19
Dauer: ca. 2 Stunden

Rund 250 Gaststätten schenken in Frankfurt jährlich 2,5 Millionen Liter Apfelwein aus. Das tun sie natürlich nicht nur für die Einheimischen, sondern vor allem für die zahlreichen Fremden, die dieses Frankfurter Nationalgetränk zum ersten Mal, zum letzten Mal oder immer wieder probieren. Frankfurter Apfelwein wird in die ganze Welt exportiert — nach New York, Nigeria und, wie man hier spöttisch sagt, sogar nach Offenbach. Die Rivalitäten zwischen der Großstadt Offenbach, die auf der Sachsenhausener Mainseite liegt, und Frankfurt haben ebenso Tradition wie der Apfelwein.

Die »Ebbelwein-Metropole« Sachsenhausen hat einen vom letzten Krieg verschonten Altstadtkern, der vielen Frankfurtern als Ersatz für die verlorene Altstadt dient. Gleichzeitig eignet sich ein derartiges Viertel hervorragend zum lockeren Ausklang eines Geschäftstages mit harten Verhandlungen in vollklimatisierten Räumen. Unter freiem Himmel ist man in den Gartenlokalen uneingeschränkt der Natur ausgesetzt. In den Lokalen erwartet den Besucher sehr laute, feucht-fröhliche Atmosphäre, die jeden Fremden problemlos ins gemeinsame Schunkeln auf langen Bänken miteinbezieht. Der Umgang mit Fremden ist mitunter rauh und herzlich zugleich. Man sagt, was man denkt, ohne sprachliche Feinheiten allzusehr zu strapazieren.

Sachsenhausen beherbergte über viele Jahrhunderte nur sehr wenige wohlhabende Bürger. Hier lebten vor allem Gärtner, Fischer und Handwerker — Bevölkerungsgruppen also, die mit dem Pfennig rechnen mußten. Sie waren in gewissem Sinne immer Handlanger der reichen Frankfurter. Noch heute versorgen vor allem die Gärtner aus dem angrenzenden Oberrad (in Sachsenhausen gibt es kaum noch welche) die Stadt mit frischem Gemüse. Außerdem war Sachsenhausen der südliche Brückenkopf Frankfurts.

1193 wird der Stadtteil erstmals in Chroniken erwähnt und 1390 gehört er bereits zu Frankfurt. Die Sachsenhäuser Stadtmauer war wichtig für die südliche Verteidigung. Die Einwohner waren darüber nie so recht glücklich. Ei-

nerseits erhielten sie zwar den Schutz der Stadt, andererseits hatten sie aber vielen Verpflichtungen bei Bau und Unterhalt der Bollwerke nachzukommen. Vergessen hat man diese Abhängigkeit nie.

Um die Gründung Sachsenhausens ranken sich zahlreiche Sagen, die alle wenig Wahrheitsgehalt aufweisen. Daß Kaiser Karl der Große hier im achten Jahrhundert Sachsen angesiedelt haben soll, kann man ihm nicht unterstellen, denn niemand würde seine ehemaligen Feinde am Brückenkopf einer wichtigen Nord-Süd-Verbindung ansiedeln. Daß sich der Name vielleicht von »Sassenhusen« ableitet und darauf zurückzuführen ist, daß hier »Beisassen«, Frankfurter Einwohner ohne Bürgerrechte, gelebt haben, klingt gut, ist aber nicht stichhaltig zu beweisen. Sicher ist dagegen, daß der sogenannte »Unterort« — der Bereich um die Dreikönigskirche — bis zur Regulierung des Mains Ende des vergangenen Jahrhunderts mindestens einmal pro Jahr unter Wasser stand. 1342 spülte ein Hochwasser zahlreiche Häuser fort, so daß man bis 1572 jährlich eine Dankesprozession für die Geretteten durchführte.

1452 hat man beim Bau der Dreikönigskirche die Bodenverhältnisse falsch eingeschätzt. Die Mainkiese bewegten sich und zwangen 1875 zu einem Neubau auf verstärktem Fundament. Baurat Franz Joseph von Denzinger schuf den heutigen neugotischen Bau. 1531 war die Kirche die erste protestantische in Sachsenhausen. Bereits seit 1452 hatte dieser Stadtteil sein erstes Pfarramt. Vorher erhielten die Sachsenhäuser den notwendigen geistlichen Beistand von den Domherren. Allerdings konnte kein Pfarrer Sachsenhausen nach Sonnenuntergang, wenn die Brückentore der »Alten Brücke« geschlossen waren, mehr erreichen. 1552 wollte der evangelische Fürst Markgraf Albrecht Alcibiades von Brandenburg »den Saustall Sachsenhausen« in drei Tagen erobern. Nach tagelanger Belagerung mußte er eine Niederlage einstecken.

Schellgasse 8

Alle Wirren der Geschichte überstand das unscheinbare Häuschen in der Schellgasse 8. Bei Abbrucharbeiten entdeckte man 1979 die Jahreszahl 1291 auf einem Balken. Die Neubebauung auch des umgebenden Areals wurde gestoppt. Es begann ein Tauziehen um das Haus: Im »Hessenpark« sollte es unter seinesgleichen eine neue Heimat finden. Das wollten aber die Bürger nicht. Es war auch schwer einzusehen, weshalb eine Stadtverwaltung, die Frankfurt für Touristen attraktiv gestalten möchte, ein solches Kleinod verschwinden läßt. So wurde das Haus zunächst mehrfach verkauft und aus seinem historischen Wert Gewinne erzielt, bis es schließlich die städtische »Frankfurter Aufbau AG« erwarb. Es wird nun teilweise mit den damals üblichen Baumaterialien wieder hergerichtet.

In unmittelbarer Nachbarschaft in der Walter-Kolb-Straße stehen einzelnen Bürobauten. Sie sind die Reste einer kühnen Idee der sechziger Jahre, hier eine große Ballung von Arbeitsplätzen zur Entlastung der Innenstadt zu schaffen. In diesem Fall denkt man heute anders: Sachsenhausen soll »Das gemütliche Frankfurt« bleiben.

An der Ecke Walter-Kolb-Straße/Schulstraße fand man beim Bau des Parkhauses einen Rest der ehemaligen Stadtbefestigung. Er soll jetzt der Öffentlichkeit zugänglich gemacht werden. Die Befestigung verlief ungefähr entlang der Schifferstraße, Wallstraße, Neuer Wall und Wasserweg. Nur der »Kuhhirtenturm« in der Großen Rittergasse ist noch vollständig erhalten. Wie andere Türme

Der ehemalige Kuhhirtenturm

Der Müllermainkai 1880 —
ohne Schaumainkai!

auch bekam er von den Frankfurtern einen Tiernamen: »Elephant«.

Von 1923 bis 1927 lebte der damalige Konzertmeister der Oper, Paul Hindemith im Kuhhirtenturm. Er komponierte hier die Oper »Cardillac« und das »Marienleben«. Er hoffte hinter den dicken Mauern Ruhe zum Komponieren finden zu können. Zuvor ließ er die Turmwohnung mit Dampfheizung, Bad und Telefon ausstatten. Der Konzertflügel mußte mit dem Kran durch das abgedeckte Dach gehoben werden — eine ungewollte Publicity, von der die alte Sachsenhäuser heute noch sprechen.

Das 1965 nach Kriegszerstörung leicht verändert aufgebaute »Deutschordenshaus« ist das älteste urkundlich erwähnte Gebäude Sachsenhausens und das einzige vollständige Barockensemble Frankfurts. 1193 war es als Spitalsstiftung vom Reichsministerialen *Kuno von Münzenburg* der Deutschordenskommende übergeben worden. 1715 hat der Baumeister *Daniel Kayser* den heutigen barocken Bau auf die Fundamente einer alten gotischen Anlage aufgebaut. Das 1516 von *Martin Luther* herausgegebene Buch »Eyn Theologia deutsch« war hier im vierzehnten Jahrhundert von einem unbekannten Ordenspriester als Traktat »Vom unvollkommenen Leben« verfaßt worden.

Bis dahin gehörten auch angrenzende Höfe und ein Brauhaus zum Anwesen. Sie sicherten die Versorgung. Die »Kommende« stellte über Jahrhunderte hinweg nach unseren Begriffen die einzige Sozialstation südlich des Mains dar. Sie gewährte gelegentlich auch flüchtigen Gesetzesbrechern Asyl, was die Stadt Frankfurt erfolglos zu unterbinden versuchte. Heute befindet sich hier die Kommunale Galerie, die Werke zeitgenössischer Frankfurter Künstler zeigt. Auf

Große Rittergasse

Brückenstraße 3

Die Elisabethstraße

Alt Sachsenhausen

der Rückseite des Deutschordenshauses am Deutschherrenufer 12 steht das *Haus der Jugend*, eine Jugendherberge mit mehreren, in Frankfurt knappen, preisgünstigen Versammlungsräumen.

Zwischen Elisabethenstraße und Wasserweg erstreckt sich das alte Sachsenhausen, das »Ebbelwein-Viertel«. Gaststätten aller Art warten hinter verschlossenen Fensterläden auf den Abend. Je wärmer das Wetter, desto mehr Besucher, desto lauter die engen Gassen und desto schlimmer die Disharmonien der Musikkulisse, die sich durch die offenen Fenster auf die Straße ergießt.

Es gibt kaum einen Besucher Frankfurts, den es nicht hierher ›treibt‹. Die winkligen Gassen haben ihren Reiz und vermitteln ein Bild davon, wie klein Wohnungen von Handwerkern, Gastwirten und Gärtnern einst waren. Hier betreibt der letzte tätige Küfer in Frankfurt sein Handwerk und »Frau Rauscher« setzte man 1961 in der Klappergasse ein Denkmal. *Kurt Eugen Strouhs* verfaßte 1929 den Text und *Norbert Bruchhäuser* arrangierte die Musik zu diesem lokalen Dauerbrenner. Das Lied spielte u.a. auf die Wirkung von Apfelwein an, vor allem, wenn er noch nicht ausgegoren (»Rauscher«) ist.

Am Sonntag warn mer
  dribb de Bach
Was hammer da gelacht
da warn zwaa Eheleut beschläucht
un hawwe Krach gemacht.
Uff aamol duds en dumpfe Schlag
die Fraa lieht uff de Gaß
un alle Kinner singe laut:
des mecht en Heidespass:

Refrain:
Die Fraa Rauscher aus de Klappergass,
die hot e Beul am Ei
Ob des vom Rauscher, ob's vom
  Alte kimmt,
des klärt die Bolizei.
Die Fraa Rauscher
  aus de Klappergass,
die hot e Beul am Ei
Ob des vom Rauscher, ob's vom
  Alte kimmt,
des klärt die Bolizei.

Das Stöffche

Die Schreibweise des Wortes Ebbelwein, Äbbelwoi für Apfelwein ist unwichtig. Wichtig ist, daß man ihn trinkt, petzt, schwabbelt oder schläucht. In Frankfurt kursiert die Mär, daß der Reichsapfel von Karl dem Großen auf dessen Erfindung des Apfelweins deutet. Richtig ist, daß bis heute niemand herausgefunden hat, wann und unter welchen Umständen der Apfelwein erfunden wurde. Karl der Große fungiert nur als sein Schutzpatron, das Stöffche war zu dessen Zeit längst bekannt.

Die Apfelweinproduktion in größerem Maßstab begann im sechzehnten Jahrhundert, als Rebkrankheiten den Weinanbau stark beeinträchtigten, der bis dahin auf dem Sachsenhäusener Berg reichlich betrieben worden war. Die große Zeit des Apfelweins indes brach Mitte des siebzehnten Jahrhunderts an. Da die Weintrauben wegen der einsetzenden Klimaveränderung nicht mehr reif genug wurden, stieß der Apfelwein in die »Alkohollücke«. Damals entstanden die einschlägigen Apfelweinlokale. Jeder, der Apfelwein ausschenkte, mußte einen Kranz als Erkennungszeichen vor die »Wertschaft« hängen. Seit jener Zeit ist der Apfelweinausschank ein wichtiger Wirtschaftssektor in Sachsenhausen, den vor allem die Gärtner-, die Fischer- und die Schifferzunft als notwendige zusätzliche Einnahmequelle betrieben. Heute sind die meisten Apfelweinlokale im Besitz von ortsfremden deutschen Bier-Brauereien. Nach 1945 wurde es üblich, Apfelweinwirtschaften als Vollerwerb zu betreiben und bis auf Ruhetage ganzjährig zu öffnen. Vorher wurde normalerweise ein Faß gezapft, bis es leer war (10-14 Tage) und dann der ›eigentlichen‹ Arbeit (z.B. der Gärtnerei) etwa 14 Tage nachgegangen etc. Die Zapfzeiten waren genau abgesprochen. Gelegentlich waren bei diesem Verfahren Wohnzimmer und Gaststube identisch, was viel zu dem Ruf des gemütlichen Sachsenhausen beitrug.

Bis 1945 war es Brauch, Brötchen beim Bäcker, Wurst beim Metzger zu kaufen und beides bei einem Glas Apfelwein zu verzehren. Viele Wirtschaften stellten Teller und Besteck, verkauften selbst aber nur Apfelwein. Die meisten heutigen Gastwirtschaften sind keine reinen Apfelweinlokale mehr. Aber noch immer gilt: wo zwei oder mehrere Personen sich zum Genuß von Apfelwein versammeln, gehört ein Bembel auf den Tisch. Getrunken wird der aus der »sauren Krotze« hergestellte Wein aus dem »Gerippten«. Nur aus einem solchen Glas schmeckt das »Babbelwasser«. Der echte »Stöffchengenießer« brachte sich früher den eigenen, oft kunstvoll mit Schnitzereien oder Malereien gestalteten hölzernen Apfelweindeckel mit, legte ihn aufs Glas, vor allem, wenn er an Tischen unter Bäumen saß, damit nichts »Fremdes ins Glas ennei kömmt«. Sie sind heute noch in Frankfurt zu kaufen und alte Exemplare haben z.T. hohen Sammlerwert.

Bei einem »Schoppe« bleibt es nur selten, und manch Ebbelwoi-Kenner behauptet, daß erst nach dem vierten Glas das »Stöffche« seinen Geschmack richtig entfaltet. Einige behaupten sogar steif und fest: »De Schoppe schmeckt erst nach dem siebten Glas.« Daß diese Feststellungen nicht einfach aus der Luft gegriffen sein können, zeigt ein Blick in die Apfelweinstatistik: Pro Jahr werden allein in Frankfurt über 230.000 Hektoliter getrunken. Der Ebbelwein hält fit und jung, das beschwören jedenfalls die »Trinker«. Offensichtlich hat sich diese Eigenschaft über die heimatlichen Grenzen hinaus herumgesprochen.

Sieße = Apfelmost
Rauscher = Apfelmost in Gärung
Neuer Heller = Hauptgärung beendet
Speierling = Zusatz von Speierling
Halb- und Halwer = halb Süßer, halb Rauscher
Gespritzter = mit Mineralwasser verdünnter Äpfelwein
Aagewärmte = angewärmter
Haase = kein Tier. Heißer Äpfelwein mit Zucker und Zimt (Wundermittel bei Erkältung)

Jürgen Engelhardt

En Griene hat den Fall geseh'
un kimmt im Laafschritt aa.
Der Ehemann ruft ganz erschreckt:
Ich hab er nix gedaa!
Mei Alt, die kennt kaa
    Maass un Ziel,
die hat zuviel gebaaft,
drum hat der liewe Herrgott sie
mit aaner Beul gestraft!
Refrain

Jetzt gehts uffs Bolizeirevier,
die Buwe hinnerdrei,
des is en intressanter Fall,
des leucht doch jedem ei.

Der Kommissar is ganz empeert
un segt: Des is doch doll!
Der Griene, wie sich das geheert,
der gibt zu Protokoll:
Refrain

Jetzt wärs genug, die Rauschern hot
sich mit ihrm Mann versöhnt,
des kennt mer schon un is mer aach
in solche Fäll gewöhnt,
doch so en beeser Zeitungskerl
dut mehr als wie sei Pflicht,
am annern Dag stehts dick un braat
im Bolizeibericht:
Refrain

Seitenwinkel in der Klappergasse

Klappergasse 12

Die Klappergasse zwischen dem 1. und dem 2. Weltkrieg

In der Klappergasse steht auch das »Steinern Haus«, der einzige heute noch erhaltene gotische Profanbau und gleichzeitig das älteste Steinhaus Sachsenhausens. Handwerksbetriebe und Ladengeschäfte sind von Lokalen so weitgehend verdrängt worden, daß die Umgestaltung der Straßen zu Fußgängerzonen, die Platz für Tische im Freien bieten, nur eine Frage der Zeit war. Dadurch entsprechen sie zwar unserem heutigen Verständnis vom Bild einer Altstadt, spiegeln indes nicht mehr das tatsächliche Sozial- und Geschäftsgefüge von damals wider.

In der Klappergasse 12 befindet sich die erste »Artothek Frankfurts«. Von dienstags bis samstags (Tel. 62 16 08/09) kann man sich hier wie bei einer Bücherei gegen eine geringe Gebühr Kunstwerke, vor allem von Frankfurter Künstlern, ausleihen.

Die auffällig vielen alten Brunnen im Stadtteil gehen auf die Zeit vor 1873 zurück, als es noch keine Wasserleitung gab. Diese geschlossenen Pumpenbrunnen wurden einmal im Jahr vom Brun-

nenschultheiß auf ihren Zustand hin kontrolliert. Die Anlieger bildeten jeweils eine Brunnengemeinschaft, die für einwandfreien Zustand, vor allem sauberes Wasser, zu sorgen hatte. Nach der Inspektion wurde natürlich ausgiebig gefeiert. Die »Sachsenhäuser Kerbegesellschaft« hat diesen Brauch wieder aktiviert und sich um den Erhalt der Brunnen verdient gemacht. Sie richtet auch das alljährliche Brunnenfest aus, zu dem eine »Brunnenkönigin gekrönt wird.

123.000 Quadratmeter Fläche umfaßte einer der größten Schlacht- und Viehhöfe der Bundesrepublik. 1884 wurde er eröffnet. 1984 wurde der Flohmarkt, der bis dahin am Sachsenhäuser Mainufer stattfand, dorthin verlegt. Moderne Technik und schrumpfender Umsatz führten zu einem Neubau des Schlachthofs, der nur noch einen kleinen Teil des ursprünglichen Areals beanspruchen wird. Auf einem anderen Teil wird der künftige »Rhein-Main-Fleischmarkt« seinen Sitz erhalten und auf etwa einem Drittel der Fläche sollen neue Gewerbegtriebe angesiedelt werden. Die typische Struktur Sachsenhausens soll dabei berücksichtigt werden. also jene sternförmige Straßenanlage des Pariser Architekten Haussmann, an die man sich um die Jahrhundertwende sehr stark anlehnte.

Wasserweg

Ob der Flohmarkt dann dort bleibt, ist ungewiß. Die Frankfurter haben sich mit diesem Standort nie so recht anfreunden können. Trotz der breiten Unterstützung, die die partei- und gruppenübergreifende Initiative »Back to the river« unter den Frankfurtern fand, konnte die Zurückverlegung des Flohmarktes an den Main nach 1984 nicht durchgesetzt werden.

Etwa auf Höhe der ehemaligen Bahnstation »Oberrad« liegt die Gerbermühle, ein beliebtes Ausflugsziel mit einer bewegten Vergangenheit. Seit Bankier *Johann Jakob von Willemer* die Mühle pachtete und *Goethe* dort zu Gast war, wurden die wiederholt ver-

**Deutschherren-
ufer 107**
Die Gerbermühle: In der Abenddämmerung besonders beliebt

wahrlosten Gebäude für ›Pilger‹ interessant. Nach einer ersten Erwähnung in einem Lehensbrief im vierzehnten Jahrhundert wird hundert Jahre später ein *Gipel vor Ovenbach*, genannt »Schnorre« (»Schnauze«), Inhaber.

Seine Familiengeschichte liest sich wie ein Krimi. Er verschuldete sich so hoch, daß er eine Kerkerhaft verbüßen mußte, Schwiegersohn Henne Kole hat einen Menschen auf offener Straße beraubt und einen Raubmord an einem Mönch begangen. Sein Sohn Dieter bemühte sich, den Ruf der Familie zu verbessern, indem er den Gedenkstein mit der Inschrift aufstellte: »Diesen Bildstock errichtete Dieter Kole i.J. 1519 als Sühne für eine Missetat seines Vaters, welcher im Jahre 1490 einen Geistlichen an dieser Stelle beraubt und tötlich verwundet hat«.

Im letzten Krieg wurde die Mühle stark beschädigt und sollte zunächst abgerissen werden. Dann kaufte sie eine Frankfurter Brauerei. Obwohl als Ausflugsziel immer wieder genannt, führte die Mühle ein klägliches Dasein. Erst seit einigen Jahren wurde dieses Lokal wieder etwas attraktiver; gemessen an ihrem »historischen« Stellenwert und im Vergleich mit anderen denkmalgeschützten Bauwerken wirkt sie aber nach wie vor heruntergekommen.

Johann Wolfgang von Goethe

Hühnerweg 74
❹

Zu Beginn des neunzehnten Jahrhunderts gibt es in Erinnerung an den Aufenthalt *Goethes* ein »Goethezimmer«, ein Pilgerstätte für diejenigen, die von »Suleika« in seinem »Westöstlichen Diwan« ebenso begeistert waren wie der Dichter von ihrem Vorbild, der sehr jungen Frau *Marianne* des Bankiers *von Willemer*. Zu dieser Geschichte gehört auch das achteckige »Willemer-Häuschen« am Hühnerweg 74, ein Gartenhaus der Familie von 1810, wie sie in vielen Gärten jener Zeit standen. Nirgendwo gibt es einen Hinweis darauf, daß Goethe und Marianne dort etwas anderes getan hätten als über geistige Dinge gesprochen. Das Willemer-Häuschen mit seinem kleinen Barockgarten kann man besichtigen.

Goethe kann man in Frankfurt nur schwer aus dem Weg gehen. Seine Verehrer halten immer noch zahlreiche Gerüchte über den Genius am Leben. Viele folgten schon des Meisters Spuren und vollzogen den Osterspaziergang aus »Faust« vom Affentor zum Sachsenhäuser Berg nach. Aber nur wenige wußten und wissen, daß sie dabei einer Legende aufsitzen.

Dank der Forschungsarbeit des »Deutschen Hochstifts« weiß man, daß dieser Weg nicht stimmt. Es gibt keinerlei konkrete Hinweise darauf, daß überhaupt ein bestimmter Weg gemeint ist. Dagegen gibt es viele Hinweise darauf, daß Goethe bei seinen Landschaftsbeschreibungen diverse Eindrükke kombiniert hat. Da Goethe ein großer Wanderer war, ist es nicht falsch zu behaupten, daß er beispielsweise an der »Goetheruhe« am Goetheturm verweilt hat. Daß es einer seiner Lieblingsplätze war, gehört ebenso in den Bereich der Legenden wie die Behauptung, die »Grüne Soß« sei sein Lieblingsgericht gewesen. Es gibt keine Hinweise darauf, daß man zu Goethes Zeit »Grüne Soße« in Frankfurt überhaupt kannte. Obwohl schon damals Gemüsegärtner südlich des Mains tätig waren, ist dieses Gericht wahrscheinlich erst in der Mitte des vergangenen Jahrhunderts von Italien nach Frankfurt gebracht worden. Belegt dagegen ist, daß der »berühmteste Sohn Frankfurts« sehr gerne Schwartenmagen und warmen Kräuterspeck aß.

Ein Stück flußabwärts liegt das einzige Versorgungsschiff des Mains vor Anker. Es wird vom Vorsitzenden der »Frankfurter Fischer- und Schiffer-Zunft«, *August Burck*, betrieben. Dieses Schiff ist wie ein Supermarkt eingerichtet und gibt Schiffern die Möglichkeit, während der Fahrt einzukaufen. Sie geben ihren Wunsch und ihre Position per Funk bekannt, und Herr Burck fährt ihnen entgegen, übernimmt die Kunden, begleitet das Schiff, bis der Einkauf getätigt ist, und fährt wieder an seinen Ankerplatz zurück.

Mainwasserweg 29

Das alte Lokalbahnhofsgebäude

Am Lokalbahnhof hat das Kino »Harmonie«, Frankfurts erstes Programmkino, als letztes kommerzielles Frankfurter Kino südlich des Mains überlebt. 1933 wurde aus dem fünfeckigen Saal, der mehrfach seine Funktion gewechselt hatte, ein Kino, das wegen des großen Besucherandrangs 1948 einen Balkon erhielt. Nach dem Krieg verschlechterte sich die wirtschaftliche Lage. 1977 rettete eine mutige Initiative die Existenz dieses Hauses in letzter Minute. Es entstand das erste kommerziell geführte Programmkino.

Dreieichstraße 54

Rund um die Zwischenstraße liegt, wenig beachtet, Frankfurts erste Siedlung des sozialen Wohnungsbaus. Sie war von der »Frankfurter Gemeinnützigen Bau-Gesellschaft« 1859 errichtet worden. Der Arzt *Johann Georg Varrentrapp* (1809—1886) wollte mit Gründung dieser Gesellschaft zum Bau billiger und gesunder Arbeiterwohnungen beitragen. Trotz diverser Umbauten ist die Gesamtanlage noch gut zu erkennen und steht unter Denkmalschutz.

Zwischenstraße ❺

Vom südlichsten Tor der ehemaligen Stadtbefestigung ist der Neubau von 1811 erhalten geblieben. Die beiden Wachgebäude hat *Johann Friedrich Christian Hess* in klassizistischem Stil entworfen. Sie beherbergen heute Versammlungsräume für Veranstaltungen und Vereine. Der Name leitet sich vermutlich von »Aue« ab. Es war das Tor zur Aue. Im Mittelalter fand in der Schrift keine Unterscheidung zwischen »u« und »v« statt, so daß sich der Name »Ave-Tor« zu »Affe(n)-Tor« entwickelt haben könnte.

Affentorplatz

Der Henninger Turm bei Nacht

Das Bierdorf

Boehlepark

Von hier aus führt die Darmstädter Landstraße ins ›Brauereiviertel‹, dessen einst zahlreiche Brauereien auf die 1870 gegründete Brauerei Binding und die 1874 gegründete Brauerei Henninger geschrumpft sind. 1960 baute letztere einen Turm, der für 20.000 Tonnen Getreide als Lagersilo dient und setzte ein Drehrestaurant darauf. Mit 120 Metern überragte der Bau den Domturm als erstes Gebäude der Stadt um 25 Meter, was zu heftigen Diskussionen über ein unharmonisches Stadtbild führte. Von hier aus starten die Aktiven, wenn es um das Weltpokal-Radrennen »Rund um den Henninger Turm« geht.

In einem der uralten Brauereikeller, die so tief lagen, daß man mit eingelagertem Eis aus dem Winter das Bier bis in den Sommer kühl halten konnte, hat man eine Art ›Bier-Disneyland‹ angelegt: Die alten Wölbungen sind mit historisierenden Stilelementen, böse Zungen sprechen von historischem Pappmasché (Kitsch), zu einem Kneipen- und Vergnügungs-»Dorf« ausgestaltet worden.

Ebenfalls an der Darmstädter Landstraße (Nr. 236—248) befindet sich das »Tivoli«, eines der wenigen noch existierenden Lokale mit Biergarten. Arbeiterfamilien flohen an Sommersonn- und Feiertagen ›mit Kind und Kegel‹ vor ihren oft dürftigen Wohnverhältnissen hierhin. Man fand sich nach dem Mittagessen ein und blieb zumeist bis zum Sonnenuntergang.

Was lag näher, als daß die Arbeiter, zu deren wenigen Erholungsmöglichkeiten diese Biergärten gehörten, auch Versammlungen und Kundgebungen dort abhielten. Während der jahrelangen preußisch-sächsischen Wahlrechtskampagne, die die SPD zwischen 1906 und 1910 gegen das reaktionäre Dreiklassenwahlrecht führte, war das »Tivoli« stets Kundgebungsort, wenn die Taktik mehrere Plätze zugleich erforderte. An dieser Stelle hörten Frankfurter Arbeiter so bekannte internationale Arbeiterführer wie Keir Hardie, Emil Vandervelde, Jean Jaures *und* Klara Zetkin. *Bei der »Ersten internationalen Arbeiterolympiade« 1925 in Frankfurt war das Tivoli neben dem Stadion und anderen Plätzen in der Stadt Wettkampfstätte (für Ringer-Wettbewerbe). In der Zeit nach 1933 war es Treffpunkt von Arbeitern, die illegal gegen die Nazi-Diktatur weiterkämpften.*

Ein anderer Ausflugsort ist die Sachsenhäuser Warte. Sie ermöglichte früher einen Überblick über alles, was aus Richtung Neu Isenburg kam. Sie wurde 1471 als Ersatz für eine alte Holzwarte, die auf dem Mühlberg gestanden hatte, errichtet. Ein Graben und Dornengestrüpp sollte die Landwirte und Gärtner vor Viehdiebstählen und Entführungen von Bürgern durch Raubritter schützen.

Gegenüber liegt das Haus des Malers *Fritz Boehle* (1873—1916), das er sich 1910 nach eigenen Plänen ohne Gas- und Stromanschluß hatte bauen lassen. Seine eigenwillige, zurückgezogene, ländliche Lebensweise drückt sich auch in seinen damals unzeitgemäßen Darstellungen von Figuren und vor allem Pferden aus. Sein bekanntestes Werk, »Der Stier«, steht im Günthersburgpark. Der ›bodenständige‹ Realismus seiner Werke wird heute ›wiederentdeckt‹.

Sehr ›realistisch‹ steht hier oben seit 1975 der »Sonnenring«. Er ist einer der letzten Versuche, Wohnraum in Gestalt von Betonburgen zu schaffen. Der Wohnungsmangel in Frankfurt und die Pleite der IHB (Investitions- und Handelsbank), die eine Kaufpreissenkung der Wohnungen um ca. 30% zur Folge hatte, führte schließlich dazu, daß alle verkauft und vermietet wurden, obwohl der Komplex über Jahre hinweg als Inbegriff für die Mißachtung der Bedürfnisse der Bewohner galt. Eine schöne Aussicht und eine neue Wohnung reizen hier, wie bei allen vergleichbaren Bauwerken, nur wenige, in einen Block mit schier endlosen Aufzugsschächten und einer anonymen Nachbarschaft einzuziehen.

Mailänder Straße

Über den Schützenhüttenweg und Großen Hasenpfad gelangt man zum Südbahnhof, der seit 1984 bedeutender Knotenpunkt von U-Bahn und weiterführenden Buslinien in den Südraum ist. Die Jugendstilfassade von 1913 steht unter Denkmalschutz und mußte nach Abriß und Umbau des Bahnhofs wieder aufgebaut werden. Der Bau wird heute als Bürgerhaus und Jugendzentrum genutzt.

Südbahnhof

An der Kreuzung Diesterwegstraße und Textorstraße steht das einzige Jugendstilwohnhaus mit ein paar original erhaltenen Fenstern. Am Schweizer Platz wird die Gesamtanlage des »Neuen Sachsenhausens« (die Erweiterung fand um die Jahrhundertwende statt) deutlich: Sternförmig treffen die Straßen auf Plätze. Wie gesagt, der Blick auf Paris ist nicht zu übersehen.

Diesterwegstraße/Textorweg
❽

Die Schweizer Straße

Die Schweizerstraße ist die große Einkaufsstraße Sachsenhausens. Seit der U-Bahn-Eröffnung ist das Shopping per Straßenbahn nicht mehr möglich. Die Geschäftsinhaber gerieten in Panik. Man setzte unter Oberbürgermeister *Wallmann* eine Straßenbahnlinie durch, die die Westteile Sachsenhausens anschloß, d.h. die Möglichkeit bot, von dort zur Schweizer Straße einkaufen zu fahren. Sie wurde aber zu wenig benutzt.

Schweizer Straße

Wohnmaschinen

Die Fassade des Sonnenrings bietet dem Auge keinen Anhalts-
punkt. Ein Stockwerk ist wie das andere, gesichtslose Fensteröff-
nungen signalisieren die Anonymität des dortigen Wohnens.

(Fotos: Michael Beckmann)

Das Filmmuseum

**Museum für
Kunsthandwerk**

Das Architektur Museum

Vielleicht wird es nicht mehr lange dauern, bis der Schaumainkai, das Sachsenhäuser Mainufer, nur noch »Museumsufer« genannt wird. Bemerkenswert ist zunächst einmal die Kaianlage selbst, die ein architektonisch bedeutendes Ingenieurwerk des ausgehenden 19. Jahrhunderts ist, eine strenge Komposition aus Sandsteinmauern, Rampen und geschnittenen Platanenalleen, mit einfachen, freier entwickelten Grünanlagen auf dem Tiefkai. Kulturdezernent *Hilmar Hoffmann* verwirklicht hier eine einmalige städtebauliche Idee: Die großen ehemaligen Gärten der Villen, in denen sich bereits seit langem Museen befinden, wurden durch Zukäufe benachbarter Grundstücke vergrößert und werden zu einem Park umgestaltet, von dem aus die bisherigen Museumsgebäude und deren Erweiterungsbauten zu Fuß zu erreichen sind.

Es befindet sich hier das *Museum alter Plastik* im Liebighaus (Nr. 71), *Städelsches Kunstinstitut* (Nr. 63), *Bundespostmuseum* (Nr. 53), *Deutsches Architekturmuseum* (Nr. 43), *Deutsches Filmmuseum* (Nr. 29) und das *Museum für Kunsthandwerk* (Nr. 15). Zu diesem Konzept gehören auch die zahlreichen, meist noch im Bau befindlichen Museen auf dem Nordufer, der Stadtseite, die zwar nicht so ausgeprägt wie eine Perlenschnur am Ufer liegen, aber auch (fast) alle für den Fußgänger angenehm zu erreichen sind.

Es lohnt sich, einen der Museums-Neubauten genauer zu betrachten: Das Museum für Kunsthandwerk. *Uli Zimmer* liefert dazu die folgenden Gedanken.

Ausgangspunkt, historisch, aber auch maßstabgebend für die Gesamtanlage, ist die Villa Metzler, hervorragendstes Beispiel für die Villenarchitektur des 19. Jahrhunderts, die für diesen Teil des Mainufers charakteristisch war (1802–04). Die Villa hat einen quadratischen Grundriß mit vier nahezu identischen Fassaden. Dieses Quadrat wird durch den Neubau in beiden Richtungen vervierfacht: Die Gesamtanlage ist also wiederum ein Quadrat, 16 mal die Villa. Die eine Ecke des (neuen) Quadrates bildet die Villa selbst, die anderen drei Ecken sind kubische Pavillons, die die strenge Geometrie der Villa in Grund- und Aufriß wiederholen (Fensterteilung, Höhe). Drei der (gedachten) Quadrate lagern unmittelbar an die Villa an: Sie sind leergelassen und schaffen die Distanz zwischen Alt- und Neubau (Garten). Das ist das Grundgerüst. Zwischen den drei neuen Eckpavillons und der Villa (samt den sie umgebenden Leer-Quadraten) entfaltet sich nun ein freies Spiel leichter, eleganter Formen, jedoch keineswegs poppig-wahllos, sondern orientiert an dem vor allem von Le Corbusier vorgegebenen Formenkanon der funktionalistisch-konstruktivistischen Moderne (der Eingangsbereich, die berühmte Rampe, Treppenaufgänge, das Café, weitere Innenhöfe usw.).

Die besondere Kühnheit der Komposition liegt darin, daß in diesem Bereich eine Verdrehung im Grundriß um ganze drei (!) Winkelgrade stattfindet, so daß man ständig mit leichten Abweichungen vom erwarteten rechten Winkel konfrontiert ist. Diese Abweichung entsteht durch die Zentralachse des anschließenden Museumsparks (die übrigens bis zu einem schlichten kleinen Loch in der Mauer an der Schifferstraße durch das Museum — 3⁰ Abweichung — sehbar hindurchgeführt ist), letztlich aber durch die Krümmung des Mains: Da der Main auch westlich der Villa Metzler seinen Bogen fortsetzt, muß sich der Park daran und an den dadurch entstandenen Maßgaben für die Bebauung orientieren. Das bauliche Einbeziehen der leichten Mainkrümmung bewirkt also die »Störung«. Diese Abteilung mag als intellektu-

elles Vexierspiel erscheinen. Der Gedanke aber, eine historische städtebauli-
che Situation bis in das Innerste eines Hauses einwirken zu lassen, ist meines
Wissens in dieser Form einmalig. Und die Umsetzung dieses Gedankens in
die Realität ist virtuos und tatsächlich sichtbar. Natürlich wird die Villa Metz-
ler durch die Konzeption des Neubaus bis zu einem gewissen Grade zu einer
»begehbaren Plastik« gemacht, ihres Charakters als Haus entkleidet, sie
wird ostendiert (was Baudenkmälern in aller Regel sehr schlecht bekommt).
Durch ihre sich selbst isolierende Architektur (Quadrat, vier gleiche Fassa-
den: Zentralbau — Sehnsucht der Renaissance und des Klassizismus) ist sie
aber per se schon als Monument angelegt, ausgestellt.

Es ist in Frankfurt bekannt, daß das Kunsthandwerks-Museum von vielen
weniger wegen seiner Exponate als vielmehr wegen des Hauses aufgesucht
wird. Tatsächlich werden Schönheit, Eleganz und Virtuosität des Hauses von
sich selbst eingeholt, wenn die nach Süden und Westen gelegenen Räume, mit
großen Fenstern versehen (Blick in den Park), durch graue Gaze-Vorhänge
in ein dämpfig-trübes Licht getaucht werden müssen, weil die edlen Möbel-
furniere nun einmal kein Sonnenlicht vertragen. Eine Verselbständigung ge-
genüber der Funktion sicherlich, aber: soll das Museum doch sehen, wie es
mit seinem schönen Haus fertig wird! Die Klarheit in der Gesamtwirkung
erwächst nicht zuletzt aus der selbstverständlichen Anwendung von Grund-
prinzipien guter Architektur: Einheitlichkeit des Materials und Einheitlich-
keit der Farbgebung. Dieses Haus ist weiß, nur im Inneren treten kontrastie-
rend die schönen naturfarben belassenen Holzfußböden hinzu.

Der Weg in den Westteil Sachsenhausens führt an jener Stelle
vorbei, an der bis zu seiner Zerstörung im letzten Krieg das »Hippodrom« stand. Viele orientieren sich heute noch daran, obwohl nichts
mehr auf diese riesige, überdachte Pferderennbahn hinweist. Die
bürgerliche Reitbegeisterung des vergangenen Jahrhunderts hatte
den Bau 1898 entstehen lassen.

**Hippodrom
etwa: Kennedy-
allee 65**

Auf Höhe der Hausnummer 70 in der Kennedyallee steht wenig
beachtet der letzte erhaltene Kiepenstein des einstigen Wegs der
Wäscheträger von Frankfurt nach Niederrad. Dort waren zahlreiche Wäscher ansässig, die in den vergangenen Jahrhunderten die
Wäsche begüterter Frankfurter im Main wuschen und auf den gro-

Kennedyallee 70

ßen Uferwiesen bleichten. Im späten neunzehnten Jahrhundert waren immer noch rund 100 in diesem Beruf tätig, obwohl im Main selbst kaum noch gewaschen werden konnte. Sie trugen die Wäsche in Kiepen von und nach Frankfurt. Die Kiepensteine waren spezielle Ruhebänke, bei denen man seine Kiepe im Stehen auf den hohen Stein absetzte und sich selbst auf dem niedrigen ausruhte.

Theodor-Stern-Kai ⑪

Der Rundgang endet am Anfang der umfangreichen Universitätskliniken. Sie entstanden seit der Jahrhundertwende entlang des Theodor-Stern-Kais. Zahlreiche Erweiterungsbauten haben zu einem uneinheitlichen Bild und für Besucher verwirrenden Gesamtkomplex geführt.

Die Heimatsiedlung

Im November 1985 erlebte Frankfurt eine denkwürdige abendliche Siegesfeier. Nicht einer der ortsansässigen Bundesligaclubs brachte die Leute auf die Straße, sondern ein Geschäftsabschluß in Millionenhöhe. Viele Menschen, jung und alt, trieb es an diesem Abend mit Wunderkerzen und Gesängen in der Sachsenhäuser Heimatsiedlung ins Freie, um den vorläufigen Abschluß eines harten Kampfes, den sie für ihre Wohnungen geführt hatten, zu feiern. Der Ankauf der Siedlung, der an diesem Abend perfekt gemacht worden war, erfolgte mit einem 48-Millionen-Zuschuß aus dem hessischen Landesetat.

Im Süden durch die Mörfelder Landstraße, im Westen durch Bahngleise und im Osten durch die Stresemannallee, die direkt zum Hauptbahnhof führt, umschlossen, liegt die Heimatsiedlung am Rande von Sachsenhausen. Die Straßenbahnhaltestelle »Stresemann-Allee/Mörfelder Landstraße« (Linien 14, 17, 26) ist in unmittelbarer Nähe. Das Grundstück wird durch acht genau parallel verlaufende Straßen und den Heimatring unterteilt. Insgesamt befinden sich hier rund 1.100 Wohnungen. Entstanden ist die Heimatsiedlung in den legendären Jahren des sozialen Wohnungsbaus in Frankfurt unter *Ernst May*. Der Aufbau erfolgte in den Jahren 1928 und 1933 durch die Gesellschaft »Heimat«, einer gemeinnützigen

1933 in der Heimatsiedlung. Irgendwo saß in jedem Block, wie in allen Siedlungen der Stadt, ein Spitzel und beobachtete, ob auch jeder die richtige Fahne rausgehängt hatte

Bau- und Siedlungsgesellschaft des Gewerkschaftsbundes der Angestellten (GDA). Der Beginn der Nazi-Herrschaft in Deutschland führte zur Enteignung der Gewerkschaften. Die »Heimat« fiel an die Deutsche Arbeitsfront. Die von Hitler angeordnete sogenannte »Gleichschaltung der Baugenossenschaften, Gesellschaften und Aktiengesellschaften« führte zu tiefgreifenden Veränderungen in der personellen Zusammensetzung der »Heimat«-Verwaltung und ihrer Politik gegenüber den Mietern. Die Konsequenz war die weitgehende Zurückdrängung des Einflusses der Mieterschaft auf die Verwaltung der Siedlung. Dies geschah insbesondere durch die Beschneidung der Rechte des bis dahin bestehenden Mietervereins und der Umwandlung der sogenannten Mieteraktien in »Mietsicherheiten«.

Wie kam es nun zu jener Siegesfeier Mitte der 80er Jahre? Nach dem II. Weltkrieg wurde die gewerkschaftliche Neue Heimat Südwest Eigentümerin der Siedlung. Aus der Krise der Neuen Heimat der 80er Jahre entwickelte sich in der Heimatsiedlung erneut ein Lehrbeispiel für die Wohnungsfrage und die von ihr betroffenen Menschen.

Der Offenbarungseid der Neuen Heimat, nur über großangelegte Verkäufe aus ihren Wohnungsbeständen den völligen Ruin abwenden zu können, lag noch nicht lange zurück. Die Angst der NH-Mieter vor kaufwilligen Spekulanten wurde bundesweit zum Dauerthema. In der Heimatsiedlung bewirkte sie nicht nur eine sich rasch verbreitende Solidarität der Mieter. Von Beginn an wurden auch Konzepte diskutiert, die die Rettung der Siedlung durch die Mieter selbst beinhalteten. Der bereits länger bestehende Mieterbeirat der Siedlung schlug frühzeitig der Neuen Heimat vor: »Der Mieterbeirat bittet sie ernsthaft zu prüfen, ob ein Verkauf der Heimatsiedlung an die Mieter der Siedlung — in Form einer Mietergenossenschaft oder eines Mietervereins — möglich ist.« Bezeichnenderweise wurden die Briefschreiber nicht als ernsthafte Verhandlungspartner akzeptiert und als Abenteurer und Phantasten abqualifiziert. Aber die Mieter ließen sich nicht entmutigen. Im Juli 1985 fand die Gründungsversammlung für einen Mieterverein statt, der binnen kurzer Zeit zwei Drittel der Heimat-Mieterschaft umfaßte. Kurz darauf erfolgte die Gründung einer Genossenschaft, die sofort mit der Sammlung von Genossenschaftsanteilen begann und in Zusammenarbeit mit anderen Wohnungsinitiativen, Wohnungswirtschaftlern und Wissenschaftlern ein konkretes Modell für die Übernahme der Heimatsiedlung in die Selbstverwaltung der Mieter entwikkelte.

Darüber entstand eine breite Öffentlichkeit, auf deren Druck die Neue Heimat und die politischen Institutionen empfindlich zu reagieren begannen. Die hessische Landespolitik kam der Entwicklung in der Siedlung zu Hilfe, weil mit der Bildung der rot-grünen Regierungskoalition 1983 in Wiesbaden gerade für wohnungspolitische Alternativen ein kleines Reformfenster geöffnet wurde. Der zuständige Innenminister sprach sich eindeutig für die von den Mietern angestrebte genossenschaftliche Lösung aus. Die Haltung der konservativen Opposition aus CDU und FDP ist nur zu verstehen, wenn man weiß, daß das mietergenossenschaftliche Modell der Heimatsiedlung ihrem wohnungspolitischen Konzept diametral entgegensteht. Sie lehnten die Bereitstellung öffentlicher Gelder für den Ankauf der Heimatsiedlung ab und richteten schwere politische Angriffe gegen das Genossenschaftsmodell als rot-grünes Experiment und als Spielwiese von Minderheiten. Wohlgemerkt: Es ging um die 1.100 Mieter einer Siedlung aus dem sozialen Wohnungsbau. Sie konnten den Ankauf der Siedlung nicht verhindern.

Der Bruch der rot-grünen Koalition im Wiesbadener Landtag und der Verlust ihrer Mehrheit bei den nachfolgenden Wahlen im April 1987 haben die geschaffenen Fakten nicht verändern können. Die Siedlung bleibt im gemeinnützigen Bereich. Konkret gefährdet ist das Genossenschaftsmodell der Mieter. Es gibt dafür keine politische Unterstützung seitens der jetzt Regierenden. Auch von der Stadt Frankfurt ist keine Hilfe zu erwarten, weil der CDU-beherrschte Magistrat das Modell von Anfang an ablehnte. Aber noch ist die Heimatsiedlung ein Symbol für den Selbstbehauptungswillen der Mieter in einem von Skandalen, Spekulationen und politischen Interessen getragenen Schacher um ihre Wohnungen.

Hans Wolter

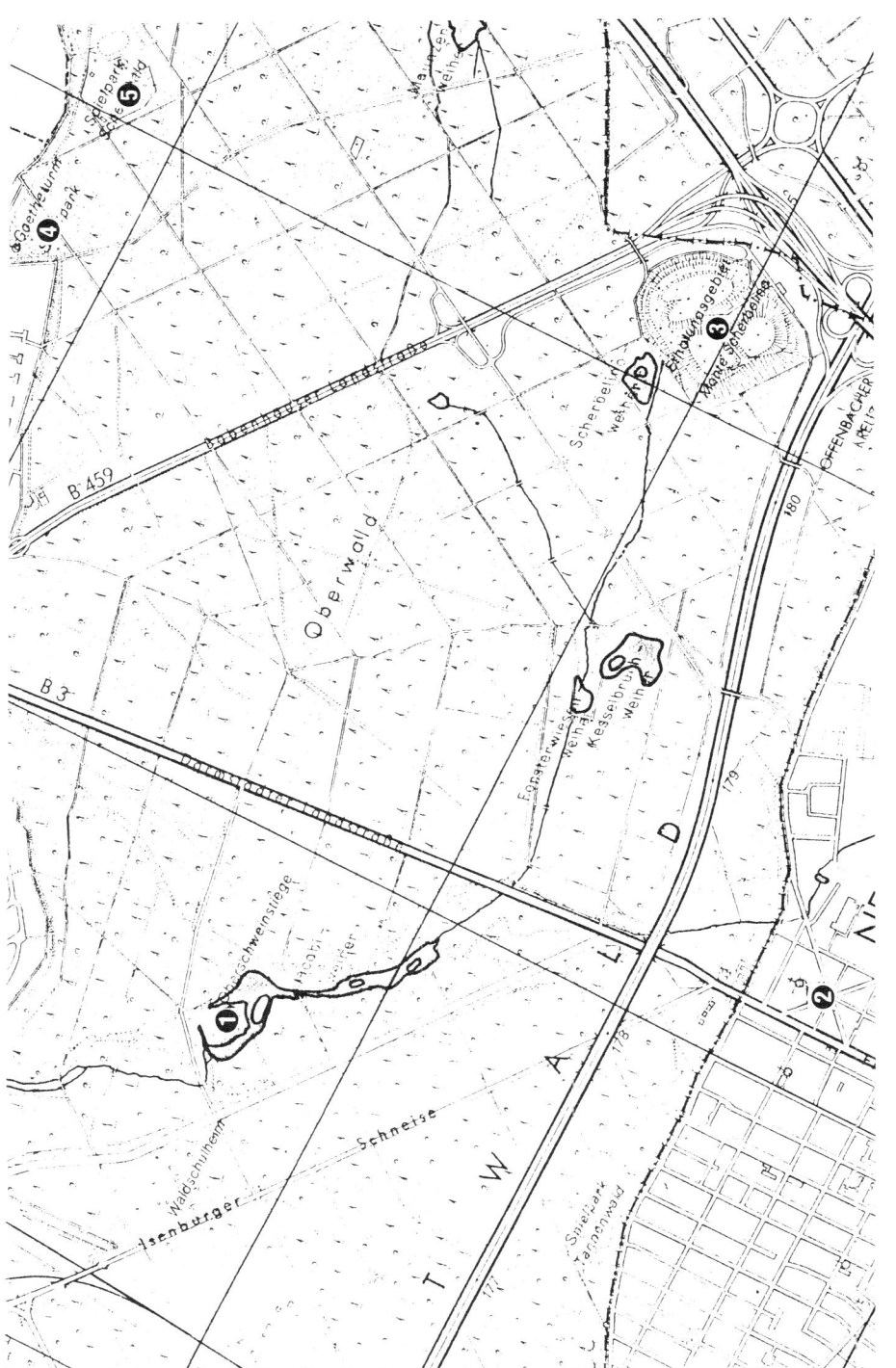

Bürgerschweine — Brunnen-mörder — Brodelberge

Stadtwald Ost

von Jürgen Engelhardt

Ausgangspunkt: *Straßenbahnstation »Oberschweinstiege«, Linie 14*
Endpunkt: *Goetheturm bzw Busstation »Hainer Weg«, Linie 36*
Dauer: *ca. 2 Stunden*

Mit 4.864 Hektar ist Frankfurt die waldreichste Stadtgemeinde Deutschlands. Rund 4.000 Hektar liegen im Süden der Stadt. Sie sind ein Teil des ehemaligen »Reichsforstes Dreieich«, den *Kaiser Karl IV.* als Pfandleihe an Frankfurt gegeben hatte. Ein Liquiditäts-engpaß in der Kaiserlichen Schatztruhe führte dazu, daß die Frankfurter eines ihrer größten Naherholungsgebiete in eigene Regie bekamen. 1372 waren die Schuldtilgungen fällig. Da der Kaiser nicht zahlen konnte,fiel der Wald an Frankfurt.

Für den Stadtwald typische Kiefern

Der Erholungswert des Waldes ist leider nicht so groß wie er auf Grund seiner Ausdehnung sein könnte. Straßen, Autobahnen und Flughafen zerschneiden das Areal und sorgen für Lärmbelästigung und Schadstoffkonzentration. Dennoch gibt es ruhige Abschnitte und den echten Waldgeruch, der Unzählige alljährlich in Frankfurts wichtigstes Erholungsgebiet lockt.

Die überwiegend rechtwinklige Anordnung des Wegenetzes und der Mangel an Erhebungen haben dem Stadtwald zu Recht den Ruf eingebracht, ein echter Märchenwald zu sein, in dem man zwar weder Wölfen noch Drachen noch Schneewittchen begegnen kann, der es aber dennoch in sich hat. Wanderkarte oder Stadtplan sind daher dringend geboten.

Keine Stadt- oder Wanderkarten nötig hatte das demokratische Frankfurt bei seiner »Inbesitznahme« des Stadtwaldes. 1851 veranstalteten dort Arbeiter- und bürgerlich-demokratische Organisationen das Demokratische Volksfest, das von mehr als 25.000 Teilnehmern besucht wurde. Zu den Veranstaltern gehörten Arbeiterverein, Konkordia, Turnverein und das Montagskränzchen, ein im Vormärz entstandener bürgerlich-demokratischer Zusammenschluß. Und ein weiteres Mal sollte der Stadtwald zum Ort einer listigen Aktion der Frankfurter Arbeiterbewegung werden: Da Wahlrechtsdemonstrationen gegen das preußische 3-Klassen-Wahlrecht verboten waren, rief die Arbeiterbewegung zu sogenannten »Sozialdemokratischen Waldspaziergängen« auf. Z.B.

20.000 Arbeiter brachen am 13. März 1910 gemeinsam von der Stadt zu einem Waldspaziergang auf.

Oberschweinstiege

❶

Jakobi-Weiher

Königsbrünnchen — die einzige natürliche Quelle im Stadtwald

trafen sich im März 1910 Demonstranten aus 23 Versammlungen am Roßmarkt und am Goetheplatz zu einem Tausende zählenden, die Straßen überflutenden Zug in den Stadtwald. Der Zug wurde auf seinem gesamten Weg von Militärs »eskortiert«, die jedoch keine Handhabe hatten, den »Spaziergang« aufzulösen.

Die Straßenbahnstation »Oberschweinstiege« ist seit eh und je eine reine Ausflugsstation. Das beliebte Ausflugslokal entwickelte sich aus einer ehemaligen Stallanlage heraus. Die erste Frankfurter Forstordnung von 1372 sah vor, daß jährlich eine bestimmte Anzahl »Bürgerschweine« (jawohl: die Schweine der Frankfurter) in dem Wald gemästet werden durften. Die genaue Zahl wurde durch den Förster anhand des Eichelertrages festgelegt. So gab es jährlich bis zu 1.000 Schweine im Wald, die in der Ober- und Unterschweinstiege einquartiert waren.

Der Jakobi-Weiher, im Frankfurter Volksmund auch »Vierwaldstättersee« genannt (weil dessen Form Pate für die Gestaltung stand), ist das Ergebnis von nationalsozialistischen Arbeitsbeschaffungsmaßnahmen. Oberforstmeister und Namensgeber *Dr. Jakobi* regte den Bau an, um den Wald zu einem Naherholungsgebiet mit vielen Attraktionen für die »Volksgenossen« zu machen. Im Krieg wurde das Gasthaus am Weiher zerstört und konnte erst 1958 wieder eröffnet werden.

Den See durchfließt der Luderbach, der unterhalb des Königsbrunnens, einer eisenhaltigen Schwefelquelle, zwei Namen trägt: Luderbach und Königsbach sind identisch! Vereinzelt stehen hier alte Grenzsteine. Sie gehören zum rund 15 km langen Schäfersteinweg. Es handelt sich dabei um die Abgrenzung der Schafweide der Deutschordensherren aus dem 15. Jahrhundert. Gelegentlich sind Buchstaben verkehrt herum in die Steine gehauen, was darauf schließen läßt, daß die Steinmetze des Schreibens nicht allzu mächtig waren und nicht wußten, wie sie die Schablonen auflegen mußten.

Neu Isenburg — Eröffnung der Waldbahn

Über Steig- und Bachweg gelangt man an die Grenze zu Neu Isenburg und zum »Frankfurter Haus«. Es war 1701 von den Frankfurtern errichtet worden, um die neu angelegte Hugenottensiedlung zu beobachten. Man hatte zuvor unrechtmäßige Abholzungen im Stadtwald bemerkt. Der dort eingesetzte Förster bekam an Stelle eines Gehalts die Schankerlaubnis. Das Lokal erfreute sich als Tanzlokal bald größter Beliebtheit bei den Hugenotten, da derartige Vergnügungen in der eigenen Glaubensgemeinschaft nicht erlaubt waren.

Steigweg
Bachweg ❷
Frankfurter Haus

An der Gemeindegrenze endet auch die Straßenbahn, die einstige Waldbahn, mit dem original erhaltenen, denkmalgeschützten Bahngebäude. In den sechziger Jahren, als die Bebauung noch nicht so dicht war, hat man die Chance vertan, die Bahn in die Stadt Neu Isenburg hineinzubauen.

Am Jacobi-Weiher

Auf dem Weg zum »Monte Scherbelino« liegt der Mörderbrunnen. Der Sage nach soll hier einst ein junger Jäger das Herz einer Wasserfee gewonnen haben. Er mußte ihr aber sieben Jahre treu bleiben, bis sie seine Frau werden konnte. Während dieser Jahre sollte er einen ganz besonders schönen Ring tragen, den sie ihm schenkte. Eines Tages wurde ein weiterer Bursche eingestellt, der neugierig, weil der andere Jäger anstelle ins Wirtshaus oder zum Schwoof jeden Abend in den Wald ging, ihm nachschlich und den ganzen Zauber beobachtete. Um selbst in den Genuß der Vorteile dieses Zaubers — über dessen Reichweite sich die Sage ausschweigt — zu kommen, erschlug er den Jäger, setzte dessen Ring an die eigene Hand und lief Richtung Brunnen. Die Wasserfee — in heftigster Erwartung und Freude — erschrak zutiefst ob des fremden Mannes. Seine Geschichte — ihr Liebster sei ihr untreu geworden und hätte ihn beauftragt, den Ring zurückzubringen — schien ihr ziemlich fadenscheinig, zumal das blutrote Funkeln des Steines im Ring ein deutliches Indiz für die Bluttat war, und sie drehte ihm kurzerhand den Hals um. In mondhellen Nächten will manch einer noch heute

Mörderbrunnen

die Fee klagen hören.

Tatsächlich gelebt haben hier im Mittelalter Wegelagerer und Räuberbanden. In einer Zeit, in der es keinerlei Karten gab, ging nur in den Wald, wer unbedingt mußte. Nach Einbruch der Dunkelheit war auch eine Laterne mehr eine psychische Beruhigung als ein ernsthaftes Mittel, den richtigen Weg zu finden. Nicht Ortskundige konnten sich schnell verirren oder an der Darmstädter Landstraße Opfer eines Überfalls werden. Dies geschah zwar selten, aber die Angst davor saß tief.

❸
**Monte
Scherbelino**

Goetheturm

**Kesselbruch-
schneise
Wendelsweg
Goetheturm**
❹

Nördlich des »Monte Scherbelinos« sind, wie an vielen Stellen des Stadtwaldes, Hünengräber zu sehen. Einige sind über 2000 Jahre alt. Sicher ist, daß in vorgeschichtlicher Zeit besonders im Westteil des Stadtwaldes sehr viel mehr Freiflächen existiert haben müssen, die als Siedlungen und für frühe Formen des Ackerbaus genutzt worden sind. Im 15. und 16. Jahrhundert hat man die Hügelgräber als verwunschene Plätze gemieden. Man bezeichnete sie als »Hexengräber« und glaubte, daß hier die Sagengestalt »Heidenkönig« vom Wagen steigt und mit Opferbringungen die Götter wohlgesonnen stimmt.

Ein ›Hügelgrab‹ ganz besonderer Art ist der »Monte Scherbelino«. Von 1927 bis 1968 wurden hier rund 20 Millionen Tonnen Hausmüll der Stadt gesammelt. Seit 1968 wird der Müll in der Nordweststadt verbrannt. Der alte Müllberg wurde mit dem U-Bahn-Aushub abgedeckt. Im Inneren heizen Verwesungsprozesse den Müllberg auf 70 Grad Celsius auf. Was wirklich im Inneren lagert und brodelt, darüber mag von offizieller Seite so recht niemand reden. (Vgl. Öko-Kasten) Eine Erläuterungstafel am »Scherbelinoweiher« versucht zu beruhigen und zu erklären, warum das Wasser schwarz erscheint. Umweltschützer fürchten, daß das ein Blick in die Zukunft ist. Wer trotz aller Bedenken den Tanz auf dem Vulkan nicht scheut, der erhält einen bemerkenswerten Rundblick in die Gegenwart auf den drei Berggipfeln in rund 40 Meter Höhe.

Über Kesselbruchschneise und Wendelsweg gelangt man zum Goetheturm. Mit 43,3 Metern ist er der höchste Holzturm Deutschlands, liegt 147 Meter ü.N.N. und hat 196 Holzstufen bis zur Aussichtsplattform. Wind und Wetter ausgesetzt, ist er im Winter bei Eisbildung gesperrt und auch bei Regen nicht unproblematisch zu besteigen. 1931 hatte man den heutigen Turm an Stelle eines baufälligen alten errichtet. Eigentlich wollte Stadtrat *Ernst May* eine Stahlbetonkonstruktion errichten. Aber es fehlte an Geld. Die Holzkonstruktion kostete weniger als die Hälfte. Zum Bau wurden 120 bis 160 Jahre alte Stadtwaldkiefern verwendet. Die notwendigen Finanzmittel stiftete ein jüdischer Mitbürger, *Gustav Gerst,* der aus nicht nachvollziehbaren Gründen ungenannt bleiben wollte. Erst nach dessen Tod 1948 in New York gab seine Witwe, die Tochter des Warenhauskönigs Tietz in Berlin, die Erlaubnis, eine Gedenktafel anzubringen. Mittlerweile ist der Turm mehrfach erneu-

Westernspielplatz auf dem Monte Scherbelino

ert und von Kriegsschäden befreit worden. Zu trauriger Öffentlichkeit gelangt er heute regelmäßig mit den häufigen Selbstmordversuchen von seiner Plattform

Waldspielplätze

Eine Frankfurter Besonderheit stellen die Waldspielplätze dar, die Ende der fünfziger Jahre als großzügige Erholungsplätze für Kinder mit Wasserspielen und ausgefallenen Geräten angelegt worden sind. Eine Anlage befindet sich am Goetheturm und in der Nähe davon der »Spielpark Scheerwald«. An der Grenze zu Neu Isenburg gibt es den »Spielpark Tannenwald« und an der S-Bahnstation Louisa den »Spielpark Louisa«. Fans von Bonanza und anderen Western-Mythen können den Goldrausch der Black Hills (sinnigerweise) auf den Hügeln des »Monte Scherbelinos« nachspielen. Eine Westernstadt aus rohem Holz bildet die imposante Kulisse. Ideen muß man selbst mitbringen, dafür ist das Vergnügen auch in den Spielparks kostenlos.

Es grünt so grün ...selbst neben Beton

›Schmutzecken‹ wie unansehnliche Trümmergrundstücke, Bahndämme oder ehemalige Gewerbeflächen sind Leckerbissen unter dem Blickwinkel der Stadtökologie. Nur selten verirren sich Erholungsuchende oder gar Besucher dorthin, und die Fremdenverkehrsämter sind fleißig bemüht, die Existenz solcher Flächen zu vertuschen. Ihre Bedeutung allerdings kann wohl kaum überschätzt werden. Sie bieten Tieren und vor allem Pflanzen Rückzugsflächen und ein Reservoir für Wiederbesiedlung. Ein gutes Beispiel ist die einst aus Nordamerika mit Weizenlieferungen eingeschleppte Kanadische Goldrute, die sich entlang der Eisenbahnlinien verbreitet hat. Unzugängliche Parzellen stellen ›Verkehrsadern‹ der Natur dar. Hier kann eine Wanderung in das wüste Innere der Städte stattfinden.

Erfolgversprechend ist das aber nur, wenn es in der Stadt auch Frei- und Grünflächen gibt, die mit den eben genannten Achsen über ringförmige (Grün-)Gürtel vernetzt sind. Eine solche Funktion haben in Frankfurt die historischen Wallanlagen. Auch der Hauptfriedhof ist eine der größten Grünflächen der Stadt und ein Brutgebiet für Singvögel. An den verschiedenen Parkanlagen wird die ganze Zwiespältigkeit von ›Natur in der Stadt‹ deutlich. Je gepflegter, geometrisch kultivierter und mit englischem Rasen versehen so eine Anlage ist, um so größer ist der Stolz der städtischen Gärtner und die Beliebtheit bei Bürgern und Besuchern gleichermaßen. Gleichwohl handelt es sich für den Naturhaushalt eher um eine kleine Katastrophe. Um nicht mißverstanden zu werden, Parks sind unverzichtbar und auch in ihrem jetzigen Zustand sehr viel besser als nichts. Etwas mehr Wildwuchs, einige einheimische Sträucher mehr und ein paar japanische Ziergehölze weniger könnten trotzdem nicht schaden.

Der Begriff ›grüne Lungen‹ beschreibt eine weitere wichtige Eigenschaft von innerstädtischen Freiflächen treffend. Städte ›atmen‹ Frischluft und regulieren ihr Kleinklima. Was das bedeutet, weiß jeder, der in der hochsommerlichen Hitze schon einmal aus dem Brutkasten einer häuserbestandenen Asphaltstraße in die erfrischende Kühle selbst eines winzigen Parks geflüchtet ist. Dafür gibt es Ecken, die aus eher entgegengesetzten Gründen unwirtlich sind. Mit ziemlicher Treffsicherheit bringen es Architekten und Stadtplaner immer wieder fertig, Hochhäuser so zu plazieren, daß in Bodennähe sturmartige Winde die Fußgänger selbst dann drangsalieren, wenn ansonsten nahezu Windstille herrscht. Wer also wie einst der fliegende Robert im Struwwelpeter Flugversuche unternehmen will, begebe sich ruhig an den Platz der Republik oder an den Theaterplatz.

Frankfurt liegt in einem Talkessel, dies führt zum einen dazu, daß das Wetter in der Stadt oft ein wenig anders ist als im Umland oder im Wetterbericht vorhergesagt. Zum anderen führt das aber unter kräftiger Mithilfe der Industriebetriebe zu mehrfach jährlich wiederkehrendem Smogalarm. Bei normaler Wetterlage sorgen Freiflächen an Hängen um die Stadt abends für die Entstehung bodennaher Kaltluft. Wegen ihrer größeren Dichte schwerer als die wärmere Luft, fällt sie regelrecht nach Frankfurt hinein, die sogenannten Hangabwinde. Entstehungsorte sind die Taunushänge (für die nordwestlichen Vororte, die Gärten am Stadtwald bei Oberrad, Lohrberg und Heiligenstock bei Seckbach und Preungesheim sowie die Flußtäler von Main und Nidda. Leider hat Frankfurt nur sehr wenige dieser notwendigen Frischluftlieferanten. Eine weitere Spezialität Frankfurter Planer ist es, die letzten Kaltluftschneisen zu blockieren. Die beschriebene natürliche Entlüftung funktioniert nämlich nur, wenn die Luft sich über eine relativ freie Fläche bewegen kann und keine Hindernisse vorfindet, wenn also die Rauigkeit gering ist, wie der Fachmann sagt. Ein einfaches Einfamilienhaus ist da bereits ein unüberwindbares Hindernis. Ein Ausblick vom Goetheturm vermittelt einen guten Eindruck von der Lage Frankfurts im Talkessel.

Um aber nicht den Eindruck aufkommen zu lassen, in Frankfurt gäbe es nur Dinge zu sehen, die auch an jeder anderen Stelle zu sehen sind, soll auf einige Spezialitäten hingewiesen werden. Sicherlich sehenswert, wenn auch eher im Sinne einer traurigen Pflicht, ist der vom Forstamt eingerichtete Waldlehrpfad zum Waldsterben. Startpunkt ist die S-Bahn-Station Sportfeld. Der Rundweg stellt das Thema und die verschiedenen Symptome sehr eindrucksvoll dar. Sinnvollerweise führt ein kleines Stück des Weges an der Autobahn entlang, damit gleich ein paar der Ursachen deutlich werden. Sehr schön ist ein Ausflug in den Stadtwald im Bereich seiner zahlreichen Weiher, am besten im Frühjahr, wenn zahlreiche Pflanzen in der Krautschicht blühen, bevor ihnen die Bäume das Licht wegnehmen.

Zu den Besonderheiten gehören zweifellos die fünf Naturschutzgebiete — für eine Großstadt mit dem Charakter Frankfurts im Moment viel. Entsprechend sind auch Stimmen nicht zum Schweigen zu bringen, die behaupten, daß es sich um reine Alibimaßnahmen handele, da ansonsten der Umgang mit der Natur, wie später noch zu sehen sein wird, nicht gerade pfleglich ist. Ihre Entstehung verdanken sie fast alle den naturgeographischen Besonderheiten der Region. Als einst Karl der Große auf seiner Flucht Frankfurt sozusagen im Vorübergehen gründete, sah es in der Gegend etwas anders aus als in diesen Tagen. Nicht umsonst hatte er Mühe, den Main zu überqueren. Die Ursache hierfür ist aber noch viel älter und liegt in den riesigen Mengen eiszeitlicher Schmelzwasser, die das Urstromtal des Maines formten. So ist ein Flußtal entstanden, in dem das eigentliche Flußbett oft seine Lage änderte.

Dieser Besonderheit verdanken wir einige Naturschutzgebiete. Es handelt sich hierbei um das Enkheimer Ried als Teil eines solchen Altmainarmes, das Seckbacher Ried als weiteres Stück desselben Armes, die Schwanheimer Dünen als Bestandteil des Urstromtales und die Riedwiesen bei Niederursel in den Niddaauen. Mit ein wenig Spürsinn und einer guten Karte in der Hand kann durchaus der reizvolle Versuch unternommen werden, bei einem Spaziergang einem ehemaligen Mainverlauf zu folgen. Beginnend an der östlichen Stadtgrenze am Enkheimer Ried führt dieser Weg über Seckbacher Ried, Sausee und den Riederbruch zum Ostparkweiher, wo sich der erkennbare Weg etwas verliert. Die Wanderung versinnbildlicht die politische Forderung nach Wiederherstellung der Fließwasserverbindung entlang des beschriebenen Weges, um den Bestand der Naturschutzgebiete langfristig zu sichern. Ein ähnlicher Ausflug in die Vergangenheit kann an der Nidda unternommen werden. Zu Beginn des Jahrhunderts erst endgültig in ihr kanalisiertes Bett gezwungen, zeigen die zahlreichen Altarmstücke zwischen Praunheim und Nied das verträumte Bild einer verlorenen Zeit. Als Kontrast bietet die Nidda die technokratische Kälte moderner Funktionalität. Wen die Wehmut nicht allzusehr packt, der findet hier einen schönen Weg. Mit dem Hinweis auf diese Naturschutzgebiete verbinden wir die Bitte, die jeweiligen Verbotsschilder strikt zu beachten — nicht im Sinne staatstragender Gesetzestreue, sondern im Interesse eines bewußten Umgangs mit diesen wirklich (noch) schönen Naturschutzgebieten.

Apropos Niddaauen: dort werden gerade gegen den (in einem abgewiesenen Bürgerbegehren) erklärten Willen eines großen Teiles der Bevölkerung die Reste der Natur aufgeräumt, um Platz für die Park- und Ausstellungslandschaft der Bundesgartenschau 1989 zu schaffen. Bekannter geworden ist aber die noch größere Ausdehnung der Erweiterung des Frankfurter Flughafens (Startbahn West). Größer ist auch der angerichtete Schaden durch die Rodung mehrerer hundert Hektar Wald. Dies sowie das alltägliche Abholzen von Straßenbäumen unter Bürgerprotesten gehört zu den Gründen, die Zweifel an der Ernsthaftigkeit von Naturschutzbemühungen aufkommen lassen.

Ein zweifelhaftes Vergnügen ist ein Picknick auf einem der größten Giftberge der Nation. Die entsprechenden Grillplätze sind jedenfalls hergerichtet. Die Rede ist vom Monte Scherbelino (Buslinie 960 ab Südbahnhof), der Frankfurter Müllkippe aus den unschuldigen Tagen, als noch niemand danach fragte, was da alles hineingeschüttet wird. Die Vokabel Sondermüll existierte ebenfalls noch nicht. Jedenfalls hat man den ganzen Dreck notdürftig mit Erde überzogen und als Naherholungsgebiet hergerichtet. Während oben die Würstchen bruzeln, kokelt unten der Müll vor sich hin. Das Ganze wäre ja noch nicht einmal sonderlich ungewöhnlich, wenn die Halde nicht bis ins Grundwasser reichen würde. Das wiederum fließt in westliche Richtung, zu den Förderbrunnen der Stadtwerke. Wohl bekomm's. Es hat auch eine gründliche Untersuchung durch die Landesanstalt für Umwelt gegeben, aber die Ergebnisse sind vorsorglich trotz mehrfacher Anfragen bis heute nicht veröffentlicht worden. Dann macht sich wenigstens niemand Sorgen. *Egbert Polski*

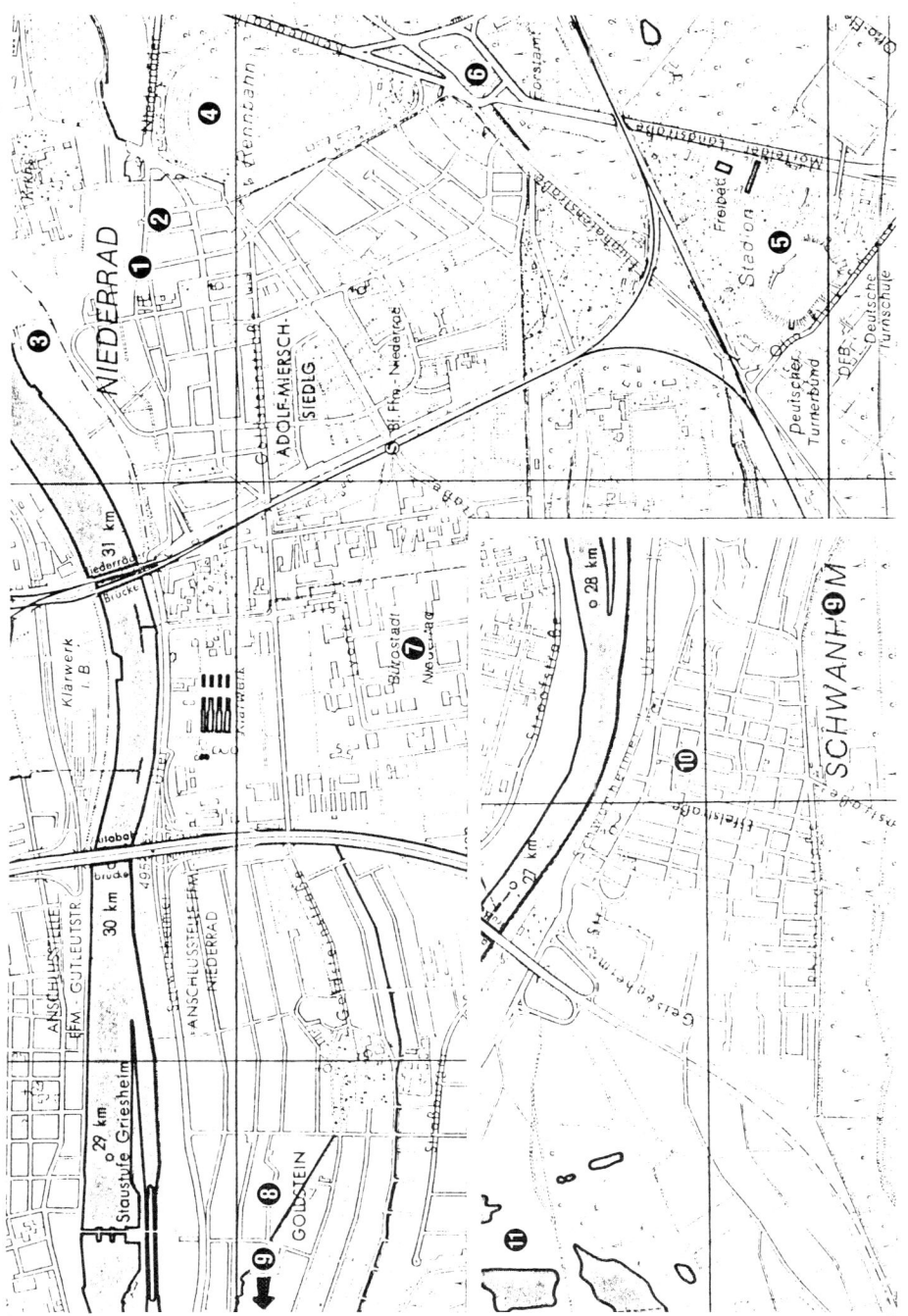

Eintracht und die erste deutsche Autobahn

Niederrad/Stadtwald West

von Jürgen Engelhardt

Ausgangspunkt: Straßenbahnstation »Niederräder Landstraße«,
Linie 15, 19, 21
Endpunkt: Schwanheim, Station »Rheinallee«,
Straßenbahn Linie 21, Bus Linie 70
Dauer: ca. 2 ¹/₂ Stunden

»Der gehört nach Niederrad«, sagt in Frankfurt der gemeine Volksmund, um anzudeuten, jemand sei besser in der Psychiatrie aufgehoben. Dieser Teil der Frankfurter Universitätskliniken liegt nämlich auf Niederräder Gemarkung. Die Bedeutung der Frankfurter Universitäts-Psychiatrie-Einrichtungen ist umstritten. Zum einen wird in den Abteilungen des »Instituts für Psychiatrie« konservative Psychiatrie betrieben, die in der gesndheitspolitischen und öffentlichen Diskussion immer wieder ins Kreuzfeuer der Kritik gerät, u.a. wegen der hier z.T. noch praktizierten Elektroschocktherapie. Auf der anderen Seite gibt es Abteilungen, wie die Kinderpsychiatrie oder die Abteilung für Psychosomatik, die für innovative Ansätze der Behandlung auch extrem schwer gestörter Patienten überregional bekannt sind und geschätzt werden.

Der »Frauenhof«. Zuerst Herrenhaus, dann Weiß-frauenstift, schließlich Gaststätte

Der »Bamberger Hof«, der segen seiner eindeutig progressiven psychiatrischen Arbeit über die Grenzen der Stadt hinaus bekannt ist, gehört nicht zu den Universitätskliniken, sondern ist eine eigenständige Einrichtung. Früher Gasthaus und Kino, bietet er heute gemeindenah psychisch Kranken eine Betreuung, die eine möglichst weitgehende Integration der Betroffenen in die soziale Umwelt anstrebt. So besteht z.b. die Möglichkeit, tagsüber »normal« zu arbeiten und im »Bamberger Hof« nur zu übernachten.

Kelsterbacher-straße 14

Im alten Ortskern, der noch viel alte Bausubstanz aufweist, steht der »Frauenhof« bzw. das »Schlößchen«. Beide Namen sind etwas irreführende Bezeichnungen für das Herrenhaus (im Stil Ludwigs des XVI.) der Kattunfabrik, die *Johann Friedrich Müller* Ende des achtzehnten Jahrhunderts hier erbaute. Der Rat der Stadt Frankfurt hatte beschlossen, daß die Bürger der Stadt nicht durch Rauch und Lärm belästigt werden sollten. Deshalb durften sich Industriebetriebe nur vor den Toren der Stadt ansiedeln. Die Erben gaben das Unternehmen bereits 1806 auf. Unter den folgenden wechselnden Besitzern war eine Zeitlang das Katharinen- und Weißfrauenstift,

Frauenhofstraße 2

wodurch der Name »Frauenhof« entstand. Seit Ende des neunzehnten Jahrhunderts wird der Hof als Gaststätte genutzt.

Die ehemaligen Wiesen am Main, auf denen die Frankfurter ihre Wäsche bleichten, dienten den Faschisten im September 1933 als

Autobahnbau 1933: ABM-Maßnahme der Nationalsozialisten

Aufmarschplatz der Arbeiter, die mit dem Bau der ersten Autobahn beginnen sollten. Von hier aus war es nur ein kurzer Weg zur A 5. Anläßlich dieses Ereignisses wurde eine den Größenwahn der damals Herrschenden dokumentierende Gedenktafel mit folgendem Text aufgestellt: »Der Führer des deutschen Volkes gab hier durch den ersten Spatenstich den Befehl zur Errichtung von Straßen, die noch nach Jahrhunderten von der Größe unserer Zeit erzählen werden.« 1935 schlug Bürgermeister *Dr. Müller* vor, man solle auf dem Grünstreifen in der Mitte einen »Hitler Spaten« als monumentales Kunstwerk aus Beton errichten. Am Stil sollten die inhaltsschweren Worte angebracht werden, die Hitler beim ersten Spatenstich ausgerufen hatte: »Fangt an«.

Luftbad

1936 wurde das Niederräder Strandbad zum Frankfurter Judenbad erklärt. Die jüdische Bevölkerung durfte ab jetzt nur noch hier baden, an einer Stelle in der Stadt also, in der die wenigsten von ihnen lebten. Diese Maßnahme erleichterte die Schließung 1938 erheblich: Die Niederräder beschwerten sich, daß sie nicht mehr in ihr Strandbad gehen konnten, weil es überfüllt war; darüber hinaus seien die Straßenbahnen an wärmeren Tagen überfüllt.

In der Bruchfeldstraße ließ Stadtrat *Ernst May* in den zwanziger Jahren Häuser im Fertigbauverfahren für niedrige Einkommen so versetzt anordnen, daß immer eine Seite jeder Wohnung nach Südwest zeigt, was der Siedlung im Volksmund die Bezeichnung »Zickzackhausen« verlieh.

Die Niederräder Pferderennbahn 1910

In Niederrad und westlichen Teilen des Stadtwaldes liegen die großen Sportflächen Frankfurts: Pferderennbahn, Waldstadion, Golfplatz und Freibad. Während das Hippodrom in Sachsenhausen nicht mehr existiert, erfreut sich die Pferderennbahn nach wie vor großer Beliebtheit. Sie war vom »Rennklub Frankfurt« 1865 angelegt worden. Die bekanntesten Rennen sind der »Carl-von-Weinberg-Pokal«, »Der Große Preis von Hessen« und »Der große Preis von Frankfurt«. Als nach dem Ersten Weltkrieg Sport nicht mehr länger nur eine Angelegenheit der wohlhabenden Schichten blieb, entstand mehr und mehr das Bedürfnis nach großen Stadien für Massenveranstaltungen. Rund um die Otto-Fleck-Schneise wurde 1925 das Waldstadion nach Entwürfen des Gartenbaumeisters *Max Bromme* und des Architekten *Gustav Schaumann* errichtet.

Galopp-Rennbahn
❹

**Otto-Fleck-
Schneise**
❺

Zur Vorgeschichte gehört, daß mit dem Ende des Ersten Weltkriegs das linksrheinische Gebiet militärisch besetzt und auf der rechten Uferseite um die Städte Köln, Koblenz und Mainz je 30 Kilometer tiefe Brückenköpfe auf ebenfalls besetztem Gebiet gebildet wurden. Parallel zur besetzten Zone verlief eine 10 Kilometer tiefe »neutrale Zone«, in der keine militärischen Einrichtungen geduldet wurden, vorhandene waren zu schleifen. Frankfurt gehörte zur »neutralen Zone«. Die Grenze zum besetzten Gebiet befand sich auf der Höhe von Rödelheim, der Mönchhofstraße, dem Bahnhof Niederrad

unmittelbar westlich des Bahndamms und im Stadtwald kurz hinter dem heutigen Stadion noch vor der »Gehspitz« (Holzmann-Areal). Wo sich heute das Stadion ausbreitet, befanden sich zuvor die Militärschießstände. Die Bezeichnung »Kugelfang« für den südlichen Zuschauerring an der Otto-Fleck-Schneise erinnert daran.

Die Beseitigung dieser militärischen Anlagen wurde von der Stadt als Notstandsarbeiten vergeben. Der SPD-Stadtverordnete *Theodor Thomas,* Vorsitzender des Zentralverbandes der Dachdecker bis 1931, setzte sich schon frühzeitig für die Anlage eines Stadions an dieser Stelle ein. Die SPD-Fraktion wirkte in diese Richtung mit immer neuen Eingaben und Anträgen in der Stadtverordnetenversammlung sowie an die Reichs- und Landesbehörden. Arbeiterjugend und Arbeitersportler leisteten, nachdem die Anträge Erfolg gehabt hatten, Tausende unentgeltlicher Arbeitsstunden.

1925. Die Arbeiterolympiade im Frankfurter Waldstadion

Ihr Lohn war kurz nach der Einweihung die hier abgehaltene »Erste Internationale Arbeiterolympiade« vom 24. bis 28.7.1925. 60.000 Teilnehmer marschierten damals in einem Umzug durch Frankfurts Straßen. Die gesellschaftspolitische Bedeutung dieser Veranstaltung drückte sich in mitgeführten Losungen wie »Kampf für den Acht-Stunden-Tag« und »Arbeiter heraus aus den nationalen Sportverbänden« aus.

Waldstadion

Nach Umbauten für die Fußballweltmeisterschaft 1974 stehen heute im Waldstadion rund 61.000 Besucher-Plätze, davon die Hälfte überdacht, zur Verfügung. Um das Stadium herum residieren in der Otto-Fleck-Schneise Deutscher Turnerbund, Landessportbund, Deutscher Sportbund und Deutscher Fußballbund.

Wenn die Frankfurter Eintracht samstags spielt, sind nicht nur die umliegenden Straßen mit Autos verstopft und die Straßen- und S-Bahnen mit Schlachtenbummlern überfüllt.

Überhaupt: die Eintracht-Fans — wenn die Falschen gewinnen, kommt es schon mal zu turbulenten Szenen in den öffentlichen Verkehrsmitteln und auf den Straßen. Die Gaststätte »Dr. Flotte« an der Bockenheimer Warte liegt zwar ganz und gar nicht in der Nähe des Stadions, ist aber dennoch ein über die Stadt hinaus bekannter Treffpunkt der »Fans aus der Südkurve«. Sie sind inzwischen Gegenstand sozialwissenschaftlicher Studien avanciert. Dieter Bott *und* Gerold Hartmann *vom »Fanprojekt der Hessischen Sportjugend« haben erstmals ein Buch über »Die Fans aus der Kurve« verfaßt. Fanklubs wie in England, so kann man lesen, gibt es erst seit Beginn der siebziger Jahre. Sie sitzen in der Kurve des Stadions und bilden die anfeuernde Kulisse des ›eigenen‹ Vereins. Früher wurde gelegentlich der Platz nach der Halbzeit gewechselt, um die Fans der Gegenmannschaft zu »begrüßen«. Seit den schweren Ausschreitungen in Brüssel werden diese »Besuche« unterbunden Freundschaften und Feindschaften zwischen den Fans der Bundesligavereine gab es auch in besseren Eintracht-Zeiten Jürgen Grabowskis und Bernd Hölzenbeins. Inzwischen gleichen viele von den Fanclubs zentral or-*

Eintracht-Fans

ganisierte Fahrten nach Kaiserslautern oder Köln Reisen in feindliches Ausland. Diverse Fanklubs haben sich in der »Interessengemeinschaft G-Block« zusammengeschlossen und fordern ein Fanhaus für sich, in dem man miteinander sprechen kann — nicht nur über den Verein. Indes ist die Fanszene sehr heterogen; von neofaschistischen Gruppen unterwanderte Fanclubs spalten sich ab, lösen sich auf und bilden sich von neuem. Diese Szene ist ständig in Bewegung, die Fans bilden eine schwer einzuschätzende Subkultur, deren Mitglieder selten älter als Mitte zwanzig sind.

Unweit der Zufahrt zur Autobahn Richtung Köln-Nürnberg erinnern mehrere Holzkreuze an den Pfarrer der Gutleutgemeinde, *Martin Jürgens,* der mit seiner Familie vom Triebwerk eines abstürzenden US-Phantom-Jägers im Verlauf der jährlichen US-Air-Base-Flugtage erschlagen wurde. Zynismus der Verhältnisse: Der beliebte ehemalige Stadtjugendpfarrer war aktiv in der Friedensbewegung engagiert. Einige hundert Meter von der Absturzstelle entfernt feierten an diesem Pfingstsonntag 1983 tausende Frankfurter Bürger im »Wäldche«. Trotz der Tatsache, daß mehrere Menschen sterben mußten und alljährlich Tausende gefährdet werden, beharrt man bei der US-Army auf diesen Schauflügen.

Pfingsten 1983. Die Straße nach dem Absturz des US-Phantom-Jägers

Rhein-Main-Airport

Den Rhein-Main-Flughafen kann man von der Frankfurter Innenstadt sehr gut per Zug erreichen. Wer unbedingt mit dem Auto fahren will, sollte sich wegen der vielen Baustellen auf eine Off-Road-Tour einstellen. Man kann den Flughafen aber auch zu Fuß »erwandern« und zwar durch den Stadtwald (Rastmöglichkeit im Waldrestaurant »Unterschweinestiege«).

Am Airport angelangt, empfiehlt sich ein Rundgang über die Besucherterrassen. Er vermittelt nicht nur Eindrücke von der faszinierenden Technik dieses Verkehrsmittels, sondern auch einen Eindruck vom »Arbeitsplatz Flughafen«.

Der Flughafen wurde im Juli 1936 eröffnet. 1937 zählte man bereits 7.090 Starts und 70.910 Fluggäste. 104 Postflüge der Lufthansa über den Südatlantik starteten von hier. Mit dem Ausbruch des Zweiten Weltkrieges wurde der Flughafen dem Militär unterstellt. 1940 sprengten die Nazis die Zeppelinhallen, um Platz für Jagdflugzeuge zu schaffen. Die Funktion des Flughafens als »Einsatz-Hafen« der deutschen Luftwaffe führte zu seiner völligen Zerstörung durch mehrfache Bombenangriffe der Alliierten und der Sprengung durch deutsche Truppen. Nach 1945 legten die Amerikaner unter Einsatz deutscher Kriegsgefangener eine erste Startbahn an. Die »Südwestdeutsche Flugbetrieb AG«, ab 1947 »Verkehrs-Aktiengesellschaft Rhein-Main«, nahm ihren Flugbetrieb wieder auf. Bei der Berliner Luftbrücke 1948/49 wurden die meisten Starts und Landungen hier abgewickelt.

1951 zogen sich die Amerikaner aus dem Bereich des Zivilflughafens zurück und quartierten sich auf dem Gelände der heutigen US-Airbase ein. Die Wirtschaftswunderzeiten brachen an. Modernste Technik kam zur Anwendung. Ab 1954 hieß die Flughafengesellschaft »Flughafen Frankfurt Main AG«. 1955 wird das Land Hessen mit 45,24 % zum größten Aktionär, neben der Stadt Frankfurt und dem Bund. Zu diesem Zeitpunkt arbeiten mehr als 1.500 Arbeitnehmer/innen auf dem Flughafen. Mit Wiedererlangung der Lufthoheit nimmt die Deutsche Lufthansa AG 1955 ihren Flugbetrieb wieder auf und macht den Rhein-Main-Flughafen zu ihrer Heimat-Basis. 1956 gibt es bereits 1 Million Fluggäste. 1957 eröffnen die Pan American Airlines mit einer DC-7c den Non-Stop-Flugdienst nach New York.

Die Jet-Ära beginnt 1958 mit der Landung einer sowjetischen Tupolew 104. 1965 wird der Grundstein für die neue »Empfangsanlage West« gelegt und ein Antrag auf Genehmigung der später so umstrittenen Startbahn 18 West gestellt. Im Januar 1970 landet der erste Jumbo vom Typ Boeing 747. Frankfurt entwickelt sich zum Jumbo-Bahnhof.

1972 wird das neue »Terminal Mitte« fertiggestellt. Das High-Tech-Zeitalter hat auf Deutschlands größtem Flughafen begonnen. Die weltgrößte Flugzeugwartungshalle wird gebaut. Auf der Lufthansa-Basis entsteht ein EDV-Zentrum und ein Simulatorgebäude. Kernstück des neuen Terminals ist die elektronisch gesteuerte Gepäckbeförderungs- und Sortieranlage, die Minimalumsteigezeiten von 45 Minuten möglich macht. Frankfurt wird zu Europas Umsteigeflughafen Nr. 1.

Technik und Arbeitsorganisation verändern die Arbeitsbedingungen und Arbeitszeiten der Arbeiternehmer/innen nachhaltig. 1972 sind immerhin schon 25.000 Menschen bei den verschiedenen Arbeitgebern des Flughafens beschäftigt (davon Lufthansa: 8.057; FAG: 4.482). Auf die Arbeitnehmervertretungen der Flughafengesellschaft und Lufthansa kommen enorme Aufgaben und Belastungen zu, weil sich die wirtschaftliche Situation der Flughafenunternehmen seit 1972 deutlich verschlechtert. Vor allem Ölkrise und die enormen finanziellen Belastungen des Terminalbaus (1,2 Milliarden DM) schlagen negativ zu Buche. 1974/75 kommen die Auswirkungen der Weltwirtschaftskrise voll zum Tragen. Erst 1976 erzielt die FAG wieder einen Jahresüberschuß. In den folgenden Jahren ist der Trend dann wieder so positiv, daß neue Arbeitskräfte eingestellt werden. Erheblicher gewerkschaftlicher Druck ist indes notwendig, damit sich dies auch für die Beschäftigten in eine Verbesserung der Arbeitsbedingungen und des sozialen Umfeldes umsetzt.

Nach wie vor sind die Arbeitsbedingungen alles andere als rosig: Der »Drei-Schicht-Betrieb« verlangt von den Beschäftigten Disziplin und Flexibilität. An den Wochenenden und

Rhein-Main in den 30er Jahren: Der Neubau des Flughafens hatte — zumindest für die Nazis — auch und vor allem militärische Gründe.

während der Ferienzeit wird hier meistens »geschuftet«. Und es sind vor allem die Frauen und die ausländischen Kolleginnen und Kollegen, die den Großbetrieb Flughafen funktionsfähig halten. Ab 1978 wird die paritätische Mitbestimmung eingeführt, die den Arbeitnehmervertretern einen größeren Einfluß auf die wirtschaftlichen und politischen Belange des Unternehmens sichert.

Am 12. April 1984 startet das erste Verkehrsflugzeug von der in der Öffentlichkeit sehr umstrittenen Startbahn-West. Die Flughafenbeschäftigten sehen sich unter dem Eindruck der Auseinandersetzung um die Startbahn in eine schwierige Frontstellung versetzt. Die meisten verteidigten die Ausbauaktivitäten wegen »ihres« Arbeitsplatzes. Auch weltpolitische Einflüsse betreffen die Beschäftigten auf dem Flughafen Frankfurt. Höhepunkt ist ein Bombenanschlag am 9. Juni 1985 in der Abflughalle B, dem 3 Fluggäste zum Opfer fallen. Über 50 Airline- und Flughafenmitarbeiter werden verletzt.

1985 ist ein Rekordjahr für den deutschen Großflughafen. Die 20-Millionen-Marke im Passagierverkehr wird überschritten. Auch Luftfracht und -post verzeichneten Rekordwerte. Mitte 1987 ist der Rhein-Main-Flughafen mit 41.000 Beschäftigten der größte Arbeitgeber Hessens und der zweitgrößte Frachtflughafen der Welt. Die Zukunft hat bereits begonnen, nicht nur in den Planungsbüros der Flughafengesellschaft, sondern auch in den Gremien des Betriebsrats der FAG. Terminal Ost heißt das Schlagwort. Ein neues eigenständiges Terminal soll im Bereich des alten Flughafens bis 1992 aus dem »Boden gestampft« werden. Mit eigener Verkehrsanbindung und Transfer-Systemen für Passagiere und Gepäck soll die Empfangsanlage für bis zu 8,5 Millionen Fluggäste das bestehende Terminal entlasten und die Wettbewerbsfähigkeit des Flughafens sichern. Der Wettbewerb mit internationalen Flughäfen, aber auch des Flughafens München II wirft seine Schatten voraus.

Startbahn 18 West — Eine Chronologie

1962	Erste Pläne für die Startbahn 18 West tauchen auf.
März 1971	Zweites Planfeststellungsverfahren. Über 9.000 Einwendungen von Bürgern; 109 Klagen (davon 13 Städte, Gemeinden und ein Landkreis). Ein sofortiger Vollzug der Verlängerungen der beiden Pisten wäre möglich gewesen, konnte jedoch gerichtlich (Aussetzung des sofortigen Vollzugs) bis 1978 verhindert werden.
20.12.78	Kurt Oeser lädt verschiedene Engagierte zu einem Gespräch ein. Der »Aktionsausschuß gegen den Flughafenausbau«, Vorläuferorganisation der Bürgerinitiative, entsteht. Zuvor war in Mörfelden-Walldorf die *Parteiaktionsgemeinschaft* gegen die Flughafenerweiterung, unter Beteiligung der örtlichen CDU, SPD, FDP und DKP gegründet worden.
16.4.79	Ostermontag, über 1.000 Menschen beteiligen sich an einem Protestmarsch mit Kundgebung im Mönchbruch.
6.5.79	Erste Großdemonstration auf der Düne am südlichen Rande des Flughafens. Über 4.000 Menschen.
3.5.80	Bau der *BI-Hütte* im Flörsheimer Wald. Morgens ziehen ca. 80 Leute in den Wald und errichten in 8 Stunden die 8-eckige Hütte.
16.10.80	Ein *Hungerstreik* der Parteiaktionsgemeinschaft im Foyer des Mörfelder Rathauses.
2.11.80	Großkundgebung (15.000 Menschen) am SKG Sportplatz in Walldorf, anschließend Fußmarsch in den Wald, Kundgebung vor der BI-Hütte, Gottesdienst mit zahlreichen Pfarrern aus dem Kreis Groß-Gerau.
Nov. 1980	Aus der Hütte wird ein Dorf. Viele Sympathisanten der Startbahngegner drücken ihre Solidarität im Bau eigener Hütten aus. Politische Gruppen (Ju-

sos, Junge Union), Schülergruppen, Studentenfraktionen, auch einzelne Menschen bauen das Dorf im Flörsheimer Wald.

Im Hüttendorf wird eine Kapelle der evangelischen Gemeinden aus dem Flughafenumland gemeinsam errichtet — die Hüttenkirche.

30.5.81	Gründung der »Arbeitsgemeinschaft Volksbegehren/Volksentscheid Keine Startbahn West« (kurz AG Volksbegehren)
6.10.81	Es gelingt, durch den gewaltfreien Widerstand einen Tag und eine Nacht lang das Gelände zu verteidigen. Die Bilder gehen durch alle Medien. Die Polizei spaltet die Platzbesetzer von denen, die im Wald stehen, und räumt durch Wegtragen, busweisen Abtransport und Nachrücken der Mannschaften nebst Stacheldraht unblutig das Gelände. Abends, als die Journalisten weniger geworden sind, gibt es die ersten Knüppeleinsätze.
7.10.81	Das Sieben-Hektar-Gelände ist geräumt bis auf zwei Holztürme. Die Besetzer haben die ganze Nacht ausgeharrt. Tausende warten vor den Stacheldrahtrollen am Waldrand. Nach Verhandlungen mit der Polizei verlassen die acht Turmwächter freiwillig unter freiem Geleit die Türme.
8.10.81	Unter Polizeischutz wird eine Mauer am Wald entlang gezogen; der Anfang zu der heute über 9 km langen Mauer rund um das Baugelände der Startbahn West.
11.10.81	Startbahngegnerinnen und -gegner rufen zu einer Kundgebung und einem Gottesdienst im Wald auf. Während des Gottesdienstes schießen die Wasserwerfer Tränengas auf die Versammlung. Knüppelnde Polizisten verdreschen die Menschen vor der Mauer. Startbahngegner nennen diesen Tag den *Blutsonntag*. Erstmals gibt es viele Verletzte mit Blutergüssen, Kopfplatzwunden, Prellungen, Augenverletzungen etc.

2.11.81	*Hüttendorfräumung*. Völlig überraschend riegelt gegen 9 Uhr die Polizei das Gelände um das Dorf ab und läßt den Bewohnern Zeit, persönliche Dinge mitzunehmen. Die Polizei riegelt die Umgebung um das Dorf ab. In den nächsten Stunden kommen Menschen zu tausenden in den Wald. Ab Nachmittags fängt die Polizei mit Ausfällen aus dem Dorfgelände an und schlägt wahllos auf Demonstranten ein. Der Wald wird mit Tränengas und »pepper fog« eingenebelt.
	An diesem Abend ist die Region im Aufruhr. Über 2.500 Demonstranten besetzen spontan den Frankfurter Bahnhof. Schüler in Groß-Gerau und Rüsselsheim blockieren ebenfalls die Bahnhöfe. Demonstrationen in Fulda, Berlin, Heidelberg, Freiburg, Göttingen, Darmstadt, Gießen, Hamburg, Bremen, Stuttgart, Tübingen, Osnabrück, Passau, München, Mainz, Marburg.
3.11.81	Die FAG läßt die Hütten schleifen, die *Hüttenkirche* wird demontiert und nach Mörfelden gebracht. Nach einer Protestdemonstration in Frankfurt kesselt die Polizei abends mehrere hundert Menschen in der *Rohrbachstraße* ein und verprügelt die Demonstranten bis in die Hauseingänge und Keller hinein.
7.11.81	Der sogenannte *Nackte Samstag*. Als Reaktion auf die Hüttendorfräumung ruft die BI zu einer Großdemonstration am darauffolgenden Samstag am Baugelände im Wald auf. Über 30.000 versammeln sich. Fünfzig Männer und Frauen übersteigen auf Teppichen mit erhobenen Händen den Stacheldraht und verlangen, den Innenminister zu sehen. Zum Zeichen der Gewaltlosigkeit waren die Oberkörper entblößt, trotz 4 Grad minus Temperatur.
14.11.81	Über 150.000 Menschen demonstrieren in Wiesbaden auf Hessens größter Demonstration der Nachkriegszeit. Alexander Schubart, Initiator des Volksbegehrens, überreicht die über 220.000 Unterschriften des Antrags für ein Volksbegehren »Keine Startbahn West«. Auf der anschließenden Kundgebung wiederholt er den BI-Aufruf, einen Tag darauf den Flughafen per Begehung zu besichtigen.
15.11.81	Tausende demonstrieren »rund um den Flughafen«. Im Wald, an der Mauer am Baulos 1 kommt es zu Auseinandersetzungen. Die Medien konzentrieren sich darauf, die von der Polizei mit-verursachte *Blockade des Terminals* als »Bürgerkriegszustände« und »nationale Katastrophe« darzustellen. SEK-Kommandos, Hubschrauber des Bundesgrenzschutzes, Massenaufgebot an Bereitschaftspolizei. Die blockierten Autobahnen (von der Polizei Stunden vorher gesperrt) und die brennenden Barrikaden dienen einer angeblichen »Schlacht um den Flughafen«.
30.1.82	*Bauplatzbesetzung des Baulos II*. Bundesweite Mobilisierung von Startbahngegnern/innen. Über 10.000 kommen in den Wald. Die Polizei hält sich bis zum Einbruch der Dunkelheit am Rande des Geländes; rückt dann mit Gas und Sondereinsatzkommandos gegen die Besetzer. In der Frankfurter Innenstadt werden Menschen aus Autos gezerrt und verprügelt; Polizisten verfolgen einzelne und kleine Gruppen bis in die Gastwirtschaften.
	Gegnerinnen und Gegner des Flughafenausbaus beginnen, jeden Sonntag ab 14 Uhr in den Wald zu gehen.
Mai 1982	Ministerpräsident Börner äußert in einem Interview, daß nur die Rücksicht auf sein hohes Staatsamt ihm verbiete, den Startbahngegnern seine Form der Konfliktlösung zu zeigen und wie früher auf dem Bau mit Dachlatten in der Hand zu kämpfen. Erste Prozesse gegen Startbahngegner laufen an. Die Lawine der Verfahren wird von der im Oktober 1981 gebildeten *Bunten Hilfe* übernommen und in Frankfurt koordiniert.
1.4.84	Die Startbahn 18 West wird eröffnet.

Am Oberforsthaus wird einmal im Jahr der spezielle Frankfurter dritte Pfingstfeiertag, der »Wäldchestag«, begangen. An diesem Tag geht man in den eigens dafür aufgebauten Vergnügungspark im ›Wäldchen‹. Seit wann es diesen Feiertag gibt, ist nicht mehr festzustellen. Vermutlich geht er auf ein Gesetz zurück, das dem Rat der Stadt Frankfurt am Pfingstmittwoch 1374 das Schlagen von Holz gestattete. Möglicherweise wurde am »Wäldchestag« das Holz verteilt bei guter Vesper. Auch *Felix Mendelssohn-Bartholdy* war 1839 Gast im Wäldchen und soll zwischen all den Drehorgeln, heißen Würstchen und Apfelwein zu Liedern inspiriert worden sein. Oft kühlt ein Gewitter die Gemüter etwas ab, bevor promilleangereichert die Wäldchestrambahn bestiegen wird, die nur an diesem Tag auf einem sonst nicht befahrenen Gleis verkehrt. Viele Frankfurter Betriebe und die Städtischen Behörden haben an diesem Tag ab Mittag geschlossen.

Über den S-Bahnhof »Sportfeld« und den Golfplatz erreicht man die »Bürostadt Niederrad«, eine Ansammlung teilweise chaotisch gestalteter Bürohochhäuser. Die Akzeptanz der Bürostadt ist keineswegs so, wie sich ihre Planer das gedacht hatten. Neben leerstehendem Büroraum stört die Abgeschlossenheit und Abgeschiedenheit vom urbanen, innerstädtischen Geschäftsleben. Entstanden ist so ein Ghetto, das nicht einmal über ausreichend Ladengeschäfte verfügt, damit die Beschäftigten in den Mittagspausen ihre notwendigen Versorgungseinkäufe tätigen können — ein klassisches planerisches Selbsttor! Vor Augen hatte man bei der Planung der siebziger Jahre eine Häufung von Arbeitsplätzen in guter Luft und ruhiger Lage. Selbst diesen Aspekt verhindert Frankfurts große

So feierten die Frankfurter 1952 den Wäldchestag.

Oberforsthaus 6

Bürostadt Niederrad

Niederrad   283

Kläranlage, die bei entsprechender Windrichtung für ausgesprochen ›ländliche‹ Düfte sorgt. Als ein maniriertes Spätwerk der Moderne gilt wegen seiner Originalität das *Olivetti-Haus*. Über einem dreigeschossigen langen Baukörper erheben sich frei zwei auf pilzförmig ausladende Schäfte gestellte zierliche Hochhauskörper, nach oben bewußt »unvollendet« gelassen: ein weißes Ensemble von großer Leichtigkeit und spröder Musikalität. Es verläßt die strenge Tradition der funktionalistischen Moderne, beginnt mit den Formen zu spielen, ohne aber einer »postmodernen« Beliebigkeit der Mittel anheimzufallen. (Arch.: E. Eiermann, 1978) Das Ensemble ist von der Autobahn sichtbar, geht aber in der geballten Ladung architektonischen Mittelmaßes der Büroindustrie-Stadt un-

Goldsteinsiedlung: Wer ein Dach über dem Kopf haben wollte, mußte es sich »sauer verdienen«. Zukünftige »Hausbesitzer« bei der Arbeit

ter. Neben Großkonzernen hat die Hauptverwaltung der Deutschen Postgewerkschaft (DPG) hier ihren Sitz.

Kaum Einkaufsgelegenheiten gab es bis vor wenigen Jahren auch in der ausgedehnten Siedlung »Goldstein«. Sie wurde 1932 auf dem Gelände rund um den mittelalterlichen Hof »Goldstein«, dessen Herrenhaus als Bürgerhaus genutzt wird, erbaut. Sie stellt eine der bemerkenswertesten ›Arbeitsbeschaffungsmaßnahmen‹ jener Zeit dar.

Der erste Bauabschnitt wurde 1931 begonnen. Interessenten an einem der im Endausbau rund 900 Häuser mit Gärten, mußten arbeitslos und beim Fürsorgeamt gemeldet sein. Über die Hälfte der Bewerber waren gelernte Bauhandwerker. Jeder mußte bis zu rund 4.000 Arbeitsstunden am Bau der Häuser beteiligt gewesen sein, bevor er durch Los ein Haus zugeteilt bekommmen konnte. 3.500 Mark Darlehen und das Bauland wurden kostenlos zur Verfügung gestellt. Die Räumlichkeiten der Pultdachhäuser waren bescheiden: Wohnküche, zwei Schlafräume, ein Vorraum und Plumpsklo-

sett, dessen Inhalt man regelmäßig zur Dunggrube, der »Puddelkaut«, bringen mußte. Auf Kanalisation hatte man aus Kostengründen verzichtet. »Scheißkübelhausen« lautete daher auch verächtlich der Spitzname der Siedlung. Einige tausend der 1931 23.000 erwerbslosen, kinderreichen Familien Frankfurts verschwanden so aus dem Blickfeld der Bürger.

In letzter Zeit wurde die Siedlung mit Wohnblocks erweitert. Auf eine ursprünglich geplante Neubebauung des Areals mit Mietshäusern wurde verzichtet, nachdem sich zeigte, daß die unkomfortablen Häuschen äußerst begehrt sind. Die meisten sind bis zur Unkenntlichkeit umgebaut, und die Siedlung ist heute stolz auf die hier von Hobbygärtnern gezüchtete gold-orange »Rose Goldstein«. Die meisten Gemüsebeete sind Rasen und Ziersträuchern gewichen. Dennoch sind rund um den Tannenkopfweg einige Gebäude unverändert und auch noch einige der einst obligatorischen Ställe zur Kleintierhaltung wenigstens als Geräteschuppen erhalten geblieben.

Die fertiggestellte Goldsteinsiedlung

Auf Höhe des Ferdinand-Dirichs-Wegs stehen die »Tausendjährigen Schwanheimer Eichen«, die viel älter aussehen, als sie sind. Im achtzehnten und neunzehnten Jahrhundert haben die Frankfurter Malerfamilien *Morgenstern, Karl Theodor Reiffenstein* und andere die Bäume in Bildern festgehalten. Damals war der nahe Ort Schwanheim vorübergehendes Heim vieler durchreisender Künstler. Bildhauer und Vergolder versorgten die Maler mit dem notwendigen Handwerkszeug. Beweise für einen regen Reiseverkehr fand man vor kurzem beim Umbau des Fachwerkhauses »Alt Schwanheim« Nr. 12. In der ehemaligen Gastwirtschaft scheint so manch einem beim Apfelwein sein Kleingeld aus der Tasche gefallen zu sein — das älteste Fundstück in den alten Ritzen stammt von 1694; Münzen aus dem Schweizer Halbkanton Oberwaldern, diversen Ländern Deutschlands und aus der Weimarer Republik wurden gefunden.

Ferdinand-Dirichs-Weg

❾

Höllenweg

Die berühmten Eichen konnten vor allem dadurch entstehen, daß über Jahrhunderte im Wald Schweinemast betrieben wurde. Die Schweine fraßen die Eicheln, so daß keine neuen Eichen aufkamen. Der natürliche Prozeß der dauernden Verjüngung des Waldes war unterbrochen, die alten Bäume wurden immer älter und standen freier als heute, weil der Unterbewuchs ›abgeweidet‹ war. Außerdem befindet sich unter den Bäumen Ortstein, verkittete Mainkiese, durch die Baumwurzeln nicht zu tieferen wasserführenden Schichten durchdringen können. Wegen dieser Mangelversorgung sehen die Eichen älter aus, als sie sind. Eichen erreichen eine Lebensdauer von bis zu 700 Jahren. Eine der ältesten hier im Wald war 400 Jahre alt. Sie hatte den Dreißigjährigen Krieg, Goethe, Napoleons Einzug in Frankfurt 1813, die Nationalversammlung und unser halbes Jahrhundert erlebt.

Weiter südlich im Wald befindet sich der Höllenweg mit zahlreichen Pumpstationen zur Trinkwasserversorgung, die in trockenen Jahren dem Wald unnatürlich viel Wasser entziehen. Die nahe Grenzschneise verläuft oberhalb einer auffälligen Geländestufe. Ende des vergangenen Jahrhunderts waren hier große Mengen sandigen Materials entnommen worden, um das Gleisvorfeld des Hauptbahnhofes aufzufüllen.

Alt Schwanheim 8
⑩

In »Alt Schwanheim« wurde in der alten Schule eins der drei Frankfurter Stadtteilmuseen (neben Höchst und dem Bergener Heimatmuseum, das durch Eingemeindung zur Stadt kam) eingerichtet. Es entstand durch die private Initiative einer Gruppe von Hobbyarchäologen, die dort bedeutende Funde aus allen Jahrhunderten zeigen, die sie selbst rund um Schwanheim ausgegraben hatten. Tatkräftige Mitarbeiter, die bei Wind und Wetter im Schlamm stehen und Reste menschlicher Kultur vor eifrigen Baggerzähnen retten helfen, sind auch heute noch willkommen. Das Museum ist an Sonntagen von 10-12 Uhr geöffnet.

Ganz in der Nähe an der Endhaltestelle der Straßenbahnlinie 21 wurde 1987 der bisher letzte Teil des Verkehrsmuseums zum Frankfurter öffentlichen Stadtverkehr eröffnet. Die ungewöhnlich voll-

Der älteste erhaltene Straßenbahntriebwagen als er noch neu war

ständige Sammlung ist nicht nur ein Leckerbissen für Straßenbahn-Fans. Podeste erlauben auch Kindern einen Blick in alle Wagen. Neben einem Original-Pferdebahnwagen gibt es den ältesten original erhaltenen Straßenbahnwagen der Welt. Omnibusse, Uniformen der Bediensteten und dergleichen ergänzen die Sammlung (Öffnungszeiten: samstags und sonntags 10 bis 18 Uhr).

Von hier ist ein Abstecher zur rund zwei Kilometer entfernten »Schwanheimer Düne« möglich. Es ist die letzte Wanderdüne in einem städtischen Raum (außer Darmstadt), die von den Erweiterungswünschen der »Hoechst AG« ständig bedroht wird. Einzigartig ist diese kalkfreie Binnendüne, ein weiteres Relikt alter Mainläufe. Unerwartet, und daher von bizarrer Schönheit ist auch die Vegetation. Angepaßt an Nährstoffarmut, Wassermangel und Flugsand können hier nur wenige Pflanzen wachsen und überleben. Dazu gehören in großer Zahl das Silbergras, der Kleine Sauerampfer, die Gewöhnliche Grasnelke, Kiefern und die Flechtenfamilie Cladonia. Da Flechten extrem empfindlich gegen Luftverschmutzungen sind, ist das Cladonia-Vorkommen in unmittelbarer Nachbarschaft Frankfurts um so bemerkenswerter. Die Freude wird — sofern Naturschützer und umweltbewußte Bürger dem nicht Einhalt gebieten können — nur von kurzer Dauer sein: Demnächst soll das Naturschutzgebiet von zwei vierspurigen Schnellstraßen eingerahmt werden. Dafür wacht schon heute der motorisierte (!) Feldschutz streng darüber, daß kein Fußgänger das Gebiet außerhalb der Wege betritt. Alte Gärten liegen ebenfalls in der Schutzzone. Die Streuobstbestände, Hecken, Dünen, Kiesgruben und Freiflächen außerhalb des geschützten Bereiches bieten Vögeln eine große Vielfalt an Lebensräumen und Brutplätzen. Wiedehopf, Wendehals und Eisvogel sind wahllos aus einer sehr langen Liste herausgegriffene Beispiele.

Schwanheimer Düne

Achtzehn Kilometer Wasser

Eine Tour entlang der Nidda (Nied, Rödelheim, Hausen, Praunheim, Römerstadt, Nordweststadt, Heddernheim, Bonames, Harheim)

von Jürgen Engelhardt

Ausgangspunkt:	*Station Nied Kirche, Straßenbahnlinie (10), 15, Buslinie 53, 57, 70*
Endpunkt:	*S-Bahn-Station Berkersheim, S-Bahn S 6 oder Bushaltestelle Stadtsparkasse Harheim, Buslinie 66*
Dauer·	*Gesamtstrecke rund 22 Kilometer. Mit Fahrrad ca. 2 Stunden. Zu Fuß: Empfohlen wird eine Unterteilung in drei Etappen zu je ca. 2 Std: Nied — Hausen (bis U-Bahnstation Hausener Weg, U-Bahn U6, U7, Buslinie 34) Hausen — Heddernheim (bis U-Bahnstation Zeilweg, U1, U3) Heddernheim (U-Bahnstation Heddernheim, U1, U2, U3, Buslinie 60) — Harheim*

Während der Main auf großen Abschnitten von verkehrsreichen Straßen gesäumt wird und kein durchgehender Fußweg entlang des Ufers existiert, findet man bei der Nidda innerhalb des Stadtgebiets das genaue Gegenteil. Sie ist deshalb ein äußerst beliebtes Ausflugsziel. An schönen Wochenenden tummeln sich gelegentlich so viele Radfahrer/innen und Spaziergänger/innen auf dem schmalen Weg, daß ohne Zick-Zack-Kurven kein Durchkommen ist.

Trotz der Kanalisierung und des schmutzigen Wassers bietet die Nidda eine rund 18 Kilometer lange Grünzone mit relativ großem Erholungswert. Wie an einer Perlenschnur reihen sich viele ehemals selbständige Orte an ihr auf. Sie liegen oft auffällig weit vom Ufer entfernt, denn die Niddaaue wurde bis Ende der zwanziger Jahre regelmäßig von starken Hochwassern heimgesucht. Besonders betroffen davon war der Ort Nied, weil es hier zu Rückstaus aus dem Main kam. Erst mit der Fertigstellung eines kanalartigen Flußbettes mit Staustufen im Jahr 1929 hat sich dies geändert. Verfolgen wir also auf unserer Mammut-Tour eine Nidda, die nur noch selten, und wenn, dann in begrenztem Umfang über ihre Ufer tritt. Bis zur Regulierung wurde auf ihr auch individueller Bootsverkehr betrieben. Noch um den ersten Weltkrieg herum verfolgte man ernsthaft das Projekt, sie schiffbar zu machen — denn schon die alten Römer hatten rund 200 Jahre lang die Nidda und nicht den Main für ihre Transporte zum größten Hafen der Gegend, am Fuß der Römerstadt, benutzt.

Es könnte auch das Wappen der Nidda sein — das von Hans Leistikow auf Anregung von Ernst May entworfene Frankfurter Stadtwappen. Entlang der Nidda entstanden viele Siedlungen des »Neuen Frankfurt«. Der neue Entwurf, bei dem die Krone als Zeichen der Unterordnung unter ein monarchisches Staatsoberhaupt fehlte, wurde als »gerupfter Spatz« diffamiert — die Stadtverordnetenversammlung lehnte ihn als offizielles Stadtemblem ab.

Äcker, Wiesen und Wälder
— von Nied nach Rödelheim

❶ Gleich hinter Nied beginnt eine reine Acker-, Wiesen- und Auwald-landschaft. Sie gehört zu jenen rund 4.700 Hektar Land, die in Frankfurt landwirtschaftlich und gärtnerisch genutzt werden. Immerhin stellen etwa 180 von 266 landwirtschaftlichen Betrieben für ihre Besitzer immer noch die Haupterwerbsquelle dar. Rund 2.000 Stück Rindvieh, etwa 3.500 Zucht- und Mastschweine und 160 Pferde leben in der Bankenmetropole. Aber das moderne »Bauern-sterben« macht auch vor Frankfurt nicht halt. Die gigantische europäische Überproduktion verlangt von den Landwirten ihren Tribut. Alle Verbesserungsversprechen der »Wende-Regierung« haben da keine Abhilfe geschaffen.

Die guten Böden und hochwassergeschützten Wohnlagen entlang des gesamten rechten Flußufers hatten schon die Urmenschen entdeckt. Praunheim und Heddernheim, aber auch die anderen Orte sind seit der Steinzeit besiedelt. Die Römer hatten einen zentralen Stützpunkt dort, wo heute die Römerstadt steht. Von hier aus wurde die Kornkammer »Wetterau« verteidigt. Die Ziegel zum Bau der Stadt kamen überwiegend aus Höchst und Nied.

Nach dem zweiten Weltkrieg hatten die Ziegeleien noch einmal Hochkonjunktur. Ende der siebziger Jahre wurde die letzte geschlossen. Viele ehemalige Gruben in Praunheim und Heddernheim sind heute bebaut. Die in dieser Gegend typische ovale Anlage der »Ringofenziegeleien« ist leider nirgends erhalten geblieben.

Kurz vor Rödelheim kreuzt die »A 5«, Deutschlands erste Autobahn, die »Wiesbadener Straße«, die dann zur »A 66« wird. Die

Nidda beim Niedwald — werktags bietet sie unversperrten Blick auf Natur

Wiesbadener Straße bildet die Fortsetzung der Heerstraße. Beide verlaufen auf der alten Trasse, die die Römer im ersten Jahrhundert unserer Zeitrechnung von Wiesbaden nach »Nidda« (Römerstadt) bauten.

Wiesbadener Str.
Heerstr.

In Rödelheim umschließt die Nidda zusammen mit einem Mühlkanal eine Insel, deren Park früher der Schloßgarten des Solmser Schlosses war. Das Schloß selbst wurde im letzten Krieg zerstört und abgebrochen. Die Rödelheimer Landstraße führt kurz vor der Ludwig-Landmann-Straße über die 1807 erbaute denkmalsgeschützte Sternbrücke, deren Name von einem einstigen Gasthaus »Zum Stern« herrührt. Dort waren oft Kaufleute eingekehrt, die diese Handelsstraße nach Köln seit dem 9. Jahrhundert zu Messezeiten benutzten. Seit dem vierzehnten Jahrhundert gab es hier eine Brücke, die die Frankfurter in politisch unsicheren Zeiten abrissen. Durch die Kanalisierung der Nidda hat die alte Steinbrücke ihre ursprüngliche Funktion verloren. Sie liegt im Trockenen.

Solmspark
❷

Sternbrücke

Pavillon im Brentanopark in Rödelheim

Neben dem Brentanopark gelangen wir in eins der beliebtesten Freibäder Frankfurts, das Brentanobad. Es wurde, wie alle Strandbäder der Nidda, in den sechziger Jahren zu einem »Trinkwasserbad« umgebaut. Bis dahin wurden diese Bäder mit Flußwasser gespeist. Das Schwimmerbecken befand sich oft direkt im Fluß. Im Brentanopark steht ein seit kurzem renovierter Pavillon, der unter Stadtrat Ernst May im Stil des »Neuen Frankfurt« entstand. Leider findet sich für dieses unter Denkmalschutz stehende Gebäude bereits seit vielen Jahren keine sinnvolle Nutzung.

Brentanopark

Der Ortskern von Rödelheim ist mit vielen verkehrsberuhigten Straßen neu gestaltet worden und lädt zum Bummeln in einem »kleinen Ort« ein. Zwischen Schenckstraße und Nidda stehen Häu-

Das alte Rödelheimer Schloß, (durch neuen Bau ersetzt und später zerstört), 1867 von Reiffenstein gezeichnet

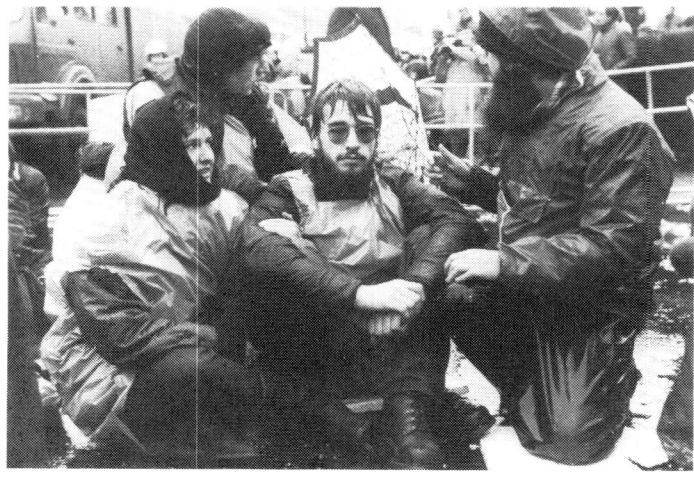

Auch in Hausen: Sitzblockaden der Friedensbewegung vor einem Depot, wo amerikanische Pershing I Raketen vermutet werden.

serzeilen mit Satteldächern. Ihre Abschlußbauten sind im viereckigen Betonstil der Römerstadt gehalten. Die Verwendung von Satteldächern geht auf den massiven Protest der Bevölkerung gegen die oft undichten Flachdächer zurück.

Alexanderstr. 96
❸

In der Alexanderstraße befindet sich der große Block des Rödelheimer Altenzentrums, der alles in allem sehr altengerecht gebaut ist. Auch die Lage (Ortsmitte) garantiert, daß die »Alten« in das »normale« Leben integriert bleiben und nicht, wie sonst häufig üblich, durch die Auslagerung ihrer Wohnungen in Randzonen noch zusätzlich ghettoisiert und stigmatisiert werden.

Ebenfalls in der Alexanderstraße stoßen wir auf das Sperry-Gelände (früher Univac) mit der heute leerstehenden Fabrik. Bis vor kurzem wurden die Gebäude von der Firma Sperry für die Herstellung von Computern und EDV-Anlagen genutzt. Nach der Fusion mit Bourroughs wurden im Juni 1987 die Pforten geschlossen und 220 Arbeitsplätze vernichtet. Die Rationalisierungsmaßnahmen beinhalteten nicht nur die Aufgabe dieser Produktionsstätte, sondern auch die Auslagerung von Vertrieb und Verwaltung nach Sulzbach (Taunus).

Biedenkopfer
Weg 40

Im Biedenkopfer Weg hat der Frankfurter Verein für soziale Heimstätten das Rehabilitationszentrum Rödelheim aufgebaut. Hier wird eine gemeindenahe Psychiatrie mit Werkstatt, Wohnheim (Meta-Quark-Haus) und Trainingszentrum praktiziert. Die »Klienten« wohnen nach der Eingangsstufe im Stadtteil, in den in unmittelbarer Nähe des Zentrums gelegenen Kleinwohnungen mit kleineren oder größeren Wohngemeinschaften.

Hausener Weg
122
❹

Im ehemaligen Fischerdorf »Hausen« finden wir eine der schmalsten Autobrücken Frankfurts über die Nidda. Sie darf heute allerdings nur noch von Fußgängern und Radfahrern benutzt werden. Diese Brücke weist die typische schmale und schwache Konstruktionsweise vieler Niddabrücken auf, die den Benutzern nicht erst im Zeitalter des Automobils und der Schwertransporter erheb-

liches Kopfzerbrechen bereitet. So waren beispielsweise die Hausener Fischer in den vergangenen Jahrhunderten immer darauf vorbereitet, bei Hochwasser die Praunheimer Brücke »aufzufangen«.
Denn wenn diese unter dem Druck der Wassermassen einstürzte,
und das geschah öfter, waren die Praunheimer bereit, den Hause-
nern für das gerettete Holz einen Obolus zu zahlen. Das war für sie
billiger als die Neuanschaffung des Brückenmaterials.

Zwischen »Neuem Frankfurt« und der Bundesgartenschau — von Hausen nach Heddernheim

Zwischen Hausen und Heddernheim befinden sich die längsten
Altarme der Nidda, Teile des ehemaligen Flußlaufes, die im Rahmen der Vorbereitungen zur Bundesgartenschau bereits 1961 zu einem Park und Vogelschutzgebiet ausgebaut worden sind. Aus diesem ersten Anlauf ist dann aber nichts geworden. Die Gartenschau
wurde abgesagt, weil man offenbar die eigenen finanziellen Möglichkeiten überschätzt hatte. Die östlich der Praunheimer Landstraße angelegten ersten Parkanlagen blieben unvollendet. Die provisorisch gepflanzten Bäume entlang der S 6 nach Ginnheim blieben
stehen und trugen mit dazu bei, daß eine entlang der Bahn geplante
Straße nicht gebaut wurde. Diese älteren Bäume des Tals und die
der Bundesgartenschau sollten nicht dem Moloch Auto geopfert
werden.

*Das Ginnheimer Wäldchen
wird sich widerstandslos
dem Bundesgartenschaube-
sucherstrom ergeben*

   An der Ludwig-Landmann-Straße entstand 1930 nach dem
Konzept von *Ernst May* die Arbeitersiedlung »Westhausen« — von
Beginn an eine linke Hochburg. Dort wurde überwiegend soziale-
mokratisch und kommunistisch gewählt. Anläßlich der Reichstags-
wahlen 1932 hißten *Wilhelm Schuster* und andere Mitglieder der
Kommunistischen Partei die rote Fahne. Kaum waren sie unterwegs

**Ludwig-Land-
mann-Str.**
❺

Hier stand einst das alte Wasserwerk nahe der Elbelfeldschule. Nichts erinnert daran.

Praunheimer Hohl

❻

zur Stimmabgabe, marschierte eine ganze Hundertschaft uniformierter Nazis in die Siedlung, um die Fahne einzuholen — einzeln hatten sie sich lange Zeit nicht getraut.

Im Februar 1933 überfielen SA-Truppen die Bewohner von Westhausen im Morgengrauen. Viele Anhänger der Kommunistischen Partei, aber auch sozialdemokratische und christliche Arbeiter wurden mit Schlägen zum alten Wasserwerk getrieben, das bis in die sechziger Jahre zwischen Ebelfeldschule und Nidda stand. Wilhelm Schuster erinnert sich, daß man ihn und die anderen in die alte Halle des Wasserwerkes trieb, um mittels Schlägen und Folter das Versteck der Waffen, das sie bei den Kommunisten vermuteten, herauszukriegen. Als die Faschisten ihr Ziel nicht erreichten, wurde Schuster in den Keller gebracht. Er mußte dort in einen alten, mit kaltem Wasser gefüllten Schacht steigen und wurde solange auf Kopf und Füße getreten, bis er freiwillig untertauchte. Daraufhin verschwanden die SA-Leute. Schuster konnte sich durch ein Kellerfenster ins Freie retten, während aus der Werkshalle Geschrei und Schritte zu hören waren. Schuster wurde später verhaftet und in ein Konzentrationslager verschleppt.

Auf Höhe des Wasserwerks an der Nidda befand sich das Strandbad Hausen (nicht identisch mit dem heutigen Strandbad), das Sozialdemokraten als geheimer Treffpunkt diente. Sie berieten dort über Hilfsmaßnahmen für verfolgte Genossen. Dieser Treffpunkt wurde von der Gestapo nie entdeckt. Nach 1945 erhielten die Straßen in Westhausen die Namen von Widerstandskämpfern — Kommunisten wurden, wie fast schon normal in der bundesrepublikanischen Widerstandsaufarbeitung nicht berücksichtigt. In den fünfziger Jahren diente das alte Wasserwerk der Ebelfeldschule als Turnhalle. Offensichtlich kannte kein Lehrer die Geschichte des Wasserwerks, denn die ›Vergangenheitsbewältigung‹ jener Jahre endete immer wieder mit dem Auswendiglernen der Straßennamen der Siedlung Westhausen. Heute erinnert nichts mehr an das Wasserwerk.

In der ehemaligen Ziegelei-Lehmgrube (heute zugeschüttet und bebaut) nördlich der Ebelfeldschule sind in den fünfziger Jahren zahlreiche prähistorische Funde von ersten menschlichen Siedlungen gemacht worden, die heute im Museum für Vor- und Frühgeschichte zu sehen sind.

**Heerstr.
Hofgut
Am Hofgut**

Südlich der Heerstraße befindet sich der Stadtteil »Praunheim Siedlung«, der im Stil der Römerstadt errichtet wurde. Große Teile der Gesamtanlage stehen heute unter Denkmalschutz. Im Gegensatz dazu blieb vom alten Hofgut (Am Hofgut) nur das Portal erhalten. Dieser landwirtschaftliche Großbetrieb befand sich zuletzt in städtischem Besitz und wurde dem Bau der Nordweststadt geopfert. Seine Ländereien überließ man den Landwirten, die aus dem Areal der Nordweststadt ausgesiedelt wurden. Das Hofgut hatte in Zusammenarbeit mit dem »Landwirtschaftlichen Verein« zahlreiche pflanzenbiologische Versuche unternommen.

Auf dem Weg zur Praunheimer Brücke finden wir in Alt-Praunheim 13 die Gastwirtschaft Bender-Schuch (Concordia). Das Lokal war schon immer Versammlungsort der Arbeiterparteien und Gewerkschaften. Als 1932 in Praunheim und Westhausen die Antifaschistische Aktion und deren Kongreß in Darmstadt vorbereitet wurde, trafen sich deren Mitglieder ebenfalls hier. Der Gestapo war die Wirtschaft wegen der antifaschistischen Einstellung der meisten Gäste eine Aktennotiz wert: »In der Wirtschaft Bender-Schuch wurde grundsätzlich nicht mit ›Heil Hitler‹ gegrüßt.«

Alt Praunheim 13
❼

3.6.1914, die Praunheimer Brücke hält einer Straßenwalze nicht stand und bietet ein willkommenes Ereignis für Praunheimer Wirte, die die Schaulustigen bewirten

Im neunzehnten Jahrhundert ersetzten die Praunheimer ihre Holz- durch eine Stahlbrücke. Als eine Straßenwalze nach Praunheim gefahren werden sollte, stellte sich heraus, daß man zu sparsam gewesen war: Die Brücke knickte ein. Dieser Unfall war Ende des neunzehnten Jahrhunderts eine derartige Sensation, daß die Frankfurter scharenweise dorthin pilgerten. Die Praunheimer verzögerten die Reparatur der Brücke künstlich um vierzehn Tage, damit das Gaststättengewerbe sich noch länger an den ›Pilgern‹ erfreuen konnte.

Hier im alten Ortsteil liegen die »Praunheimer Werkstätten«, eine richtungsweisende Einrichtung, die Arbeitsplätze für geistig Behinderte bereitstellt. Die ausschließlich aus Naturmaterialien gefertigten Spielwaren werden nur hier und auf dem Frankfurter Weihnachtsmarkt angeboten. Auch in der Alten Mühle sind Einrichtungen einer Heimschule für psychisch behinderte Kinder untergebracht.

Nicht nur wegen dieser Einrichtungen ist Praunheim über Frankfurts Grenzen hinaus bekannt. In Anlehnung an die mittelalterlichen Herrscher dieses Ortes, das Geschlecht derer von Praunheim, die später ausstarben, hat sich der Praunheimer Filmemacher *Rosa von Praunheim* seinen Künstlernamen gegeben. In seinen ersten

Alt Praunheim 2

Rosa von Praunheim

Edeltraud Engelhardt

Filmen sieht man gelegentlich einen der damals charakteristischen Schaufelbagger einer Ziegelei im Hintergrund. Rosa von Praunheim lebt nicht mehr in diesem Stadtteil. Dafür kann man heute die Wahlpraunheimerin *Edeltraud Engelhardt* treffen, die Ende der sechziger Jahre im eigenen Studio in völligem Ein-Frau-Betrieb die Herstellung von Scherenschnittfilmen begann. Sie ist seit *Lotte Reinigers* Tod (beide kannten sich) die einzige aktive Scherenschnittfilmerin der Welt, die auf diese Weise arbeitet.

Praunheimer Landstraße, Woogstraße, Rosa Luxemburgstraße und die S-Bahn umschließen das künftige Gelände der Bundesgartenschau. Die nördliche Hälfte wurde bislang überwiegend landwirtschaftlich genutzt. Die südliche Hälfte beherbergt Sportanlagen, Kleingärten und Wiesen, die bereits seit dem ersten ›Versuch‹ in den sechziger Jahren brach liegen. Fast 20 Jahre herrschte ein endloses Tauziehen unter den Verantwortlichen darüber, was letzten Endes aus der größten Grünzone Frankfurts werden soll. Es gab in dieser Zeit Pläne, hier entweder Sportanlagen oder Wohnsiedlungen oder einen neuen größeren Zoo zu verwirklichen.

Ein Klimagutachten für Frankfurt zeigte Ende der siebziger Jahre eindeutig, daß die Niddaaue unbedingt ohne irgendwelche Hochbauten erhalten bleiben muß, um die Frischluftzufuhr der Stadt sicherzustellen. So wurde auch der bereits begonnene »Niddazoo« für Tiere mit großem Platzbedarf vorerst nicht weiter ausgebaut. Mittlerweile hat sich in der Aue aus der ehemaligen Kulturlandschaft und den Teilbrachen eine interessante Landschaft mit viel Wildwuchs entwickelt, die große Teile der Bevölkerung nicht mehr missen wollen. Kleingartenbesitzer und Bewohner der angrenzenden Wohngebiete fürchteten um ihre Ruhe und protestierten heftig gegen einen künftigen Volkspark mit englischem Rasen, Eintrittsgeldern und starkem Autoverkehr durch Besucher an Wochenenden.

Wegen des ungewöhnlich großen Geländes und der Finanzknappheit der Stadt wird die Frankfurter Bundesgartenschau 1989 nun eine Mischung aus renaturierter Auelandschaft und Park ohne englischen Rasen. Wasserläufe werden nur sehr spärlich vorhanden sein, eine Renaturierung des Niddalaufs findet aus Geldmangel und wegen zu schlechter Wasserqualität nicht statt und ein größerer See fehlt gänzlich. Mehr Wasser und Feuchtgebiete kämen der alten Auelandschaft näher, in der noch Ende der fünfziger Jahre Bäche flossen, die später verrohrt oder zur Verwendung als Trinkwasser abgepumpt wurden. Vor allem das »Ginnheimer Wäldchen« hat durch diese Trockenlegung in den vergangenen Jahren leiden müssen.

Die geplante Bundesgartenschau wird von Ökologen und anderen engagierten Gruppen entschieden bekämpft. Wenngleich einige großklotzige Projekte wegen der finanziellen Probleme zurückgenommen werden mußten, die Stadt inzwischen bereit ist, auch nach 1989 keinen Eintritt für den Volkspark zu erheben und schließlich keine nennenswerten Parkplatzareale geschaffen werden sollen, da eine optimale Anbindung mit der U-Bahn vorhanden ist und ein Pendelbusverkehr für Besucher mit Auto zum Großparkplatz »Rebstockgelände« eingerichtet wird — vielen Einwänden und Bedenken wurde nicht Rechnung getragen.

Vogelkundlicher Unterricht am Niederurseler Hang: Ein Ornitologe gibt einen Überblick über die Vogelwelt am Niederurseler Hang. Mehr als 60 Vogelarten nisten an diesem Überlebensgürtel am Stadtrand, von denen mehrere — wie der Steinkau — auf der Roten Liste stehen.

Am Nordhang des Niddatals entstand bis 1928 die »Römerstadt«, die zusammen mit der »Siedlung Praunheim« und »Westhausen« den ersten Teil der damals von Ernst May geplanten Trabantenstadt »Niddatal« bildet. Alle diese Siedlungen waren zur Behebung der großen Wohnungsnot nach dem ersten Weltkrieg geplant worden. Auch die Römerstadt sollte komfortable, kleine Wohnungen im Stil der neuen Sachlichkeit für Arbeiterhaushalte bieten. Die Mieten waren allerdings so hoch, daß trotz Mietsenkungen von 1932 an nur Angestellte, Beamte und Freiberufler einzogen. Diese Sozialstruktur ist bis heute erhalten geblieben.

Die Hadrianstraße ist die zentrale Einkaufsstraße der Siedlung und sollte einst zur Stadt weitergeführt werden. Heute stellt die Rosa-Luxemburg-Straße diese Verbindung her. Sie kreuzt die Nidda in etwa an der Stelle, an der vom ersten bis dritten Jahrhundert der römische Hafen der Stadt »Nida« lag. Sie war aus einem Kastell hervorgegangen und befand sich zwischen Nordwestzentrum und U-Bahnstation »Römerstadt«. Beim Bau der Römerstadt und in den sechziger Jahren beim Bau der »Nordweststadt« wurden viele Ausgrabungsfunde aus dieser Zeit gemacht. Abgesehen von einem Töpferofen beim Nordwestzentrum hat man es aber versäumt, an Ort und Stelle einen musealen Hinweis auf die bedeutendste römische Siedlung im Main-Wetteraukreis zu geben.

Nida ist häufig von angreifenden Chatten heimgesucht und teilweise zerstört worden. Die Römer hatten große Mühe, die Korn-

Hadrianstr.

Rosa-Luxemburg-Str.
Nida
Nordwestzentrum
❾

kammer »Wetterau« zu verteidigen, obwohl sie einen Pfahlgraben, den Limes, zum Schutz um die Taunus- und Wetterauregion gezogen hatten.

In der Römerstadt
⑩

Zwischen 1945 und 1948 wurden große Teile der Römerstadt für amerikanische Armeeangehörige beschlagnahmt. Viele der damals aus ihren Wohnungen Vertriebenen fanden andere Unterkünfte und zogen später nicht zurück. Dennoch sind die Sozialkontakte in der jetzt denkmalsgeschützten Siedlung überdurchschnittlich gut geblieben. Die Wohnungen sind heute sehr begehrt. Ursprünglich sollte nördlich der Straße »In der Römerstadt« ein weiterer Bauabschnitt folgen, dessen Fertigstellung am Geldmangel und an den veränderten politischen Verhältnissen, die *Ernst May* zwangen, Deutschland zu verlassen, scheiterte.

Römerstadt und Nidda-Kanal als sie noch neu waren

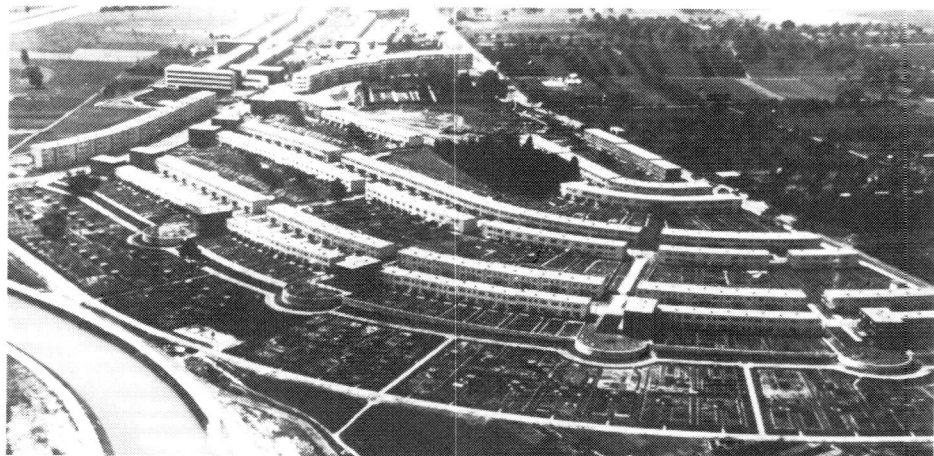

Nordweststadt
⑪

Mays ehemaliger Mitarbeiter, *Walter Schwagenscheidt*, entwarf 1957 die »Nordweststadt« und knüpfte damit an die Tradition des »Neuen Frankfurt« an. Die Nordweststadt liegt auf den ehemaligen Gemarkungen von Praunheim, Niederursel und Heddernheim. Sie ist somit keine eigenständige Gemeinde und tritt deshalb auf topographischen Karten nicht auf. Ihr Name war eigentlich nur ein Arbeitstitel zur besseren Orientierung der Baufirmen. Bis 1967 entstand eine Siedlung für rund 20.000 Einwohner, in der ein Fußgänger nie mit einer Autofahrbahn in Berührung kommen muß. Durch die Einbindung vorhandener Bausubstanz konnte dieses Konzept nicht konsequent durchgestaltet werden. Dennoch können Kinder ohne nennenswerte Straßenüberquerungen Kindergärten und Schulen erreichen; dafür müssen die Bewohner und Besucher die Schwierigkeiten in Kauf nehmen, die einzelnen Hausnummern zu finden — sie sind fast nur von den Fußwegen aus sichtbar und noch dazu im Grün einer sehr dichten Bepflanzung der ganzen Siedlung ›versteckt‹.

Die Architekten Walter Schwagenscheidt, Tassilo Sittmann *und deren Mitarbeiter waren über die simplen Fertigbaumietshäuser, mit denen ihr*

Das »neue Frankfurt«

In den 20er Jahren erreichte Frankfurt mit seinen »Wohnstätten« zum ersten und einzigen Mal in Architektur und Städtebau Weltniveau. Hiermit sind im besonderen zwei Namen verbunden: *Ludwig Landmann*, der Oberbürgermeister, und *Ernst May*, der Stadtbaurat, der in der kurzen Zeit einer besonders günstigen politischen Konstellation die besten Architekten und Mitarbeiter nach Frankfurt holen konnte, die zur Verwirklichung der damals fortschrittlichsten Ideen im öffentlichen Wohnungsbau fähig waren. Der städtebauliche Grundgedanke war, die neuen Teile der wachsenden Stadt nicht, wie im 19. Jahrhundert, einfach an die alte Stadt anzubacken — ein Prinzip, von dem in Frankfurt mit den Wallanlagen bereits in einer höchst prägnanten Weise abgewichen worden war —, sondern erst nach einem weiten freien Landschaftsraum mit dem »Neuen« zu beginnen. Dies war die Antwort der Moderne auf den Alptraum der konturlos immer weiter ausgreifenden Steinwüsten der Metropolen: großräumige Gliederung der Großstadt, bewußte Formung einer Stadtlandschaft (in die mechanisierter Verkehr als Zeit-Raum-Dimension durchaus einbezogen war).

Die »Bodenfrage« durchzieht nicht umsonst die Diskussion über das Neue Bauen mit großer Intensität: Wollte man tatsächlich freie Landschaftsbereiche in der Stadt haben, wollte man Grundstücke für den Bau von Wohnungen den breiten Schichten der Bevölkerung zuweisen, dann mußte der dem kapitalistischen Bodenmarkt immanente Mechanismus, daß das der bebauten Stadt nächstgelegene Land »natürlicherweise« Bauerwartungsland ist, durchbrochen werden. In Frankfurt mag die Tatsache, daß weite Teile der Feldmark den öffentlichen Milden Stiftungen (St. Katharinen- und Weißfrauenstift, Hospital zum Heiligen Geist, Allgemeiner Almosenkasten) gehören, zur Durchsetzung des progressiven Wohnungsbaus beigetragen haben. Daß der Neubeginn nicht an beliebiger Stelle stattfinden, also keineswegs der Zersiedlung der Landschaft Vorschub leisten sollte, sondern mit einem hohen stadtbaukünstlerischen Anspruch verbunden war, zeigen Ernst Mays Gesamtplanungen für Frankfurt in eindringlicher Weise: Hier wird der Versuch unternommen, ein Gebilde von Großstadt-Dimension bewußt zu formen und sichtlich ablesbar zu strukturieren. Dies geschieht nicht mehr mit den barock-klassizistischen Mitteln von Achse und Point de Vue, sondern — demokratisch-versöhnlicher Aspekt — in Anlehnung an die charakteristischen Merkmale der großräumigen Topographie, die akzentuiert, baulich überhöht wird.

Unter den zahlreichen Frankfurter Siedlungsprojekten der damaligen Zeit — darunter städtebaulich so interessante wie die Heimatsiedlung in Sachsenhausen, aber auch solche, die kaum mehr leisten konnten, als den Wohnungsmangel mit Anstand zu verwalten — seien zwei hervorgehoben, bei denen diese Gedanken besonders einprägsam und bis heute sichtbar verwirklicht werden konnten:

Der Bornheimer Hang: Über dem Prallhang der Mainniederung erhebt sich eine stark gegliederte, urban konzipierte Bebauung; der hier wichtige Stadteingang von Osten (Saalburgallee) wird unter Ausnutzung einer natürlichen Einbuchtung, ohne Rückgriff auf historisierende Zitate deutlich definiert. Der Hang selbst (Kettelerallee) ist durch Promenaden und Gartenterrassen für die Bewohner der Siedlung (überwiegend Mietwohnungen) nutzbar gemacht; die Stadterweiterung — hier die Riederwaldsiedlung — erst hinter der außer einigen eingestreuten Sportanlagen freigehaltenen Mainniederung. Dieses Ensemble ist durch die in die Niederung geklotzte Eissporthalle und die rückwärtig erstellten Hochhäuser bereits beeinträchtigt; schrecklich auswirken wird sich der projektierte Autobahnknoten im anschließenden Erlenbruch.

Das Niddatal: Die breite flache Talaue wird von Bebauung in stadtprägendem Maßstab freigehalten. Auf der östlichen Anhöhe — der »alten« Stadtseite — erstrecken sich traditionelle Villenvororte im Anschluß an die ehemaligen Dörfer Ginnheim und Eschersheim (hier auch die Siedlung Höhenblick mit den Wohnhäusern von Martin Elsaesser, Höhenblick 37, und

Ernst May, Ludwig-Tieck-Str. 11, später stark umgebaut). Auf der westlichen Anhöhe war eine ganze Kette neuer Siedlungen geplant, von denen Westhausen, Praunheim und Römerstadt gebaut worden sind. Die Römerstadt ist die schönste und mit Recht berühmteste. Hier wird die Absicht, einerseits die Stadt nicht konturlos verfließen zu lassen, andererseits auf die natürliche topographische Situation Bezug zu nehmen und diese durch die neue Bebauung zu verdeutlichen und zu überhöhen, besonders deutlich: Die gebaute, verdichtete Stadt wird hier sogar durch Mauern mit bastionsartigen Vorsprüngen, von denen sich der Blick ins Tal öffnet, gegen die Landschaft abgegrenzt. So ergibt sich eine höchst einprägsame Raumfolge: oben die streng gebaute Stadt, darunter eine Zone mit Hausgärten (»bebaute« Natur), die in die offene Flußlandschaft übergeht (man kann diese trotz aller menschlichen Eingriffe gedanklich durchaus als freie »wilde« Natur deuten). Die Römerstadt verdeutlicht in besonderer Weise den hohen künstlerischen Anspruch einer streng funktionalistischen Architektur der Knappheit eben deswegen, weil er hier einmal realisiert werden konnte. Schon der Lageplan gemahnt eher an ein dekoratives abstraktes Gemälde (ohne daß die Funktionen wie gute Besonnung, Verkehr usw. vernachlässigt wären). Die erwähnten Mauern und »Bastionen« sind ein weit über bloße Funktionserfüllung hinausweisendes Element. Die überaus sorgfältige und durchgearbeitete Gestaltung der inneren Erschließungswege mit niedrigen Stützmauern, Treppen und wohlakzentuiert gesetzten Baumreihen (die stehen nicht irgendwo) ist nie wieder erreicht worden (Gartenarchitekt: *L. Migge*). Die Hauseingangs-Vorbauten schaffen bei aller Knappheit, ja Härte im Detail Distanz und Übergang von öffentlicher zu privater Sphäre — man latscht nicht direkt ins Haus rein. Die ganze Siedlung war stark farbig gefaßt: weiß auf Fernwirkung, farbig nach innen (nicht mehr erhalten). Auch dieses Ensemble ist durch die Barbarei der Verkehrsplanung der 60er Jahre stark beeinträchtigt. Die Wohnungen sind, wie in allen Siedlungen dieser Zeit, nach heutigen Maßstäben sehr knapp bemessen (sie waren ja auch nicht für die Reichen gedacht), aber funktional so gut durchdacht, daß sie immer noch — bei verringerter Personenzahl — hervorragend bewohnbar sind (in Besonderheit die Einfamilien-Reihenhäuser erfreuen sich ungebrochener Beliebtheit; übrigens alles Mietwohnungen). Zum Standard aller »gelungenen« Siedlungen gehörte die Frankfurter Küche, ein Forschungsergebnis der aus Wien gekommenen Architektin *Grete Schütte-Lihotzky*, die die moderne Küche damals erfunden und faktisch abschließend entworfen hat: Im Grundsatz haben unsere nachfolgenden Jahrzehnte hierzu nichts mehr Neues gebracht. Auf ein wichtiges Detail muß hingewiesen werden: Die Frankfurter Küche war kein die Hausfrau isolierendes »Laboratorium«, sondern hatte immer einen Durchgang (keineswegs die perverse Durchreiche) zum anschließenden Wohnraum; die Kommunikation mit der (dem, den) in der Küche Arbeitenden war mitgedacht. (Die Durchsetzung dieser Küche war damals von erheblichen Widerständen begleitet, weil die Leute ihr altes Buffet nicht unterbringen konnten. Ein vollständiges Exemplar dieser Küche sollte im Historischen Museum (Römerberg) unbedingt besichtigt werden.

Ernst May und die Architekten der konstruktivistisch-funktionalistischen Moderne, die er dank der günstigen politischen Situation im Frankfurt seiner Zeit für die Stadt verpflichten konnte, haben Gedanken der Gartenstadt-Bewegung des ausgehenden 19. Jahrhunderts verwendet. Der Aspekt des Anti-Städtischen, der Versuch, Stadtbevölkerung (= moderne Industriearbeiter und Angestellte) in eine quasi ländliche Idylle zu verpflanzen, wo sie womöglich gar irgendwie »autark« leben könnten; was sich denn auch in entsprechenden Bauformen niederschlägt: (pseudo-)zentrale Plätze, barockisierende Mansarddächer, »bäuerliche« Vorgärten — dieser Aspekt der Gartenstadt ist den Frankfurter Siedlungen völlig fremd. (Man findet gute Beispiele für die romantisierende Linie des modernen Wohnungsbaus in der damals noch nicht zu Frankfurt gehörenden Stadt Höchst und ihrer Umgebung: Eisenbahner-Siedlung Nied, Ferdinand-Hoffmann-Siedlung in Sindlingen, Werkssiedlungen in Zeilsheim und Unterliederbach.) Die Frankfurter Siedlungen der 20er Jahre sind städtisch gedacht, Behausungen für den modernen, urbanen Bürger. Darin liegt bis heute ihre Aktualität.

Uli Zimmer

Planungskonzept ›ausgefüllt‹ wurde, ebenso wenig begeistert wie die späteren Bewohner. Sie hatten aber kaum Einfluß auf die Bauherren »Neue Heimat« und Kollegen, die möglichst billig bauen wollten. 90% der Wohnungen gehören zum sozialen Wohnungsbau. Schwagenscheidt und Sittmann hatten maximal 75% gewollt, um eine ausgeglichenere Bevölkerungsstruktur in diesem Stadtteil zu bekommen. Der Martin-Luther-King-Park, eine aufgefüllte alte Ziegeleigrube, konnte nur mit kostenloser Hilfe der »Amerikanischen Pioniere« und deren Planierer gestaltet werden. Aller Kritik zum Trotz zählt die Nordweststadt zu den begehrtesten Wohngebieten Frankfurts. Selbst wenn ihre Kriminalfälle so berühmt wurden wie ihre Architektur (Wenn man einmal im Rampenlicht steht...) — statistisch betrachtet, lebt man hier friedlicher als in den meisten anderen Stadtteilen Frankfurts.

Martin-Luther-King-Park

Im Einkaufszentrum der Nord-West-Stadt

Nördlich der Frankfurter Müllverbrennungsanlage, die die Nordweststadt mit Fernwärme versorgt, lag am Oberschelder Weg das Arbeitserziehungslager Heddernheim (AEL). Es gehörte zu jenen Lokalitäten Frankfurts, in denen sich nazistische Willkür austobte. Auf Betreiben eines einstigen Häftlings und des Vereins für Frankfurter Arbeitergeschichte wurde auf dem inzwischen anderweitig genutzten Gelände, auf dem jedoch noch Reste einstiger Lagergebäude vorhanden sind, endlich eine Gedenkstätte errichtet und 1986 eingeweiht — obwohl die Stadt sich lange dagegen gesträubt hat. Das AEL Heddernheim wurde auf dem Gelände einer ausgebeuteten Lehmkuhle 1941 errichtet. Es bestand aus einem Wachturm, dem Wachraum, drei Häftlingsbaracken, einem (Straf-) »Bunker«, Hundezwinger und Appellplatz zwischen den Baraken. Die Größe des Areals betrug rund 1.250 Quadratmeter. Nachzuweisen ist die Einweisung von 151 Personen zwischen September 1943 und August 1944. Die Bezeichnung »Arbeitserziehungslager« ist eine ebensolche Schönfärberei wie »Schutzhaft« für das Verschwinden in einem Konzentrationslager. AEL unterstanden den regionalen Gestapo-Leitstellen. Die Anlässe für die Einweisung in ein solches Lager konnten banal sein, wie zum Beispiel die Verweigerung des Hitlergrußes für die Fahne einer vorbeimarschie-

Oberschelder Weg
⑫

renden Nazieinheit oder die Nichtteilnahme am Gemeinschafts-empfang einer »Führerrede«. Die Zustände in den AEL unter-schieden sich nur geringfügig von denen in den Konzentrationsla-gern. Folterung und Tötung von Häftlingen war in den AEL nicht ungewöhnlich, insbesondere nicht gegenüber Ausländern. Die Dauer eines Aufenthalts in einem AEL war ebenso ungewiß wie die in einem Konzentrationslager. In Heddernheim reichte sie von zwei bis drei Wochen bis zu mehreren Monaten. Für viele war das AEL Heddernheim die erste Station auf dem Weg in ein Konzentrations-lager.

Ganz im Verborgenen: AEL-Gedenkstätte in Heddernheim

Vom AEL Heddernheim sind Arrestzellen erhalten, die baulich konser-viert wurden. Zwei Tafeln informieren über das einstige Lager. Eine genaue Rekonstruktion dieses einzigen AEL in Frankfurt ist nicht mehr möglich, da Lagerdokumente von der Gestapo nach der Kapitulation vernichtet wurden. Die meisten Zeitzeugen sind inzwischen gestorben, andere haben noch heute Angst vor Verfolgung, wenn sie Aussagen machen. Viele Heddernheimer Bürger müssen eine Vorstellung von den Haftbedingungen gehabt haben, aus ihren Reihen kam das Wachpersonal, andere können sich noch heute an die Schreie der ständig verprügelten Lagerinsassen erinnern, die man in den angrenzenden Straßen hörte. Das AEL Heddernheim war vor allem für seine Schläge und sein schlechtes Essen bekannt.

Wo die Römer einst hausten, ist das Fastnachtsbrauchtum mit Karnevalsumzügen geblieben. Nachweisbar ist ein eigenständiger Umzug in Heddernheim seit 1839. Noch heute gilt er als Geheimtip in der Region, zu dem am Faschingsdienstag jedesmal Tausende drängen. Dann wird der Ort zu »Klaa Paris« (klein Paris).

Zur Feier des hundertzehnjährigen Bestehens 1949 wurde der Vereinsmit-glieder gedacht, die wegen der Titelblattgestaltung der Fastnachtszeitung 1936 verhaftet wurden. In der Karnevalszeitung des Vereins » Heddemer Käwwern« erschien 1936 eine Maskenzeichnung, aus der — wer wollte — in einer Narrenmaske den » Führer« erkennen konnte. Die Zeitung wurde um-gehend beschlagnahmt, Graphiker und Drucker verhaftet und vier Wochen festgehalten. Die Karnevalsgesellschaft selbst wurde in die Verantwortlich-keit der Deutschen Arbeitsfront, Abteilung »Kraft durch Freude« übergeben. Die » Times« in London — durch Kuriere informiert — berichtete im Februar 1936 unter der Überschrift » Vorboten eines deutschen Fasching« über dieses Ereignis.

Zeilweg
🔞

1949 gab es zwei ›Saalbauten‹, in denen gefeiert werden konnte: Einer ge-hörte der KPD und wurde »Kremel« genannt; der andere gehörte der Kol-ping-Familie und wurde »Vatikan« genannt. Zum Beginn des 111. Jahres »Klaa Paris« rief man deshalb dazu auf, in der ›Regierungsbaracke‹ (Kre-mel) die »Närrische Freie Reichsstadt Klaa Paris« auszurufen.

Mitte des neunzehnten Jahrhunderts trieb der Urselbach auf Hö-he des Zeilwegs einen Kupferhammer an, aus dem sich die »Kupferwerke Heddernheim« entwickelten. Diese gingen später auf in der Vereinigten Deutschen Metallwerke AG (VDM).

Zur Kupferproduktion gesellte sich die Verarbeitung von Aluminium-Feinblechen. Obwohl das Unternehmen zu den bedeutendsten Verarbeitern von Nichteisen-Metallen in der Bundesrepublik gehörte, wurde es 1981 ge-schlossen. Der Schließung waren heftige Auseinandersetzungen zwischen Belegschaft und Gewerkschaft einerseits und Unternehmensleitung ande-

rerseits vorausgegangen. Die Kolleginnen und Kollegen sahen schließlich keine andere Möglichkeit, ihre berechtigten Interessen geltend zu machen als durch eine Betriebsbesetzung. Diese Aktionen der Arbeitnehmer/innen der VDM und ihrer Gewerkschaft (IG Metall) wurde von den anderen Einzelgewerkschaften, dem DGB und den Landeskirchen unterstützt. Es half aber alles nichts. Das letzte Wort hatte der Eigentümer. Die Stadt hofft — durch Neubebauung des VDM-Geländes — 7.000 neue Arbeitsplätze und Wohnraum für 3.000 Bürger zu schaffen.

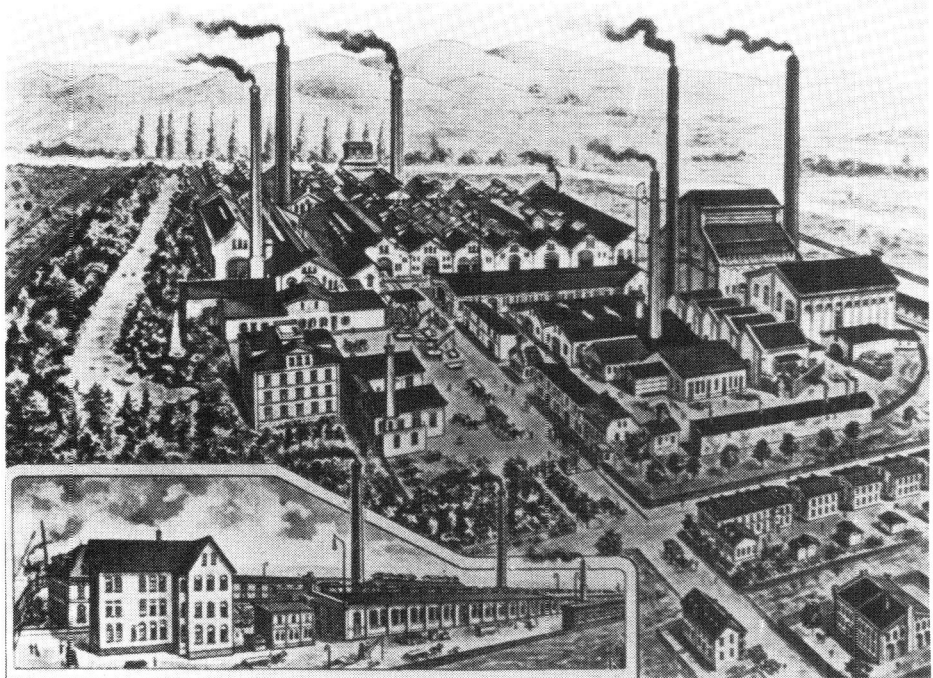

Heddernheimer Kupferwerke

Auf der gegenüberliegenden Niddaseite befindet sich die »Batschkapp« — das Frankfurter Kulturzentrum der Alternativszene.

»Die Batschkapp ist beliebtestes Streitobjekt, sie liegt im steten Bezieungsknatsch mit der ganzen Gemeinde. Ihr schlechter Ruf ist längst zum Qualitätssiegel geworden — wie attraktiv und preiswert. ›Nie, nie wieder geh' ich hin!‹ Das sagen, beteuern, beschwören alle, die gestern da waren und heute wieder hinrennen: die Abenteuerer, die Wahnsinnigen, die Frustrierten, die Kids, die Lehrer, die Punks, die Hippies, die Hoffnungslosen, die Körnerfreaks, die... Die Szenen der Szene werden neu gemischt. Den schwarzen Peter zieht wie immer die Batschkapp. Geschimpft wird anschließend allemal: über das schweißtreibende Gedränge, das laue Bier, die stickige Luft, den ohrenbetäubenden Lärm, die chauvinistische Anmache, den ganzen Konsumterror und — hinter vorgehaltener Hand — über die lauen Bräute und die lahmen Typen.

Seit 1976 besteht die Batschkapp. Geplant war sie als politischer Stützpunkt im Stadtteil, wie andere Zentren auch: das Galluszentrum oder das Häuschen in Bockenheim. Das jedenfalls war die Strategie des ›Revolutionären Kampfes‹ (1972/73), der treibenden Kraft im Häuserkampf. Als die

» BATSCHKAPP «

Kapp
Kassierer
Schweinepack?

Maybachstr. 24
⑭

Zentren standen, war dieser politische Kampf gescheitert und via › Politik in der ersten Person‹ die Kultur hoffähig geworden. Aus den geplanten politischen Stützpunkten wurden Kulturzentren: Musik, Theater, Filme, Feste, Diskussionen. Die Batschkapp wurde in erster Linie Spielstätte für Frankfurter Theater- und Musikgruppen: Karl Napps's Chaos Theater, das Sog. Linksradikale Blasorchester, die Frankfurter City Bluesband, das Frankfurter Kurorchester, das Klappmaul Theater, die Schlicksupp Theatertrupp, das Mobile Einsatz Orchester, Bildstörung, Strapaze und andere.« (Jochen Schäfer/Frieder Kern, Es ist ein Dorf in der Stadt — Alternative Kultur in Frankfurt)

Noch heute gehört die Batschkapp mit der dazugehörigen Kneipe »Elfer« zu den bedeutendsten Musikveranstaltern für Avantgare-Rock-Musik.

Die Nidda wird kanalisiert

Von Heddernheim nach Harheim — Leben auf dem Lande

Am Landschaftsschutzgebiet »Riedwiese« vorbei geht es längs der Nidda weiter Richtung Stadtgrenze/Bad Vilbel. Die Nidda verläuft durch Äcker und Wiesen, in denen die Orte Bonames und Harheim liegen.

Die heute unter Denkmalsschutz stehende alte Steinbrücke verweist auf das alte Flußbett, bevor es kanalisiert wurde. Der ganze alte Ort richtete seine Straßen auf diese Brücke aus. Verständlich, daß hier einst eine Burg stand, die 1413 mit einer Ringmauer rund um den Ort ergänzt wurde. Einer der ehemaligen Türme ist später in ein Landhaus (neben der alten Brücke) integriert worden. In den Gärten an der Bonameser Hainstraße sind auch noch Reste der alten Stadtmauer sichtbar. Im dreizehnten und vierzehnten Jahrhundert stellte eine Nebenlinie der Schelme von Bergen die Herren der Bonameser Burg.

Bonameser Hainstr./Bonameser Hintergasse Am Burghof
⑮

In den sechziger Jahren wurde Bonames wie alle Orte rund um Frankfurt mit Siedlungen erweitert. Im Norden des Orts siedelte man verstärkt sozial schwache Bevölkerungsschichten an, ohne für die kulturellen Angebote und Sozialeinrichtungen, vor allem für Jugendliche, zu sorgen. Heute versucht man mit verstärkter Jugendarbeit, den Problemen einer von jedem städtischen Leben abgeschnittenen Jugend in diesen Siedlungen zu begegnen.

Auch das angrenzende neue Gewerbegebiet schafft keinerlei Urbanität, da es außer ein paar Arbeitsplätzen bei flächenintensiven Handelsorganisationen keine kulturellen Anreize bietet. Es zeigt bisher nur anschaulich, daß bestes Ackerland bebaut wurde, während im Ostend große erschlossene Industrieflächen brach liegen.

Bonames. Straßenfächer von der alten Brücke aus. Bis zum Bau der Autobahn zwängte sich hier der Berufsverkehr nach Franfurt durch!

Zu Bonames gehört ein Hubschrauberlandeplatz, dessen Geschichte mit einigen städtischen Eulenspiegeleien verknüpft ist. So beschloß man, als über einen Zubringer zwischen der kommenden A66 und der Autobahn Frankfurt/Kassel entschieden werden mußte, diesen Zubringer in einer großen Schleife um den Hubschrauberlandeplatz herum zu bauen, anstatt eine direkte Verbindung zu schaffen. Der Hubschrauberlandeplatz sollte auf keinen Fall geopfert werden — koste es (mehr), was es wolle! Seit vielen Jahren kämpft zudem eine Bürgerinitiative gegen den beständigen Lärm und den Versuch, noch mehr Maschinen hier zu stationieren.

In Harheim begegnet dem Besucher Leben auf dem Lande mit S-Bahn-Anschluß. Der Ort ist bislang von größeren Siedlungen verschont geblieben und ein Geheimtip für alle diejenigen, die nach ihrer Arbeit nur Ruhe und Feldwege suchen. 1987 wurde hier und in benachbarten Orten die Fernsehserie »Die Wilsheimer« mit Hansjörg Felmy gedreht. Ein Wirtshaus erinnert daran.

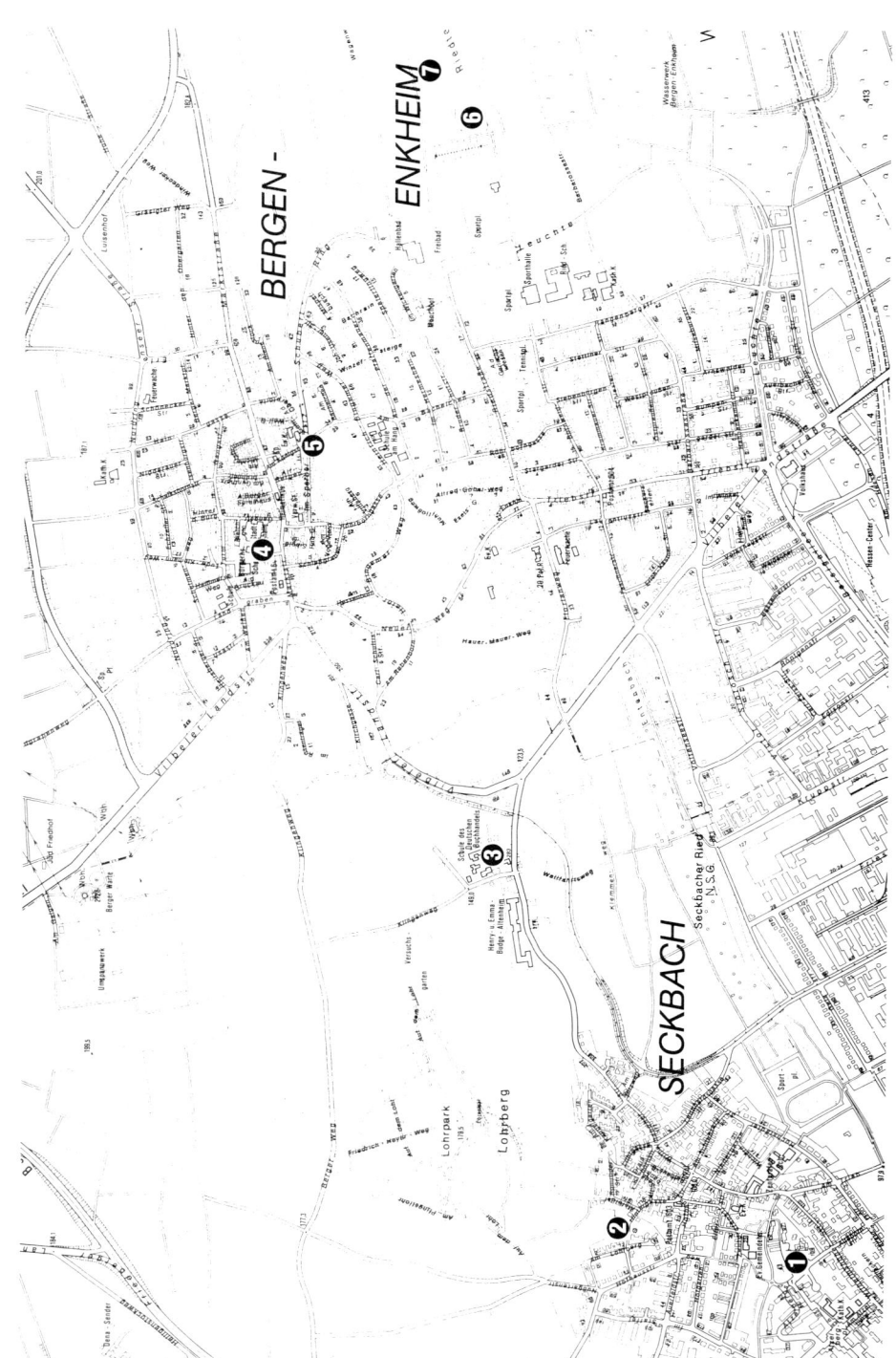

Stadtschreiber, Wein-panscher, Todbringer

Die Schelme von Bergen-Enkheim

von Jürgen Engelhardt

Ausgangspunkt: Busstation Hufeland-Haus, Bus-Linien 38, 43
Endpunkt: Busstation Heimatmuseum Bergen-Enkheim,
*   Bus-Linien 42, 43*
Dauer: ca. 1,5 Stunden

Ende der siebziger Jahre dehnte sich Frankfurt noch einmal durch eine Reihe von Eingemeindungen nach Nordosten aus. Es waren überwiegend ländliche Orte inmitten Deutschlands fruchtbarstem Lehmboden. Wer diese Dörfer besucht, glaubt kaum, daß er in Frankfurt ist. Die älteren Einwohner glauben es auch noch nicht. Frankfurt hatte an alle Türen geklopft. Aber Bad Vilbel und die Vortaunusstädtchen bangten um ihren exklusiven Ruf und wehrten sich heftig und erfolgreich.

Bergen-Enkheim gelang es, einen besonderen Vertrag mit Frankfurt auszuhandeln: Sie bekommen seither einen gesonderten Kultur-Etat, aus dem beispielsweise der Stadtschreiber finanziert wird. Waren Stadtschreiber früher Chronisten des Ortsgeschehens, so soll heute ein Autor für ein Jahr in einem alten, eigens dafür hergerichteten Haus auf Kosten der Stadt leben und arbeiten. Als Dank dafür soll er sich um den Ort verdient machen. Das eigentliche Ziel, unbekannte Autoren zu fördern, ist zumindest in den Anfangsjahren immer stärker in den Hintergrund getreten. Wohl auch, um die Bedeutung des Preises in der Öffentlichkeit herauszustellen, wurden bekannte Autorinnen und Autoren zu Stadtteilschreibern ernannt. Erst in den letzten Jahren kamen weniger bekannte Autoren in den Genuß des Preises (inzwischen DM 30.000) und des freien Wohnens im Ort. Bisher lebten und arbeiteten als Stadtteilschreiber von Bergen-Enkheim: Wolfgang Koeppen, Karl Krolow, Peter Rühmkorff, Peter Härtling, Nicolas Born, Helga M. Nowak, Dieter Kühn, Peter Bichsel, Jurek Becker, Günter Kunert, Friederike Roth, Ludwig Fels, Gerhard Köpf und Ulla Hahn.

Dieser Rundgang beginnt an der Siedlung »Atzelberg«, in der sich der Besucher noch einmal vergegenwärtigen kann, wie langweilig Städtebau in den sechziger Jahren sein konnte. Unmittelbar daneben erwacht das alte Straßendorf Seckbach durch behutsame Sanierung langsam aus einem Dornröschenschlaf, was um so erstaunlicher ist, als es bereits seit 1910 zu Frankfurt gehört. Die Dorf-

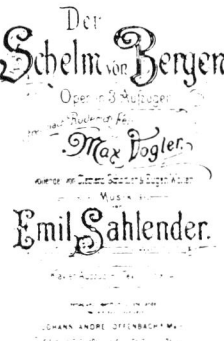

Den »Schelm von Bergen« verewigten viele Künstler

Ulla Hahn, Stadtschreiberin von Bergen-Enkheim

❶ Atzelbergstraße

Frankfurts einziger Weinberg am Lohrberg

Hofhausstraße 2

❷
Hintergasse 16

Das ehemalige Seckbacher Rathaus

straße ist seit Jahrzehnten überlastet. Eine frühzeitige Verkehrsberuhigung hätte dazu führen können, daß Frankfurt in seinem letzten »Weinbauort« nicht nur das restaurierte Rathaus von 1542 (Hofhausstraße 2) vorzeigt, sondern darüber hinaus eine Vielzahl barocker Fachwerkhäuser.

Der Ortsname leitet sich nicht von »Seckt«, sondern von »Seckerbach« (Sickerwasser) ab. Eine Reihe kleinerer Quellen aus dem Lohrberg waren hier zusammengefaßt worden und trieben einst die Mühle in der Hintergasse Nr. 16 an. Diese Bäche flossen früher nicht ins Kanalnetz, sondern in den Sausee und das Seckbacher Ried — beides Reste alter Mainarme.

Über die Alsfelderstraße gelangt man in steilem Anstieg auf den 180 Meter hohen Lohrberg, den letzten Weinberg Frankfurts. Von oben kann man bei klarem Wetter einen einmaligen Rundblick über Frankfurt und die Mainebene genießen. Der Weinberg wird vom Städtischen Weingut (seit 1803, 100 Morgen Weinberge) in Hochheim als Außenstelle betrieben und stellt wegen seiner nördlichen Lage und der geringen Ertragsmenge eine Rarität dar, die von Kennern immer schnell aufgekauft ist. Angebaut werden »Müller-Thurgau«, »Gutedel« und »Perle von Skaba«.

Der ganze Nordhang des ehemaligen Mainlaufs, an dem Bergen und der »Berger Hang« liegen, war einst eine gute Weinlage. Aus dem dreizehnten Jahrhundert ist überliefert, daß sich Klöster und Fürsten darum bemüht haben, Reben aus dieser Region zu bekommen. Im achtzehnten Jahrhundert hatte der Weinbau hier seine Blütezeit. Damals war jedes Stück Land mit Wein bebaut. Indes waren schon damals in dieser Branche auch Panscher am Werke. Landgraf Wilhelm erließ 1751 eine Verordnung, daß diejenigen, die Weine »mit Mineralien, Silberglatt (Kristallschuppen der Bleiasche) und

Die Buchhändlerschule

dergleichen vergiften und ungesund machen, ohne einige Gnade mit dem Strang vom Leben zum Tode gebracht, diejenigen aber, welche die Verfälschungen durch Vegetabilien, Rosinen und Zukker verüben, ausgepeitscht und auf ewig des Landes verwiesen werden ... nur zünftige Bendermeister ... verpflichtet werden, darauf zu achten, daß mit den Weinen durchaus keine Schmiererei vorgenommen, sondern selbige pur und rein, wie sie gewachsen, gelassen werden mögen.«

Reblaus und Echter Mehltau machten dem Weinbau in der Region Ende des neunzehnten Jahrhunderts den Garaus. Darüber hinaus entdeckten die Bauern, daß mit Obstbau leichter Geld zu verdienen war. Dieser beherrscht bis heute das Bild rund um Bergen, obwohl er inzwischen in der Regel als Hobby betrieben wird oder sogar brach liegt. Die Straßenbahn nach Enkheim hieß Anfang dieses Jahrhunderts bei den Frankfurtern »Kirschenexpreß«.

Ende der zwanziger Jahre wurde der Lohrbergpark als Volkspark angelegt. Er ist das Ausflugsziel für diejenigen, denen der »Große Feldberg« zu weit oder, wie bei schönem Wetter, zu voll ist. Daneben befindet sich der Versuchsgarten der Stadt Frankfurt, in dem Pflanzenversuche für städtische Anlagen vorgenommen werden. Bürger können sich hier von Experten beraten lassen.

Lohrbergpark

Auf dem Lohr

An der Wilhelmshöherstraße 283 steht die zentrale Schule des Deutschen Buchhandels. Sie war 1961 nach Plänen von *Walter Schwagenscheidt,* der auch die Nordweststadt im Konzept entworfen hatte, errichtet worden. In der Abteilung »Buchhändlerschule« werden Lehrgänge angeboten, die anstelle des Berufsschulunterrichts absolviert werden. Neben fachspezifischen Kenntnissen bemühen sich die Dozenten und Lehrer, kulturpolitische Akzente zu setzen. Diskussionen mit Autoren und Verlegern gehören zu den

**Wilhelmshöher-
straße 283**

Berger Warte

**Weißer Turm
Gangstraße 20,
Burg,
Marktstraße 13**
❹

beliebtesten Veranstaltungen während des Unterrichts.

Wer gut zu Fuß ist, kann auch noch einen Abstecher zur »Berger Warte« machen. Hier lag bis Ende des neunzehnten Jahrhunderts das Galgenfeld (für die, die das Weinpanschen nicht lassen konnten) neben jenem Turm, den die Berger Anfang des vierzehnten Jahrhunderts errichtet hatten, um einen Blick nach Bad Vilbel werfen zu können. Über diese Landstraße unternahmen gelegentlich Raubritter ›Ausflüge‹ nach Bergen. Die Steine der erst Mitte des letzten Jahrhunderts angelegten Außentreppe (vorher gab es nur eine Leiter) sollen von der ehemaligen Galgenanlage entnommen sein.

Raubritter veranlaßten die Berger zur Errichtung einer Stadtmauer, von der noch der »Weiße Turm« (nahe der Burg) und Teile in der Straße »Im Sperber« erhalten sind. Von der Burg (Marktstraße 13) ist nur noch das Herrenhaus geblieben. Der dazugehörige Hof wurde in den sechziger Jahren abgerissen — er mußte Platz machen für die Stadthalle. Die ursprüngliche Burganlage geht auf die *Kaiser Konrad III.* und *Friedrich I. Barbarossa* zurück, die den Frankfurter Raum gegen welfisch orientierte Länder im Norden mit einem Ring größerer und kleinerer Burgen im zwölften Jahrhundert sicherten. Über diesen ersten Bau sind weder Bilder noch Beschreibungen überliefert. So wird auch in Zukunft die Fachwelt darüber rätseln, weshalb das kleine Gebäude Mauern hat, wie sie damals gewöhnlich nur für größere Bauten errichtet wurden, und ob es einen Turm hatte oder nicht. Hier lebte einst das Geschlecht der »Schelme von Bergen«, um die sich eine Sage rankt, die Bergen weltberühmt gemacht hat.

Auf die kürzeste Formel gebracht, soll ein geheimnisvoller schwarzer Ritter auf einem Maskenball Kaiser Barbarossas durch seine anmutigen Bewegungen beim Tanz, seine geistreichen Bemerkungen im Gespräch, die Gunst der Kaiserin erlangt haben. Sie gewährte ihm, man höre und staune, fünf Tänze! Wer war dieser Ritter in Schwarz? Voller Spannung wartete der gesamte Hof auf den Augenblick der Demaskierung. Aber was für ein Entsetzen, welche Abscheu breitete sich im Saale aus, als der schwarze Ritter endlich sein Visier öffnete und seine Identität preisgab: Es war der Henker von Bergen! Voller Zorn, ob dieser ungeheuerlichen Beleidigung befahl der Kaiser den Tod des Unholdes. Sein kaiserliches Eheweib, vollständig hingerissen vom Charme des Scharfrichters, bat in einem Anfall von Zivilcourage um Gnade für den »Schelm«. Der Kaiser wiederum, dem Bitten seiner besseren Hälfte nicht gewachsen, kapitulierte. Er schlug den Henker zum Ritter und erhob ihn in den Adelsstand. Das Geschlecht der Schelme von Bergen war aus der Taufe gehoben. Eine Sage von solch gesellschaftspolitischer Brisanz inspirierte natürlich viele Autoren der folgenden Jahrhunderte. Stellvertretend seien hier genannt: Der Dichter Karl Egon Ebert schreibt 1845 ein 312-Zeilen-Gedicht mit dem Titel »Schelm vom Berg«, Heinrich Heine schreibt 1846 in Paris die Romanze »Schelm von Bergen«. Mark Twain veröffentlicht 1880 »The Knave of Bergen«. 1886 komponiert Johann Strauß den ersten Teil einer komischen Oper mit dem Titel »Der Schelm von Bergen«. 1947 wird Carl Zuckmayer mit großen Ehren in Bergen empfangen, weil er ebenfalls diese Sage bearbeitet hatte.

THE BLACK KNIGHT.

Der »Schwarze Ritter« tanzt mit der Kaiserin. Illustration von W. Fr. Brown zu Mark Twains Kurzgeschichte

Die Entlarvung des Henkers von Bergen, Illustration zur Romanze von Heinrich Heine, 1868

Der Bedeutungswandel des Wortes »Schelm« im Laufe der Jahrhunderte hatte auf die Sagen- und Legendenproduktion über die Schelme eine wahrhaft befruchtende Wirkung. Im Hochmittelalter bedeutete »scelmo« zunächst Viehseuche, dann auch verendetes Vieh, Aas, verwesende Knochen. Schließlich wurde das Wort eine Sammelbezeichnung für ansteckende Krankheiten, insbesondere für die Pest. Später nannte man die Leiche, die zur Abschreckung am Galgen vermoderte, Schelm. Im 12. Jahrhundert ergänzten manche Rittersleut ihren Geschlechternamen mit Vorliebe durch den Trutznamen »Todbringer« = »Schelm«. Als man im 14. Jahrhundert das »blutige Richten« einführte und dieses Geschäft meistens von begnadigten Verbrechern ausgeübt wurde, bekam die Zunft der Scharfrichter den Namen »Schelm«. Im 16. Jahrhundert wandelte sich der Begriff. Zigeuner, Landstreicher, Gaukler und kleine Diebe werden mit diesem Namen bedacht. Die Verniedlichung setzt sich bis zu der in der Gegenwart üblichen Verwendung der Bezeichnung »Schelm« für verschmitzte, witzige Menschen fort. Eine exakte Aussage darüber, welche historischen Begebenheiten der Sage zugrunde liegen, ist nicht möglich. Dokumentarisch belegt ist, daß Kaiser Barbarossa für seine Feldzüge Ritter benötigte und er in Frankfurt auf einen tapferen, aber armen Ritter traf. Vermutet wird, daß der Kaiser ihn in den Adelsstand erhob, ihm die Burg Bergen als Lehen überließ, um ihn als Gefolgsmann zu gewinnen. Die von der Gattin Barbarossas aus Burgund nach »Hessen« mitgebrachte Kultur der Minnedienste mögen die Phantasie des Volkes angeregt haben. Hinzu kommt, daß Bergen ein Blutgericht besaß, samt dem dazugehörenden Schelm (Henker). Und wie zur Bestätigung der Legende nannte sich der frischgebackene Ritter »Schelm von Bergen«.

Der uneheliche Sohn eines Ritters von Bergen zeigte mit seinem Wappen unmißverständlich seine Abstammung an.

Den vielen Autoren, die sich dieser Sage annahmen, kam der Inhalt einem gewissen Zeitgeist entsprechend wie gerufen: Wenn der Geächtete Gutes leistet und sich ehrenwert verhält, wird die Demaskierung des Schelms nach dem Ball leicht zur Demaskierung einer vorurteilsbehafteten Gesellschaft.

Zahlreiche ergänzende Details erfährt man im Heimatmuseum im ehemaligen Rathaus, das alleine durch die unermüdliche Arbeit einiger Heimatforscher in ihrer Freizeit entstand. Das Rathaus steht

Marktstraße

Bergen 311

Fratzenstein am Berger Rathaus

Nikolauskapelle am Königshof

Im Sperber 24

❺

Das Berger Rathaus — heute Museum

in der Straßenmitte der Marktstraße, um die Durchreisenden sicher im Blickfeld zu haben. Der eingemauerte Fratzenstein (1479) weist mit den Worten »Far, du Gauch« darauf hin, daß Gaukler und Landstreicher sich nicht in Bergen aufhalten durften. Im vierzehnten Jahrhundert als gotische Steinhalle für Gericht und Markt erbaut, war das Rathaus in der Renaissance und im Barock erweitert worden und steht heute unter Denkmalschutz. Die umliegenden barocken Fachwerkhäuser wurden in den vergangenen Jahren ebenfalls renoviert.

Südlich des Rathauses steht die »Nikolauskapelle«, die seit über 150 Jahren als Scheune und Lager genutzt wurde. Sie war Anfang des sechzehnten Jahrhunderts für die Mönche gebaut worden, die hierher kamen, um Weinbau zu betreiben. Wenige Jahre nach der Reformation war sie privatisiert und profan genutzt worden. Jetzt konnte sie von der Stadt Frankfurt erworben werden und soll eine Unterkunft für die Berger Chöre und die Jugendmusikschule werden.

Das Lokal »Zur Schönen Aussicht« im Sperber ist seit Jahrhunderten ein beliebtes Ausflugsziel, das bei klarem Wetter seinem Namen alle Ehre macht. 1939 diente es neben anderen Bauten in Bergen und Enkheim als Lager, in dem französische Kriegsgefangene untergebracht waren, die auf den Feldern arbeiten mußten. Trotz strenger Verbote erleichterten einige Enkheimer und Berger Bürger ihnen ihr schweres Los durch illegale Zuwendungen von Lebensmitteln und Kleidung. Nach dem Ende der Nazi-Herrschaft entwickelten sich daraus eine Reihe deutsch-französischer Freundschaften, die bis heute anhalten. Ein Französischkurs der Volkshoch-

schule Frankfurt hat diese Epoche aufgearbeitet und in einem Buch (zweisprachig mit zalreichen Interviews) dieses Kapitel Bergen-Enkheimer-Geschichte dokumentiert.

Von hier aus ist ein Abstecher über den Fritz Schuber Ring, den Berger Hang zum Enkheimer Ried möglich.

Das Enkheimer Ried verdankt seinen Ursprung alten Mainläufen, seine heutige Existenz aber ist das Ergebnis menschlicher Eingriffe in die Natur. Im letzten Jahrhundert wurde über mehrere Jahrzehnte im Ried Torf gestochen. Die dabei neu entstandenen Wasserflächen wurden zur Herstellung von Natureis für Frankfurter Brauereien benutzt. Der Riedteich und seine Umgebung boten Lebensraum für zahlreiche seltene und geschützte Tier- und Pflanzenarten. Mit zunehmender Verschilfung verlandete er. In dem Bemühen, das Gebiet in seinem Zustand zu erhalten, wurde der Teich ausgebaggert. Dieser »Pflegemaßnahme« sind 1960 die seltensten schützenswerten Arten zum Opfer gefallen. Äußerlich hat sich das Naturschutzgebiet von dem Schlag wieder erholt, die meisten vermißten Pflanzenarten sind jedoch nicht wiedergekehrt.

Fritz Schuber Ring
Berger Hang
Riedteich
❻

Unbestritten wertvoll ist die Bedeutung für den Vogelschutz. Zusammen mit dem nahe gelegenen Seckbacher Ried (völlig verlandet) ist es Brutgebiet für zahlreiche, auch seltene Vogelarten. Ebenso wichtig ist seine Funktion als Rastplatz für Zugvögel, vor allem aus Skandinavien. Zwischen den beiden Rieden findet eine Aufgabenteilung statt: Während die offenen Wasserflächen im Enkheimer Ried vor allem den durchziehenden Wasservögeln dienen, stellen das Unterholz und die Röhrichte des Seckbacher Riedes einen guten Schutz dar und bieten viele Brutmöglichkeiten.

Seckbacher Ried
❼

Kleinräumige Vielfalt ist das Kennzeichen des Berger Hanges. Auf dem Kalkboden finden sich in dichter Folge Quellen und trockene Stellen, sandige oder tonige Flecken. Entsprechend wechseln sich auf diesem warmen Südhang Pflanzen mit den unterschiedlichsten Ansprüchen ab. Unter anderem finden sich hier verschiedene Orchideenarten, das Große Windröschen, die Schopfige Traubenhyazinthe, der Gelbe Sommerwurz, Spargelschote, die Kleine Wiesenraute und vieles mehr. Ebenso bedeutsam ist die Insektenfauna. Wer auf einem der Wege spazierengeht, wird leider (oder soll man sagen »glücklicherweise«?) nicht viele der seltenen Pflanzen sehen, was der Schönheit der Gegend aber nicht abträglich ist. Jedenfalls schützt die Unauffälligkeit vor Ausreißen, Ausgraben und begeisterten Blumenpflückern. Zum bewußten Umgang mit der Natur gehört die Beachtung des Hinweises, daß ein Verlassen der Wege aus Naturschutzgründen unterbleiben soll. Vom Hang gewinnt man einen guten Überblick über das Maintal. Er ist vor allem zur Zeit der Obstbaumblüte traumhaft schön. Die Obstbäume sind darüber hinaus natürlich auch ein wichtiger Lebensraum für Vögel. Vom Berger Hang kann man über die Barbarossastraße zur Endhaltestelle der Straßenbahnlinie 18 an der Ecke Borsigallee/Vilbeler Landstraße zurücklaufen.

Berger Hang
❽

Zum Weiterlesen

Das Literaturangebot über Frankfurt ist unübersichtlich. Jede Buchhandlung hat eine andere Auswahl vorrätig. Sämtliche noch vorhandene Druckwerke über die Stadt finden sich im »Senckenbergischen Lesesaal« in der »Stadt- und Universitätsbibliothek«. Sie können dort aber nicht entliehen werden. Die größte entleihbare Buchauswahl hat die »Stadtbücherei«, die Zentralbibliothek auf der Zeil.

Bahnhof und City (1, 2, 3)

Arbeitsgruppe »Spuren des Faschismus in Frankfurt« beim Hessischen Institut für Lehrerfortbildung, Spuren des Faschismus in Frankfurt, Ffm. 1984
Bartezko Dieter, Der Römerberg, in: Westermanns Monatshefte, Haft 5/1985, S. 66 ff
Demski Eva, Frankfurter Stadtreinigungen, in: Kursbuch 77, September 1984, S. 147 ff
Historisches Museum Frankfurt am Main, Früher wohnten wir in Frankfurt ... Frankfurt am Main und Anne Frank, Ffm 1985
Jungwirth Nikolaus, Kromschröder Gerhard, Ein deutscher Platz — Zeitgeschehen auf dem Frankfurter Römerberg von der Jahrhundertwende bis heute, Ffm 1980
Kramer Waldemar, Bilder zur Frankfurter Geschichte, Ffm 1950
Marx Paul, 75 Jahre Arbeit — Vom Verein für Arbeitsstätten zur Werkstatt Frankfurt, Ffm 1986
Mehne Berthold, 1948, Frankfurt am Main — Die zukünftige Entwicklung der Eisenbahnen im Raum Frankfurt, Ffm 1948
Postamt 1, Frankfurt am Main, Zeil, Ffm 1987
SPD Preungesheim, Preungesheim — 40 Jahre danach — erinnern oder vergessen?, Ffm 1985
Steen Jürgen Dr, Die zweite industrielle Revolution — Frankfurt und die Elektrizität 1800-1904, Ffm 1981
Studienkreis zur Erforschung und Vermittlung der Geschichte des Widerstandes 1933-1945, Heimatgeschichtlicher Wegweiser zu Stätten des Widerstandes und der Verfolgung 1933-1945; Hessen, 1983
Tratnik Patricia, Das Haus zum Engel, Ffm 1985
Walz Michael, Es müsse gestürmt werden... 150 Jahre Frankfurter Wachensturm, Frankfurt 1983
Wippermann Wolfgang, Das Leben in Frankfurt zur NS-Zeit, Ffm 1986

Wallanlagen, Mainufer (4)

VHS Frankfurt, Schriftenreihe Bd. 1, Wege der Frankfurter Volksbildung, Ffm. 1987

Stiftungswesen (5)

Deutsches Architekturmuseum (Hrsg.), Ernst May und das Neue Frankfurt 1925-1930, Ausstellungskatalog, Ffm. 1986
Schievelbusch W, Intellektuellendämmerung. Zur Lage der Frankfurter Intelligenz in den zwanziger Jahren, Ffm 1982
Schievelbusch W., Eine wilhelminische Oper, Ffm 1985

Schindehütte R, Uns gefiel irgendwie die ganze Richtung nicht, in: Hoffmann H, Zimmer J. (Hrsg.), Wir sind die grüne Garde, Geschichte der Naturfreundejugend, Essen 1986
Stübing R, Kultur und Massen. Das Kulturkartell der modernen Arbeiterbewegung in Frankfurt am Main von 1925 bis 1933, Offenbach 1983

Gallus und Rebstock (6+7)

Becker Helmut, Brandecker Ferdinand, Dudek Peter, Wer klassenbewußt war, war im Konsum, Ffm 1986
Demski Eva, Leben im Kamerun, in: Westermanns Monatshefte, Heft 5/1985, S. 85 ff

Nied/Niedwald (8)

Vollert Adalbert, Nied am Main, Ffm 1985
Vollert Adalbert, Nied am Main. Aus der Geschichte eines Frankfurter Stadtteils, Ffm 1978

Höchst (9)

Krohn Helga u.a, Geschichte der Farbwerke Hoechst und der chemischen Industrie in Deutschland, Offenbach 1984
Meckel Udo, Wienbreyer Joachim, Höchst — Geschichte der Stadtentwicklung, veröffentl. Manuskript, Darmstadt 1979
Schäfer Rudolf, Das Dalberghaus in Höchst am Main und seine Bewohner, in: Höchster Geschichtshefte, Ffm./Höchst 1977
Schäfer Rudolf, Höchst am Main, Ffm 1981
Schäfer Rudolf, Die Kirche St. Justinus zu Höchst am Main, in: Höchster Geschichtshefte, Ffm./Höchst 1973
Vollert Albert, Zeilsheim, Ffm 1983
Die Wohlfahrtseinrichtungen der Farbwerke vom Meister Lucius & Brüning Höchst am Main, Ffm 1910

Bockenheim (10)

Becker Helmut, Brandecker Ferdinand, Dudek Peter, Es hat immer nur grad' so gereicht, Ffm 1986
Lerner Franz, Bockenheim und der Bienenkorb, Ffm 1976
VHS Frankfurt, Bockenheim zwischen gestern und morgen, Ffm 1980

Westend (11)

Herr Greta, Hoch Georg, Westend, Ffm 1979
Merten Klaus, Mohr Christoph, Das Frankfurter Westend, München 1972

Frauen (12)

Bromberger Barbara, Mausbach Katja, Frauen in Frankfurt, Ffm 1987
Das Tagebuch der Anne Frank, Ffm 63. Auflage 1986
Ein Leben ist viel zu weig, Berlin (DDR) 1973

Ostend (15)

50 Jahre Großmarkthalle, Ffm 1978

Scherpener Christoph, Vom Bürger — für Bürger — 125 Jahre zoologischer Garten Frankfurt am Main, Ffm 1983

Sachsenhausen (16)

Engelhard Jürgen, Die Geschichte der Frankfurter Fischer- und Schifferzunft, Ffm 1985
Hoffmann-Schott Gisela, Erinnerungen einer Frankfurter Familie an Max Beckmann, Ffm 1984

Stadtwald (17,18)

Leißner Ernst, 50 Jahre Goldstein, Ffm 1982
Verein 1100 Jahre Schwanheim e.V, 1100 Jahre Schwanheim, Ffm 1980

Nidda (19)

Budenz Reinhold, Rödelheim Ffm 1979
Bürgerverein Heddernheim e.V, 1900 Jahre Nidda-Heddernheim Civitas Taunesium, Ffm 1985
Heinrich Paula Dr, Nordweststadt — Junge Stadt auf altem Boden, Ffm 1971
Kampffmeyer Hans, Die Nordweststadt in Frankfurt am Main, Ffm 1968
Klotz Heinrich, Ernst May und das neue Frankfurt 1925-1933, Ffm 1987
König Josef, Wegzeichnen der Hoffnung, Ffm 1975
Meyer Petra, Das Arbeitserziehungslager Heddernheim unter Berücksichtigung anderer Arbeitslager, Ffm 1986
Müller H.P, Klaa Paris — Narrenparadis, Fastnacht in Heddernheim, Ffm 1982
Römisch-Germanisches Zentralmuseum Mainz, Führer zu vor- und frühgeschichtlichen Denkmälern, Mainz 1972
Schlicht Lothar, Bonames, Ffm 1974
Wendler Dagmar Dr, Harheim, Ffm 1985

Lohrberg, Bergen (20)

Emmel Ludwig Dr, Die Erdgeschichte im Raum Bergen-Enkheim, Ffm 1974
Greverus Ina-Maria, Schilling Heinz, Heimat Bergen-Enkheim, lokale Identität am Rande der Großstadt, Ffm 1982
Henschke Werner, Die Schelme von Bergen, Ffm 1979
Henschke Werner, Emmel Ludwig Dr, Tausend Jahre Weinbau am Berger Hang, Ffm 1975
VHS Frankfurt, Schriftenreihe Bd. 2, Französische Kriegsgefangene in Bergen-Enkheim 1939-1945, Ffm 1984

Allgemein und zu den Kästen

Bartetzko Dieter, Hoffmann D, Junker A, Wie Frankfurt photographiert wurde, 1850-1914, Ffm 1977
Boehm Katharina u.a. (Hrsg.), Das andere Frankfurt. Führer durch das demokratische und antifaschistische Frankfurt, Ffm 1981
Dietrich Barbara, Schmidt-Eenboom Erich, Der militarisierte Frieden, Starnberg 1987
Bund Deutscher Architekten, Bauen in Frankfurt am Main seit 1900, Ffm 1977
Deutsch-Ausländische Stadtteilinitiative Bornheim, Arbeitslager in Frankfurt am Main, Ffm 1985
DGB-Kreis Frankfurt (Hrsg.), Alternativer Stadtführer zu den Stätten der Frankfurter Arbeiterbewegung und des Faschismus, Ffm 1981

Gerteis Walter, Das unbekannte Frankfurt
Die Gleichheit, Frauenzeitung der IG Metall, Hamburg 1986
Häußler Bernd, Frankfurt 1933-1945. Von der NS-Machtergreifung bis zur Zerstörung der Stadt, Hrsg. vom Presse- und Informationsamt der Stadt Frankfurt am Main, Ffm 1983
Henscheid Eckhard, Wahre Erben Adornos, in: Westermanns Monatshefte, Heft 5/1985, S. 90 ff
Köhler Günter, Eisenbahnen im Rhein-Main-Gebiet, Freiburg 1983
Kommission zur Erforschung der Geschichte der Frankfurter Juden (Hrsg.), Dokumente zur Geschichte der Frankfurter Juden 1933-1945, bearbeitet von Dietrich Andermacht und Eleonore Sterling, Ffm 1963
Lohne Hans, Mit offenen Augen durch Frankfurt, Ffm 1982
Meier-Ude Klaus, Senger Valentin, Jüdische Friedhöfe in Frankfurt
Mohr Christoph, Müller Michael, Funktionalität und Moderne — Das Neue Frankfurt zwischen 1926 und 1933, Berlin (West) 1984
Polaroid Peter, Wo die Nacht den Doppelkorn umarmt. Ein satirisches Kneipenbrevier, Ffm 1987
Risse Heike, Frühe Moderne in Frankfurt am Main 1920-1933, Ffm 1984
Rühling Cornelia, Steen Jürgen, Stadt und Natur-Frankfurt um 1780, Ffm 1982
Rühling Cornelia, Steen Jürgen, Walter — Leben und Lebensbedingungen eines Frankfurter Jungen im III. Reich, Ffm 1982
Scharnagel Horst (Hrsg.), Das hört nie auf, Lebensgeschichten vom Anfang des Faschismus bis heute, Ffm 1983
Schmidt Rolf, Kirchberg Hans Joachim, Müller Gerd A, Frankfurter Architekturführer ab 1945, Ffm. ohne Jahrgang
Schomann Heinz, Die alten Frankfurter Brunnen, Ffm 1980
Senger Valentin, Kaiserhofstraße 12, 4. Auflage, Neuwied 1985
Stettner Herbert, Kino in der Stadt, Ffm 1984
Wahlig Kurt, Das Frankfurter Straßennahmenbüchlein, Ffm 1963

Geschichte der Frankfurter Arbeiterbewegung

Lucas Erhard, Frankfurt unter der Herrschaft des Arbeiter- und Soldatenrates 1918/19, Verlag Neue Kritik, Ffm 1969
Mausbach-Bromberger Barbara, Arbeiterwiderstand in Frankfurt am Main 1933-1945, Röderberg-Verlag, Ffm 1976
Neuland Franz, 100 Jahre Organisation der graphischen Arbeiter in Frankfurt am Main, 1866-1966, IG Druck und Papier, Ffm 1966
Neuland Franz, Die Frankfurter Arbeiterpresse, IG Druck und Papier, Ffm 1971
Neuland Franz, Proletarier und Bürger. Arbeiterbewegung und radikale Demokratie 1848/49 in Frankfurt am Main, DGB Frankfurt, Ffm 1973
Neuland Franz, Der Weltkrieg, die Frankfurter Arbeiter und ihre Organisationen; in: Schriftenreihe des Historischen Museums (Ausstellungskatalog Ein Krieg wird ausgestellt), Ffm 1978

Neuland Franz, 1899-1933-1946 Union (Geschichte der Union-Druckerei und der Volksstimme), Ffm 1974

Neuland Franz, Werner-Cordt Albrecht (Hrsg.), Die Junge Garde, Arbeiterjugendbewegung in Frankfurt am Main 1904-1945, Anabas-Verlag, Gießen 1980

Schneider Dieter, Neuland Franz, Zwischen Römer und Revolution. Hundert Jahre Sozialdemokraten in Frankfurt am Main, Vertrieb Buchhandlung Bund-Verlag, Ffm 1969

Stübling Reiner, Die Sozialdemokratie in Frankfurt am Main 1891-1910; in: Schriftenreihe des Historischen Museums Nr. 10, Ffm 1981

Vermögensverwaltungs- und Treuhandgesellschaft des Deutschen Gewerkschaftsbundes mbH; Redaktion Neuland Franz, Das Haus der Besitzlosen, Ffm 1982

Wolter-Brandecker Renate, Sie kommen aus der dumpfen Stadt, Arbeiterkindheit und Kinderfreundebewegung in Frankfurt am Main 1919-1933, Bonn 1982

»Der Verein für Frankfurter Arbeitergeschichte«

Zu den jüngeren kulturellen Vereinigungen, die privater Initiative entstammen, gehört der Verein für Frankfurter Arbeitergeschichte. Er füllt eine Lücke; denn die Geschichte der größten Emanzipationsbewegung in Europa kommt mit ihren regionalen Ereignissen und Organisationen in der ansonsten penibel dokumentierten und in immer neuen Varianten präsentierten »offiziellen« Stadtgeschichte ebensowenig vor, wie es amtliche Darstellungen über die Lebensverhältnisse der unteren Bevölkerungsschichten gibt. Dem will der Verein für Arbeitergeschichte abhelfen. Entstanden ist er aus einem Zusammenschluß inzwischen hochbetagter ehemaliger Mitglieder der 1933 untergegangenen Organisationen der Arbeiterjugend. Sie trugen Dokumente und Erinnerungen zu einer Ausstellung zusammen, die 1978 — im Jubiläumsjahr des Historischen Museums — gemeinsam mit diesem ausgerichtet worden war. Sie fand ein lebhaftes Echo weit über Frankfurt hinaus und wurde von 13.000 Besuchern gesehen. Ein begleitendes Buch lieferte Material zu dieser »verschütteten Kulturgeschichte«. 1981 folgte die Organisationsgeschichte nach (»Die junge Garde«, Anabas-Verlag, 352 S., DM 18,50). 1982 wurde aus dem zunächst ausschließlich für Ausstellung und Buch gegründeten Verein dann der »Verein für Frankfurter Arbeitergeschichte«. Er hat mit zahlreichen weiteren Veröffentlichungen — zum Teil in Zusammenarbeit mit der Universität — Untersuchungen zu den Lebensverhältnissen der Arbeiterschaft, zur Geschichte des 1. Mai und zur Lage der Arbeiterjugend in ausgewählten Stadtteilen publiziert, und arbeitet zielstrebig in dieser Richtung weiter. Mit Vorträgen zwischen Oktober und dem folgenden Frühjahr und auch mit Filmveranstaltungen versucht der Verein, »das Interesse an der Geschichte des Volkes zu beleben«, klarzumachen, daß Geschichte, vor allem aber auch die »Stadtgeschichte in erster Linie die Geschichte der vielen ungenannten ist und mehr als nur die Geschichte einiger ›großer‹ Leute«. Mit der Herausgabe seiner Publikationen, zu denen auch ein Mitteilungsblatt »Arbeitergeschichte« gehört, will er einen bleibenden Beitrag zur örtlichen Sozial- und Wirtschaftsgeschichte leisten. Franz Neuland

Fotohinweis

Der Großteil der aktuellen Fotos stammt vom Herausgeber Jürgen Engelhardt; er hat auch die meisten historischen Fotos (aus dem Stadtarchiv und dem Historischen Museum) reproduziert. Die anderen Fotos stammen von Uwe Fritzsche, Margret Steen, Elke Kiltz, Willi Hau, Irmgard Senger, Dino Kube, Werner Schmitz, Gert Hautsch, Ursula Hillmann, Mechthild Veil, Lieselotte Weißbecker, Michael Beckmann, von dpa und aus dem az-Archiv.

Praktische Tips

Wir beschränken uns hier auf wenige zentrale Angaben. Wer detailliertere Informationen benötigt, sollte zu den Frankfurter Stadtzeitungen *Andere Zeitung, Pflasterstrand* oder *Auftritt* greifen. In diesen gibt es neben weiteren Adressen monatlich aktuelle Veranstaltungshinweise.

Verkehrsmittel

Hauptverkehrsmittel in Frankfurt sind S- und U-Bahn, die (noch verbliebenen) Straßenbahnlinien und die Autobusse — alle zusammengefaßt im Frankfurter Verkehrs- und Tarifverbund FVV (siehe auch den Netzplan in der hinteren Umschlagklappe dieses Buches). Einzelfahrscheine können im Bus beim Fahrer gelöst werden. In den Bahnen erfolgt grundsätzlich kein Fahrscheinverkauf — sie müssen hier am Automaten gelöst werden. Gruppenkarten, Wochenkarten, Sondertarife etc. sind erhältlich an den FVV-Vertriebsstellen an der Hauptwache (Hauptkartenstelle), Konstabler Wache, Hauptbahnhof usw., und zwar jeweils auf der B-Ebene. Genaue Auskünfte erteilt der FVV unter 2694-0.
In den hessischen Schulferien und außerhalb der Rushhour (6.30-8.30 Uhr und 16.00-18.30 Uhr) ist die Mitnahme eines Fahrrades in allen S- und U-Bahnen gegen eine Gebühr von DM 2,-- möglich. Wer mehr über das Wandern mit Bus und Bahn wissen möchte, dem sei die Lektüre des FVV-Wanderbuches, Wandern mit Bahn und Bus (Umschau-Verlag) empfohlen.
Der FVV organisiert auch den sog. Ebbelwei-Express mit Rundfahrten durch Sachsenhausen und die Frankfurter Altstadt. Nähere Auskunft unter 1368-2425.

Alternative Stadtrundfahrten und -rundgänge

DGB-Jugend, Wilhelm-Leuschner-Str. 77, 6000 Frankfurt 1, Tel. 069/2684-209 oder 210
VVN-Bund der Antifaschisten, Possertstr. 4, 6000 Frankfurt 1, Tel. 069-727649

Flohmärkte

Schlachthof, Deutschherrenufer, Samstags bis 14.00 Uhr (Straßenbahnlinie 16 bis Lohdbahnhof)
Offenbacher Flohmarkt, Mainufer, Mainstraße in Offenbach (S 9 bis Offenbach; Straßenbahnlinie 16)

Kriegsdienstverweigerer

Deutsche Friedensgesellschaft-Vereinigte Kriegsdienstgegner, Vogelbergstraße 17, Tel. 069/4980394

Post

Postamt I (Tagschalter), Zeil 110, Tel. 069/211-1
Postamt II (länger geöffnet), Im Hauptbahnhof, Tel. 069/261-5113

Mitfahrgelegenheiten

Mitfahrzentrale, Gutleutstr. 125, Nähe Hauptbahnhof, Tel. 069/230291

Mitfahrzentrale, Tel. 069/8001224 oder 887090
Frauenmitfahrzentrale, Konrad-Broßwitz-Str. 11 in Bockenheim, Tel. 069/771777

Fahrrad

per pedale radladen, Falkstr. 28 in Bockenheim, Tel. 069/7072363
Radschlag. Fahrräder und Teile, Glauburgstr. 83b im Nordend

Baden

Im Freien: Stadionbad, Mörfelder Landstraße, Tel. 069/6708011-16. Täglich von 8.00 bis 20.00 Uhr (Straßenbahnlinie 15, Bus 61)
In der Halle: Rebstockbad (Rebstockgelände), August-Euler-Str. 7, Tel. 069/708078/79. Öffnungszeiten: Mo. 14.00-22.00 Uhr; Di. 9.00-20.00 Uhr; Mi./Fr./Sa./So. 9.00-22.00 Uhr; Do. 9.00-20.00 Uhr. Sauna täglich außer Donnerstag.
Stadtbad Mitte (Am Eschersheimer Turm), Hochstraße 4-8, Tel. 069/212-5238. Öffnungszeiten: Mo. 14.00-20.00 Uhr; Di./Mi./Do./Sa. 6.30-20.00 Uhr, Fr. 6.30-22.00 Uhr; So. 7.00-13.00 Uhr.

Rat & Hilfe

Aids-Hilfe, Eschersheimer Landstr. 9, Büro Tel. 59 00 12 (14-20 Uhr)
Beratungs-Tel. 597 55 77, tgl. 19-22 Uhr (außer Sa)
Aids-Beratungsstelle des Stadtgesundheitsamtes im Uni-Klinik Gebäude 68, Sandhofstraße, Tel. 6301-6700/6707
Anonyme Alkoholiker Sonnemannstr. 5, Tel. 49 07 47
Anwaltsnotdienst in Strafsachen Tel. 28 30 83, werktags von 18-8 Uhr, Sa + So und feiertags Tag und Nacht
Aufsuchende Drogenhilfe M 41 Münchner Str. 41, Tel. 23 02 04
AWO-Beratungsstelle für arbeitslose Jugendliche, Schüler, Lehrlinge Basler Platz 6, Tel. 23 15 27
Beratung und Freizeitangebote für Behinderte Transportgelegenheit vorhanden; Schülerzentrum, Gärtnerweg 62, Tel. 72 88 39
Beratungsstelle Selbsthilfegruppen Kontakt- und Informationsstelle, Sandhofstr., Haus 74, Tel. 6301/7480, 8.30-12.00 Uhr
Bürgerhilfe Sozialpsychiatrie Frankfurt e.V. Teplitz-Schönauer Str. 1a, Tel. 63 53 00, Beratung Mo 15-17.00, Do 9-11.00 Uhr und n.V.
Bunte Hilfe c/o Club Voltaire, Kleine Hochstr. 5, Tel. 28 39 48
Club Behinderter und ihrer Freunde CeBeeF Beratung, Treffpunkt, Fahrdienst, Strahlenberger Weg 16, Tel. 62 10 24
Frankfurter Regionale Arbeitsgemeinschaft Selbsthilfegruppen e.V. Uhlandstr. 50 (HH), Tel. 44 50 67, 10-12.00 Uhr
Internationale Jugendberatung Tel. 23 22 54, Mo-Fr 8.30-17.00 Uhr
Int. Zentrum d. Arbeiterwohlfahrt Beratung f. Jugendliche u. Ausländer, Baseler Platz 6, Tel. 23 15 27, Mo-Do 10.00-17.00 Uhr

Jugendberatung und Jugendhilfe e.V. Drogenberatung
Bockenheim: Corneliusstr. 15, Tel. 74 60 56
Sachsenhausen: Deutschherrenufer 35, Tel. 62 30 31
Bornheim: Bergerstr. 211, Tel. 45 90 45
Männerberatungstelefon (Pro Familia) Mi 17-20 Uhr,
Tel. 44 50 89
Männerstrippe Informationstelefon für Männerfragen,
Tel. 496 05 12 (Mo 17-19 Uhr)
Pro Familia Auf der Körnerwiese 5, Tel. 59 92 86,
(Höchst) Hostatostr. 16, Tel. 30 20 17
(Bornheim) Fechenheimer Str. 14, Tel. 44 50 89
(Preungesheim) Wegscheidestr. 58, Tel. 540 01 46
(Griesheim) Ahornstr. 108, Tel. 39 17 78
(Goldstein) Im Heisenrath 14, Tel. 666 12 64
Wohnwagenstandplatz, Bonameser Str. 85, Di 13.30-
15.30 (14tägig)
Psychosoziales Zentrum für ausländische Flüchtlinge
Hinter den Ulmen 15, Tel. 52 00 81
Rosa Hilfe Tel. 7 30 67 67
Selbsthilfe- und Nachbarschaftszentrum Ostend e.V.
Uhlandstr. 50, Tel. 43 96 45
SOdZDL, Selbstorganisation der Zividienstleistenden
Vogelsbergstr. 17, Tel. 4 98 03 94, Di ab 19.00 Beratung

Dritte Welt

ASK-Antiimperialistisches Solidaritätskomitee für
Afrika, Asien u. Lateinamerika, Hamburger Allee 52,
Tel. 70 90 60
Chile-Komitee c/o DGB Jugendclub W 86, Wilhelm
Leuschner Str. 67-73
Dritte Welt Haus Friesengasse 13, Tel. 77 14 38
Dritte Welt Laden »Aktion Weltmarkt« Nibelungenal-
lee 54, geöffnet Mi 17-19 Uhr, Fr 16.30-18.30, Sa 11-13
Uhr
Kinderhilfe Chile c/o Helga Deppe, Neuhaußtr. 5
Kulturkreis Pablo Neruda Kettenhofweg 97
Solidarität Dritte Welt Hamburger Allee 52, Tel. 77 88
63
Türkei Komitee c/o Ulrich Wolfart, Germaniastr. 46

Frauen

Frankfurter Frauenschule, Hamburger Allee 45, 6000
Frankfurt/M. 90, Tel. 77 26 59/49
Frauenbetriebe, Hamburger Allee 45, 6000 Frankfurt/
M. 60, Tel. 70 07 76
Feministisches Frauengesundheitszentrum Hamburger
Allee 45, 6000 Frankfurt 90, Tel. 70 12 18
Notruf für vergewaltigte Frauen, Hamburger Allee 45,
6000 Frankfurt/M. 90, Tel. 70 94 94 (Mi 20-22, Di 10-
13 Uhr)
§ 218-Gruppe Frankfurt c/o Fem. Frauengesundheits-
zentrum, Hamburger Allee 45, 6000 Frankfurt/M. 90
Frankfurter Frauenblatt, WEIB e.V., Hamburger Allee
45, 6 Ffm 90
Frauen helfen Frauen (Autonomes Frauenhaus) Post-
fach 600 268, 6 Ffm. 1, Tel. 43 95 41 (10-16 Uhr)
Initiative erwerbsloser Frauen c/o Sonja Taube, Kurfürstenplatz, Tel. 77 35 68
Verein zur beruflichen Förderung von Frauen Varrent-
rappstr. 47, 6 Ffm 90, Tel. 70 62 85 od. 70 20 99
Feministisches interdisziplinäres Forschungsinstitut
(fif) Pfingstweidstr. 4, 6 Ffm., Tel. 4 96 00 11 Büro
Feministische Mädchenarbeit (FeM), Projekt Mädchenhaus, Hinter den Ulmen 19, 6 Ffm. 50, Tel. 51 91
71
Mädchen-Cafe-Treff Hufnagelstr. 14, 6 Ffm., Tel. 7 38

18 88
Mutter-Kind-Beratungszentrum Berger Str. 211, 6
Ffm., Tel. 45 11 55, Mo-Do 10.30-16.30
IAF-Zentrum Mainzer Landstr. 147, 6 Ffm., Tel. 73 78
98
Autonome Iranische Frauenbewegung im Ausland
Reuterweg 83, 6 Ffm., Tel. 59 78 751/2
Amnesty für Women c/o Beate v. Devivere, Barbaros-
sastr. 15, 6 Ffm. 60,
Frauenbuchladen Kiesstr. 27, 6 Ffm. 90, Tel. 70 52 95
Feministisches Archiv, Arndtstr. 18, 6000 Ffm. 1, Tel.
74 50 44
Frauenkulturinitiative c/o Brigitte Schäfer, Arnsbur-
ger Str. 68
AGISRA (Mädchenhandel u. Sextourismus), Mainzer
Landstr. 147, 6 Ffm., Tel. 7 39 21 52 (vorm.)
HWG-Huren wehren sich gemeinsam c/o Stadtteilbüro
Gutleut, Karlsruher Str. 5, 6000 Ffm. 1, Tel. 25 27 42
(Di 14.30-20.00, Mi 18.00-21.00)
Frauen in Bewegung, Niederursel Landstr. 44, 6 Ffm 50
Autonome Frauen in der Fraktion DIE GRÜNEN IM
RÖMER, Bethmannstr. 3, 6 Ffm , Tel. 28 37 02/03

Theater

Alte Oper, Opernplatz, Tel. 1340-400/401
American Playhouse, Hansaallee 152, Tel. 151 8326
Brotfabrik Bachmannstr. 2-4, Tel. 789 43 40
Café Theater, Hamburger Allee 45, Tel. 77 74 66
Fritz Remond Theater, Alfred-Brehm-Platz 16, Tel. 43
51 66
Gallus Theater, Krifteler Str. 55, Tel. 738 00 37
Goethe Theater, Leipziger Str. 36, Tel. 29 29 23, ab 18
Uhr: 70 88 44
Kammerspiel, Theaterplatz 2, Tel. VV 23 60 61,
Abendkasse 2562-395
Die Katakombe, Pfingstweidstr. 2, Tel. 28 47 50
Kellertheater, Mainstr. 2, Tel. 28 80 23
Die Komödie, Neue Mainzer Str. 18, Tel. 28 45 80
Die Meininger, Neue Rothofstr. 26a, Tel. 28 02 27
Oper, Theaterplatz 2, Tel. VV 23 60 61, Abendkasse
2562-434
Schauspiel, Theaterplatz 2, Tel. VV 23 60 61, Abend-
kasse 2562-434
Schirn Kunsthalle, OFF TAT, Am Römerberg, Tel. 154
51 70
Die Schmiere, Im Karmeliterkloster, Seckbacher Gas-
se, Tel. 28 10 66
Theater am Turm-TAT, Eschersheimer Landstr. 2, Tel.
1545-110
Theater für Kinder am Zoo, Pfingstweidstr. 2, Tel. 28
47 50
Volkstheater, Großer Hirschgraben 21, Tel. 28 85 98

Museen

Bundespostmuseum Schaumainkai 53, Museumsufer,
Tel 60 60-1, Di-So 10-16 Uhr, Eintritt frei
Chaplin-Archiv Klarastr. 5, Tel 52 48 90, Fr 17-19 Uhr
u.n.V.
Deutsches Architekturmuseum Schaumainkai 43, Mu-
seumsufer, Tel 212 84 71, Di-So 10-17, Mi 10-20 Uhr,
Eintritt frei
Deutsches Filmmuseum Schaumainkai 41, Museums-
ufer, Tel 212 88 30, Di-So 11-18.30 Uhr, Eintritt frei
Goethe-Haus /Frankfurter Goethemuseum Großer
Hirschgraben 23, Tel 28 28 24. Vom 1.4. bis 30.9. werk-
tags 9-18 Uhr, vom 1.10-31.3. werktags 9-16 Uhr,

Was fang ich an in dieser Stadt? az

az andere zeitung

Seit 11 Jahren erscheint die Rhein-Main-Illustrierte »az — andere zeitung«. Für DM 3,50 am Kiosk, in Läden und in Kneipen.

1987 neu erschienen! Die völlig überarbeitete Neufassung des satirischen Kneipenführers »Wo die Nacht den Doppelkorn umarmt« (DM 10,—). Über 300 Kneipen aus dem Großraum Frankfurt werden hier vorgestellt. Na denn: auf geht's (zu Fuß!), das Buch unter den Arm geklemmt und auf die Walz!

Sonntags immer von 10-13 Uhr
Heimatmuseum Bergen-Enkheim Altes Rathaus, Marktstr., Tel 323 44 (Vorwahl v. Ffm 4500, sonst 06109), So 15-18, Do 20-21.30 Uhr
Heimatmuseum Schwanheim Alt-Schwanheim 6, Tel 35 60 07, So 10-12 Uhr oder nach Vereinb., Eintritt frei
Höchster Schloß, Tel 30 32 49, tägl. 10-16 Uhr, Eintitt frei
Museum für Kunsthandwerk Schaumainkai 17, Museumsufer, Tel. 212 40 37, Di-So 10-17 Uhr, Mi 10-20 Uhr, Eintritt frei
Museum für Völkerkunde Schaumainkai 29, Museumsufer, Tel 212 53 91, Di-So 10-17 Uhr, Mi 10-20 Uhr, Eintritt frei
Senckenberg-Museum Senckenberganlage 25, Tel 754 21, Mo-Fr 9-17, Mi 9-20 Uhr, Sa + So 9-18 Uhr
Städelsches Kunstinstitut und Städelsche Galerie Schaumainkai 63, Museumsufer, Tel 61 70 92, Di-So 10-17 Uhr, Mi 10-20 Uhr
Stadtwerke Verkehrsmuseum Schwanheim Rheinlandstr., Tel 212 68 93, Sa, So, Feiertag 10-18 Uhr
Stoltzemuseum Töngesgasse 34-36, Tel 212 02 66, Mo-Fr 10-17, Mi 10-20 Uhr und auf Verabredung, Eintritt frei
Struwwelpeter-Museum Hochstr. 7, Tel. 28 13 33, Di-So 11-17, Mi 10-20 Uhr u.n.V., Eintritt frei
Heinrich - Hoffman - Museum Struwwelpeter - Haus, Schubertstr. 20, Tel 74 79 69, Di-So 10-17 Uhr
Historisches Museum Saalgasse 19, Tel 212 33 70, Di-So 10-17, Mi 10-20 Uhr, Eintritt frei
Liebighaus / Museum alter Plastik Schaumainkai 71, Museumsufer, Tel 212 86 17, Di-So 10-17 Uhr, Mi 10-20 Uhr, Eintritt frei
Museum für Höchster Geschichte — Firmenmuseum der Hoechst AG

Kunst

Artothek Frankfurt Bilder zum Ausleihen, Klappergasse 12, Tel 62 16 08, Di, Do, Fr 12-18, Mi 15-20, Sa 10-14 Uhr, Mo geschlossen
Bundesverband bildender Künstler Seckbächer Gasse 4, 3. St., Tel. 29 45 08, Mo, Mi + Do 18-21 Uhr

Personenverzeichnis

Verzeichnis der Straßen und Objekte